长沙民政职业技术学院学术专著出版基金资助出版

亚瑟·M. 科恩（Arthur M. Cohen）

弗洛伦斯·B. 布劳尔（Florence B. Brawer） 著

卡丽·B. 基斯克（Carrie B. Kisker）

●

李斌 李杨 译

美国社区学院

The American Community College

第六版

●

湖南大学出版社
·长沙·

The American Community College by Arthur M. Cohen, Florence B. Brawer, and Carrie B. Kisker, ISBN: 978-1-118-44981-3 (hardhack).

Copyright ©2014 by John Wiley & Sons, Inc. All Rights Reserved.

Copies of this book sold without a Wiley sticker on the cover are unauthorized and illegal.

Translation ©Hunan University Press

本书中文简体版专有翻译出版权由 John Wiley & Sons, Inc. 公司授予湖南大学出版社。未经许可，任何人不得以任何手段和形式复制或抄袭本书内容。本书封底贴有 Wiley 防伪标签，无标签者不得销售。

著作合同登记字号　图字：18-2018-162

图书在版编目（CIP）数据

美国社区学院：第六版/（美）亚瑟·M. 科恩（Arthur M. Cohen），（美）弗洛伦斯·B. 布劳尔（Florence B. Brawer），（美）卡丽·B. 基斯克（Carrie B. Kisker）著；李斌，李杨译. —长沙：湖南大学出版社，2022.5

ISBN 978-7-5667-1856-3

Ⅰ. ①美… Ⅱ. ①亚… ②弗… ③卡… ④李… ⑤李… Ⅲ. ①社区学院—学校管理—研究—美国 Ⅳ. ①G648.6

中国版本图书馆 CIP 数据核字（2021）第 026589 号

美国社区学院（第六版）

MEIGUO SHEQU XUEYUAN（DI-LIU BAN）

著　　者：亚瑟·M. 科恩（Arthur M. Cohen）
　　　　　弗洛伦斯·B. 布劳尔（Florence B. Brawer）
　　　　　卡丽·B. 基斯克（Carrie B. Kisker）
译　　者：李　斌　李　杨
策划编辑：罗红红　　　　　　　责任编辑：邓素平　罗红红
印　　装：长沙超峰印刷有限公司
开　　本：710 mm×1000 mm　1/16　　印　张：24.75　字　数：472 千字
版　　次：2022 年 5 月第 1 版　　印　次：2022 年 5 月第 1 次印刷
书　　号：ISBN 978-7-5667-1856-3
定　　价：96.00 元

出 版 人：李文邦
出版发行：湖南大学出版社
社　　址：湖南·长沙·岳麓山　　　邮　编：410082
电　　话：0731-88822559(营销部),88821343(编辑室),88821006(出版部)
传　　真：0731-88822264(总编室)
网　　址：http://www.hnupress.com
电子邮箱：718907009@qq.com

作者寄语

This translation of the sixth edition of *The American Community College* contains the latest information about trends in community colleges, as well as their students, faculty, organization, financing, leadership, and other important concerns. It is essential reading for those who would organize these types of colleges in China, the students who will attend, and the professors who will teach in them.

Our sincerest congratulations and thanks to President Li Bin of Changsha Social Work College and to my American colleague, Dr. Donald L. Newport for their diligence and wisdom in the pursuit of this translation. Their work should greatly assist the Higher Vocational Colleges of China as they seek to more effectively serve their students.

—Arthur M. Cohen and Carrie B. Kisker

这是《美国社区学院》第六版的翻译版，包含了社区学院发展趋势的最新信息，及其学生、教师、组织、财务、领导和其他重要问题。对于在中国筹办这类学院的人、将要就读的学生和将要任教的教师来说，本书都是很有意义的。

我们衷心地祝贺和感谢长沙民政职业技术学院的李斌校长和我的美国同事唐纳德·L.纽波特博士，感谢他们在翻译过程中付出的辛苦和智慧。他们的翻译，将更有效地帮助中国高职院校为学生服务。

——亚瑟·M.科恩和卡丽·B.基斯克

译者序

美国高等教育有两次伟大的革新——19世纪的土地赠予运动与20世纪的社区学院运动。社区学院的兴起，是美国经济发展、社会进步、文化传统共同作用的结果。从19世纪末20世纪初萌生的初级学院到20世纪中叶逐步发展繁荣的社区学院，再到现在社区学院学校数和在校生数均占到美国高等教育半壁江山。在20世纪，以常青藤为代表的美国大学享有世界盛誉，社区学院则被称为"美国的秘密"，其功能多元、机制灵活、性价比高、上下融通、适应性强等特点在全球教育界独树一帜，对中国高等职业教育改革和发展有着较大的启发和借鉴意义。

我在学习、工作过程中有机会多次参访美国社区学院，通过与国外同行交流，对美国社区学院逐步产生浓厚兴趣。2009年10月28日至11月26日，我参加中国教育国际交流协会组织的高职院校领导海外培训项目，其间先后参访加利福尼亚社区学院协会（California Association of Community Colleges）、长滩城市学院（Long Beach City College）、埃尔卡米诺社区学院（EL Camino College）、帕克兰学院（Parkland College）、厄巴纳－香槟警察训练学院（Urbana-Champaign's Police Training Institute）、伊利诺伊州大学（University of Illinois）、纽约市立曼哈顿社区学院（Borough Manhattan Community College）、哥伦比亚大学（Columbia University）、全美高等教育学历认证委员会（CHEA）、美国社区学院协会（American Association of Community Colleges）总部及美国教育部职业与成人教育办公室（U. S. Department of Education Office of Vocational and Adult Education），听取讲座、参加交流48场，其中在帕克兰社区学院研修2周，深入课堂，并到学生学业辅导中心、教师卓越中心、校友会等处参观学习，对美国社区学院办学有了较全面的了解。同时，美国社区学院的办学成就和特色给我留下了深刻印象。

此后，通过访美期间美方协调官唐纳德·L. 纽波特（Donald Lee Newport）博士热情牵线，我所工作的长沙民政职业技术学院先后派出 4 批教师到美国密歇根州费里斯州立大学（Ferris State University）访学。2013 年 9 月 30 日至 12 月 21 日，我在费里斯州立大学参加教师职业发展和交换项目（Faculty Professional Development and Exchange Program），全面了解了美国高等教育情况，并与费里斯州立大学各部门、各学院进行了深入交流。其间，我参访了密歇根州立大学（Michigan State University）、中密歇根大学（Central Michigan University）、马斯基根社区学院（Muskegon Community College）、大瀑布城高中（Big Rapids High School）、大瀑布城职业中心（Big Rapids Career Center）、大急流城社区学院（Grand Rapids Community College）、西北密歇根学院（Northwestern Michigan College），对美国社区学院与高中、大学和地方职业中心之间的关系、学生多元学习项目及开放流动模式有了较深入和具体的了解。

2016 年 2 月，我在费里斯州立大学访学时的导师、费里斯州立大学副教务长、社区学院领导力培养博士项目负责人罗伯塔·凯瑟琳·缇恩（Roberta Catherine Teahen）带领项目考察团一行 15 人到长沙民政职业技术学院开展为期 10 天的交流访问，双方就美国社区学院与中国高职学院的各自特征和共识展开了充分的研究和讨论。近几年，我 3 次参加中国国际教育年会中美职业院校校长对话等线下或者线上的论坛。这些宝贵的经历帮助我得以持续了解美国社区学院办学情况，并激发了我对社区学院系统深入学习的愿望。

《美国社区学院》（第六版）一书对美国社区学院的办学宗旨、办学功能、办学模式、教师、学生、课程、财政、绩效评价等方面进行了全面介绍，重法规、案例等事实陈述，各类数据翔实，行文严谨客观。作者亚瑟·M. 科恩是美国研究社区学院的资深专家，弗洛伦斯·B. 布劳尔、卡丽·B. 基斯克是研究美国社区学院的著名学者。本书是系统和深入了解、研究美国社区学院的工具书，也是借鉴美国社区学院办学经验的参考书。

从书中可以了解到社区学院实行注册制入学，是社区高等教育转学教育中心、职业教育中心、功能性读写能力教育和成人教育中心、英语作为第二语言教育中心、文化补习教育中心、再就业职业教育中心、就业指导中心和文体生活中心。

可以了解到职业教育普通化和普通教育职业化成为美国职业教育终身化的一个重要特征。美国高中阶段已经开始职业指导教育，职业群分类手册在高中生中开始发放，许多高中生在本校或者进入社区机构接受职业培训，毕业后有高中毕业证书，也有职业培训证书，这是美国"从学校到职业生涯"（School to Career）过渡计划的一个重要措施，为学生尽快进入劳动力市场作了充分准备。

可以了解到"学生事务"（Student Affairs）概念在美国经历了一个从"学生人事"（Student Personnel）到"学生服务"（Student Service）再到"学生发展"（Student Development）的变迁过程。美国教育界有一句名言："Every student can learn and succeed. But not on the same day, and not in the same way."（每个学生都能学习并且成功，只不过是以不同的方式，在不同的时间。）这已成为社区学院人才培养的基本信念。

可以了解到美国对劳动力市场分析十分重视，开设有政府支持的职业信息网（The Occupational Information Network）。该网站对所有的职业岗位进行了详细的职业分析和职业描述，不仅说明了必需的专业知识和技能要求，还十分强调非专业知识、技能与能力、素质和人格素养，比如阅读、写作、人际沟通、与人合作、语言表达、理解、学习主动性等非专业能力。基于职业分析、教学分析的教学计划分析法（DACUM）成为开发专业课程的普遍方法。所有社区学院和职业培训机构均可利用该数据资源开发相应的课程。

可以了解到社区学院专任教师通常少于兼职教师，少数学校专职与兼职教师比例达到1∶3，社区学院普遍设置教师发展中心，致力于引导教师把参加培训、终身学习当成一种习惯，主动设计自己的教师职业生涯。

可以了解到社区学院与社区之间关系紧密，学校的职能和社区的功能浑然一体，在人才培养、文体生活、财政支持、安全保障等诸多方面有着广泛而深入的联系。

可以了解到近年来美国联邦政府日益重视社区学院发展，与州财政一道不断加大社区学院财政支持力度，社区学院赢得新的发展机遇。社区学院在坚持传统办学特色的同时，正努力适应新的时代变迁，适应经济社会的发展，有少量社区学院可以颁发四年制学士学位。

可以了解到因为各州自治等造成社区学院发展不平衡、过度随意注册入学带来的社区学院资源浪费等现象，了解到学者对社区学院可能助推美国社会阶层固化进行的分析，对政府通过增加财政投入影响社区学院办学自主权的剖析。

当然，由于中美两国之间存在政治体制、文化背景、经济社会发展状态等诸多不同，必然会形成各具特色的职业技术教育的育人方式、办学模式、管理体制和保障机制。新中国成立以来，特别是近20多年来，中国职业技术教育获得了快速发展。进入新时代，中国职业技术教育的改革和发展强调高质量和适应性。我从事职业教育近30年，所服务的长沙民政职业技术学院经历了从建设首批国家示范性高职学校，到进入中国特色高水平高职学校和专业建设单位的过程。可以说，我非常荣幸参与并见证了中国职业技术教育的快速发展。中国现代职业教育逐步形成了自身特色和品牌，为产业转型和经济社会发展提供了越来越多、越来越好的高素质技术技能人才。在发展的过程中，中国职业技术教育一直秉承着开放、创新的态度，不断地与国际同行进行交流与合作。2020年，《教育部等八部门关于加快和扩大新时代教育对外开放的意见》强调，"要坚持教育对外开放不动摇，主动加强同世界各国的互鉴、互融、互通，形成更全方位、更宽领域、更多层次、更加主动的教育对外开放局面"。衷心希望本译著的出版能够尽绵薄之力。

目　录

前　言

　　《美国社区学院》一书出版于 1982 年，本书是第六版。本书的内容主要是关于美国社区学院，它作为一个公共院校，为就读学生提供副学士学位和职业证书，并为他们所在社区提供各种各样的服务。美国有近 1 000 所这样的学校，在校生规模从不足 100 人至 40 000 余人不等。其中，私立的学校不到十分之一，而且大部分规模都较小；其余那些规模较大、综合性的学校都由各州创办。

敬告读者

　　与之前的版本一样，此版本的目的是呈现一本对每个与高等教育相关人员都有用处的书，包括院校工作人员、研究生、董事会和政府工作人员。那些希望了解其他院校优秀实践案例的管理者、参与修订课程的相关人员、寻求改进课程的教职人员，以及关注学院政策和学生进步与成果的董事会成员和官员，他们都可以在本书对各院校职能的描述和分析中找到答案。

　　本书主要描述 1960 年以来社区学院经历的几次重大变革。在这一时期，两年制社区学院的数量增长了 150%，注册学生数增长了 15 倍。随着多校区的形成以及普遍开始通过集体谈判达成合同，管理者和教职工之间的关系也发生了变化。学院经费的筹措受到了两个因素的影响，分别是税收限制以及州级财政支持的持续性。转入大学的学生比例下降，从大学转出的学生比例增加。职业教育取得巨大进展，社区学院也克服了功能性文盲（指具有阅读、书写或计算能力，但是却缺乏利用这些能力来处理某些日常生活事务的人）教学的问题，这都动摇了学生转学去学人文科学的想法。

本书主要目的是解释与分析。它提供有关学生、教师、课程方面以及许多其他可量化的数据摘要。它探索了院校办学目的的反转，这导致职业课程沦为转学人群的准备课程，转学课程也就失去了卓越意义。它解释了在一段时期里学生的出勤模式如何带来一些强制转变，包括课程模式从线性转变为横向，学生从按既定顺序上课转变为任意进入课程或退出课程。本书展示了职业的、发展的、社区的和转学功能是如何相互关联的，展示了咨询服务和其他辅助功能是如何整合到教学大纲中的。它审视了一些对社区学院的批评，包括某些认为社区学院给大学新生带来伤害的人的批评。它也对社区学院未来的发展做出展望。附录讨论了营利性大学，这些院校提供副学士学位，但与社区学院几乎没有共同之处。

本书的修订工作很有意义，相比于第五版有了很多变化。在社区学院，教师的权力得到了巩固，但却被集中在州一级的行政权力所抵消。入学强制测试和学生分级的做法已经普及，成为增加课程完成率趋势的一部分。发展教育现在更像是以与学生服务相融合的方式来进行，它变成了一种与职业教育和人文科学学习几乎同等重要的课程功能。在职学生与全日制学生的数量相比已经有所下降，但是兼职教师的比例一直居高不下。管理者们不得不更加注意州政府关于院校运作和资金的指示，以及要求他们对学生的成绩更加有责任心。

然而，也有许多事情没有变化。在过去的 25 年间，几乎没有成立新的公立社区学院。社区学院组织和办学目标保持不变。学校仍然关注于为不同的学生提供相关的教育服务。之前版本中每章节结尾部分提出的问题在本书中亦有出现，但那些最棘手的问题一直没有得到解决。正如斯通（Stone）在《苏格拉底的审判》一书中所言："变化是永恒的，不变也是永恒的。只有同时考虑到变与不变，才可能获得完整的真相。"（1987，p. 69）

我们在本书中做了一些修改。每一章节回顾了实践和政策层面的情况，旨在表明所有的实践和政策都有现实活动和观念的历史基础。但在每一章节，我们都更新了最新的表格和数据，并加入了院校开展服务的新案例。通过这些领域的最新信息，我们扩大了对学生流转、院校财政、教学、学生服务和课程功能的讨论范围。我们也研究了线上教学的传播和发展教育的问题。我们也记录了人口的增加对本科毕业生增量的影响及其对课程的影响。

　　我们在书中提出改革通识教育（现在称为综合教育），强调批判思维、服务学习、公民参与性和可持续性。我们增加了一个章节探讨成果与责任，讲述了立法者和社会其他成员不断推动社区学院，使之变得更加透明以及对学生成功更为负责的内容。最后，我们附加了关于营利性院校的简短讨论，它与社区学院等非营利性院校在课程、提供的学位以及学生构成方面都一致，但在许多其他方面存在差异，比如办学目的、学院功能和人才培养成果。

内容综述

　　第一章讲述了推动社区学院扩张和现代化发展的社会力量。它提到了社区学院的办学目的是不断变化的，这种变化有时与筹款模式产生冲突，而且办学目的往往滞后于公众的认知。本章节追溯了为什么社区由当地资金资助和主管变为由州政府主管，并提出问题，如果没有社区学院，美国高等教育会是怎样的状态。

　　第二章展示学生构成的变化模式，探讨出现在职学生和到课率低的原因。本章还研究了学生流失的问题，这一问题掩盖了学生们真正取得的成就。

　　第三章通过全国范围的相关数据表明全职教师和兼职教师的区别。它调查终身职位、工资、工作量、教师评价模式、专业协会和教职工的准备工作。它讨论了教师的满意度、专业性，以及教师对希望教更优秀的学生与现实中所工作学校之间的矛盾。

　　第四章回顾由于社区学院管理的改变，带来学院规模的变化、劳资谈判的扩大、可获得资金的减少和管控的变化。本章还提供了学校不同管理模式的案例和其中学校每一个管理者的任务。

　　第五章描述不同的资助模式，以及如何随着组织架构而变化。也探索了学费和助学金之间的关系。本章讨论了基于绩效的财政拨款，详述了财政限制措施带来的影响，以及展示了如何开源节流。

　　第六章回顾一直保持的教学形式的稳定性，讨论教学技术和其他诸如电视、计算机、跨学科写作、补充说明和掌握学习方面的技术。阐述学习资源中心、学习型大学理念，以及线上教学和基于能力的教学，最后对教学效果评估进行讨论。

第七章聚焦服务学生的职能，包括学生咨询和指导、招生和学生留存、学生发展导向以及课外活动，也思考了社区学院的助学金、拨款和学生服务的效果。

第八章探究各教育层次学生读写能力的下降，展示了社区学院如何承受由学生准备不足所带来的冲击。本章回顾旨在强化学生基本技能设计的学院课程；检视了围绕学生主修课和选修课的争论；探讨在学生入学时如何按课程逐一筛选，或允许学生选修任意课程，但同时给予补习。本章详述发展教育的重要性仅次于转学教育和职业教育。

第九章讨论了人文学科的兴衰和后续稳定发展。包括关于学院的研究如何影响学生转学到大学，学术学科的讨论，对人文教育给予支持的教师，双重注册和与大学的衔接。

第十章介绍了综合教育作为一种重新定义通识教育原则的方式，其最初的意思是为学生成为公民作准备。多年来，这个术语都被用来对学术科目进行分类，但这一简短的章节主要围绕现有的批判性思维、服务学习、公民参与和可持续发展，来重新构建学院的综合性使命。

第十一章研究职业教育的兴起，职业教育已经从边缘走向了学院的中心。职业教育不再是针对少数学生的终端教育，而是服务寻找新工作和提升现有工作的人，也为希望获得学士学位的学生开展头两年的教育，还有为申请执业资格认证的人服务。本章也讨论了职业教育对社区作出的贡献。

第十二章研究成人教育和继续教育，终身教育以及社区服务。它列举了大量的学院和社区部门之间的合作案例，探讨如何维持实现这一功能的资金，探索主要的学院协会如何继续提升社区教育。本章还研究了在传统大学的服务之外，如何提供服务的效果效能评估。

第十三章首先讨论了关于社区学院的研究，这一研究一直以来在社区学院外部很少得到认可。然后本章探讨了一些哲学层面和实操层面的问题，比如社区学院在美国社会阶级结构均衡和促进学生获得更高学位方面所扮演的角色。本章表明，当批评者没有适当考虑到社会平等和个人平等机会之间的差异时，同样的数据可以用来得出不同的结论。

　　第十四章是新增的一章，旨在探究促使学生进步和成果的措施，包括留存率、转学率和学业完成率，学生目标的达成度，各种职业教育的成果。它分析了目前的问责制以及评估中的问题和可能性。

　　第十五章表述学生和教师的数量趋势，指出在学院组织、课程、教学和学生服务等方面可能发生的变化。本章也对发展教育日益重要的地位进行评述，规划未来如何致力于评估大学和学生的成果。

资料来源

　　本书所包含的资料来源于许多渠道，但主要来自公开发表的研究报告和结果。我们把相关书籍、期刊以及教育资料信息中心（ERIC）文档的信息与本书的每个章节相匹配。此外，我们也依赖自 1974 年以来通过社区学院研究中心开展的相关的调查研究。

　　这种对现存文献的关注既有积极意义也有消极作用。从积极的方面来看，这能让我们绘制课程、教师职能、学生出勤模式和学院组织架构的发展趋势图。但另一方面，限制了我们调研和查找书面材料的信息来源。调研需要将一些独特的活动浓缩成数据百分比，因而忽略了学院及其提供服务所体现的活力。仅仅研究现存的文献，限制了我们对学院实际情况的认知，使得我们仅能从学院工作人员的只言片语中了解情况。

　　尽管我们主要依赖成文的资料和我们自己的研究成果来开展研究，但我们也向会议中遇到的社区学院教师或拜访社区学院时遇到的教师进行咨询。尽管我们利用了上述所有这些资源，努力提出公平论述，但是我们必须承认还是存在一定的偏见。我们是社区学院的倡导者，坚信社区学院在美国高等教育体系中担负的重要角色。我们在教育层面也非常支持社区学院，即社区学院努力影响着人类的学习。我们尤其喜欢社区学院的综合教育和人文教育功能，我们认为只要社区学院继续作为一个综合性教育院校存在，只要学生们要为在不断变革的社会中生活作准备，就必须保持这些功能。

　　综上所述，我们是批判性的分析者，相较描述社区学院功能的运行，我们更加关注强化社区学院功能的理念。我们想知道资金、管理、课程和教学之间内在的关系，我们感兴趣的是这些院校在不断调整其功能时所采取的形式。

最后一个观点值得详细阐述。下列哪一种类型的学校服务最好？一所学校有 10 000 名学生，每名学生上 1 门课程；一所学校有 5 000 名学生，每名学生上 2 门课程；一所学校有 2 500 名学生，每名学生上 4 门课程。这三种情况下，成本是一样的，但是学校间却大相径庭。第一种案例中，学院拥有广泛的学生来源，其课程是由不同课程组成的横向形式，这种情况往往来源于学院扩招和成人教育中心。第二种案例中，课程采用更加线性的形式，意味着是学生希望获得证书或者学历。第三种学校显然有严格的准入制度，学生必须全日制在校学习，其课程按顺序排列，学习每一门课程都要求具备先决条件。最近社区学院致力于提供学士学位和创建大学就是其中最值得注意的案例。当州级法律授权开始纵向扩展，许多学院的政策制定者迫切地抓住了改变他们学院的机会，也有一些学院选择回避。那些开放学士学位项目的学校声称他们满足了学生的需要，学生非常喜欢四年制大学。那些建立 11 年级到 14 年级的学院，它们减少了辍学率，增加了继续接受高等教育的学生人数，他们声称缓解了社会问题。关键是，学院管理者可在同一州和相同法规下推行这些改变的方式。

近些年来美国社会和公众的观念发生了许多变化，但是学院几乎完全没受到这些影响。二十世纪九十年代曾经短暂出现过财政盈余，但如今一直是财政赤字。无论有没有证件或绿卡，无家可归的人和移民实质上一直在增加。毒品泛滥、白领犯罪、武装帮派、恐怖主义、反政府主义已经成为国家威胁。然而，社区学院一如既往，只能对上述重大的问题进行轻微调整。学院能够做些什么？它们只是学校，它们只能照料自己的学生。它们不能直接解决任何一种社会面临的重大问题。尽管社区学院有广泛的社会力量支持，但学院主要还是因其内在动力而发展的，这一点通过观察相同类型社区的学院之间的差异不难得知。

作　者

亚瑟·M.科恩　自1964年开始担任美国加利福尼亚大学洛杉矶分校高等教育学教授，2004年退休。他在1949年获得迈阿密大学历史学学士学位，1955年获得迈阿密大学文学硕士学位，1964年获得佛罗里达州立大学高等教育学博士学位。他在1966年至2003年担任教育资料信息中心（ERIC）社区学院分中心主任，1974年至2007年担任社区学院研究中心主席。科恩担任过很多杂志的编委会成员，写作了大量关于社区学院的文章。他的第一本书名字叫《79度日期变更线：社区学院的异端概念》。

弗洛伦斯·B.布劳尔　原社区学院研究中心研究室主任。美国加利福尼亚大学洛杉矶分校教育学家、心理测量和咨询师。她1944年获得美国密歇根大学心理学学士学位，并分别于1962年和1967年获得加利福尼亚大学洛杉矶分校教育心理学硕士和博士学位。她是《关于大学生个性发展的新观点》一书的作者，《罗夏墨迹测验技术的发展》（第三卷）的联合主编。

科恩和布劳尔合著了《直面身份：社区学院的教师》（1972年）、《两年制学院教师》（1977年）、《社区学院的大学功能》（1987年）以及前五版的《美国社区学院》（1982年、1989年、1996年、2003年、2008年）。科恩还与教育资料信息中心的同事一起写作了《持续改变：社区学院的新观点》（1971年）和《回应社区需要的学院》（1975年）。科恩和布劳尔还编写了几套专题著作，这些著作被社区学院研究中心和教育资料信息中心社区学院分中心出版。1973 年，他们在巴斯出版社出版了季刊《社区学院新风向》，科恩一直担任主编。

　　卡丽·B. 基斯克　洛杉矶的一名教育研究和政策顾问，社区学院研究中心主管。她 1999 年获得达特茅斯学院心理学学士学位，并于 2003 年、2006 年分别获得加利福尼亚大学洛杉矶分校高等教育硕士、博士学位。她从事与社区学院政策与实践相关的应用研究，定期为社区学院负责人提供学院成果与责任、治理和战略规划等议题的咨询。她是许多关于社区学院的期刊论文、报告和书籍章节的作者。她曾经担任《社区学院新风向》的执行编辑。她的第一本书，是和科恩合著的《美国高等教育的形成：当代体系的出现和成长》（第二版，2010 年）。

　　本书皮套的浅灰蓝色和金色复制了加利福尼亚大学的学校色，显示出作者们之间的友好关系。

1

背景
社区学院发展的重点与期望

美国社区学院的历史可以追溯到 20 世纪初，在推动其发展的社会力量中，最突出的是需要训练有素的工人来服务国家不断扩大的工业化，青少年阶段的延长要求对孩子的监护时间更长，社会平等的驱动和更多接受高等教育的机会。社区学院似乎也反映出外部权威对每个人生活的影响日益增强。美国人相信，除非某些机构批准，否则人们就无法合法地接受教育、就业、遵守宗教戒律或就医。

20 世纪早期，高等教育中的新思想促进了这些新型学院在全国的发展。科学被视作推动社会进步的力量，越多的人学习科学原理，社会将发展得越快。新技术需要训练有素的操作者，而培训的任务可以由学校来完成。个人的流动性得到了充分尊重，人们普遍认为，勤奋的人将获得更快的发展。对社会有实际意义的社会机构开始形成。这是肖托夸（一种美国成人教育形式）、社会服务所和平民主义者的时代。在大学，很少有人会问"哪些知识最有价值"，被问得最多的问题是"哪些知识能对个人或者社会产生切实的利益"。公众普遍认为学校教育是提升个人和为社会财富作贡献的渠道。但在现实面前，维布伦（Veblen, 1918）和辛克莱［Sinclair, (1923) 1976］对实业家控制大学的指责只是徒劳无益的呐喊。

1860 年和 1890 年《莫雷尔法案》推动发展的公立大学在每一个州建立起来。尽管许多大学只是农业学院或者教师培训学院，与现代大学相去甚远，但是它们的确提供了与私立大学相比更低价的选择。大学也开创了通过其农业和其他部门为社区服务的理念。随着大学越来越多的学科和职业项目的引入，更多的人获得了进入大学的机会。大学普遍开设了商学院、林学院、新闻学院和社会工作学院，使得目标更加多样化的人能参加更加多样化的课程，而更新的课程也吸引着更多的学生。

社区学院得到发展最简单也是最首要的原因是不同层级学校都面临不断增长的需求。无论是社会问题还是个人问题，学校都应当去解决。从社会角度来看，学校被视为种族融合的地方。法庭和立法机关坚持要求学校通过不同的课程，将不同种族的学生融合在一起减少种族歧视。学校期望通过帮助学生做好就业准备来解决失业问题。对自行培训工人的企业给予补贴也许是更直接的办法，但是我们还是倾向于给学校提供公共资金用于职业教育。需要解决的问题清单还可以扩大，比如学校有责任对药物滥用、酗酒、少女怀孕、收入不平等以及其他个人和社会弊病采取行动，学校甚至要对长期存在的人在高速公路死亡问题提出解决方案。20 世纪 60 年代，许多州制定法律要求学校提供司机教育课程，而不是规定降低最高限速和使用座位安全带。最近，我们放弃了欧洲已经实施了几十年的汽车英里标准，而是设置了"绿色"课程，教年轻人节约能源。

人们尽管时常对学校感到失望，但普遍认为教育（即更多的受教育时间）是有益的。但事实并非总是如此，在前几个世纪的社会中，人们不会把授教育的权力完全归于学校，也不会对学校提出这么多的要求。相反，家庭、工作场所和各种社会机构使年轻人接受培训。但是，在 19 世纪个人教育的责任开始转移到学校、20 世纪人们毫无理由地期望学校能缓解社会弊病的时候，公立的学校成了美国人心中的信条。被赋予了新的责任的社区学院正蓬勃发展，因为他们没有传统需要捍卫，没有校友质疑他们的角色，专业人员也不会因为坚持自我而被排挤，也没有其他的教学思想来妨碍他们对工作负责。

院校的定义

两年制学院有两个常用名称。从出现到 20 世纪 40 年代，它们通常被称为初级学院。伊尔斯（Eells，1931）对初级学院的定义包括提供低年级课程的大学分校区，这些分校区有可能在校本部，也有可能是独立的分校；包括由州财政支持和州理事会管理的州属初级学院；包括中学提供的学院层次的课程；包括由团体活动形成的未经法律授权的地方学院。在 1922 年召开的美国初级学院协会第二次年会上，初级学院被定义为"提供严格的两年制大学层次教学的机构"（Bogue 1950，p. xvii）。1925 年，定义略有调整，包括以下陈述：

"初级学院能够或者倾向于发展一种不同类型的课程，这类课程适应学院所在的全社区始终变化着的大量公民的、社会的、宗教的和职业的需求。在这种情况下，提供的课程应是适应高中毕业生的层次。"（p. xvii）但是，教学仍然被希望是"严格的大学等级"，也就是说，如果这样的学院头两年课程由高级机构提供，"这些课程必须与标准的四年制大学的相应课程在适用范围和完整性方面相一致"（p. xvii）。提供单一技能训练的机构被认为不足以冠以初级学院的名头。通识教育的成分必须包含在职业课程之中："当通识教育和职业训练紧密整合在一起时，就能促使个人竞争力最全面、最稳定的进步。"（p. 22）

20 世纪五六十年代，初级学院这一术语经常被用来指私立大学低年级分支机构、教会支持的两年制学院和独立组织的两年制学院，社区学院则逐渐被用来指综合性的公立学院。到了 20 世纪 70 年代，社区学院通常用来指上述两种类型的学院。

除了社区学院和初级学院，还有好几个名字被使用。有时候，这些名字涉及学院主办者：城市大学、郡立学院，还有仍然在使用的分支校区。其他称呼表示学院的重点：技术学院以及职业、技术和成人教育中心仍然存在。这些学院还被冠以昵称：人民学院、民主学院、矛盾学院、机会学院、反大学学院。反大学学院的名称是由詹克斯（Jencks）和里斯曼（Riesman）于 1968 年提出来的，他们认为仅大学学院的存在否定了大学已经建立起来的学术规则。

有时侯，一些深思熟虑的尝试使概念变得模糊。例如，在 20 世纪 70 年代，美国社区和初级学院协会（AACJC）力图证明作为社区教育中心的学院完全处在等级教育主流之外。20 世纪 80 年代，美国社区和初级学院协会除了在其年度《社区学院、初级学院和技术学院目录》中列出非营利性学院之外，还开始罗列"地方认证专有机构"。自 20 世纪 90 年代以来，几个州已经授权社区学院颁发学士学位，这更加模糊了社区学院的定义。

我们定义社区学院为非营利性学院，并经地方认证颁发的最高学位为文学副学士或理学副学士学位。这一定义包括两年制的公立或私立的综合类或技术类学院，但不包含许多公立的地方性职业学校、成人教育中心以及其他的私立学院。定义还包括与大学合作颁发学士学位的社区学院，但不包括那些自己颁发学士学位的学院，因为国家教育数据中心和大部分地方认证机构已经将这些学院列入四年制公立大学。除非特别提示，本书提到的数据一般指两年制公立学院。私立院校是 20 世纪 80 年代以来发展最快的高等教育部门，其数据收录在附录部分。

社区学院的发展

　　社区学院的发展应该放在 20 世纪高等教育整体成长的大环境中去思考。
20 世纪 90 年代，中学入学人数快速增长，就读大学的需求迅速增多。高中毕业生比例从 1924 年的 30% 上升至 1960 年的 75%，同时 60% 的高中毕业生在毕业后一年升入大学。换句话说，1960 年，年满 18 岁者中的 45% 升入大学就读，而 1910 年这个比例只有 5%。鲁宾逊（Rubinson）提出美国学校教育的增长能够通过一个模型来预测，"在这个模型中，可由相关年龄人群与学前人群的简单函数计算出任一阶段学校教育注册人数的比例变化"（1986，p. 521）。格林（Green，1980）则说得更简单：一年学校教育的一个主要好处在于它为升入下一阶段学习提供了入场券。20 世纪 70 年代，高中毕业率稳定在 72% 至 75%，大学入学率也趋向平稳。20 世纪 90 年代大学入学率再次升高。今天，接近 70% 的高中毕业生直接注册进入高等教育机构就读，其中 40% 进入两年制学院。

　　美国本来可以直接通过扩大大学容量来接纳大部分寻求高等教育的人，实际上只有几个州这样做了。为什么是社区学院承担了这个任务？一个重要的原因是 19 世纪和 20 世纪早期几位杰出的教育家希望大学放弃新生和二年级教育，把教育青少年的职能归入被称作初级学院的新机构。1951 年，密歇根大学校长亨利·塔潘（Henry Tappan）提出建立专科学院以减轻大学为年轻人提供通识教育的负担；1859 年佐治亚大学校董威廉·米切尔（William Mitchell）以及 1869 年明尼苏达大学校长威廉·福尔韦尔（William Folwell）都提出了类似的建议，他们认为除非放弃低年级的预备性教育，否则大学不能够真正成为研究和专业发展的中心。其他一些教育家，比如芝加哥大学的威廉·雷尼·哈珀（William Rainey Harper）、伊利诺伊大学的艾德蒙·J. 詹姆斯（Edmund J. James）、斯坦福大学校长戴维·斯塔尔·乔丹（David Starr Jordan）以及加利福尼亚大学教授和校董亚历克西斯·兰格（Alexis Lange）等，建议仿效和跟上欧洲的大学和中学系统。大学负责高阶学术，低一层次的学校面向 19 岁或 20 岁年龄阶段的学生提供通识教育和职业教育。福尔韦尔力证要建立"包括向上延伸到大学头两年的"强大的中学系统，因为"一些薄弱的学院和一所孤立的大学没有能力教育人"（Koos，1947，p. 138）。哈珀也主张薄弱的四年制学院与其浪费金钱做表面功夫，不如转变成两年制专科学校，也就是初级学院。实际上，1900 年招收了 150 名学生或更少学生的 203 所大学，到了 1940

年其中的 40% 都倒闭了，15% 办成了初级学院（Eells，1941a）。

在加利福尼亚州，因为初级学院较早的开办和较广泛的发展（1910 年到 1960 年期间平均每年开办近 2 所），使得限制斯坦福大学和加利福尼亚大学只开办大学高年级教育、学位教育和专业教育成为可能。这样的建议被多次提起，特别是斯坦福大学校长乔丹多次建议，但却没有成为现实。所有的州都没有实现只有社区学院才能承担的 13、14 年级的教育，反而这些社区学院在从幼儿园到研究生院的分级教育体系之外得到发展。美国正规教育最早从分级教育体系的两端开始发展，18 世纪，四年制大学和小学已经建立；19 世纪期间，作为二者之间的阶段教育，大学的预科学校和公立中学建立起来了；20 世纪初，各级教育之间的衔接得到完善。如果大学关闭低年级教育，把一、二年级 8 学生放在两年制学院，这些新成立的机构应该成为分级教育主流的一个部分。但是社区学院没有，进入 20 世纪中叶也一直保持着主流之外的附属地位。

由于学生群体的特殊性以及教授的学问和学术自由，社区学院不属于传统的高等教育，这对社区学院的发展既有利也有弊。首先，一批有影响力的大学领导人欢迎有一个缓冲机构筛选出准备不充分的学生，挑选优秀的学生送进大学高年级就读，他们支持社区学院独立于传统大学体系之外。其次，由于独立于传统大学体系，社区学院得以争取大量资金用于职业教育，接收基础不够好但仍有志于学的学生入校学习，为所有年龄阶段的人提供继续教育。独立于传统大学系统之外也决定了社区学院可能具备上述二者之一的功能。佛罗里达州、得克萨斯州和伊利诺伊州，创立了只开办高年级的大学，社区学院负责大学低年级教学，但是最终这些只办高年级的大学都没有能够延续下去。

大部分早期公立社区学院有组织地发展成向上的延伸的中学教育。迪纳（Diener）汇编了 19 世纪和 20 世纪早期推进这个观点的论文，包括美国第一任教育厅厅长亨利·巴纳德（Henry Barnard）、哥伦比亚大学教授约翰·W. 伯吉斯（John W. Burgess）、威廉·雷尼·哈珀（William Rainey Harper）和亚历克西斯·兰格（Alexis Lange）等人的叙述。巴纳德建议哥伦比亚区所有学校分成五个部分，其中有一种"优秀且特殊的学校，它承续中学教育，具备开展直到大学二年级所要求的一般读写能力和科学文化教育的设施设备"（Diener，1986，p. 37）。1884 年伯吉斯建议高中应该增加 2—3 年课程帮助学生作好就读大学的准备。哈珀也建议高中延伸课程到大学水准，强调："现在只 9 有 10% 的高中毕业生继续就读大学。如果高中能够增加 2 年课程，那么至少 40% 的高中毕业生能够学习到大学二年级的课程。"（Diener，1986，pp. 57-58）兰格认为初级学院是大部分学生接受学校教育的顶点，高中和初级学院共同组成中等教育。在他的观点中，初级学院的职责不仅仅是为年轻人进入大学作准备，还应该提供从事介于技工和专业之间的职业培训（Diener, 1986, p.71）。扩大接受高等教育的机会也是兰格计划的重要内容。

新形式合理化

很多评论者试图解释社区学院早期发展的原因，每位评论者都提出了某些启发性的观点。高中学生人数的迅速增长导致学生对额外学习年限需求的增加，这个观点能够被证明是合理的。同时，许多其他的观点也有其合理性。例如，商人支持社区学院的发展，是为了让他们有现成的、用公共资金培训的工人，这个观点有许多拥护者。鉴于当前的一些事件，这种观点似乎更有道理，因为各州推出了低成本的教育项目，试图吸引产业投资，而社区学院是他们介绍的中心元素。当然，也有文献支持社区领导人将建成一所大学作为提升社区声誉的方法的观点。甚至有说法表示有一项宏大的计划，旨在通过社区学院引导贫困人群转向低收入职业者，从而使他们保持自己的社会地位，这种观点也得到了一定程度的接受，尤其是在那些认为所有社会事件背后都有资本主义阴谋的人当中。

上述哪一个观点最具可信性？每一个都有拥护者。为什么不能都正确呢？对于机构形式的重要转变，当然没有必要让某一种原因凌驾于其他原因之上。每一年学校教育对来年都有新的渴望。校监可能希望成为大学校长，教师希望成为大学教授。社区竖立起指向本地大学的路标，并在一切场合宣示它的存在。企业和行业需要有技能的从业者。所有这些原因都被证实对50年之内建立起1 000所公立社区学院起到积极作用。为什么一定要有一个原因比其他的都有效呢？

更难解释的是这样一个事实：其他发达国家，特别是给美国输入大部分教育理念的西欧国家没有发展他们的社区学院。他们面临同样的社会现象：人口增长、技术更新、对孩子培养有不同期望及劳动力准备模式转换。然而，他们分别建立了成人教育中心和职业学校，却没有建立帮学生将学分转移到学士学位课程的机构。难道是他们的领导不想成为大学校长吗？难道他们的高中学生能够更平静地接受没有机会获取学士学位的决策？他们的社区不渴望享有一所本地大学带来荣耀？亦或他们服从于固化贫困阶层的阴谋，并进一步把贫困人群完全摈弃在学校教育之外？

最好的答案可能是美国从建立之日起就一直致力于一个信念，那就是所有人都应该有机会发挥出他们最大的潜力。因此，所有阻碍个人发展的障碍都应该被消除。所有促进人成长的机构都应该建立并得到支持。在每一个社会阶层、每一个年龄阶段，潜在的才能都将被发掘。年轻时没有取得成功的人应该不断地被给予机会。更重要的是，即便当时没有教育部，甚至于到近期，许多州没有管理或监督机构，地方学区仍然能够独立地运转。 11

许多学者（Dougherty，1994；Frye，1992；Gallagher，1994；Pedersen，1987，1988，2000）记录了学院形成过程中地方官员的影响。彼得森（Pedersen）尤其对社区学院编史发出了质疑，质疑其强调初级学院的出现是"政府致力于彻底将精英高等教育转变为民主的社会效益的高级学习体系"的结果（2000，p. 124）。通过查阅地方学校记录、新闻报道、社区历史、国家调查报告和论文，他将早期公立社区学院的发展归因于地方社区条件和利益。作为地方公共机构，初级学院经常在中学机构中运行，它的发展往往给当地公民带来荣誉。当社区学院最终形成，学校老师变成大学教授、校监变成大学校长时，创建学院的卓越力量，使其教职员工和所在城镇拥有共同的荣誉。

本世纪（20世纪）中叶以前，遍及全州的体系和国家工作议程的概念基本不存在。但是现在，根据迈耶（Meier，2008）的观点，美国初级学院协会已经成为一个重要的社会组织，推进"福音主义、温和自由主义和公民民族主义相结合的教育社会行动"（p. 8），社区学院在每一个州都得到快速发展。从20世纪50年代到70年代，协会领导人毫不犹豫地将基督教精神、教育和民主相融合，深化协会工作的精神维度和社会目的。协会引用圣经经文——"看哪，我在你面前设立了一扇敞开的门"，利用福音派教会"华丽的辞藻和组织技能"推进日常工作事项（p. 10）。 12

新形式的历史发展

将两年制学院的发展归功于地方的、城市的和专业的领导人的论点很有价值。至于为什么两年制学院在20世纪时随处可见，有观点认为是大学领导人此前几十年就提倡发展两年制学院。显而易见，社会上对训练有素的人力资源有着很大的需求，但学徒制却是获得这样人才的主要途径。直到20世纪，两个重要发展条件才形成：相当数量的高中毕业生以及管理初级学院的公立学区，因为学区可以随时增加两年的课程，无论是否有特别的法律批准。

20世纪二三十年代，对初级学院是扩充的中等学校还是缩短的大学这一问题展开了许多讨论。学区拥有三种类型的公共机构成为一种模式，即1—6年级的小学、7—10年级的初中、11—14年级的高中与初级学院的组合。这种六四四规划具备许多要求：12 年级和 13 年级之间课程过渡要平顺；对独立空间的需求被减弱；教师可以在一份劳动合同里同时教高中和初级学院课程；优秀学生能够迅速学完课程；职业教育能够从中等进入到高等层级；许多没有能力独立设置初级学院的小型社区得以将学院嵌入中级学校。六四四规划也允许学生在超过义务教育年龄后转学或离开这个教育体系。确实大部分学生在 16 岁时完成 10 年级学业。12 年级以上的学生，超过义务教育年龄的也可以留在高中继续学业。

13

从 11 年级开始的四年制初级学院能够提升大部分学生的学校教育吗？那些完成了 10 年级学业且超过义务教育年龄的学生可以在他们的家乡进入一所学校，在这所学校他们可以完成高年级学业并升入 13 年级、14 年级学习或者完成一个职业教育专业培训。但是，实际上很少有公共学区实施六四四体系。原因也许正如伊尔斯（Eells, 1931）所提出的，这个体系包括学校精神在内似乎都不能与真正的本科大学对接。他也提到初级学院的组织者们都有着将学院提升到高等学府的雄心。基斯克（Kisker, 2006）证明六四四规划与许多社区学院法规相对立，制定这些法规的州议员们致力于将两年制学院从孕育它们的高中中独立出来，按照高等教育机构管理和拨款。

但这种想法一直都存在。1974 年，教育者们在纽约的拉瓜迪亚社区学院建立了中等学院高级中学，这所中学嵌入在社区学院里面［卡伦（Cullen）和莫意铎（Moed）如此描述，1988］。这项尝试最终在全国范围内促成建立了 30 余所同样的中等学院。近些年，将高中和社区学院融为一体的想法引起了注意。在主要来自比尔及梅琳达·盖茨基金超过一亿两千万美元的资助下，2002 至 2012 年间，超过 240 所初级学院高级中学在 28 个州和哥伦比亚行政区建立起来。这些学校规模不大，充分自治，将高中和大学教育的头两年整合成一贯制教育项目，使得 75 000 名学生从中受益。

人们支持建立一个新机构来为大一和大二的学生提供住宿的论点，是由于大家相信，从青春期到成年的过渡通常发生在一个人青少年时期结束的时候。威廉·福尔韦尔主张年轻人应该被允许在家里居住直到他们"到了某个点，

14

比如说，接近大学二年级结束"（Koos, 1924, p. 343）。伊尔斯设想初级学院允许那些没有能力进入更高阶段学习的学生"自然而体面地"停止在"大学二年级结束"（1931, p. 91）。"对于大部分继续高中后教育的学生而言，完成大学二年级学业将作为完成正规教育记录在案"（p. 84）。他们最好还是待在自己的社区，直到他们中的一些人更加成熟，再去遥远的地区上大学。吹嘘全民高等教育的可以先放在一边。哈佛大学校长詹姆斯·布赖恩特·柯南特（James Bryant Conant）视社区学院为终端教育机构，"总的来说，尽管学生从

两年制学院偶尔转学进入大学不应该被禁止，但是高中之后教育道路应该是分叉的"（Bogue，1950，p.32）。

1974 年，总统的高等教育委员会明确有力地肯定民众免费享有高中后两年教育的价值，联邦政府开始大力推动社区学院发展。正如委员会所说的那样，大约一半年轻人能够从 14 年正规教育中受益，社区学院扮演着重要角色。这个观点有着持久的吸引力，50 年以后，克林顿总统（Clinton，1988）强调将13、14 年级教育变得和高中毕业证书一样普遍且十分重要。奥巴马（Obama，2009）提到在未来十年将增加 500 万个社区学院学位和证书，鼓励每一个美国人接受至少一年或更长时间的高等教育或者职业培训。

两年制学院的扩展

初级学院出现之初分布广泛。库斯（Koos，1924）报告在 1909 年全国只有 20 所初级学院，10 年后就发展到 170 所。到 1922 年，48 个州中的 37 个有了初级学院，这用了不到 20 年的时间。当年运行的 207 所院校中有 137 所是私人资助。私立学院大多在南方州，公立院校多在西部和中西部。尽管在那个年代公立学院比私立学院规模大，但是其实大多数学院规模都很小。1922 年，所有院校注册学生人数总和约 20 000 人，公立学院校均学生大约 150 人，私立学院大约 60 人。1936 年加利福尼亚州有 20 所私立学院，注册学生总数不到2 000 人，到 1964 年，它们中的 3 所已不复存在（Winter，1964）。

到 1930 年，美国共有 440 所初级学院，除了 5 个州以外都有分布。注册学生总数大约 70 000 人，校均学生人数大约 160 人。加利福尼亚州拥有全国五分之一的公立院校和三分之一的学生。尽管现在比例有所下降，但是加利福尼亚州一直保持着最初的这种领先，2010 年，全日制在校学生数超过排名第二的 2 倍。其他拥有较多公立初级学院的州有伊利诺伊、得克萨斯和密苏里，其中后两个州也拥有相当大数量的私立初级学院。到 1940 年，美国有 610 所学院，规模仍然不大，校均学生人数大约 400 人。三分之一的初级学院独立设置，其他大约三分之二是高中延伸，只有 10 所在六四四系统内（Koos，1947）。

私立非营利初级学院数量在 1949 年达到高点，共有 288 所，其中 108 所为独立的非营利性学院，180 所附有教堂。如表格 1.1 所示，这些学院数量从这一年以后开始持续下降，或者合并到了高级院校，或者关闭。自 20 世纪 70年代中期以来，几乎再也没有新的独立的非营利性学院成立，私立非营利性学院的规模也不再扩大，规模中等的在校生人数到 20 世纪 80 年代晚期不超过 500 人。相比之下，规模中等公立学院注册学生人数将近 3 000 人。社区学院数量的信息来源较为多样化，主要原因包括：是否包括社区学院的分校；是否包括诸如新墨西哥州、南卡罗来纳州和威斯康星州大学的两年制分校；是否包括不同种类的技术院校，例如印第安纳州直到 2005 年州立法机关才授权技术院校开办转学课程和两年制学位课程。不仅各目录的数据各不相同，而且由于调查或定义进行了修订，同一目录内的数据每年都不一致。

16

表 1.1　1915—2011 年公立学院和私立非营利性两年制学院数量

年份	合计（所）	公立学院		私立非营利院校	
		数量（所）	比例（%）	数量（所）	比例（%）
1915—1916	74	19	26	55	74
1921—1922	207	70	34	137	66
1925—1926	325	136	42	189	58
1929—1930	436	178	41	258	59
1933—1934	521	219	42	302	58
1938—1939	575	258	45	317	55
1947—1948	650	328	50	322	50
1952—1953	594	327	55	267	45
1956—1957	652	377	58	275	42
1960—1961	678	405	60	273	40
1964—1965	719	452	63	267	37
1968—1969	993	739	74	254	26
1972—1973	1 141	910	80	231	20
1976—1977	1 093	905	83	188	17
1980—1981	1 127	945	84	182	16
1984—1985	1 121	935	83	186	17
1988—1989	1 164	984	85	180	15
1992—1993	1 203	1 024	85	179	15
1996—1997	1 272	1 088	86	184	14
1998—1999	1 233	1 069	87	164	13

续表

年份	合计（所）	公立学院		私立非营利院校	
		数量（所）	比例（%）	数量（所）	比例（%）
2000—2001	1 220	1 076	88	144	12
2004—2005	1 173	1 061	90	112	10
2010—2011	1 065	978	92	87	8

来源：美国社区及初级学院协会，社区、初级及技术学院名录，1992；帕尔默，1978b；国家教育统计中心，摘要，2012。

　　20 世纪 80 年代以来，尽管社区学院注册学生数量有所增长，但是学院数量保持相对稳定。中等规模社区学院在校生人数也没有发生变化，因为大部分增加的学生都去了大型院校。据卡耐基基金会统计，2009 年，几乎占所有两年制学院总数一半的小型或微型学院的全日制注册学生仅为 1 999 人或更少，学生总数不到全国两年制学院学生数的 17%。学生注册数介于 2 000 到 4 999 人的中型两年制学院数量占全国学校总数的 17%，学生数占全国两年制学院学生总数的四分之一。大约 13% 的两年制学院被认为是大型或者是超大型（例如，注册学生数量从 5 000 到 40 000，甚至更多）。然而，这些大型学院注册学生占到学生总数的 60%，其中一半的学院校均注册学生 11 000 人，另一半超过 24 000 人（卡耐基基金会，2010）。

　　学生数量增长集中在大型学院有一个简单的理由：除了其他单一因素，入学率还取决于距离。公立大学，包括那些被学生偏好的学校都坐落在城市，其大部分新生来自很短的距离半径内。因此，与将招生政策降低到招收学业欠佳的高中毕业生相比，毗邻而居的社区学院的真正优势在于在向更广泛人群提供高等教育。彼得森（Pedersen，2000）提出，20 世纪 20 年代联邦政府出资建设高速公路为学生驾车上学提供了方便，这极大地推动了社区学院的发展。20 世纪 50 年代，联邦政府出资建设州际高速公路起到了类似的作用。因此社区学院大多修建在围绕大城市的环城公路沿线。在全国的一个又一个城市中，社区学院不断出现，开始接受大学教育的学生比重显著增长。在 20 世纪五六十年代，一个没有公立大学的地区只要建成社区学院，这个地区开始接受高等教育的高中毕业生立刻会增多，有的时候增量高达 50%。但是基本模式仍然没有改变：面向全国招生的被录取新生有 96% 是本州居民，从家到校园的中等距离是 10 英里（Horn，Nevill，and Griffith，2006）。

　　在 20 世纪 40 年代高出生率的推动下，社区学院的迅速增长导致其倡导者对发展持一种偏执的观点。但很显然，新社区学院的数量不可能永远增长下去。1972 年，科恩（Cohen）研究了州社区学院数量、人口密度和面积三者的关系，他发现社区学院倾向于坐落在 90% 至 95% 的本州居民合理的通勤距离范围内，即大约 25 英里。当学院位置达到这个范围，这个州就形成了成熟的社区学院体系，几乎不会再建设新的学院。当人口增长时，学院可以扩大招生规模，因此没有必要增加新的校园。20 世纪 70 年代，7 个州具备成熟的社区学院体系：加利福尼亚、佛罗里达、伊利诺伊、纽约、俄亥俄、密歇根和华盛顿。在这些州，人口密度越大，每所学院服务的区域越小，招生数量越大。科恩（1972）通过运用他关于学院数量与州人口数与密度关系的公式，发现1 074 所公立社区学院有效地服务了居民。2001 年，公立社区学院有 1 076 所，经过了 30 年，这一公式仍然被证明有效并且由此产生的数据非常精确。（开始提供学士学位的社区学院被从表格中移除，因此 2011 年数量降到 1 000以下。）

各州学院的组织、管理和资助体现了多样性。与早期四年制学院和大学一样，初级学院的发展并没有在州一级层面协调开展。裁撤是一个推动力量。四年制私立大学为尽力保持其办学资质、学生团体和财政支持，可能放弃大三、大四专业课程，并聚焦到新生和大二学生课程上，从而变成初级学院。密苏里大学帮助好几所州内苦苦挣扎的四年制大学转变成私立初级学院。在四年制大学普遍薄弱的南部各州，类似的降低办学等级的现象也有发生，这为该地区存在大量私立初级学院提供了解释。最初而言，超过一半的私立学院是单性别院校，大多女子学院广泛分布在新英格兰、中西部和南方地区。

公立机构发展路径多样。20 世纪 30 年代一批社区学院在联邦政府的赞助下建立。更多的时候，社区学院希望在扩充分支机构的公立大学的帮助下发展起来。宾夕法尼亚最早的两年制学院是作为宾夕法尼亚州立大学的分校而建立的。州立肯塔基大学、阿拉斯加大学和夏威夷大学都支持建立了社区学院。许多公立大学在自己的校园内建立两年制学院。威斯康星大学中心系统建立了一批院校，南卡罗来纳大学建立了几个地方性校区。

尽管现在每个州都有社区学院，且美国开始大学教育的学生近一半都在社区学院，人们发现早期适应社区学院发展的地方大多在西部，尤其是加利福尼亚州。一个原因可能是许多民主理念都起源于西部各州，诸如妇女选举权、选举程序中的重要改革等都率先在西部出现。然而，社区学院在西部扩展也要归功于一个事实：在 18 世纪和 19 世纪上半叶，当其他地区的地方宗教机构和私人慈善家资助的学院大力发展的时候，西部还没移民。到了 20 世纪，没有私立机构竞争的地方公办院校更容易发展。加利福尼亚成为社区学院发展的领头羊是因为加利福尼亚大学和斯坦福大学的支持、小型教会学院的缺失及对各层次公办教育的大力支持。即使到今天，加利福尼亚州和怀俄明州 60% 以上的大学生就读于社区学院，其他西部州诸如亚利桑那州和华盛顿州就读社区学院的学生比例也很高，分别是 30% 和 40%。

1907 年加利福尼亚的一条法案授权中等学校董事会提供大学课程，"课程内容应该与大学头两年的课程近似"。此后，这条法案又进行了几次修正，并成为其他州授权立法的典范。推动这项立法的参议员安东尼·卡密内蒂（Anthony Caminetti）20 年前就负责授权了高中可以向上拓展文法学院课程。事实上，这个法律是认可了加利福尼亚州许多高中已经从事的工作。那些距离州立大学较远的学校提供大学低年级课程帮助那些不愿意离开家乡的高中毕业生。1910 年，当弗雷斯诺利用这个法律建立一所初级学院时，他陈述的一条理由就是这个城市 200 英里以内没有高等教育机构（这条理由在两年制学院发展历史中被始终运用）。加利福尼亚州随后立法授权初级学院学区可以独立于中等学校设立。此后几十年两种模式平行发展。早期院校的初始状况表明：1927 年加利福尼亚州有 16 所学院附属于地方中等学校；6 所作为州立大学的初级学院部；9 所是独立设置的初级学院学区。1936 年，高中附属的数量增加到 23 所，独立设置的增加到 18 所，但是州立大学的初级学院部减少到只有 1 个。到 1980 年，基本上全部初级学院学区都从低层次学区中独立出来。 21

其他州现在也拥有了发展良好的社区学院系统，在发展之初遵循了相似的模式，但也呈现出多样性。亚利桑那州 1927 年授权地方学校组建初级学院。在密西西比州，学院从郡县农业高中孕育出来。1917 年，堪萨斯州一条法律同意地方选举建立初级学院，并创建特别税区支持学院发展。密歇根州授权的法律于同一年通过。明尼苏达州在 1925 年通过支持地方选举组建学区的法律之前就已经建立了公立初级学院。密苏里州立法同意中等学校提供初级学院课程的时间是 1927 年，但实际上此前已经有初级学院建立。大部分纽约州的社区学院建立是由于 1949 年的一项州政府拨款，这项拨款用于建立学院系统，"支持高中后两年制项目，将通识教育和技术教育相结合，专门课程用于拓展工作技能，通识教育支撑学生转学"（Bogue，1950，p. 34）。每个州的法律后来都进行多次修订以适应资助方式和管理模式的变化。

这些模式不是统一的。学院运行的许多方面保留了当年被地方校董会管理的方式，教师评价程序和基于学生出勤的资金奖励就是最好的例子。有时，学院的某一方面向高等教育转变，而其他方面却向初级学校靠拢。1988 年，加利福尼亚州立法机构通过了一项综合改革法案，要求许多社区学院管理方式与州立大学保持一致。但是，在同一年，又通过了一条公共新法案，建议学院资金在担保期内拨付，这一条规定与 K-12 教育体系管理方式一样。 22

双向扩展

社区学院也正在进行多样性发展，包括两项迅速发展的创新举措。早期学院高中和提供本科教育的社区学院都表明，学院正在拓展新的服务领域和服务对象，前者是招收 11、12 年级学生，后者是面向 15、16 年级学生。二者共同组成双向扩展。

各级各类学校组织成一张无缝网络，让学生们从一年级直至获得学士学位期间受到最小限度的干扰，经过长时间发展，这个想法最终沦为空想。小学、中学、中级学校、社区学院、授予学士学位的学院、研究生院等组成的美国教育体系的每个组成部分相互分离，相互之间的转换已经变化无常。理想的状况应该是每个州的公立教育体系统一管理，课程循序渐进地设置。尽管为建立这样的体系作出了些许努力，但其仍然一如既往地难以捉摸。

许多社区学院尝试通过重构来缩小障碍。有些学院通过建立早期学院高中计划来扩展中学的办学方向，提供加快获得高中文凭和副学士学位的项目。一些基金会支持这些有风险的项目，如比尔及梅琳达·盖茨基金会、福特基金会、凯洛格基金会和纽约卡耐基公司。州和地方的政策必须经常进行调整来包容一系列变化，包括允许开设供高中学生选择的一些大学课程，学区要为课程付费，改变州和联盟禁止大学教师在高中授课的规定。这些项目非常有用，特别是在经济和教育上鼓励经济贫困的九年级学生通过四年或五年从高中毕业获得副学士学位，而不是传统的六年（Kisker, 2006）。

别的一些学院通过与大学合作提供学士学位或者授予他们自己的学士学位，进入到四年制院校的范畴。如纳瓦罗学院（得克萨斯州）于 1985 年、犹他谷社区学院于 1997 年、威斯塔克学院（阿肯色州）于 1994 年成为这项行动的先锋。2001 年，社区学院学士学位教育联盟举办了第一次年度会议。这些院校非常多样化。有些在社区学院里提供学士学位项目，授予高级院校的学位（事实上这已长期存在），然而有些是在大学校园里提供该项目；有些在社区学院内或附近组建大学中心，好几所大学参与其中。比如，西北密歇根大学中心包括了 11 所四年制大学；北哈里斯蒙哥马利社区学院（得克萨斯州）有 6所公立大学参加；布罗沃德社区学院则在佛罗里达大西洋大学主校园建立校区（Floyd, Skolnik, and Walker, 2005）。有些学校已经被南部地区教育董事会认证为副学士学位、学士学位混合学院，主要是授予副学士学位，同时也授予学士学位，代表有道尔顿州立学院和梅肯州立学院（佐治亚州）。随着授予学士学位的趋势增长，2005年卡耐基高等教育分类研究所创造了一种新类型学院，即学士、副学士学院。这些颁发副学士学位的学院也颁发学士学位，学士学位比例为本科奖学金获得者的10%—50%。当年有57所院校这样设置（Townsend，2005，p. 180），五年后，数量增加到147所。并且，主要颁发副士学位的学院数量增长了49%，从109所增加到162所，在这些学院本科毕业获得学士学位者低于10%（卡耐基基金会，2010）。（这些类型排除了通过与大学联合培养并颁发学士学位的社区学院、大学中心、并行校园或者是由大学扩展而来但不授予他们自己学位的学院。）

　　学院的演变进展得非常快。1994年犹他山谷社区学院改为犹他山谷州立学院，2000年迪克西学院改为迪克西州立学院，2001年威斯塔史学院被命名为阿肯色大学福特·史密斯分校。佛罗里达超过一半的学院从校名中取消了"社区"两个字。夏威夷所有社区学院为体现它们地位的变化而修改了校名。由于南部院校协会（Southern Association of Schools and Colleges）的授权，得克萨斯高等教育协调委员会（Texas Higher Education Coordinating Board）已能为四年制学院提供学士学位。

　　到了2010年，18个州的社区学院被批准提供学士学位。在劳动力需求高的领域，授权立法允许颁发针对劳动力发展开设的学位。尽管佛罗里达不是第一个得到批准的州，但其数量最多，截至2013年，州内28个学院之中的20个已经开放学士学位项目。

　　社区学院的纵向拓展形势大好，即社区大学课程向下延伸至11年级和12年级，向上延伸至授予学士学位。对于社区学院来说，虽然他们希望扩展到其他学校目前无法很好地服务的每一个角落，但垂直扩展意义重大，因为它的两端支持者都与慈善事业的利益保持一致，或者创建了游说协会来推动他们的事业，从而确保持久力。然而，这种扩展，就像之前对未知课程领域的尝试一样，并不是没有争议的。支持者认为，早期大学和社区学院的学士学位（CCB）课程为那些可能不会上大学的学生提供了上大学和获得学位的途径，而且他们这样做的成本更低，甚至可以在目前大学不开设的领域进行。然而，反对者批评这种行为是大学使命的偏离，谴责此举将不可避免地导致更低的学业标准，或是导致课程重复。特别是CCB课程的反对者还认为，扩招将导致学生和州的成本增加，不利于学位认证，以及需要聘用更高学历的教师，而这些人要求更高的薪水，并且可能不太关注教学。

　　使命偏离的论点尤其有力，它声称社区学院的CCB课程将"（削弱）传统社区大学的使命，（抛弃）那些它旨在服务的学生……转移资源，提高所有学生的学费，挑战开放政策，转移对发展教育的注意力"（Russell，2010，p. 7），这些言论在社区学院中产生了强烈的共鸣。然而，其他观点更广泛地诠释了社区学院的使命，正如佛罗里达州爱迪生学院（现为爱迪生州立学院）的前校长所说，"我们的使命从来不是成为一所两年制大学。而是为了响应我们社区的需求"（Fliegler，2006，n. p.）。根据这个论述，纵向扩展是实现社区学院使命的合理下一步，考虑到对更多学士学位和其他学位的需求，在不久的将来这种扩展趋势不太可能放缓。然而，提供副学士学位的大学却越来越多，这一趋势体现在美国州立学院和大学协会（American Association of State Colleges and universities）中42%的成员都提供副学士学位。

课程功能

各州立法规定的课程功能包括学业转换准备、职业教育、继续教育、发展教育和社区服务，这些功能在公立学院开办之初就已经被提出。1936年，霍林斯海德（Hollinshead）写道，"初级学院应该是符合社区需要的社区学院"（p. 111），学院要提供成人教育以及教育的、娱乐的和职业的活动，社区也可以支配学院的文化设施。关于学院的书籍都清楚说明了上述要素，并且除此之外，近期莱文（Levin，2001）拓宽了社区的定义，包括了外国公民和全球化的工作场所。

学分转移

学分转移或转到大学学习，是为了实现以下几个目的：普及教育、追求民主，以及为大学开设低层次通识教育课程。普及教育是通过展示高等教育可以为个人做什么，并鼓励人们参加高等教育来达到宣传高等教育的效果。随着社区学院成为人们接受高等教育的首选场所，社区学院的民主化追求得以实现。因为大学不愿意放弃招收低年级学生，因此，社区学院为大学减轻大一新生和二年级学生负担的作用没有那么明显。相反，社区大学使他们能够保持选择性录取要求，从而大学只录取他们想要的大一和大二学生。

1930年，伊尔斯调查了279所初级学院的课程来确定学院提供的课程类型等事项（Eells，1931）。他发现69%的学期课时用于学术课程，包括现代外语、社会科学和占主导地位的自然科学；31%用于非学术课程，包括大量的音乐、教育、家庭经济学方面的课程和类似于提供给扩展部门的课程。当时，无

论是州或者地方管理的公立学院、私立教会学院，还是独立学院，开设的课程 27
几乎没有区别，只是办学时间越长的学校越倾向于构建一套非学术课程。关于
大学接纳学院的功能，大部分大学乐意批准转学学生免修学分，还基于课时数
为新生和大二学生的课程提供学分。鲍格（Bogue，1950）在报告中指出：
"根据登记员的介绍，加利福尼亚大学伯克利分校 60% 的高年级学生从别的院
校毕业后转入，其中大部分来自初级学院。"（p. 73）

职业教育

从最早开始，职业教育就被大部分州写进了法案。1957 年北卡罗来纳州
第一个为社区学院提供州政府资金支持的法案明确说明："社区学院系统提供
的大部分项目是帮助个人获得应用科学副学士学位，为进入商业和工业的技术
岗位做好准备。"（北卡罗来纳社区学院系统，2007a，p. 6）20 世纪 70 年代，
美国教育办公室普及"职业生涯教育"，这一概念今天仍然被广泛使用。然
而，这个词不能代替"职业教育"，本书里这个词是行业职业、职业生涯和技
术学习的总称。最初，两年制学院开办的职业教育是作为终身教育的重要组成
部分，针对不再继续学业的学生开办，目的是讲授比高中更加复杂的技能。然
而，20 世纪 30 年代中等学校开始讲授农业、记账、汽车修理和印刷等技能，
初级学院讲授无线电修理、秘书服务和实验室技术工作。因为学士学位成为从 28
事教学的基本条件，初级学院在 20 世纪 20 年代拥有的教师培养功能后来消失
了，但这一功能在 90 年代重新出现，因为马里兰州推出在师范教育方面可以
转换学分的副文学学士学位（McDonough，2003）。但是，20 世纪 30 年代职业
教育的大部分仍然是职前训练，如法律预科、医学预科、工程预科。根据伊尔
斯的研究（Eells，1931），在入学人数上，1929 年加利福尼亚州公立初级学院
与大学之间比例是 80：20，在得克萨斯州地方自治初级学院，这个比例是
77：23。到了 20 世纪 70 年代，接受职业教育的学生人数与接受大学教育的
持平。

继续教育

继续教育功能很早就已出现，20 世纪 40 年代成人学生所占比例显著增
加。1947 年，总统在高等教育委员会强调了此项功能。鲍格（Bogue）赞赏地

提到得克萨斯州一所学院的口号："我们愿在任何时间、任何地点教任何人任何知识，只要人数足够、项目合法。"（1950，p. 215）他也指出，"在 1949 年《AACJC 指南》报告的 500 536 个学生中，将近 185 000 人是特殊人群或者成年人"（p. 35）。学院不局限于特定课程模式或者是教育层级，而是无限地为终身教育服务，继续教育的开放属性很好地契合了这一理念，这必然增强了公众对学院的支持。

发展教育

发展教育又被称为补救性的、补偿性的、预备性的或者基础技能性的教育。随着在中等学校学业准备不充分的学生越来越多地就读社区学院，发展教育得到了增强。尽管一些补习教育很早就已出现，但在 20 世纪 20 年代进入社区学院和高等院校的学生之间的差异远没有近些年大。库斯（Koos，1924）曾指出高等院校录取新生的入学考试分数仅稍高于社区学院的。20 世纪 60 年代，伴随着学院录取的扩大，中等学院的学术教育水平明显下降，这就将发展性教育摆在了突出位置。

社区服务

社区服务功能最早由私立初级学院和农村地区的学院倡导提出，这些学院通常作为文化中心服务社区。早期关于两年制学院的书籍展示了广泛的文化和娱乐活动，这些活动成为当年院校在社区的启蒙教育。公立两年制学院采用这一方式构建良好的公共关系，许多州为学院的这一功能拨出专门经费。1980年，《AACJC 指南》指出，近 400 万社区教育参与者中，大多数人参加的都是短期课程、讲习班和不计学分课程。社区服务功能也包括学院发起的那些对学生和公众都开放的观赏活动。

融合功能

本书就每一种课程功能分章节阐述：发展教育（补习性教育）、综合教育（通识教育）、转学和人文科学教育（大学功能）以及职业教育（技术的、职业生涯的教育）。社区服务和继续教育是融合的。作为一种重要功能，学生指导在学生服务章节里面进行介绍。然而，所有这些功能又会重叠在一起，因为教育的各种功能很难完全分离开。社区学院没有清晰的课程的分类，隐含在课程中的概念和学生的入学目的都需要仔细审视。尽管理科课程几乎都被列在转学课程里，但是对于将在医院和医学实验室工作的学生来说它们是职业教育。汽车修理课程虽然是职业教育项目的一部分，但是对于那些学习修理自己汽车的学生而言也是通识课程。转学教育、职业教育和继续教育交织在一起，综合教育和通识教育渗透到全部功能之中。谁能说课程只是在发挥某一个功能呢？

30

这些定义主要适用于资助机构和认证协会，以及那些需要分类分级体系来理解课程（课程体系）的人。职业教育由特别的专项资金给予支持，人们期望其能直接引导就业。当一门课程或项目的学分能够被用来使学生转学到高等院校时，职业教育就成了大学功能的一部分；当它不能用于获得副学士学位时，职业教育就是发展教育和社区教育。这就是为什么社区学院的校长们能够诚实地说他们的学院很好地完成了所有任务。当面对他们的学校在某一个课程领域做得不够的指责时，他们可以反驳说，只要更加紧密地审视课程和学生就可以。一切教育都是通识教育，所有的教育都有助于潜在的职业提升，所有教育都是为了社区更广大的利益。

学业通道中的位置

无论是被视为向高中还是向大学头两年的延伸，社区学院通常被定义为在一定程度上通过与院校结成联盟来提供课程的机构。当立法者和其他人员更加关注学生从幼儿园到研究生院（K-20）的成长路径时，他们发现近年来这种联合已经非常重要。学院不能够再单独地提供课程或者出台政策，它们必须与两端机构协调配合。例如，许多州社区学院与较好的高中联盟代表学校合作，将高中毕业标准与学院入学标准对接。在通道的另一端，许多州颁布了具体的

31

转学和衔接协议，制定了公共的通识教育必修课程。至少有 10 个州走得更远，它们颁发了转学副学士学位，这是一个在全州范围通行的学位项目，允许学生同时获得社区学院副学士学位和无缝对接就读州立大学高年级的资格（Kisker, Wagoner, and Cohen, 2011）。

纵向的学生记录系统已经在几个州开始使用，诸如国家学生信息收集所的学生追踪系统等工具可以对学生在学业通道上的进步进行深入检查，一个规划中的国家学生记录数据库将进一步深入拓展数据组。K-20 合作委员会和其执

委会进一步强化了这样一个观念，那就是高等教育院校的发展必须最好地满足学生和国家的需要。加强教育部门间的协调和合作通常被认为对整个教育事业有益，但是由此引发的对院校自治的限制也值得注意。的确，社区学院可以由独立的董事会控制，由地方行政官员管理，课程由独立的教师讲授，但是校园里发生的事情很少受到其他教育部门的保护。理想的情况是，教学应该在学生已有的水平上开展；课程必须支持转学或直接对接就业，即便是那些被视为终身教育的课程也应如此；本州范围内政策必须支持学生进步；成果必须根据学院是否帮助学生在学业通道上的发展来鉴定。

其他国家的学院

所有国家在劳动力发展、社会凝聚力和为个人提供流动渠道等方面都面临着类似问题。每个拥有正规教育体系的国家都有服务于从义务教育到实现各种成人追求的院校，特别是向劳动力转变的服务。欧洲、澳大利亚、中国、日本和越南，以及非洲、南美洲的几个国家在这方面都做得很不错。不论被称为学校、学院还是大学，超过三分之二的院校在名字中都有"职业"或者"技术"两个字。几乎没有学校能授予大学转学学分。除了美国和在一定程度上的加拿大，还没有国家形成综合性的社区学院。首要原因是美国年轻人接受义务教育的时间比任何其他国家都长，由此形成了希望接受更多学校教育的现象。第二个原因是只要个人有意愿和社区财政收支许可，美国人允许个人拥有开放的选择权的理念更加坚定。将转学教育、职业教育和发展教育放在同一所院校内，一旦学生要改变自己的学习项目，在校内转换比不得不转学容易多了。

重点的转变

通过增加入学机会，社区学院给美国教育带来了显著变化。直到 20 世纪中期，高等教育对大众来说都有些神秘感。只有七分之一的人能够进入大学，大部分学生来自社会中高层家庭。对普通大众而言，几乎不知道高墙之后发生着什么，接受高等教育是沉浸在仪式中的神秘过程。随着入学权的民主化，高等教育逐步揭开了其神秘的面纱。二次世界大战后，《退伍军人权利法案》（GI Bill）通过，人们第一次有机会获得大规模的经济资助，这不仅可以用来偿还学费，还可以支付生活开销，上大学的人数快速增长。到了 2010 年，全

体美国成年人中有57%至少进入了大学就读过一学期，28%获得了学士学位
（美国人口普查局，2010）。

　　入学人数增长的同时，学生群体结构也发生了重要变化。大学不再是隔绝
的飞地，只为把有钱的和受过教育的家庭的男孩培养成专业人才，只培养女孩
具备文化阶层的礼仪。现在，大学也面向少数族裔学生、低收入群体和那些前
期学业成绩处于末端的学生。在所有的高等教育院校中，社区学院在建立开放
体系方面贡献最大。社区学院建立在大城市，所有求学者都可以到达，因此吸
引了"新学生"，包括少数族裔学生、女生、高中学业欠佳的学生，以及那些
从未曾想过接受更高教育或者能够负担更高教育成本的学生。

　　在同时代，社区学院也对院校某些工作重点的转变作出了贡献。院校一直
是个体流动的路径，随着大量的平民大众开始通过就读学院提升社会阶层，这
一用途更加突显。高等教育为行业、商业和工业提供训练有素的人员的这一重
点任务也更加清晰。诚然，识别学生是为学习而求学或者只是为具备绅士、淑
女的礼仪而求学很困难。也许即便是1900年以前单纯为非职业目的求学的学
生也很少。20世纪最后三分之一的时间，几乎不再有高等教育评论者能清晰
表述那些目的。职业主义成为时代主流。学院运行就是为了让学生找到工作，
为了提高工作能力和训练工作技能。旧的人文科学教育的价值成为附加的、偶
然的附属内容。如果真正开展人文科学教育内容，那也是沿着获得高收入职业
的路径开设。

　　院校工作重点的转变不根据教育哲学家的声明所决定，而是由财政的迫切 34
需要、州层面的合作团体、可用的新媒体、投资回报的立法和公共利益以及新
的学生群体所决定。各类教育机构得到的公共财政支持都有稳定增长，但是社
区学院得到的用于职业教育的联邦拨款大规模增长，并由此产生深刻影响。从
1917年的《史密斯-休斯法案》，到20世纪60年代的《职业教育法案》，再到
后来的《职业教育法案》，联邦资金大量拨付给教育领域，社区学院一直稳定
地获得自己的份额。支持社区学院的国家议员们勤奋地工作，将社区学院置于
补贴范围内，社区学院获得了专门的职业项目资金。当代学院的职业教育阵容
的形成很大程度上是由于获得了这些资金。

　　州级协调也对院校角色产生着影响。在一些州，合作理事会和中等教育委
员会，连同高等教育董事会尝试给不同类型的院校分配项目。这些团体可能限
制给社区学院提供低阶段项目，只授权一些最低水平的大一、大二年级课程在
社区学院和大学同时开设。在一些州，继续教育被指派给学院承担，另一些州
则将继续教育从社区学院分离出来。一些州将全部发展性教育都归还给社区学
院，并且把补习性教育作为一项重要的优先任务。

新媒体也发挥了它们的作用。电子设备被采用，精心制作的学习资源在校园开放。因为学习实验室能够随时得到提供，学生不必再依次进入课堂或者在固定时间学习。新媒体，最早是收音机，然后是电视机，现在是计算机和平板电脑，使院校在开放回路放送大部分课程成为可能。学院已经冲破了校园边界。

立法机构领导人和公众对学院仔细审查，要求对政府投资有大的责任心和响应性，这对学院提供的项目几乎没有影响，但是对学院评估发展和与利益相关者交流的方式产生了显著变化。长期以来社区学院仅仅关注报告投入和漂亮的数据（注册学生的数量和类型、提供的项目、本地好的工作），现在必须提供关于产出和生产能力的详细信息，包括转学学生、获得学位和证书的学生以及完成项目后找到工作的学生的比例，下一学期继续学习的学生比例，与全日制等同的学生获得学位的比例，等等。在财政赤字和政府对社会机构投资的不信任度提升的时代，学院的口头禅"只要他们需要，我们在任何地点服务任何人"不再产生作用。

但是新学生群体带来的影响最为显著。社区学院积极吸引那些没有接受过传统高等教育的学生：付不起学费的学生，不能够就读全日制大学的学生，因为种族和民族背景被迫不能入学的学生，在低阶段学校准备不充分的学生，学业进程被某些临时情况打断的学生，在工作中被淘汰或者从来没有接受过工作培训的学生，需要渠道获得工作的学生，关押在监狱、身体残疾或者因其他原因不能到校园参加课堂学习的学生，或者那些需要将不断增加的休闲时间变得有意义的学生。成功招收这些新学生对学院提供的具体课程产生了影响。对于那些没有一定的阅读、写作和计算能力的学生，为使他们能够跟上学业进度，学院必须提供不同的课程。当这些学生成为数量相当大的少数群体，或者甚至是成为多数的时候，院校的思想体系就会受到影响。渐渐地，学院发言人停止谈论学院特性，更多地谈到学院繁忙的发展性教育项目。最终，教师不再按学业成绩标准统一要求学生。新的入学规则被采用，以适应那些在许多学院之间入学、退学的学生，非全日制学生对学院也产生了类似的影响。为了服务那些没有参与以教室为中心的传统教学的学生，新型的支持系统和学习研究室已经配置。

总体而言，相比其他大多数高等教育机构，社区学院的目标转变要少很多。它们的目标没什么可以转移的，因为它们为人们提供想要的一切。站在传统之外，它们给人们提供了受教育的机会，它们不能以开拓学术前沿为借口而不去传授知识。社区学院的扩展很快，它们的固定教职工并没有在一个地方工作那么久。例如，它们可以很容易地将它们的图书馆转换为学习资源中心，因为图书馆没有伴随维护和保存大量收藏品而来的复杂程序，因此它们可以用于教学课程。

1924 年，库斯（Koos）对初级学院在明确和区分与大学和中等学校目标方面的作用持乐观态度。他预测功能的分配"一定从当前教育混乱中带来秩序……通过将公认的中等教育时期扩展 2 年……每个单位目标的分配和它们之间的区分将关照到它们自己"（p.374）。库斯相信，大部分中等学校的目标和功能将提高到新水平，所以学院头两年的工作将呈现新意义。这些目标包括职业功能、公民和社会的责任、生活的娱乐和审美。大学得以自由地从事研究和专业训练。而且，关于学院准入的争论将减少，职前培训能够更好地被定义。初级学院系统的扩展也将减少中等学校和大学之间的重复招生。

可以明确的是，库斯的许多预测没有得到证实。他没有预见入学学生的大量增长，大学和学院的发展以及二者之间的竞争，或者是课程的分化。课程分化，一方面是因为学院为了满足入学和退学的非全日制学生的要求；另一方面是因为院校热心提供短期课程、讲习班和观光活动。他的方案没有考虑大规模学生的多样性或者社区学院将承担的社会责任，在此之前，这些社会责任都由中小学校、教堂和家族承担。而且他也没有意识到学生和教师对就业相关项目的重视。

当前的问题

两年制学院引领的美国教育革命已经基本结束。两年的高等教育从经济上、地理上、实践上几乎涉及每个美国人。自从哈里·杜鲁门总统的高等教育委员会建议打开通往高等教育的大门以来，已经经历了三代人。现在，社区学院已经遍布美国。社区学院分布在城市中心、农村地区，甚至在监狱和军营都开办了课程。课程网络教学一天 24 小时都提供。免试入学政策服务于每个人，以确保每一个社区成员不会失去参与所需项目的机会。

20 世纪 60 年代，基于第二次世界大战后婴儿潮的人口统计资料，经济繁荣带来了慷慨财政捐助和对教育的公共支持浪潮，每一个州都建立了社区学院。到了 70 年代，学院已经招录了美国高等教育学生总数的 34%，美国有了将近 1 100 所社区院校。当分校区不再计为独立实体，以及营利性院校获得了更大的立足之地时，学院数有了轻微下降。尽管如此，成熟的社区学院体系已经成为美国后义务教育结构的核心要素。

成熟并没有改变学院长期存在的问题，这些问题涉及资金、公众认知、相对重要程度、目的和价值。对 1950 年的鲍格而言，社区学院重要的问题是设计始终如一的组织样式，保持地方或者州府管理，发展适当的与职业教育相融合的通识教育，找到合适的教师，保持适当的学生指导服务，以及促使州府拨付足够的资金。这些问题一直都没有得到令人满意的解决。

如今校内外对社区学院认知的变化又导致了一些其他问题。一些变化是因为州级教育领导和院校层面的问题，但是更多的是因为人口模式的变化和公众对院校办学目的的认知。首先，职业教育和学院教育在实践中相融合。职业教育被正式认定为终端教育。学生被期望在最后的正规学校教育中学习并就业。进入职业项目学习的学生，如果没有完成学业或者没在接受训练的相关领域就业，就会被认为受到了错误指导。转学和人文科学教育项目是中等学校教育和学士学位教育之间的桥梁，进入这些项目但最终没能够获得学士学位教育的学生被视为辍学。

然而，自 20 世纪 70 年代以来，完成职业教育项目的学生中很大一部分转入了大学。职业教育项目通常保持一定的课程体系，体系内的课程有一定的连续性。许多这样的项目，特别是技术和健康领域的项目，与学士学位项目很好地相互连贯。许多项目有选择性获准入学的政策，学生被迫很早作出决定，满足入学要求，保持持续学习，取得令人满意的进步。这种学校教育模式帮助认真的学生变得更强大，引导他们进入大学深造。相反，现在经常有一些还没有明确学习方向的学生选择人文科学课程，这些学生或者已经拥有学位，选择课程只是出于个人兴趣，或者正在努力先修课程或者学分绩点，以便进入社区学院或者其他院校的择优录取项目。这样，对许多学生而言，学院课程已经成为包罗万象的、具有通道功能的项目。

第二个问题是到 20 世纪 70 年代，旨在帮助学生完成大学一、二年级课程的线性发展功能，在社区学院全部服务功能中的比重大大下降。转学的学生保持着相当的数量，但是社区学院增长的入学学生大部分参加的是职业教育和继续教育项目。学院课程可以在目录里面选择，但学生们使用起来有着完全不同的目的。他们随意选择课程、入学和退学。学院项目包括的课程更准确地说是横向的而不是纵向的，其中不超过十分之一的课程要求有先修课程作基础，不超过十分之一的课程达到大学二年级层次。学生按照自己的方式选择，尽管院校提供的功能模式给出了其他建议。目录里一学期接一学期地展示推荐的课程，供学生在上百个领域里选择主修方向，但学生往往选择那些在每天优先时段开设的课程或者那些看起来可能有用的课程。20 世纪 80 年代，许多学院刻意去消除这种参与课程的模式，但是基于一定顺序的选课要求被证明很难实施。直到最近 18 岁学生的选课数量增加，提高了社区学院参与学士学位项目的学生比例，实施基于一定顺序的选课的情况才有所好转。

第三个问题是低于学院水平的教学有加剧的趋势。除了补习课程在课程中的比例增加之外，学院课程对学生的预期也产生了变化。举个例子，1977 年社区学院的英国文学课程要求学生每学期平均阅读量达 560 页，而根据库斯（1924）的研究，1922 年高中文学课程学生每学期平均阅读量是这个数字的 3倍。这些数据不是用来贬低社区学院，而只是为了指出不能从传统角度来理解现在的院校。学生们早期阶段的学习被图像所支配，院校正努力寻找教育学生的合适方法。没有受过正规古典文学教育的人是没有接受过足够文学教育的，这一观念在 19 世纪被艰难地消除了。在大部分信息被电波传播的时代，将能够阅读散文作为充分教育的标准也受到了质疑。

第四个问题，外部对"成就指标"的要求没有达成一致。引入诸如毕业率、转学率和到某行业的就业率这些有限的概念，实际上是用不确定目标引导人们过上更好的生活，这已经产生了振动效应。这个效应解释了为什么基于产出和成果，对社区学院进行判断、对比和在某些情况下拨款时，存在对立情绪。注重过程的教职员工几十年前就讲道，"教育的价值只有在学生离开大学几年后才变得明显"（有时候表述为"我们所教的东西是无法衡量的"）。总而言之，在聚焦个人进步和评价院校成绩之间存在着不可逾越的鸿沟。

但是与资金问题相比，课程、学生和院校任务等问题都显得苍白。社区学院或者其他学校值得那些投入吗？学院是否过分扩大？它们的成果与它们消耗的公共资源对称吗？它们能够或者应该对其产出负责任吗？这些问题与对小学和中学教育的不满一起越来越频繁地被提起。不论是单独的社区学院还是与高级或低级学校一起被质疑，支持者们都不得不回应。

当前对一些其他问题也产生了质疑：学院除了提供入学机会和学不副实的学分与学位带来的虚假好处外，还能提供更多吗？它们是高等教育吗？它们的努力有多少是致力于高等教育，是在通过学科来发展理性和增长知识？有多少在引导学生形成反思的习惯？有多少有助于学生形成公共的和个人的美德？

把学生分类分等，把有才干的学生送到大学而鼓励其余的学生追求其他目标，这是道德的吗？在评论终端项目，即那些不能转入大学的商业课程和通识教育课程时，伊尔斯（Eells）指出："学生确实不会被迫选择它们，但他们可能会被引导、诱惑和吸引。"（1931，p. 310）在关于指导功能的那一章里，他强调："许多学生被指导学习终端项目是完全必要的。"（p. 330）库斯也认为，"大多数学生将在终端项目得到最好的服务"（Eells，1941b，p. 327）。从当代的视角来看，伊尔斯和库斯的主张仍然适用吗？

如果社区学院没有建立起来，美国教育的形态会是什么样子？人们现在将在哪里学习贸易和职业？早期的学徒制模式，现在仍然会如欧洲一样占主导地位吗？低于学院层次的地区职业教育中心和地方职业技术学校规模会大一些并且得到更加慷慨的资助吗？会形成不同的格局吗？

学业转移功能将发生什么变化？就读学院的学生将减少多少？大学会扩张来接纳所有想入学的学生吗？20世纪六七十年代，由于第一次婴儿潮，大量的高中毕业生提出入学要求，社区学院的确提供了重要的服务。通过提供便宜的、可获取的选择，学院至少给予了大学完整的表象。如果没有社区学院接纳并分流申请者，有多少所大学已经遭受破坏？同样的问题在20世纪90年代再次出现，第二次婴儿潮效应显现，高中毕业生数量持续增长，提供继续入学机会再次成为一个重要问题。

如果没有社区学院，什么服务机构将为社区提供服务？多少学院提供的社区服务将会被错过？如果没有社区学院宽容学生学业曾经的不足，中等学校将能更好地保持课程和教学的完整性吗？其他院校将能承担发展性教育功能吗？

尽管这些问题不时地被提出来，但是它们很少被认真审视。主要是因为在其漫长的发展历史进程中，社区学院被撰写高等教育著作的人忽视了。20世纪社区学院开始出现，关于高等教育的书籍开始出版，但是直到20世纪80年代，这些书籍对社区学院几乎没有给予关注。在索引里面查询关于社区学院之类的研究是徒劳的。1950年，鲍格（Bogue）对初级学院缺乏关注深表遗憾，他声称查阅了27本权威的美国高等教育史，只找到一些对初级学院的粗略论述。鲁道夫（Rudolph）在1977年首次出版的《高等教育课程的主要历史》中对社区学院有两页的概述。帕斯卡雷拉（Pascarella）和特伦兹尼（Terenzini）的大规模评论作品《学院如何影响学生》（1991）几乎没有提及社区学院。最近，在2005年修订本中谈论奖学金的第十三章，利用一个很小的篇幅提及了社区学院，填补了一些空白。

也许社区学院仅仅应该被定性为非传统的。它们没有遵循从殖民地学院到大学这一高等教育的中心主题；它们通常没有如寄宿制人文学院追求的那样，给学生提供新的价值构造；也没有如顶尖的传统型大学那样，致力于通过学术和研究训练推进知识的发展。它们经常改变，不断寻找新的项目和新的需求者。社区学院的确是非传统的，但它们确实是美国的，因为处在最好状态的社区学院象征着最佳状态的美国。从未满足于从前做过什么，它们尝试用新办法去解决老问题。它们为每个人保持开放的通道，增强美国社会特有的流动性。它们接受一个观点：社会会更好，正如社会中的每个人会有更好的命运。

2

学生
不同的背景和目的

　　有两个词可以用来概括学生：数量和多样性。对学院领导来说，学生人数
的惊人增长是社区学院最为明显的特征，有时这一增长比例每年高达 15%。值
得注意的是，社区学院入学人数，1960 年有 50 多万，1970 年增加到 200 多
万，1980 年增加到 400 万，20 世纪末至 21 世纪初，入学人数增加到近 600
万，到 2010 年超过了 750 万。在 20 世纪 60 年代，这一增长很大程度上是由
于 18 至 24 岁人口比例的扩大——这是二战后婴儿潮的结果。这样大学年龄段
的人越来越多，要上大学的人也越来越多。21 世纪初，类似的现象也很明显。

　　表 2.1 的上半部分显示了从 1900 年代到 1970 年代的每十年里，各类大学
的本科招生人数（18 到 24 岁的人数）在美国人口中的比例。该表准确地描述
了这些年大学生的年龄组比例，但由于许多本科生，即目前近一半社区学院的
学生，年龄都在 25 岁以上，所以必须调整该表，以更准确地描述自 1980 年代
以来学院的入学率。因此，表格的下半部分描述了 18 至 24 岁的大学生人数占
大学适龄人口的百分比；2010 年该百分比为 41.7%。从 20 世纪 60 年代初到
80 年代中期，45% 至 55% 的高中毕业生在毕业一年内进入了高等教育学校。
2000 年，该数据达到 63%，到 2010 年接近 70%。

表 2.1　美国社区学院和大学本科招生与美国 18—24 岁人口比例

年份	大学适龄人口 （单位：千）	本科招生 （单位：千）	百分比
1900	10 357	232	2.2

续表

年份	大学适龄人口 （单位：千）	本科招生 （单位：千）	百分比
1910	12 300	346	2.8
1920	12 830	582	4.5
1930	15 280	1 054	6.9
1940	16 458	1 389	8.4
1950	16 120	2 421	15.0
1960	15 677	2 876	18.3
1970	24 712	6 274	25.4
年份	大学适龄人口 （单位：千）	18—24 岁本科招生 （单位：千）	百分比
1980	30 022	7 716	25.7
1990	26 961	8 628	32.0
2000	27 144	9 636	35.5
2010	29 312	12 077	41.7

来源：国家教育统计中心，《文摘》，1970，2011；美国人口调查局，《当代人口调查》，2010。

本章给出了社区学院学生人数和学生类型的数据，并就学生能力和学术准备、性别、种族或族裔以及生活环境展开讨论。对学生及其目的分类的方法，以及评估和追踪学生发展的方法进行了研究。本章提供了有关入学模式和高辍学率原因的信息，第十四章中介绍了有关学生转学、学位或证书获得和就业等方面的信息。除非另有说明，本章数据皆来自国家教育统计中心（NCES）2011 年和 2012 年发布的报告。

学院人数增加的原因

社区学院入学人数增加的原因除了总人口增长之外，还可以归结为以下几个：超龄的学生入学读书；经济资助；非全日制学生入学；院校的重新分类；学生和课程的再定义；以及女性、少数族裔和学术准备不足的学生的高入学率。社区学院也在积极招生，对社区学院来说，社区里的每个人都有可能成为学生。

人口统计对学院入学人数有着深远的影响。1979 年，美国 18 岁的人口数量达到顶峰，20 世纪 80 年代，该年龄段的人口数量下降了 23%，1992 年又开始上升。20 世纪 70 年代，公立两年制学院的总入学人数翻了一番，随后在接下来的 20 年中每年增速都放缓至 15%，2010 年加速至 21%。在 18 岁人口的下降期，入学率的增长反映了其他因素对社区学院入学的影响。然而，与 20 世纪 70 年代的入学人数相比，这就相形见绌了。

为了弥补 20 世纪 80 年代年轻生源的不足，社区学院增加项目以吸引年长的学生。由于可以选择非全日制，正在工作的成人希望能获得可以改变或提升其工作和活动的技能、满足个人需求的机会，经济大萧条时期有更多的失业者选择入学读书，从而提高了入学率。美国社区和初级学院协会（AACJC，1980）的数据显示，1980 年学生的平均入学年龄是 27 岁，年龄中值是 23 岁，众数年龄是 19 岁。社区学院研究中心进行的一项全国性调查发现，1986 年，平均入学年龄上升至 29 岁，年龄中值上升至 25 岁，众数年龄保持在 19 岁。但是，25 岁以下的学生比例近年来稳步上升，从 1995 年的 43% 上升到了 2008 年的 53%。第二学年，30% 的学生年龄在 20 岁以下。大学双学分课程、预修课程以及与高中合作使得社区学院 7% 的学生年龄低于 18 岁。2010—2011 年，华盛顿社区学院从参加大学双学分课程的高中生中同等招收 10% 的全日制学生（华盛顿州社区和技术学院委员会，2011）。如今，全国社区学院的平均年龄为 29 岁，年龄中值为 22 岁，众数年龄不到 19 岁。

这三个指标之间存在差异。平均年龄对极端数据最为敏感。因此，即使是少数老年人就读社区学院也会对这一指标产生巨大影响。年龄中值表明，社区学院有一半的学生刚刚高中毕业或 20 出头，他们之中要么推迟了大学入学时间，要么是从其他学校退学后进入了社区学院。50% 的学生群体年龄在 17 到 22 岁之间，与年龄中值相对的是年龄在六七十岁的学生。众数年龄反映了最为集中的年龄，19 岁仍然是主要的学生群体年龄。因此，在描绘社区学院学生年龄的图表上可以看到在最低的年龄比例上有一个凸起点，19 岁时有一个高峰，并且有一条长长的尾巴伸向最高的年龄比例。

随着州政府和联邦政府的资助、贷款和勤工俭学补助金的显著增加，助学金使学生人数也有所增加。从 20 世纪 40 年代到 70 年代初，几乎所有类型的援助都是直接面向学生的，旨在帮助特定的学生群体。其中最大的受益群体是退伍军人；1973 年在加利福尼亚州，退伍军人占总入学人数的 13% 以上。与今天的数据相比，这是一个惊人的数字：2007—2008 年，退伍军人和正在服役军人加在一起只占大学生总数的 4%（Radford and Wun，2009）。来自经济弱势群体和少数族裔群体的学生也是助学金的受益者；1974年，伊利诺伊州有3万多名这类学生获得了州和地方的资助。自20世纪70年代中期以来，越来越多的资金不受限制。总体而言，在2007—2008年，65%的全日制学生和45%的非全日制学生都获得了某种形式的经济资助。平均每个全日制学生接受的援助总额为5 650美元。

随着学生年龄的增长，非全日制学生的人数也在增加。在20世纪70年代初，有一半的学生是全日制；到20世纪80年代中期，只有三分之一的学生为全日制（见表2.2）。如今，全日制学生仅占学生总数的40%多一点，这些数据不包括社区继续教育、大学双学分课程和短期职业学习的非学分生。这种模式在全国范围内是一致的；几乎所有社区学院入学人数超过5万的州中，非全日制学生人数远远超过全日制学生，有时这一比例为3：1。

表2.2　高等教育公立两年制院校全日制入学人数比例

年份	秋季总入学人数 （单位：千）	全日制入学人数 （单位：千）	百分比
1970	2 195	1 066	49
1975	3 836	2 174	57
1980	4 329	2 733	63
1985	4 270	2 773	65
1990	4 997	3 280	66
1995	5 278	3 437	65
2000	5 697	3 697	65
2005	6 184	3 797	61
2010	7 218	4 266	59

来源：国家教育统计中心，《文摘》，2011。

非全日制学生人数的增加可以归因于许多因素，比如开设无校舍学院，这些学院几乎不招收全日制学生；半工半读的学生人数增加；以及反向转学的学生数量增加，这些学生已经获得了学士学位及以上学位。2001年，从加利福尼亚大学和加利福尼亚州立大学获得学士学位的92 594名毕业生中，有48%的学生毕业三年内，在加利福尼亚社区学院选修了一门或多门课程，其中大部分课程都是学分课程。学院还通过降低课程学习的门槛等策略来吸引非全日制学生。例如，开设老年大学、周末学院；在校外学习中心以及该地区周围的出租房和捐赠住房里上课。2011 年，亚利桑那州的社区学院中有 59% 的学生的学分是在其他时间、地点或通过其他方式接受课程获得的（亚利桑那州社区学院，2012）。然而，值得注意的是，尽管最近年轻学生人数的增加降低了非全日制学生的比例，但该比例仍接近 60%，其中伊利诺伊州为 64%，佛罗里达州和华盛顿州为 63%，得克萨斯州和北卡罗来纳州为 65%，加利福尼亚州为 87%。80% 的非全日制学生都有工作，其中 40% 的学生从事全职工作（Horn，Nevill，Griffith，2006）。

社区学院在教育国际学生方面也发挥了作用。在美国高等教育 70 多万名国际学生中，有 14% 就读于社区学院；圣莫尼卡学院（加利福尼亚州）和休斯顿社区学院（得克萨斯州）各自招收的国际学生比美国任何一所公立两年制学院都多，休斯顿社区学院招收的国际学生数量仅次于美国的五所大学。大多数国际学生在参加特定的大学课程之前都需要学习英语。他们在社区学院平均支付 6 500 美元的学费，其中以英语为第二语言课程的费用比高级院校低。超过四分之三的国际学生年龄在 20 到 34 岁之间；且大多数都是全日制学生，这通常是由他们的签证条件决定的；这些学生的平均注册时间超过六个学期（Hagedorn，Lee，2005）。其中大多数学生来自亚洲，中国位居榜首。

除了招收国际学生，社区学院还招收在美国非法居留的高等教育生，主要是因为这些学院的费用远低于其他类型的院校。尽管美国有 12 个州允许符合特定要求的非法居留学生就读于公立学院和大学（如就读于本州高中达到一定年限、毕业或获得普通教育文凭），但在大多数州，非法居留学生没有资格获得联邦和州级政府的财务资助。而且因为非法居留学生可获得的私立奖学金很少，所以选择上大学的非法居留学生相对较少。城市研究所（Passell，2003）估计，在每年近 65 000 名高中毕业的非法居留学生中，只有 5% 到 10% 的学生继续上大学。尽管如此，社区学院——尤其是移民人口众多的州——已经为相当数量的非法居留学生提供了服务；2005—2006 年，仅加利福尼亚州的 112 所社区学院就招收了 18 000 名非法居留学生（Gonzales，2007）。如果 2001 年首次提出的联邦"梦想法案"（对外国未成年人的发展援助教育）得以颁布，社区学院将有望进一步扩招非法居留学生。

总入学人数的增长不仅仅是因为社区学院吸引了那些接受过高中教育的学生，其他两个因素也起到了作用：学校分类的不同方式，以及对学生一词的再定义。学院分类的变化很常见：私立学院变成公立学院；两年制学院变成四年制学院（反之亦然）；自成人教育可授予学位以来，其教育中心也发生了变化。社区学院的发展尤其不稳定，贸易和职业学校以及成人教育中心等也是如此。例如，20 世纪 60 年代中期，四所职业技术学校成为夏威夷大学社区学院系统的第一批学院；20 世纪 70 年代中期，洛瓦的社区学院成为地方院校负责其所在地区的成人教育机构；1999 年，印第安纳州的常春藤技术学院成为一所综合性学院。有时收集统计数据的机构会对学校进行重新分类。20 世纪 90 年代，国家教育统计中心和卡耐基教学促进基金会将经认证的私立学校纳入其社区学院数据库，但这些学校的数据是单独列出的。2005 年，国家教育统计中心、卡耐基教学促进基金会连同美国社区学院协会，决定社区学院不再成为提供学士学位的院校。所有这些变化都会影响每年统计表中的学生数量。

53 　　在学院内部，学生的重新分类对入学人数有更大的影响。例如，从加利福尼亚州的学校中删除"成人"这一定义类别时，所有年龄的学生都可成为受资助对象。大多数州的社区学院倾向于将学院活动归为"课程"（无论这些活动是否涉及学习），参加活动的人则视为"学生"。学位课程、非学位课程、非学分课程和社区服务之间存在着联系；随着课程的重新分类，学生人数也在发生变化。此外，社区学院还开展了许多以前由公立和私立机构提供的教学项目，包括警察和消防学院、医院、银行和宗教中心。这些教学项目增加了入学人数，也模糊了学生的定义，致使社区学院领导计划扩招，以此获得更多的资金。这种做法增加了学生人数统计的不准确性，因此很难比较每年的入学人数。

　　尽管如此，整个 20 世纪，美国上大学的人数比例稳步上升，社区学院对这一增长作出了显著贡献。2010 年，40% 的第一次接受高等教育的学生都选择了两年制学院。在推迟到 30 岁或以上才入学的学生中，61% 是在社区学院接受第一次高等教育的（NCES，2012）。正如以下各节所详述的，对于那些学术准备不足、收入较低以及较少有机会接受高等教育的人来说，社区学院尤为重要。

学生的生活

　　四年制寄宿大学的全日制学生生活可能围绕着课程、同伴和社会活动而展开，而社区大学的学生在担负兼职或全职工作、家庭责任、抚养子女责任、长时间的通勤或承担其他义务之外，还需要进行必修课程、辅导和其他教育活动。即使是最投入的学生，这些责任也使他更难取得进步，这也常常被认为是
54 社区大学的学生比四年制学生更不可能坚持获得学位或毕业证的主要原因。

　　美国教育部对 2003—2004 年开始接受高等教育学生的调查说明了社区学院所面临的这些挑战（NCES，2012）。25% 的社区学院学生有一个或多个受抚

养人；其中几乎一半是单亲父母。整整12%的学生有某种类型上的残疾。在被归类为受抚养人的学生中，28%来自收入最低的四分之一群体，21%的学生收入处于或低于贫困水平。第一次入学时，45%的学生从事兼职工作，另有33%的学生从事全职工作。共有12%的学生说英语以外的语言。45%的学生是家里的第一个大学生。

　　社区学院开展了许多项目来帮助学生迎接这些挑战。但是影响学生入学并在学校取得成功的社会和经济现实不可能消失，只要学校大门向所有渴望高等教育的人敞开，社区学院就将面临挑战，以更适合学生生活的方式提供教育和服务。

学生能力与学术准备

　　按学术能力对学生进行的分类显示，在社区学院新生中，学习能力较低或学术准备不足的学生比例高于四年制大学学生。正如克罗斯（Cross，1971）指出的，关于谁可以上大学的三大哲学主导了这个国家的高等教育历史：贵族认为社会经济上层阶级的白人男性可以上大学；精英主义者认为学院录取应该以能力为基础；平等主义者认为"每个人都应该有平等的受教育机会，而不考虑其社会经济背景、种族、性别或能力"（p. 6）。当社区学院发展起来的时候，大多数社会经济水平较高的年轻人和资质较好的有志之士都已经就读于大学。克罗斯总结说，"大多数进入开放式社区学院的学生，其学术和社会经济水平大多来自高中阶段的下半部分"（p. 7）。

　　各种数据表明社区学院入学者的学术技能水平较低。大学委员会对社区学院的学习能力倾向测试（SAT）方法所定的标准远低于对所有大学学生的标准，而且近年来这一标准有所下降。2012年，以副学士学位为目标的学生，其全国SAT综合平均分数为1 226分（批判性阅读411分，数学416分，写作399分），以学士学位为目标的学生，其全国SAT综合平均分数为1 433分（批判性阅读477分，数学490分，写作466分）（学院委员会，2012）。由于SAT分数与学生家庭年收入紧密相关（Michaels，2006），所以这不仅反映了社区学院的入学门槛，也体现了学生的社会经济地位。事实上，两年制学院的受抚养学生，其社会经济地位往往低于同等情况下的四年制大学学生：2003—2004年，26%的社区学院学生处于最低收入水平，而四年制大学只有20%的学生处于最低收入水平，这里的最低收入水平是按收入未超出贫困线125%来定义的（Horn, Nevill, Griffith, 2006）。

55

和其他大多数高等教育院校一样，社区学院也在寻找优秀生源，并为这类学生提供特殊福利。例如，1979 年，迈阿密戴德社区学院开始对当地高中班级名列前 10% 的毕业生给予学费全免的福利，并在 1991 年将这一优惠范围扩大到班级成绩前 20% 的毕业生。这类学生有资格申请学术成就奖，该奖提供 3 200 美元用于支付本州内的两年学杂费。名列班级前 5% 的高中毕业生两年可获得 5 000 美元，这笔费用不仅可以支付学杂费，还可支付课本费用。这种奖励措施还未传至其他州，学院就已经成了荣誉学院（迈阿密戴德学院，2012）。新泽西的 NJ STARS（学生学费补助奖学金）计划始于 2004 年，旨在给高中班级前 15% 的学生提供奖学金。这些奖学金包括了新泽西州 19 所社区学院五个学期的全部学费，获得奖学金的前提是学生需要持续注册全日制副学士学位课程并获得 3.0 以上的平均绩点。2006 年，该计划得到了扩展，平均绩点达到 3.25 并符合转学要求的学生可参加 NJ STARS II 计划，该计划为新泽西州所有这类公立四年制学院或大学的学生提供高达 7 000 美元的学费折扣。2008—2009 年，4 300 名 NJ STARS 计划的学生就读于该州的社区学院，1 400 多名学生就读于四年制院校，共获得约 1 800 万美元的奖学金（Nespoli，2010）。

优秀奖学金和荣誉课程的增长证明社区学院欢迎学术准备更充分的学生。怀特（White，1975）调查了中北部地区的 225 所学院，发现约 10% 的学院设有正式的荣誉课程。20 年后，《两年制学院指南》（Peterson，1994）一书中列出了 25% 的院校拥有荣誉课程，2011 年，三分之一以上的院校设有荣誉课程（彼得森学院研究，2011）。奥特卡尔特和基斯克（Outcalt and Kisker，2003）发现，有超过 9% 的教师表示在过去两年里至少教授过一门荣誉课程。通常，大学也会设有荣誉课程；加利福尼亚大学洛杉矶分校协助南加利福尼亚州的社区学院建设荣誉课程，并将荣誉课程与转学机会联系起来（Kane，2001）。荣誉课程的学生除了可接受强化课程，通常还可获得优先注册、特殊学术顾问和学费折扣的福利。蒙哥马利学院（马里兰州）的三个校区都有荣誉课程。蒙哥马利学院直接从高中招生，学院支付学生两年的学杂费，并承担学生在英国的夏季留学费用。学院 80% 以上的学生顺利毕业，大多数学生在就读期间转学。商学荣誉课程面向大二学生。另外两个项目是为非全日制学生和学院分校的工作人员设计的（Ashburn，2006）。

为优秀学生创建荣誉学院和奖学金项目，给那些不愿或无力承担大学四年学费的学生提供了获得学士学位的低成本途径，但有些人质疑招收这些学生——以及为迎合他们所付出的努力——是否会排挤掉那些成绩不足以上大学的传统社区学院学生（Rhoades，2012）。随着学生的入学需求超过了各州愿承担的费用范围，减少入学机会和放弃学院平等主义的说法愈演愈烈。但是不管评论家们怎么说，只要公立大学面临同样的入学压力，那些在经济景气时期可能直接就读于四年制大学的学生将会受到社区学院的荣誉学院和转学课程的青睐。

性 别

可能是因为按性别分类比按其他变量分类更容易，男女大学生之间的差异早已被记录在案。历史上，在学术准备不足的学生中，男性进入大学的比例要高于女性。在资金有限的情况下，来自低收入家庭的优秀男性大学生要多于女性大学生。此外，女性大学生更有可能依赖于家庭的支持。直到 1978 年，美国上大学的女性人数才超过男性。2010 年，女性上大学的人数领先于男性，其比例为 57%：43%（社区学院的比例相同）。总体而言，自 1978 年以来，每年获得副学士学位的女性多于男性；2009—2010 年，女性拿了 62% 的学位。

尽管传统的性别差异仍然存在，但社区学院学生参与的项目类型发生了一些细微的变化。副学士学位的授予体现了这些差异。2009—2010 年，女性获得了 86% 的教育学位，85% 的医疗卫生学位，65% 的商业学位；男性获得了 95% 的机械和维修技术学位，87% 的工程技术学位，76% 的计算机和信息科学学位，以及 62% 的物理科学学位。女性在文科学位上略占优势，而男性在国土安全、执法和消防学位方面略占优势。

尽管许多社区学院一直致力于提高男性的入学率和毕业率（Perrakis，2008），但国家科学基金会（NSF）和其他几个联邦及慈善机构花费了大量资金来提高女性在科学、技术、工程和数学（STEM）领域的参与度。仅国家科学基金会就预计在 2012 年向社区学院投资 1 亿美元（Patton，2011），还有一个研究机构正在设法解决女性避开科学、技术、工程和数学领域的问题，社区学院也可能会重新设计这些项目以吸引更多女性和少数族裔学生（Starobin，Laanan，2008；Tsapogas，2004）。

种族和族裔的多样性

社区学院招收从未接受过大学教育的人群，从而大幅度提高了种族学生和少数族裔学生的大学就读率。1997 年，占美国高等教育总入学率 38% 的社区

58

59

学院招收了 46% 的少数族裔学生，高于 1976 年的 20%。这种不平衡现象近年来已趋于平稳，因为四年制的学院和大学一直在努力增加服务匮乏群体的入学机会。然而，少数族裔学生占社区学院学生的很大一部分，如 2010 年，少数族裔学生占美国所有社区学院入学人数的 42%。当然，这种情况因各州的少数族裔人口数量而异。少数族裔占夏威夷州人口的 78%，占加利福尼亚州和新墨西哥州的 60% 以上，其少数族裔在各州社区学院学生中所占比例最高。在其他体系发达的社区学院和少数族裔人口较多的地方，少数族裔入学人数相当可观：得克萨斯州、密西西比州、佐治亚州、路易斯安那州、新泽西州、马里兰州、内华达州、佛罗里达州、亚利桑那州和哥伦比亚特区入学的少数族裔学生均高于美国平均水平。

当入学人数按族裔群体分类时，就更能体现社区学院对入学的贡献：所有社区学院学生中有 15.6% 是非裔美国人（非裔美国人占美国总人口的 12.6%）；18% 是西班牙裔（西班牙裔美国人占美国总人口的 16.3%）；6% 是亚裔美国人或太平洋岛民（两者人口占美国总人口的 5%）；1.1% 是美洲印第安人或阿拉斯加土著（两者人口占美国总人口的 0.9%）。如这些数据所示，社区学院招收少数族裔学生的比例超过了他们在美国人口中所占的比例；大多数州的情况都是如此。事实上，在所有 50 个州，2011 年非裔美国人在社区学院入学人数中的比例超过了非裔美国人在美国 18 至 44 岁人口中的比例。除了密西西比州和南达科他州，其他州都有西班牙裔入学的可比数据，这两个州的百分比相当。

60　　　与大学相比，社区学院学生群体更能反映学校所在地的族裔结构。少数族裔人口比例较高的城市——芝加哥、埃尔帕索、洛杉矶、迈阿密、纽约、凤凰城——的社区学院招收了相当数量的少数族裔学生。2010 年，拉雷多社区学院（得克萨斯州）94% 的学生是西班牙裔；罗森州立社区学院（亚拉巴马州）79% 的学生是非裔美国人。如果社区学院在同一个城市有几个校区，那么社区出勤情况则会很清楚。2010 年，东洛杉矶学院有 65% 的学生为西班牙裔；洛杉矶西南学院有 63% 的学生为非裔美国人；洛杉矶皮尔斯学院有 36% 的学生为西班牙裔，32% 为白种人，13% 为亚洲人。离内陆几英里远的格伦代尔社区学院，有一半的学生都是白种人。现有规模约两万名学生的三十多所社区学院，尤其是针对美洲印第安人招生；迪内学院（亚利桑那州）、奥格拉拉拉科塔学院（南达科他州）和纳瓦霍技术学院（新墨西哥州）就是典型的例子。1978 年联邦政府颁布的《部落自主社区学院援助法案》和 1980 年国会开始颁发的补助金，极大地推动了这类学院的发展，目前有 12 个州仍在实施这些举措。

由于少数族裔学生在社区学院取得进步的问题在政治上受到了强烈关注，所以社区学院究竟是促进还是阻碍了少数族裔学生的进步，这一问题引起详细讨论（例如，Astin，1982，Bailey、Jenkins and Leinbach，2005；Long and Kurlaender，2009；Richardson，Bender，1987）。那些认为社区学院给予了少数族裔学生帮助的人指出，少数族裔学生入学容易、学费低，入学门槛也低。他们发现社区学院为少数族裔学生提供了许多特殊服务项目，并称赞学院为招收少数族裔学生所作的努力。其中最有力的说法是，如果没有社区学院，相当大比例的少数族裔学生根本不会上大学。

部分分析师表示，在社区学院接受高等教育的少数族裔学生，其表现不如那些就读于高级院校的具有同等能力学生，如果与大多数学生的表现相比，这种差异更大。这些反对者的立场是，因为社区学院学生获得学位的概率较小，两年制学院对少数族裔学生有所伤害。表 2.3 给出了支持这一立场的论据，表格显示白人学生获得的副学士学位的百分比大于该群体在社区学院总入学率中的比例，而各少数族裔群体获得学位的百分比等于或小于各群体的入学率。

尽管表 2.3 体现了成绩差距，但这很难将社区学院的影响与学生特点分开。总的来说，与大学学生相比，社区学院学生的学术准备不足，志向较低，且社会经济阶层较低。各种研究都试图控制这些变量，此外往往也试图控制这样一个变量，即少数族裔学生更有可能选择非全日制。然而，正如阿德尔曼（Adelman，2005）所指出的，"这些研究经常强调社区学院只能适度控制现有变量，如性别、种族和族裔、第一代学院的地位、社会经济地位、第二语言背景、婚姻和父母地位"（p.118）。他总结说，学院无法改变变量，但学院必须和学生一同合作。

表 2.3　2010—2011 年社区学院种族/族裔学生入学率及副学士学位获得率

种族/族裔	入学率（%）	副学士学位获得率（%）
非裔美国人	15	14
美洲印第安人或阿拉斯加土著	1	1
亚洲人或太平洋岛民	6	5
西班牙裔	19	14
白种人	55	65
双种族或多种族	2	1

来源：国家教育统计中心，《文摘》，2011。

社区学院是否有益于少数族裔学生的问题尚未得到解决。如果没有社区学院，有相当比例的少数族裔学生不会上大学，而接受大学课程是有益的，那么社区学院对少数族裔学生肯定有所帮助。但如果社区学院的存在阻碍了少数族裔学生进入高等院校，并降低了他们获得学士学位的可能性，那么对于追求学位的学生来说，社区学院是对其不利的。然而后一种论点受到少数族裔学生转学的影响变得温和，这些学生进入社区学院随后转学至本不可能接纳他们为新生的高等院校。

目前问题不在于少数族裔学生是否倾向于集中在两年制学院（事实的确如此），也不在于他们是否在获得副学士学位后才转学至大学；尽管社区学院的转学率远远高于美国的国家标准，少数族裔学生群体的转学率要低于白人学生或亚洲学生，非裔美国人和西班牙裔学生的转学率是高于全体社区学院学生的总体比例的（Szeleyni，2002）。问题在于社区学院是否致力于为所有学生服务，无论他们的背景、目的、学术准备水平、家庭或社区责任、支付能力、全日制出勤率或生活环境如何。得出的答案是：大部分社区学院都做到了，这一点可以从学院为促进学生进步、丰富学院成果、寻求慈善资金，以及教师和学生对缩小成绩差距的高度重视中得到证实。学院的存在不是专门为了让学生获得学士学位。学生成绩的问题必须放在整个大背景中看待；这并没有被纳入少数族裔学生取得进步的统计数据。

社区学院最适合哪些人？平等主义者会说，各少数族裔群体在实现以下目标时，学校应维持其比例平等：进入学院、参加转学分课程、坚持上课、获得副学士学位、参加高水平技术课程、完成项目、转学至大学。然而，除非实践中的每一步都得以严格实施，否则不可能实现比例的平等。对于少数族裔和其他任何学生群体来说，问题应该放得更广："是选择社区学院还是其他院校呢？"对大多数两年制院校的学生来说，不是在社区学院和高级寄宿院校之间作出选择，而是在社区学院学习和无书可读之间。

学生分类及其意图

将学生分成特殊群体更多的是出于政治动机，而不是教育目的。只有让女性、少数族裔和残障人士拥有敏锐的政治嗅觉，才能够将他们的关注点转化为特殊项目。从学院角度来看，将课程或学生分成不同类别是常见现象。对一位拥有学士学位的成熟女性而言，选择艺术课的原因是她崇拜该课程的教师，而且上课时间合适，参加该课程也只是出于她的个人兴趣，所以她无法享受"返校女性""大龄学生""转学生"的特殊待遇。然而，由于受政治和体制释义的启发，每次学校报告其女性学生、成熟学生和转学生的人数时，她都会被计算在内。

有时学生不在分类范围之内，或者他们其实更适合别的分类。对此，舒兹（Schuetz，1999）提出了一个相关的例子：如果"成人学生"（当前年龄在24岁以上）的定义还包括那些年龄在18岁以上、每周工作超过25小时、入学时抚养一个或多个孩子的学生，那么对上述中所说的学生来说"成人学生"的定义可能更为准确。换句话说，如果学生的生活条件变得比时间、年龄等标记更重要，那么这样分类就更具有价值，但要在全国范围内实施这一分类方法的难度很大。

学生分类也有其他形式。可以从社会科学的角度评估社区学院的学生：心理学、社会学、经济学和政治学。对心理学家来说，社区学院学生是务实的，他们很少关心学习本身的价值，没有以自我为导向，也没有自我激励：这类学生需要得到指导。对社会学家来说，有些学生正在努力摆脱他们的下层社会背景；有些学生做到了，但大多数学生都不愿意离开家人和朋友。对经济学家来说，低收入家庭的学生比高收入家庭的学生付出得更多，因为他们放弃了原本的收入，而这份收入也是其家庭收入的一部分，这一差异抵消了他们就读低学费学校所获得的资金。对政治学家来说，社区学院的学生受到了冷落，由于社区学院的人均经费水平低于大学的，因此与大学相比，社区学院的学生没有同等的图书馆、实验室或师生比。

我们无法准确判断学生上社区学院的原因。他们有各种各样的目的，一个 65 学生可能会有六个上社区学院的理由。例如，当美国高校学生资助研究让学生列举上社区学院的原因时，52%的学生选择"转学"，43%选择"获得副学士学位"，17%选择"获得证书"，42%选择"工作技能"，46%选择"个人兴趣"（Horn，Nevill，Griffith，2006）。这些回答很大程度上取决于提问的方式和受访者的解释。毫无疑问，尽管大多数就读社区学院的学生是为了改善自己的经济状况，但其中很大一部分是出于个人兴趣，与直接的财务利益无关。1986年，由卡耐基教学促进基金会赞助的社区学院研究中心（CSCC）在研究学生上社区学院主要原因时，发现36%的学生是为了转学，34%的学生是为了获得工作技能，16%的学生是为了工作升职，15%的学生是出于个人兴趣。20年后，霍奇兰德、西科拉和霍恩（Hoachlander，Sikora，Horn，2003）得出了类似的数据：59%的学生正在寻求转学、学位或证书；23%的学生入校是为了获得或提高工作技能；16%的学生是出于个人兴趣而被录取的。

传统观念认为，与四年制大学的学生相比，社区学院学生对学术研究和学习不太感兴趣；相反，他们更偏向于实用主义，也就是赚更多的钱。尽管一些研究已经证实了这一观点，但各类院校的学生普遍认为高等教育也能发挥职业培训功能。

不管这些描述是否正确，这对学校规划者来说意义都不大。当然，社区学院的学生是现实的，因为他们通过学校来实现自己的目标。但是，在那些没有
66 强制要求学生出勤的学校里，学生情况又是怎样的呢？相比就读于大学的学生，社区学院有更多的学生来自下层阶级，但是他们的阶级基础高于众多没有上过大学的美国人。虽然许多学生来自低收入群体，但上大学会给他们带来更高的收入。当然，他们希望学校可以为他们带来快速直接的回报，但是由无惩戒的升学和对过往学业上的过失所带来的影响却一直未被追究。

学生们没有认识到以上的分析，因为他们只是带着自己的目的进入社区学院。有些学生高中一毕业就进入了社区学院，仅仅是因为他们已经习惯了九月开学。无关年龄，任何想要获得更好工作的学生都可以入学，因为学院的职业项目与雇主有联系。那些有工作但想要学习其他技能的人更有可能参加短期课程，他们可通过课程学习使用行业中引进的新设备。也有许多人从入门阶段开始，学习整套工作技能，从而在原本一无所知的行业里获得工作资格。有些学生会选择他们特别感兴趣的课程，从“名著”到“初级瑜伽”，只要课程表上有他们感兴趣的课程，他们就会从中选修一两门。有些人把社区学院作为其他学校的垫脚石，认为社区学院是高等教育经济又方便的切入点。

相比其他高等教育院校，社区学院服务于当地更广泛的人口。2010 年，23 个州的社区学院招收了 6% 以上的 18—44 岁的人口，20 年前还只有 9 个州实现了这一数据。8 个位于西部或中西部的州，招收了 8% 以上的 18—44 岁的人口；其中有 5 个州的招收率在 10% 以上（国家教育统计中心，《文摘》，2011；美国人口普查局，2010）。这很大程度上取决于人口统计——17 岁以上
67 人口的百分比，更多的是与该州的整体大学入学率、其他高等教育形式以及社区学院的可就读性有关。

评估和追踪

学院内部的课程跟踪与时俱进。早期的社区学院通常会对入学者进行成绩测试，并给学生们安排与他们能力相一致的课程，使学生从转学项目转向发展成职业项目。克拉克于 1960 年提出了“冷却”功能理论。大多数学校仍然保留留校察看、F 成绩等级、未取得进步的学生开除一学期、录取考试成绩单、入学考试、期中考试、第 8 周左右退课的惩罚、强制退出面试、课堂出勤要求

以及必修的培训课程等做法。然而，在 20 世纪 70 年代早期，由于许多学生要求自己选择课程，学校的以上做法都被淘汰了。除此之外，学院不能仅用一门学科来衡量学生的能力；学生可能对某个领域的知识有所欠缺，但在另一个领域表现得很好。在项目跟踪中，随意评估的现象也很常见。教育工作者解释说，他们不能准确地评估学生，因为人们有权尝试任何事情，即使这些事情意味着失败。20 世纪 70 年代，先修课程被削弱，就如同早些时候着装规范被人们摒弃一样。

　　10 年后，这些被淘汰的做法又回到了大众视线，这更多是由学生推动的，而不是由制度的变化推动的。职业项目只针对少数学生，转学课程则面向那些不具备技术资格或没有明确方向的学生。能力较弱、学术准备不足的学生接受 68 学院课程可能会导致高辍学率。微妙而明确的是，转学计划正在发生转变，一些能力不足和未被认可的学生也能参与其中。

　　在 20 世纪 80 年代，社区学院在线性、强制性、课程连续性以及横向和自由放任的方法之间找到一个中间点，即让学生学他们想学的任何课程。必须认识到任何极端的行为都是不可容忍的，也不是最适合学生的。大多数院校的工作人员会提供一些咨询、定位和测试，以明确学生为什么出现问题以及如何最好地帮助他们。但是学生上大学的目的与项目规划者的预期不同。除了选择就读于高科技和健康领域相关的学生，很少有学生按照项目规划者设想的顺序参加课程。

　　20 世纪 80 年代，鼓励学生入学和完成项目的势头很强。第一个就是举行入学测试，让学生参加与其期望和能力相称的项目，并要求他们在项目上取得稳步进展。例如，迈阿密戴德社区学院制定了一项评估学生的办法，规定某些课程成绩不理想的学生，需留校察看或者停学——简而言之，就是恢复了 15 年前大多数学校所适用的办法（Middleton，1981）。在该办法生效的头两年，虽然社区学院开除了几千名学生，但入学人数最终稳定了下来，学生出勤模式也越来越能反映出办法的变化。

　　为辍学率所震惊的立法者通常会推动实施分级测试。佛罗里达州、佐治亚州、新泽西州、田纳西州和得克萨斯州要求所有入学学生、学位生或转学生参 69 加基本技能测试。许多之前没有硬性要求的社区学院也开始进行基本技能测试。南部地区教育委员会（Abraham，1987）发现，在 20 世纪 80 年代，该地区两年制学院管理测试和分级测试的次数是四年制学院的两倍。同期的一项全国调查发现，尽管大多数两年制学院面向所有 18 岁以上且获得高中文凭的人，但几乎 90% 的学校对第一次上大学的学生都采用考试的形式进行测试（Woods，1985）。

　　此举并非没有反对者。一些人认为，州政府强制进行测试将导致学校为各类学生服务的能力下降。1988 年，一群拉丁美洲权利组织以入学歧视为由起诉了一所加利福尼亚州的社区学院，从此州政府以学生学业成绩来验证入学测试。另外一些人谴责考试成绩对课程的影响，学生往往选择可以让他们通过考试的课程，强行退出考试的行为总是建立在更广义的原因之上。近年来，争议主要集中在学院通过基本技能测试来决定入学学生是接受发展课程还是接受大学水平课程。尽管绝大多数两年制学院（92%）都有基本技能测试（NCES，2003），但有些院校主张学生按照学校建议的水平入学，其他院校则根据特定的录取分数线招生。当然，前一种策略的风险在于，有太多的学生报名参加他们准备不足的大学课程，结果没有通过考试。有些人认为，后者的风险更大：原本可以在大学水平课程中取得成功的学生反而被分到发展课程。这是一场教育的修行，只有很小一部分学生从中解脱出来。这个问题只是几十年来关于社区学院跟踪的争论（见第八章发展教育）的最新翻版，这是一个持续存在的问题，因为它提出了有关学术质量、社会公正、学生需求以及上大学的个人和社会利益等重要问题。

入学模式和辍学

　　转学到高级院校、进入就业市场、找到一份更好的工作，或者是为了实现自己的目标而学习，都是学生就读社区学院的主要原因。同样的原因也可以很好地解释以下特点的入学模式：大量辍学者（从社区学院退学的学生）、中途辍学者（退学但随后又在一段时间内入学的学生）和在多所学校间辗转的学生（就读于多所学校，同时攻读学位或证书的学生）。社区学院以开放为荣，这就意味着注册入学比较容易。总的来说，学生可以在没有完成学习计划的情况下注册入学并参加课程。非全日制的出勤率并不会受到阻碍，而且在没有受到惩罚的情况下退学和重新注册是比在大学里更为典型的学生行为。近年来，各学院通过提前注册、预注册咨询、提交入学计划以及硬性测试和咨询，作出了大量努力来严格要求学生。但是在自由放任、开放获取服务的时代，非全日制出勤模式深受鼓舞且仍然占据主导地位。

　　这些出勤模式下的留校率明显低于四年制院校。在 2009 年秋季首次申请学位的社区学院学生中，只有 60% 的学生于 2010 年秋季再次注册（公立四年制院校的相应比例为 80%）。加上学生入学的原因可能不止申请学位这一个，

学生保留率跌至 50%；非全日制学生的保留率更低，只有 41%（NCHEMS,
2010）。保留率只能说明部分情况。此外，还有几个合理性问题：哪些学生继 71
续注册？哪些学生辍学、中途辍学或转学，这些又是何时发生的？谁完成了项
目、谁转学或实现了上大学的目的？对学生出勤模式的研究比校内其他任何领
域的研究都多。追踪学生、分析成绩、调查辍学者、察看转学生的平均成绩，
所有这些都是为了了解学生现状且为何继续注册或辍学。当前要确定的是学院
如何能更好地为其学生服务；研究结果显示有大量的被追踪学生在各院校之间
来来回回地上课。

学生流转

　　1990 年，多斯桑托斯和莱特（Alfredo de los Santos and Irene Wright）创造
了"学生流转"一词，用来描述凤凰城马里科帕社区学院所在区域的入学模
式，该区域的学生可以在其方便的时间和地点同时学习多个院校提供的课程。
大多数州都存在很明显的流转现象，尤其是在大都市地区。2011 年，近 7 万
名加利福尼亚州的社区学院学生同时就读于两所院校；近 5 000 人同时就读于
三所院校；至少有 400 人在四五所学院上课（Rivera，2012）。许多学生转学
至大学后也注册了社区学院课程，这种现象后来被称为"反向转学"。

　　最近国家学生交流中心（2012b）的报告说明了流转现象的程度：2006 年
第一次进入社区学院的学生中，三分之一的学生在五年内至少转学一次。其中
61% 的学生转学至四年制院校；38% 的学生转学至另一所社区学院。此外，
41% 到 52% 的从四年制学院转至其他院校的学生已经在社区学院获得了部分学 72
分。报告得出的结论是，"高等教育入学和大学学业成功侧重于学生首次就读
的院校，这种线性观点往往不能解决当地的现实情况"（p. 48），并呼吁采用
新的分析方法，即"学生是分析的单位，院校则是不同的教育途径前进的垫
脚石"，以了解更多与流动学生相关的因素（p. 48）。

辍　学

　　几十年来，大多数的辍学研究都是基于对未辍学学生的调查。学生辍学的
原因多种多样，但总的来说，大部分辍学原因都是学院无法控制的。常见的原

因有工作时间的变化，以及诸如健康问题、难以获得儿童保育、家庭冲突、经济负担、居住地变化或转学至其他院校等个人原因。许多早早辍学的学生已经实现了自己上大学的目的，他们只想选修一至两门课程。因此，这类学生的辍学与学院规定或程序无关；他们得到了自己想要的，随后选择辍学。询问辍学学生是否打算返校时，大多数受访者表示他们总有一天会回到学校。即使有些人没有坚持上完大学，但大学仍旧非常受欢迎：有其他事情干扰时为什么不离开呢？你可以随时返校。

73

　　尽管大部分的辍学原因超出了学院可控制的能力范围，但对部分原因学校干预是有用的。学生作出辍学的决定通常是有征兆的。例如，坎加斯（Kangas，1991）采访了辍学的学生，发现他们中有 71% 的人在辍学的四周前就开始考虑这个问题了；85% 的人没有和教师讨论过辍学事宜。坎加斯发现大约只有六分之一的学生，其辍学原因与课堂、教师或学院有关，这类辍学的学生表示自己没有实现上大学的真正意义；他们大部分人独自学习，且每周在校外工作 40 小时以上。2003 年，在美国秋季入学的第一学年还未结束就辍学的社区学院学生中，27% 的学生表示他们从未参加过学习小组，24% 的学生从未与教师或咨询师交流过，27% 的学生从未在课外与教师交流过（NCES，2012）。

　　如果采取措施将学生和学院结合在一起，留校率就会提高。这一举措在开学前就可实施，在这种尝试下，学校的早期启动项目和夏季项目都会取得明显的成功。阿德尔曼研究了几个大规模的数据集，并得出结论，夏季学期的学分"与毕业率保持一致的正相关关系"（2006b）。国家科学基金会资助夏季衔接课程，以提高参加科学、数学和工程课程的中学、社区学院和四年制学院的学生数量。但是只有部分学生能接触到这些课程。其余的学生则要注意能否进行咨询，更要留意校园服务，这可以帮助他们从社区生活过渡到学生生活。现在大多数社区学院都设有托儿设施。早期的学术预警系统可以识别有学术失败风险的学生，以便教师或工作人员为其提供帮助；56% 的两年制学院在第一年的课程中就设有早期预警系统（Barefoot，2005）。有趣的是，很少有社区学院在校内设置大量的助理、专业人员助手、朋辈导师、助教、文书工作或监管助理

74
岗位，恰恰这些工作岗位能让学生与学校的联系更为紧密，从而减少学生在校外的工作时间。

　　允许学生按自己的意愿上课的单独寻取程序会导致辍学率上升。对学生辍学原因的研究很少考虑到学生初始承诺的实现程度，那些申请入学、参加一系列入学考试，并在开学前六个月报名课程的学生比没有初步计划的学生更认

真。与学生的个人承诺相比，有关学生种族、先前的学业成绩和追求学位的数据显得苍白无力。NCES（2009）将"方向明确"的学生定义为：有完成学习项目的意图、第一学年至少有一半的时间在上课、参加正式学位或证书项目的学生。与"方向明确"的学生相比，方向不明确或没有方向的学生更容易辍学。一些州级研究证实了这一发现（北卡罗来纳州社区学院体系，2007a，2007b）。"方向明确"的学生群体也往往更年轻。

学校内部程序对辍学的影响只能说明部分问题。学院为招生所作的努力也必须考虑进去。作为开放的非强制性院校，社区学院过去作出了巨大的努力来吸引学生。多年来，学院建立了校外招生中心，咨询师跟车到购物中心和公园开展咨询宣传。他们还在报纸和广告牌上打广告，并进行电话宣传。有些学校推广活动的策划和私营企业使用的复杂营销计划一样细致。到1988年，美国大多数社区学院都建立市场部（Bogart and Galbraith，1988）。社区学院作出的这些努力有助于维持入学人数，但多年来，社区学院也招收了部分不重视大学学习的学生。最近，学校停止了激烈的营销。因为州级和地方拨款的减少导致招生名额消减，许多人数过多的学院已停止招生。

学生辍学与学院入学门槛较低的关系不大。社区学院的运作主要围绕着学生入学、毕业和返校进行。学校努力招生并教给学生一些有用的东西，大多数教师和管理人员希望学生能继续注册，以获得学位或实现项目目标。但是入学门槛较低的院校，往往辍学率也较高。

然而，如果学校想继续得到支持，就需要证明其社会价值。非义务教育院校的管理者表示，如果学校要继续扩招，就必须为投入了时间和金钱的学生提供一些有价值的东西。管理者还表示，扩招是一种社会福利，因为接受教育的人越多，他们当中就越有可能出现智力领袖。如果人口智力是以概率为基础分布的，那么接受教育的人越多，聪明的人就越多。根据这种推理，受限制的教育体系是与社会政策背道而驰的，无论这种限制是由财富、性别、种族还是由学业考试造成的。

课程完成的问题就这样迎刃而解了。更值得一问的是：社区学院对那些没有毕业或者转学至本科院校的学生来说有什么价值？从本质上来讲，社区学院是开放性院校。但又有谁能预测社区学院可以多大程度地满足社会需求呢？总之，如果学院的目的是让大多数学生获得学士学位，那么社区学院的设定从一开始就是失败的。正如拉瓜迪亚社区学院校长所强调的，"社区学院是否将成人的阅读水平从五年级提高到九年级，教他们计算百分比，或者发展学生智力能力以帮助学生获得和保住工作，这些都是很重要的"（Mellow，2008，p. 3）。

问 题

院校规划者将继续面临入学学生数量和学生类型的问题。例如，什么样的学生群体在入学时享有优先权？如果入学限制意味着一些学生必然会被拒之门外，那么要拒绝哪些学生？是学习能力较弱的学生，或是那些目标不明确的学生，还是那些已经获得了学士学位的学生？从历史上看，学院通过增减校内或课外课程以及强制学生退学和停学来影响学院的学生类型，这里是两个明显的例子。

将来社区学院可能会采用更为直接的方法。虽然学院不再按照从高到低的优先级排列潜在的学生类别，部分学院也采用了稍微不同的策略，但方法大同小异。2012 年，圣莫尼卡学院（加利福尼亚州）提议在夏季开设有更多需求的课程，学费是支付正常学费的 4 倍，这些课程可以增加学院收入，缓解学年过度拥挤的状况。该计划受到了学生的强烈抗议，最后被搁置，但至少有六个州（阿拉斯加州、亚利桑那州、佐治亚州、伊利诺伊州、堪萨斯州和南达科他州）的社区学院根据课程成本收取不同的学费（Friedel and Thomas，2013）。随着资源受限和招生压力的增加，美国各地的社区学院都有可能会效仿这一做法，那么就会出现一个重要的问题：由谁决定这些策略（以及学生类型），是学院还是各州？

之前，社区学院学生被定义为注册某门课程的人。如今是时候重新定义"学生"一词了，它只将超过第一个统计周的注册的学生包括在内。如果算上所有的注册学生（包括那些不上课或上一两节课就辍学的学生），那么有关学生成功的数据就失去价值了。

有些问题仍未得到解决。招生模式以及学生日益增大的移动端教学需求如何影响学院提供课程和服务的方式？这两者又如何改变我们对学生进步和学生成果的评价？评估入学学生，并要求他们在课程完成方面不断取得进步，这将如何影响不同的学生群体？它们对项目的完成和学生的留校率又有何影响？

最广泛的问题是：如果社区学院允许学生随心所欲地上课，那么哪些人受益最大，哪些人的利益会受到侵犯？社会应该为哪些学生支付全额费用？当面临考验的时候，这些问题的个人和社会影响往往要给政治和经济让路。

3

教师

塑造专业化的身份

作为课程体系的仲裁者，教师传递概念和理念，决定课程内容和水平，选 择课本，准备和评估考试，并为学生构建学习环境。与几乎所有其他教师一样，他们不是独立的实践者。他们在学校工作，并遵守其规则，工作环境塑造了他们的行为。同时，他们与同事进行交流，接受这个职业的传统。

本章论述了教师的许多方面：教师的相关统计、准备和待遇；他们的工作环境，包括任期、工作量和评估；以及教师满意度、教师诉求和专业精神等不太明显的问题。除非另有说明，关于当代教师的数据来自三个方面：《社区学院教授简介，1975—2000 年》（Outcalt，2002a）、《国家高校教师研究》（Cataldi，Bradburn and Fahimi，2005）和国家教育统计中心发布的《教育统计摘要》（2012）。

工作环境

社区学院的教师很少为出版而写文章；当他们写作、在会议上发言或回应调研时，他们经常表现出对工作环境的持续关注。一个抱怨就是社区学院的学生中有相当数量的人学业成绩不好。当新教师从研究生毕业后在社区学院开始 工作时，他们发现自己处在这样一个环境中：好的成绩、努力学习和教育目标导向在这里并不是标配。他们可能觉得自己对班级的准入标准没有什么控制力，并且对于学院试图保留不能完成课程任务的学生们的规定持反对态度。那些致力于传统学术学科建设的教师往往会觉得不适应这个环境，他们几乎不认同社区学院对学生和课程体系所做的承诺。但最终，他们中的大多数人发现社区学院还是一个让人满意的环境，并开始迎接他们的角色，变得积极参与学院的教学。不过社区学院教师的早期职业生涯可能很艰难。

当人们相信他们正在为更高的目标而努力时，他们愿意忍受难以置信的痛苦。圣徒、士兵、僧侣和传教士的历史表明：当高级目标占主导地位时，参与者会放弃他们认为应当得到的回报。但是，当信仰或爱国主义减弱时，对更直接利益的需求会增加，这时必须需要相应的组织提供外部激励来保持其成员的忠诚。最终，一个正式的组织逐步发展起来，形成更加严格的行为准则指导着它成员的生活，成员们也从参与者变成了组织的工作人员。

许多两年制的大学开始是作为公立中等学校的附属学校的，其组织形式与大学相比，更像是低级别的学校。他们的工作规则和课程体系来源于州教育法规。规定教职员工的在校时长、分配教学计划、由委员会挑选教科书以及义务参加学院活动是很常见的。机构规模促进了教师和管理者之间的密切联系。管理者掌握着权力，但至少教职工可以和管理者沟通，面对面地讨论，以完成教学和委员会的任务。此外，只要学校继续招收刚从高中毕业的学生，教师就可以始终保持对学生的期待。

作为一个工作场所，社区学院在其规模和影响扩大后也发生了转变。开阔的校园导致了工作人员之间距离较远，规则繁琐，官僚机构复杂，人们之间产生隔阂。决策由个人转为集体，由委员会作出的决策分解了承担结果的责任。教职员工开始分开办公，受学术自由保护的教室成为教师们的领地；而管理者们则驻守在堆满规则手册的办公桌后。

随着学院范围的扩大，这种转变继续存在：首先是职业教育，然后是发展项目，从教师的角度来说，对他们最不友好的是招收和留住缺乏兴趣的学生。许多教师可能认为自己是一个高尚职业者，通过帮助年轻人发展为社会作出贡献。这些教师往往先对这样的做法感到沮丧，然后对学院发言人提出的新任务表现出退缩或敌对。他们感到被一个已经改变了初衷的组织背叛了，他们从参与中退缩，选择组建一个集体，以保护他们实现自己目标的权利。礼俗社会已经变成了一个法理社会。

不管社区学院的劳资谈判是不是由这一转变引起的，它确实有助于提高教师的福利待遇，尽管没有其支持者所希望的那样多，也没有其批评者所担心的那样多。工作条件受影响最明显的是班级规模、教师必需的在校时长、可能分配给他们的课外责任、每周必须教授的学生人数以及为职业发展提供的资金。

由于所有这些要素都与合同要求有关，因此，教师和管理员之间达成非正式协议变得更加难以实现，涉及调课、将某些工作交换给其他人以及用一个学期减少的课时任务换取另一个学期的额外课时任务。工作规则通常规定了为校委会服务、开发多媒体和新课程准备的时间。简而言之，合同巩固了与教学相关的活动，并通过这些规则来约束教师，教师对于教学相关的任何变化，都要考虑这些规则。因此，合同对教师产生了冲击，就好像是在官僚机构的强制下执行的。

莱文、凯特和瓦格纳（Levin，Kater，and Wagoner）追踪了影响工作环境的几个重大因素：外部强制的问责制；学校的企业家属性，特别是与企业签订的合同培训；以及"新自由主义的意识形态和经济全球化进程"（2006，p.2）。这些导致了对"经济问题的关注，而不是更多地关注社会或文化活动"（p.3）；通过将学院转变为官僚机构，教师角色已经转变为"由管理阶层和企业精英共同塑造的劳动力"。（p.15）。

教　师

虽然可以用最粗略的方式来概括37万社区学院教师的类型和特点，但从人口统计学上看，社区学院的教师与其他类型学校的教师不同。男性教师的占比低于大学，高于中等学校。大多数教师拥有硕士学位或在所教授的职业方面具有同等经验；和大学教授相比，他们难以获得更高级的研究生学位。他们的主要职责是教书，很少进行研究或学术调查。相比于中等学校的同行，他们更关心课程，但和大学教授相比还有差距。在全日制的基础上，他们每学期上四到五个班级的课。社区学院教师百分之七十是兼职教师，只教一两个班。许多全职和兼职教师除了从事教学工作外，还从事其他工作。

最近教师队伍中的少数族裔和女性教师人数有所增加。1987年，9%的全职教师属于美洲印第安人或阿拉斯加土著、亚洲或太平洋岛民、非裔美国人或西班牙裔美国人，这一比例在20世纪90年代上升到15%，到2009年上升到22%。同期女性教师比例从38%上升到54%。总的来说，教职队伍在逐步老龄化：1975年至2003年期间，教师队伍平均年龄从刚过40岁增加到刚过50岁；多数教师的年龄集中在33—55岁之间。

准　备

随着社区学院规模的增大和数量的迅速增加，关于教师的适当培训和经验问题也日益引起争论。教师是否应具有在低级别学校的从教经历？他们应该具有博士学位吗？需要具备什么资质？答案各不相同，但进入社区学院的教师群体的情况是能够追踪的。从最早的两年制大学开始，一直延续到 20 世纪 60 年代，教师通常具有中等学校的教学经验。伊尔斯（Eells, 1931）报告了 20 世纪 20 年代的一项研究，该研究显示 80% 的初级学院（美国两年制短期高等教育机构）教师都有高中教学经验。在 20 世纪 50 年代，梅兹克（Medsker, 1960）发现 64% 的教师具有中等学校或小学的教学经验。1973 年，布什内尔报告说，全国有 70% 的两年制大学教师曾在公立高中任教。然而，随着 20 世纪 70 年代新聘教师人数的下降，具有中等学校教学经验的师资比例也随之下降。更多的教师来自研究生毕业、各行各业和其他社区学院。

岗前培训

在传统的学术部门获得硕士学位是典型的入职准备。博士学位从来没有被认为是不可或缺的；从 1931 年的伊尔斯到 1977 年的科恩和布劳尔（Cohen and Brawer）的报告中都可以发现关于反对博士学位的争论。主要的反对意见是，大多数博士学位获得者都是预备研究人员，而不是教师，而且他们期望更少的教学时长和更高的工资。在 20 世纪 20 年代，两年制大学中具有博士学位的教师占比不到 4%。到了 20 世纪 50 年代，这一比例已经上升到 6% 到 10% 之间，并且持续了 20 年；其中布洛克（Blocker, 1965—1966）的报告中为 7%，拜尔（Bayer, 1973）的为 6.5%，梅兹克和蒂勒里（Medsker and Tillery, 1971）的为 9%。到 20 世纪 70 年代中期，这一比例达到了 14%，因为没有学位的人越来越难以成为高校教师。20 世纪 80 年代初，这一比例超过了 20%，主要是由于就业形势相对稳定，再加上学院的在职教师获得博士学位以及随之而来的工资增长成为一种趋势。到 2003 年，19% 的全职教师和 14% 的兼职教师拥有博士或第一专业学位。

表 3.1 显示了 1930 年至 2003 年持有学士学位、硕士学位和博士学位的教师比例，这也是目前可获得的全国高校教师研究（NSOPF）数据中年份相对

较新的。在职业教育的教师队伍中具有研究生学位的很少，因为对于职业教育师资而言，最好的准备是具有职场实践经验和接受过一些教学法的培训。然而，许多学院教授人文课程的教师中，具有博士学位的教师比例超过了25%，而且这些教师在高校以外同时兼职的可能性要小得多（Palmer，2002）。

　　不管学位头衔和专业类型如何，强调入职准备的广泛性和对社区学院办学目标的敏感性，并且关注学生成长，这些都是岗前培训的建议。不仅管理者需要具备这些特质的人，而且主要的专业协会也都需要这样的人才。但是，专门为社区学院这个层次教学培养出来的教师很少。在承担社区学院教师责任之前，很少有教师参加过任何一个讲解社区学院的课程。虽然伊尔斯（1931）曾建议在进入二年制学院任教前先在中学任教过渡一下，但很少有人这样执行。

85

表 3.1　1930—2003 年两年制学院教师的最高学位情况分布占比表

年份及来源	学士学位以下占比（%）	学士学位占比（%）	硕士学位占比（%）	博士学位占比（%）
1930 年（瓦尔奎斯特，引用自伊尔斯）	7	29	59	5
1941 年（库斯，引用自门罗）	3	27	64	6
1957 年（梅兹克，引用自门罗，包括行政人员）	7	17	65	10
1969 年（国家教育统计中心）	包含在学士数据中	17	75	7
1972 年（国家教育统计中心）	3	13	74	10
1979 年（布劳尔，弗里德兰德）	3	8	74	15
1984 年（卡耐基教师研究，引用自奥廷格）	5	10	63	22
1989 年（阿斯廷，科恩，戴伊）	11	10	61	18
1998 年（国家教育统计中心）	包含在学士数据中	26	60	14

续表

年份及来源	学士学位以下占比（%）	学士学位占比（%）	硕士学位占比（%）	博士学位占比（%）
2000 年（奥特卡尔特）	6	15	63	16
2003 年（卡塔尔迪，布拉德伯恩，法希米）	包含在学士数据中	18	63	19

来源：伊尔斯，1941；门罗，1972；国家教育统计中心，1970，1980；布劳尔，弗里德兰德，1979；奥廷格，1987；阿斯廷，科恩，戴伊，1991；齐步勒，2001；奥特卡尔特，2002a；卡塔尔迪，布拉德伯恩，法希米，2005。

86 　　为培养社区学院师资，已经建立了几个综合性较好的研究生项目，并多次引入了为社区学院教师专门设置的学位。20 世纪 60 年代末，当社区学院迅速发展并寻求有学识的教师时，吸收了许多艺术硕士，此外，研究生院委员会和卡耐基高等教育委员会力推艺术博士学位。这些课程通常包括了在学术部门进行的基础的学科准备，一些教育学知识储备和一段实践教学或顶岗实习经历。这些项目只在少数几所大学开设，覆盖数量有限的学科领域。没有一个项目，包括为师资匮乏地区特别援建的项目，能发展成为社区学院师资的主要供给。

　　为了吸引能够代表多样性学生群体的教师，学校已经作出了很多特别的努力。一些学院面向附近大学研究生项目的少数族裔学生招聘兼职教师或实习岗位，并希望这些项目的学生毕业后能被聘用为社区学院的全职教师。许多学校在副学士学位期间为学生开设了预科课程，引导他们进入以学科为中心的大学的教师培养项目，希望其中至少有一部分人能成为社区学院教师。自 1994 年以来，圣地亚哥附近的几个社区学院所在地区赞助的一个项目每年从多达 150 名申请者中选出 30 至 40 名实习生，其中大多数是西班牙裔。约 67% 的学生在完成圣地亚哥州立大学长达一年的实习后获得了社区学院全职教师或兼职教师工作。

87 # 在职培训

　　贯穿社区学院发展历史的一个显著特点是不断呼吁扩大正规师资的在职培训，当学院扩展趋于稳定以及聘用的新教师数量相对较少时，这一呼吁达到了顶峰。谁来教新学生，并能掌握不同的技术？社区学院的在职教师已经有了他们自己的优先任务，这是基于他们进入学院时的期望以及他们随后在学院的经历所决定的。管理人员发现，雇用新的教师来执行不同的职能要比重新培训已有的教师容易得多，只要扩展得迅速，这个方法就会很有效。但是，当变化的速度超过扩展的速度，当新的优先事项的出现比能够找到的新资金支持更快时，更多的教师不能胜任，因此要求在职培训的呼声也提高了。除了与学困生合作的长期挑战外，对学生学习进行可靠的、协调的评估，也对教师们提出了新的要求。

几类在职培训项目已经建立。这些培训最受欢迎的是以学科为基础的大学、项目开设的时间和教师参加大学校本项目的学费以及参加由某个学校或学校联盟赞助的关于教学法短期课程或研讨会的学费都可以报销。尽管一半左右的学院都有公休假的选择权，但从未像大学教师享有的休假权那样普遍。根据瓦林（Wallin，2003）的观点，几乎没有学院校长认为这很重要。教师们在教学领域中寻找课程和项目，这些课程和项目是由近在咫尺的大学提供的，这样他们就可以在兴趣范围内获得更多知识、学位和学分，从而实现提高薪酬的计划，还可以减少承担教学职责的时间。

许多学院都开展了精心设计的、持续性的职业能力发展活动，几乎所有学院都有某种形式的新教师培训项目。圣路易斯社区学院开始向参加了为期一周的8月份的培训项目的新教师发放一个学分的课酬。该项目在秋季学期继续进行，相当于3个学分的课时，新教师可以每周与校园导师会面一次，并在春季参加为期4天的强化教学技能的研讨会。学院还支付项目费用。约翰逊县社区学院（堪萨斯州）将新聘用的兼职教师纳入教师发展计划，给新教师分配指导教师，并在全年接受指导。该机构通过让新教师加入委员会，并提供持续的定制培训活动，使他们融入社区学院教师文化。巴尔的摩郡社区学院（马里兰州）根据学习共同体的原则制定了一个扩展性的定向培训项目。在瓦林（Wallin，2003）进行的一项调查中，几乎所有的校长都将以新教师为主体的培训视为一项优先事项。

组织教师职业能力持续发展的项目已经愈加规范。埃迪（Eddy，2007）的报告称，城市的学院更有可能拥有专门的资源和集中的结构，而农村的学院则由管理层领导的委员会来计划这些活动。例如一些州，70年代的佛罗里达州和80年代的加利福尼亚州，拨付相当多的资金由学院自行决定是否用于教师发展。然而，教师们更青睐由学院发起的在职培训。多年来，已有15%到20%的教师参加了大学的研究生项目。迈阿密戴德学院和佛罗里达国际大学等几家院校结队为攻读博士课程的社区学院教师提供学费折扣（Lukenbill，2004）。

工作量、工资和终身制

"教师工作量"一词通常意味着每周的教学时长乘以参加课程的学生数量，有时甚至包括委员会服务。没有人提到社区学院教师的研究负担、奖学金负担或咨询负担；教学是这一职业负担中沉重的部分。

在 20 世纪 70 年代之前，社区学院的运作与中等学校非常相似，在工作规范下运转。校长、主席或理事会规定了教师的工作时长和工作条件，决定雇用和解雇教师。当授权公职教师与单位谈判的规定被通过后，劳资谈判的模式就开始扩展，直到它成为近 60% 的全职社区学院教师进行合同谈判的基础。即便如此，尽管教师的工作量在不同的教学领域和课程类型上有所区别，但随着时间的推移，教师工作量已经非常一致。库斯（Koos, 1924）的报告说，20 世纪 20 年代公立大学的全职教师每周课时量为 13.5 小时。此后的许多研究发现，每周 13 至 17 个课时已经成为规范。

班级规模也是多变的。许多合同规定了一个班级的最多学生数，但是在学期结束前，持续的学生退学会缩小班级规模。体育和艺术类的影视课程，以及实验室课程的授课时间通常最长，但班级规模最小。在高年级或高级课程中也会有小班课程。入门课程班级规模的标准通常是：参加英语和外语课程的人数不超过 20 人，参加历史和社会科学课程的人数为 20 多人（Brawer, 1999）。

在劳资谈判协议教师覆盖面大的州（加利福尼亚州、伊利诺伊州、密歇根州、纽约州）和劳资谈判协议教师覆盖面小的州（得克萨斯、亚利桑那、犹他州），教师的工作量几乎没有差别，实施劳资谈判协议的学院的教师工资高 10%—20%，但工资水平与各州的中等收入水平密切相关，而与是否实施劳资谈判协议关系不大。不考虑工会维权，这一点可以从同一个州的学院教师的工资比较中得到证明。此外，不同地域的学院的教师工资也不同，位于郊区的学院的教师平均工资为 59 960 美元，而农村的学院的教师平均工资为 46 534 美元（Roessler, 2006）。

与之形成鲜明对比的是，管理层参与设定教师的工作环境。谈判的结果是将几乎所有决定权都赋予了谈判人员群体（即董事会和教师工会代表）。双方的律师都参与了阐释合同和仲裁纠纷。管理者的选择不在于他们是否批准此类合同，而在于他们如何学会适应这类合同，许多正在磋商的管理者很难意识到这一点。让他们意识到规则已经转变是很难的，因为他们一直认为自己的主要职责是密切管理教师的行为，而现在与教师谈判达成的合同已经成为主导力量。在教师们赢得劳资谈判权多年后，还有管理人员持这种看法似乎很奇怪，但随着工会的不断壮大，它已经成为管理者关注的重要事项。

　　管理者和教师之间的关系是劳资谈判引起的变化中最显著的。合同详细说明了班级规模、教师应在校时长、公休假条件以及教师生活的其他许多方面。但几十年来，教学时长和班级规模变化不大，教师对工作量和委员会服务的关注也没有改变。教师们可能一直在努力争取减少教学时长，但是他们不情愿放弃有额外收入的附加课时。在加利福尼亚，超过三分之一的全职教师每年至少教授一门附加课程。

　　此外，活跃在学科协会中的教师经常要求减少教学负担。在《两年制大学英语教学》期刊和各学科协会的杂志上，一些文章评论了社区学院教师如何像大学教授一样向大一和大二学生教授人文课程。评论认为，社区学院教师 91 的教学难度更大，因为他们的学生准备不足。同时也提出：他们是否需要花费双倍的时间进行教学？

　　除了按小时计酬的兼职教师外，社区学院教师的工资水平往往高于中等学校的水平，低于大学水平。伊尔斯（Eells, 1931）的报告说，20 世纪 20 年代薪酬最高的学院教师的平均工资与大学的初任教授的工资差不多。大多数社区学院的教师在 12 到 15 年内都能达到最高的工资标准，而在大学里，尽管有更高的工资上限，却有更多的干涉程序。当劳资谈判取得重大进展，并且薪资表的上限被提高时，比率有所变化，但是大学的薪资范围仍然很大。社区学院和大学的基本工资率之间的差距从 20 世纪 80 年代初的不足 7% 扩大到 1985—1986 年的近 10%，1992—1993 年为 15%，2010—2011 年为 23%。在全国范围内，超负荷的教学使社区学院教师的工资增加了大约 10%。

　　社区学院的终身制模式与大学的终身制模式相比，更接近低层次学校的终身制模式。终身聘任可在工作一年后授予，大多情况下，是在聘用两年到五年后授予的。这种做法与大学普遍采用的七年的标准相差很远。尽管各州的终身制聘任规则各不相同，但在一些州，终身制与全日制教学合同同时授予，也就是说，在一年的合同被提交并且教师已经履行了他们的职责之后，可以要求续签下一年的合同，除非学校能够给出不能续签的具体原因。通常情况下，除非州法律将终身制纳入社区学院管理相关条款，否则终身制在合同谈判中是一个可谈判的事项。

兼职教师

社区学院对兼职师资的依赖程度高于大学，低于营利教育机构。持续聘用大量兼职教师的主要原因是成本较低，他们也可能具有全职教师不具备的特殊能力，并且可以根据学院需要雇用、解雇和重新雇用兼职教师。

在社区学院发展的不同阶段，兼职教师与全职教师的比例发生了变化（见表3.2）。早期，相当大比例的教师是兼职教师，通常来自当地的高中。随着学院的成熟，它们更能支持建立一支全职教师队伍；在20世纪60年代末，几乎三分之二的教师是这样受雇的。到2009年，70%的教师是兼职教师，这是历史上的最高比例。表中的这些比率取决于各个领域课程的增长和下降、州和认证协会指南、劳动力的可用性以及许多其他因素。不过，总的来说，学院已经开始依靠低成本劳动力来平衡预算。只要法律或劳资谈判协议没有阻止他们，管理者将继续雇用低工资的兼职教师。兼职教师对社区学院来说就像流动工人对农场一样。

严格按班级基数计算，兼职人员的成本要低得多。2011年，加利福尼亚州的社区学院兼职教师的小时工资平均为68.20美元，16周3个单元课程的平均工资约为3 300美元。承担10个班级的全职教师每年能获得87 729美元，还有附加福利（约占其工资的25%），这几乎相当于每门课程11 000美元，是兼职教师的三倍多（加利福尼亚州社区学院，2012c）。其他州也有类似的模式。2010年，伊利诺伊州全职教师9个月工资为68 260美元，加上11 976美元的退休补偿和其他福利，相当于每门课程约8 000美元，而兼职教师的工资为每学时643美元，相当于每门课程2 000美元（伊利诺伊州社区学院理事会，2012）。

20世纪80年代，社区学院全职教师获得了数额可观的补偿，在2010—2011年度他们的全国平均工资刚刚超过6.2万美元。退休、医疗和其他福利增加了约2万美元（美国大学教授协会，2012）。这些数字在很大程度上解释了为什么大约40%的兼职教师更喜欢全职岗位。

表3.2 1953—2009年公立两年制学院全职教师和兼职教师的数量表

年份	教师总人数	全职教师		兼职教师	
		人数	占比（%）	人数	占比（%）
1953年	23 762	12 473	52	11 289	48

续表

年份	教师总人数	全职教师		兼职教师	
		人数	占比（%）	人数	占比（%）
1958 年	33 394	2 000	60	13 394	40
1963 年	44 405	25 438	57	18 967	43
1968 年	97 443	63 864	66	33 579	34
1973 年	151 947	89 958	59	61 989	41
1978 年	213 712	95 461	45	118 251	55
1983 年	251 606	109 436	43	142 170	57
1988 年	254 448	106 868	42	147 580	58
1993 年	276 661	110 111	40	166 550	60
1998 年	301 000	113 176	38	187 824	62
2003 年	378 700	138 300	37	240 400	63
2009 年	373 778	112 824	30	260 954	70

来源：美国社区学院与初级学院协会，1955—1992；国家教育统计中心，1994c；国家教育统计中心，《文摘》，2001，2006，2011。

　　兼职人员的来源也发生了变化。早期的初级学院聘用中等学校教师是因为他们是合格的教师，聘用大学教授是因为他们带着威望的光环。到 20 世纪 70 年代中期，这两个教师来源已经减少，大部分兼职者被称为志愿者（退休教师、商人或专业人士或其他公民）或没有选择权的人（没有其他收入来源的研究生或教师，其中大多数人渴望受聘全职工作）。最近，"公路战士"或"高速公路飞行者"这两个术语被应用于那些兼职教师，他们上下班往返于学院之间，拼凑成一个完整的全职教学日程。由于应聘人数有限，农村地区的社区学院面临着比城市社区学院更大的师资队伍的挑战。⁹⁴

　　兼职教师是否合格？他们能像全职教师那样教得好吗？许多研究发现，学生在课堂上的学习掌握程度一样高。但最近的两项研究报告称，全职教师比例较高的院校的总体保留率（Smith，2010）和完成率（Jacoby，2006）更高。兼职教师不太可能有专业性的参与，但他们通常对工作的大部分方面都很满意（见表 3.3）。当然，他们似乎没有出现什么问题，他们的学生评分和他们授予学生的分数与全职教师的表现相当。不过，他们的地位不同。兼职教师的选用不够严谨，这是由于学院没有对他们作出长期承诺，因此没有必要在选聘上花费大量的时间和金钱。

　　兼职人员最积极的方面是，他们是商业人士或专业人士，熟悉其所在领域的最新发展，因为他们同时参与其中。例如，当地牧师教授宗教研究课程，或者房地产经纪人教授房地产相关课程。他们可能更直接地与工作实践联系在一起，可能比大多数全职教师掌握更多的知识；他们使规模较小的学院能够提供全日制课程，例如深奥的外语或宗教研究课程；他们还使学院能在最后时刻满足学生对额外增加一门热门课程的要求。聘用兼职教师最糟糕的一点是，当大学为避免雇用全职教师，引入两个或两个以上的兼职教师来教授类似的课程，或者承担全职教师不喜欢教授的课程，例如发展课程、夜间课程或周末课程时，兼职教师会重复出现在学生的视野中。但一些没有固定校址的学院却因兼职教师而蓬勃发展：如里约萨拉多学院（亚利桑那州），有 52 634 名学生（全日制学生 13 226 人），只有 24 名全职教师，这是一个典型案例。

95

表 3.3　2000 年全职教师与兼职教师主要差异情况表

	全职教师 （$n = 1\ 064$）	兼职教师 （$n = 467$）
教学活动		
在过去三年中修订教学大纲	95%	86%
与非本系的同事合作教学	24%	15%
荣获教学奖励	39%	23%
教授荣誉课程	10%	5%
组织学生参加课外活动	72%	59%
全面的专业性的参与	23%	19%
出差参会	87%	65%
参加教育协会		
任何类型协会	74%	48%
普通教育协会	45%	28%
社区学院协会	29%	11%
学科协会	52%	33%
教学建议来源		
系领导的积极建议	74%	82%

续表

	全职教师 ($n=1\,064$)	兼职教师 ($n=467$)
同行的积极建议	94%	86%
定期阅读教育期刊		
通识教育	48%	40%
社区学院专刊	28%	18%
学科	<2%	<2%
整体满意度	32%	31%
认为当前岗位在五年内充满吸引力	79%	77%
与同事关系和谐或非常友好	92%	88%
需要与同事更多交流	38%	42%
认为大学教师岗位有吸引力	30%	47%
在工作中承受相当程度的压力	53%	27%

备注："n"代表样本数量。

来源：Outcalt，2002a。

最近的一项调查表明，兼职者已经形成他们自己的一个阶级。莱文和埃尔 96
南德斯（Levin and Montero-Hernandez, 2012）提出，与全职教师不同的是，兼
职教师的职业角色和身份因其所属机构（研究型大学、综合性大学、社区学
院）和学科隶属关系而有所不同，兼职教师在各类学校都共享一个职业身份。
全职教师的岗位、工作和学院角色都表明了他们的专业素质。与全职教师相
比，兼职教师展示了一个不同类型的专业身份。虽然兼职教师可能在所在领域
和课堂上被认为是专业人士，但他们通常认为自己是"非专业人士，因为他
们在……组织结构内缺乏正统性"（p. 27）。

一个相关的问题是兼职教师对社区学院教学专业性的影响。克拉克强烈反
对广泛聘用兼职教师。"没有什么比将全职工作岗位转变为兼职岗位更快更彻
底地使一个职业衰落了。"（1988, p. 9）尽管如此，学院对兼职教师的依赖与
其他大多数领域美国劳动力的发展是契合的。这些领域倾向于将尽可能多的工
作岗位转变为雇主对员工通过连续性或附加福利使其承担最小责任的职位。这
些兼职教师定期请愿，要求享有与全职教师一样的课时费标准、健康和退休福
利，但这些努力没有取得什么成果。随着越来越多的兼职教师获得谈判权

（见第四章），学院按比例支付工资和福利的压力越来越大。

97 　　　兼职教师的工资和福利问题通常在州一级进行审查，但按比例支付工资的成本如此之高，因此几乎没有什么变化。例如，加利福尼亚州审计局发布的一份报告显示，1995 年至 2000 年间，"兼职教师授课的学分比例从 40% 上升到 47%，如果由兼职教师承担满负荷的课程，他们的年薪要比全职教师年薪低 31%"（加利福尼亚州审计员，2000，p. 1）。报告承认，这种情况的存在是因为有大量的人"愿意以较低的工资工作"；但是，如果立法机关要消除工资差异，州政府每年将花费"大约 1. 44 亿美元"（p. 1）。报告总结道，"兼职教师的不平等薪酬要么造成了应该解决的问题，要么反映出当地市场环境的适当平衡，不应被破坏"（p. 2，重点补充）。

评　估

　　　自社区学院成立以来，教师评估的方式和原因问题一直受到重视。由于学院起源于低层级学校，早期的评估通常是由管理者进行的，他们走进教室，记录他们对教师的行为举止、外表、态度和表现的看法。随着学院与低层级学校的分离，教师获得更多的权利，评估方式变得更加复杂。同事和学生被引入评估过程，并且每一个环节都有详细的指南。评估程序往往变得错综复杂；规则明确了评估的频率、花费的时间、参与的人员，教师什么节点获悉结果，哪些人员或委员通知教师评估结果，教师评估文件的保存时长，谁有权查阅该文件，以及上诉的过程步骤，等等。

　　　从表面上看，这些程序似乎在试图改进教学。实际上，它们几乎没有效果。如果教师受到谴责、解雇或者因评估优异而获奖励，评估记录提供了必要的证明材料。但只有极少数的教师受到评估的影响。想要提高的教师可以根据98 同行、管理者和学生的评论采取相应的措施。那些选择忽视反馈的人也可以这样做。只有那些与良好教学标准相距甚远的教师，例如那些未能定期上课的教师，才能被要求完成相应的任务。一般来说，些许关于课堂表现或学生成绩的证明都能让评估者满意。

　　　尽管如此，教师评估仍然存在，因为它表明学校和教师都在关注发展。几乎所有的学院都在某种程度上开展这项工作，从形式上的程序到符合整套规则，再到真正尝试去影响教师个体。与教学实践相关的评估对于提高教师的有效性认知是有用的；然而，那些旨在以外部机构满意为主要目的而进行的评估几乎没有效果，教职工往往对这类评估不满意。将教师评估与绩效工资相关联已经被尝试很多次了，最近芝加哥城市学院也在实施（Basu and Fain, 2012），但这些举措收效甚微，还引发很多批评。资历仍然是决定工资水平的主要因素。

最好的教师评估计划是为了提高教学水平而制定的，而不是为了确定谁能获得终身聘用或加薪。尽管这两个原因通常是联系在一起的，但首要关注点是教学、教师团队建设、协作关系和教师的目标达成，简而言之，基于过程的形成性评价更有可能受到教师的欢迎，并促进整体教学水平的提高。这类评估通常结合了研讨会、组合生成、指导和类似的测试实践的方式。它们依赖于教师同行、学生和教师自我（努力的主体）的评价。它们也是独特的，不是一成不变的或比较性的，这样的评估旨在为教师提供支持，而不是奖励或惩罚。

99

满意度

一段时间以来，教师对工作的满意度一直在被追踪。在社区学院发展历程的前半个世纪，大多数教师都是从中等学校招聘来的，教师群体普遍呈现积极的态度。从中等学校转到学院教师岗位既带来了更高的社会地位，又减少了教学负担。因此，大多数关于教师满意度的研究发现，满意度与教师本人进入学院的背景条件有关。年龄较大的教师——那些来自中等学校、从不同类型的岗位退休后进入教学岗位、中年职业生涯转变，或是已经从事某项特定职业并任教于职业性项目的教师——是满意度较高的群体。而对于年轻教师，他们可能不以教师作为职业生涯规划，但发现自己年复一年地重复着相同的工作，没有多少机会在新的挑战中恢复活力，因此属于满意度低的群体。

"精疲力竭"这个词在80年代和90年代经常被用来指代那些感到压力过大或情绪低落而无法有效工作的教师。文献中有许多关于如何应对这个问题的文章。然而，博克（Bok, 1993, p. 172）指出，那些不想继续教书的教授"在表层的诱因比如金钱或无缘终身聘任之外，可能存在更深刻的诱因"。简言之，从教者努力完成可以接受的工作，因为这份工作令他们满意。如果他们如此不满以至于被描述为"精疲力竭"，那么除了责任的重大转变、职业生涯的改变或个人生活的改变之外，没有什么办法能有效解决。

100

自从聘用了大量教师，学校制度的变化也可能会导致教师的不满。基础薄弱学生数量的增加使教师更加难以在引导学生成长的过程中找到满足感。专业课程数量的减少使得教师不太可能教授自己感兴趣领域的课程。越来越多的学生是非全日制学生，不断地有学生入学或辍学。结果，教师无法在一个学期之后维持与这些学生的关系。随着完成课程的学生比例急剧下降，教师只通过一门课程对学生个体的满意度也在随之降低。学院因此制定了更多的要求来评估成效，并要求教师提供学生取得进步的证明。而从社区学院跳槽到大学教学的可行性从来都不多，现在甚至变得更不可能。

最近的针对全国教师的一项研究追踪了与满意度相关的人和工作场所的特征。与大学教师相比，社区学院教师对自己的薪水、所在部门和机构的声誉、与家人相处的时间以及与其他教师的社会关系更满意。他们对学生的素质、教学负担、僵化的工作日程、学术追求和职业认可的机会不太满意。当被问及压力的来源时，他们不太可能指出来自学院的审查或升职或科研压力，他们更有可能感到自己是在一个大学环境中工作。

学院层面倡导的实践对教师满意度有显著影响。迪伊（Dee，2004）发现，学院支持创新与教师继续留在学院的意愿之间存在着很强的关系。金、通布利和温德尔（Kim、Twombly、Wolf-Wendel，2008）发现，对获得的教学支持感到满意的教师也倾向于对其教学自主性水平感到满意。其他研究也指出，教师青睐与其学科相关的发展活动，明确不喜欢通用的教学提示（Lail，2005）。职业发展机会，特别是休假和参加会议的经费支持，往往是满意度量表中获得高分的指标（Cohen and Brawer，1987；Mounfield，2005）。

需　求

像其他职业群体的成员一样，大多数教师希望改善他们的工作条件。他们需要更多的职业发展机会、休假、暑期学习津贴、规定的放假时间和旅行津贴。他们也希望有更好的学生，学生积极性更高，有更强的学业背景。他们想要更好的教学资源。他们中的许多人对上课使用的教材、实验材料或阅读资料不满意。许多教师想要更多更好的实验室设施。布劳尔和弗里德兰德（Brawer and Friedlander，1979）报告了类似的发现，塞德曼和奥特卡尔特（Seidman，1985；Outcalt，2002a）的研究也证实了这些观点。

因此，教师的需求似乎已经明确了。尽管还有关于劳资谈判和合同谈判的一些微词，但教师们通常都很满意。他们想改善自己的工作条件，但他们往往不想转到其他的教育层次的岗位。他们的一些需求与其他企业员工表达的需求类似：安全性和维持生活的工资。聘任的连续性和定期加薪是最低要求。当招生人数下降或预算下降时，教师们感受到威胁，这意味着会对教师们的基本诉求产生冲击。

　　但是，除了基本要求外，教师们似乎也有些不切实际。他们想要更好的工作条件，但这意味着工作时间更短，学生质量更好，班级规模更小。尽管这些要求可能值得提出，但很难实现，因为它们违背了社区学院的政策和预算现实。只要学院是按招生数量获得补贴的，教师就很难在减少与学生沟通时长的情况下获得更高的报酬。只要学院不管学生以前的学业成绩或自身的能力如何，对所有人敞开大门，教师们将无法达成对质量更好的学生的需求的愿望。

　　即使对工作场所变化的要求更为现实，一个目标也常常与另一个目标冲突。举例来说，教师一般希望更多地参与学院决策，但他们又不喜欢行政工作。他们不渴望成为管理者；他们可能对花在委员会上的时间感到不满；他们把课堂活动和与学生的课外会面视为工作日中带来最大满足感的一部分。但是，管理决策是在委员会、备忘录和说服的环境下决定的，这一背景类似于政治舞台。只要教师回避决策的机制，就很难达到参与决策的目标。

　　对支持服务的需求再次说明了教师要求的矛盾性。相对而言，很少有教师配有可合作的专业助理或教学助理，并且也很少有教师提出对这些类型的助理的需求。成为学生的良师益友仍是最重要的师德。教师似乎也不能自视为与一队助理共事的专业人士。他们希望通过师生互动实现所有的教学要素：与学生互动，传递信息，激励，启发，指导。他们不愿将工作的一部分交给辅助专业人员或助理以扩大影响力。 103

　　通过合同或协议的其他谈判，教师已经试图改变不利的环境条件和缓减随之而来的不满情绪。这些协议可以使教师免除日常的责任和改变他们的环境，也会发布课程修订或其他与教学相关的项目的规定。一些合同规定了院系的师生比例，这样就可通过入门课程的高入学率来平衡专业课程的低入学率，合同还就旅行和休假的津贴进行了规定。

　　然而，达成这些协议还远远不够。任何合同都不能替代源自知识的自我价值感。拥有了它，教师能跳槽到不同的机构来逃离目前的工作环境。协议也不能改变教师的现状，即学生准备不足，刚入校时执教的传统课程正在衰退。合同中关于通过终身聘任制和正当详细的程序来提供工作保障的规定，对那些被迫教授并非自己选择的课程的教师而言，价值极低。学院招收新学生群体的尝试，对教师而言就像是耳边听到有的假币的声音，他们有充分的理由怀疑，这些学生对思考的兴趣可能比他们已经遭遇的学生对思考的兴趣更为缺乏。教师很难接受保留学生的行政请求，他们认为学生有责任圆满完成课程任务或离开学院。

104   **专业化**

专业化是多维的，它与公众认知、培训、工作职责、组织程度、道德规范和许可证有关。教师在职业进程中的发展必须用各种基准点来衡量。一些数据是可用的。在教学层面上，教师的核心责任似乎没有什么变化。教学仍然被普遍认为是一种独奏展示，通往教室的门戒备森严。教师接受学生对教学的评价，愿意听取同事的意见。其他所有管理人员，其他部门的教师、公众都被忽略了。专业化的其他一些方面也没有改变。教师入职前应有几年教学经历的要求已经存在不止一代了，而且对执照的要求也没有改变。

一些维度呈现出倒退。与其他职责相同的职业相比，收入水平有所下降，特别是与大学教师相比。无论是通过学科协会、普通教师协会还是社区学院的专业协会来衡量，专业协会会员人数正在下降。对大多数教师而言，他们在学校的时间越长，他们与某个学科的联系就越弱。

一些评论员推断，社区学院最好由职业忠诚度最低的教师群体来服务。他们声称，专业化必然导致一种世界主义形式，这种形式不利于以社区为中心的学校，一旦教师成员与其他学校的同行找到共同的事业，他们就不会忠诚于自己的学院。这一论点源于一个观点，即大学教师的专业化已经证明对高等学校的教学不利：也就是，如果教师更热衷于研究、学术研究和专业建设，那么他们对教学的热忱将减少。

105   然而，这一论点表明，一个专业化的社区学院必然采取类似于大学教师的形式。实际上这是不必要的，社区学院教师的专业化更有可能朝着完全不同的方向发展，既不倾向于学科的深奥，也不倾向于学科关注的研究与学术。社区学院教师的学科属性特别弱，学院对教师几乎没有学术研究的要求，教学负担太重，因此大学教师的专业化形式不适用于社区学院教师。

围绕学科教学组织培养的专业化教师很可能更适合社区学院。教师们已经致力于课程建设、制作可复制的教学媒介，以及以通俗易懂的形式来传授知识等多样化活动。能够支持教师从事这些活动的职业才是理想化的。教学一直是学院的标志，一支专业化的教师队伍将提高教学质量。这种专业化形式也可以应用于课程建设。尽管教学问题留给了教师，但课程体系的建设更像是一项行政诉求。一个专业化的教师很可能会把大部分精力集中在研发一个课程体系上，以适应学院发展目标的快速转移。

一个专业化的教师可以掌控其工作的基本环境，也可以以自己的方式重新定义学科来适应社区学院的实际情况。举个例子，许多传统的文科课程不适合职业项目和参与项目的学生，而这些项目构成了社区学院的主要业务。教师可以为参与项目的学生设计更合适的教学方案。一个专业化的社区学院教师能否成功地进行必要的课程改革还不能确定；但可以肯定的是，一组不同类型的教师做不到，大学教授或社区学院管理者也不会引领这一必要的课程重建。这种对学科的重新定义需要来自同行的激励。教师个体像布道者一样为之作出贡献，在各个学科中应用核心原则，因为它们涉及不同的教学角色，每个教师会采用不同的方法。这些活动都需要专业化的教师。

很早就有一些衡量专业化的指标。很多年前就建立了面向两年制学院数学、新闻和英语教师的国家期刊，加利福尼亚州、佛罗里达州、密歇根州、弗吉尼亚州和其他地方也建立了一些国家级期刊。州级的学术评议会对课程事务表达了兴趣并获得了话语权，因此形成了美国两年制学院数学协会、社区学院人文协会等专业协会。一些学校通过内部资助教师修订课程和开发多媒体教学资源，从而培养了教师的专业化素养。在雇用教学助理和辅助教学人员的学院里，教师往往扮演着管理者角色。基金会和联邦政府对大学教师的资助增加了，为这些教师的专业化成长提供了相当大的投入资金，教师们有机会通过管理课程发展项目来扩大他们的影响力。而在一些学院里，教师们开发了他们自己的项目来完善学院针对新生的测试和安排。

学院层面的活动也可以使教师在课堂外继续履行教学职责。例如，学院可能会提供资金和假期给那些能够建设更好教学资源或者进行项目效果研究的教师。例如，安吉洛和克罗斯（Angelo and Cross，1993）推广的课堂评估实践，已经在一些学院推广使用（Rouseff-Baker and Holm，2004）。教师可以通过为学生和公众提供座谈会、研讨会、讲座、独奏会和展览，将其角色扩展到课堂教师之外，成为信息的展示者。学科领域的大多数教师都觉得在他们的学院里这样的活动太少了，他们想在这方面花更多的时间。更为复杂的合同规范了教师发挥这些作用的行为，也规范了管理学习实验室、准备可复制的媒介资源，或者协调兼职教员的工作。能够组织众多学生交流学习的院系，可以利用大班课程的优势来支持更加专业的课程。同样，为了提高教学的灵活性，学院管理者可能会考虑向承担其他院系的短期教学任务的教师付费。

尽管社区学院教师可能正朝着专业化的方向发展迈进，但其路径至今还不清晰。教学负担会给他们带来很大压力，但只要教师坚持探索，并且在课堂上与学生有密切的交流——班级规模越小，效果越好——随即而来的高昂教学成本使学院很难资助其他替代方案。最积极的一点是，社区学院已经成为一个众所周知的、被关注的工作场所，不仅其教职工这样认为，而且那些作出的决定会影响社区学院发展的立法者和机构官员也这样认为。作为一个群体，教师们不再以大学的视角来建设课程和教学，他们也不再把社区学院作为通往大学职业生涯的一个停靠点。近年来，很少有教师认为大学的职位更具吸引力，在社区学院从事教学本身已成为一种职业。

思考的问题

影响教师的许多关键问题集中在职业和学术的持续分离、个性化教学与专业化发展导师的分离以及缓慢形成的独特的专业化的意识上。其中一些问题可以得到切实可行的处理；另一些问题将会由于教师职业和学校的特性而持续存在。

教师与董事会和管理者之间的对立关系会消失吗？它们主要与合同谈判有关还是基于学校的本质？

教师的不满能否通过改善工作环境来缓减？还是说，通过兼职和从心理上退休来一劳永逸地解决问题？

教师是否会对其学科进行必要的重新认知，以适应学院的实际情况？文科课程作为大学的主要优先地位会继续保持吗？

教师是否会意识到，从长远来看，专业助理人员对他们的长期健康很重要？

管理者是否会为了短期的工资节约而继续雇用兼职教师？或者管理者是否会通过减少每年教师的招聘量来帮助教师塑造自己的专业性？

除了课堂教学之外，全职教师还为学院做了什么？他们的付出是否可以说明高薪的合理性？

所有这些问题都与学院的历史、可用的资金有关，综上所述，校领导能否认识到他们的学院有正确应对突发事情的稳定架构，或将校园打造成有独特气质的教学中心，对于解决以上问题都是至关重要的。

4

组织、治理和行政

管理当代学院

治理、行政和管理这三者不是各自独立的，它们相互重叠，经常互换使用，相互之间并没有清楚地区分是用来描述院校职能还是具体的活动。彼得森和梅茨（Peterson and Mets，1987）定义了他们三者自身的结构和执行的过程：治理与决策有关，管理与执行决策有关。关于治理的定义，科森（Corson，1960）认为学院本身就是一个政府："在学院或大学中，学者、学生、教师、行政人员和董事会共同建立并执行规则和条例，最大限度地减少冲突，促进合作，并维护个体的基本自由。"（pp. 12-13）他还指出，很难将所制定的政策与代表它们的做法分开，因为执行政策的行为与政策所依据的相关规则或法律的表述一样，都是政策本身的一个组成部分。

本章追溯了一些常见的组织、治理和行政形式，包括治理单位的类型、州一级的协调、地方治理委员会以及地区和学院组织的模式。它还考虑了认证、董事会职能、行政模式、劳资谈判的影响和提高效率的努力。随着新的管理院校理念的盛行，这些范围也在不断变化。学院是个复杂的实体，这是个不变的事实，因此学院之间的情况也各不相同。

分类治理

对院校治理和管理的分类已经做了很多尝试，大多是来自对大学系统的观察。可以将线性、适应性和解释性体系分为一组。线性是直接联系的，适应性是作出回应，解释性是基于文化作出的（Chaffee，1986）。其他治理模式试图将学院与政治分开，视二者为分享权力的不同方式。从管理科学的角度看，治理是理性的，且专注于决策。学院运营的另一种模式是用"有组织的无政府状态"来描述这样一个环境，其中的任何一个个人或团体都没有足够大的影响力（Cohen，March，1986）。韦克（Weick，1976）推广了"松散耦合系统"，将学院描述为以不可预测的方式相互作用的亚群体的集合。

总的来说，大多数旨在解释大学运作的分析模型并不适用于结构简单的社区学院。理查德森（Richardson，1975）表示，如果想要理解学院，就必须建立专门的模型。他提供了三个主要模型来解释为什么学院会这样运行。官僚模式将学院视为一个正式的机构，其活动模式与法律和政策所规定的职能相关。学院内的职位以金字塔的形式排列，每一系列职位都有特定的职责、能力和权力。这个机构是由自上而下的授权组织起来的，上层的人比下层的得到更多的利益；金字塔的最底层是教师和学生。政治模式假设学生、教师、行政人员和董事会之间相互竞争和有冲突，每股力量都有各自的利益。同时，理查德森呼吁要让学院成为共享学习社区，并勾勒出学院模式：教师和学生不是处于金字塔的底部，而是社区中的平等伙伴关系。权力没有像官僚模式那样是自上而下的；相反，董事会与学生、教师以及管理人员共享权力。学生和教师直接与董事会沟通，无需通过校长（p. ix）。该模式的基础是群体过程、社区概念、权力共享以及在参与和共识的框架内进行决策。

官僚和政治模式看起来最适用于社区学院，这些院校是按等级组织的，不同竞争力量间的相互妥协决定了它们的发展方向。学院是一个有其自身规则的社会机构，尽管有很多关于满足学生和社区需求的漂亮说辞，但社区学院内部的程序是倾向于维护其员工的权利和福利。合议式的学院模式是种幻想，学生对学院管理有很大发言权的想法并没有现实的基础。不过，与上一代相比，如今的管理者、教师和学院职员之间共享治理更为普遍，而教师和职员并不是唯一能获得一席之地的人。近年来，国家和国际方面对社区学院治理的影响也在扩大（Kisker and Kater，2012）。

早期的初级学院通常是当地中学的附属院校，此类院校通常由所属中学的校长或校长指定人员管理，处理初级学院事务是当地中学校董事会的日常职责之一。而随着学院与当地学校分离，新成立的学院董事会同样关注预算问题以及校长的选任，以确保员工满意和学院的平稳运行，至少能保证学院的问题不公开化。然而早在1931年，伊尔斯（Eells）就在其有关初级学院的书中提到，治理和行政管理所涉及的领域太多且具综合性，无法完全处理好。尽管校董事会和行政人员能够实现表面上的和谐治理，但财政、员工道德和遵守州法律等方面的问题始终存在。

治理和部门协调

在不同时期，曾流行过不同形式的学院管理。在过去的30年里，复合型的学院团体有所增加，而独立的非营利性初级学院数量却有所减少，几乎所有的附属于公共学区的学院都脱离了这种联系。如今的公立学院多为独立院校，或是拥有众多分校的院校，或是州立大学系统和学院的分校，有些院校还采用了创新模式，如成为州立高校系统内的无校舍学院。独立的综合性学院还可能根据不同专业课程而设置不同校区或教学点。

独立的两年制学院，包括教会学校和私立非营利性学院，这两者有不同的管理模式。教会学校的最终管理权属于教会本身的管理委员会。其他独立学院的管理委员会可能与其所专注的职业领域相关或由自愿的慈善家组成。学院负责发展事务的主管，也就是筹资者，通常在学院的组织结构中具有突出地位。因为许多私立学院仍保留了学生宿舍，所以需要一名主管负责管理校园生活。

不管组织形式如何，院校规模是最重要的变量。在一次次的研究中，无论所关注的主题是学生、课程、图书馆馆藏还是部门成本，院校规模比任何其他特征更能区分一所院校的发展是否得到了支持。此外，公共院校和私立初级学院（私立初级学院的规模通常很小）之间的显著差异同样与院校规模和管理相关。

113

本地区

美国大多数公立院校都是在单一的地区内组建的。由地方选举或政府机构任命的董事会为该院校制定政策，并聘用校长。副校长或院长管理学院的运营、学生事务、学术教学和技术教育。系主任向院长或副校长汇报教学工作。在规模较大的院校中，有可能增加助理总监和副校长的职务来管理每个主要部门的具体运作，如图4.1所示。一所拥有两万多名学生的学院可能有五十多名行政管理人员，其中包括一名校长、数名副校长、院长、副院长、主任和项目经理；再加上四十多名负责管理校园治安、设施、保洁、辅助服务、国际研究等工作的管理人员。一所学生人数低于2 000的学院，其管理人员少得多，但仍要有一名校长和分别负责行政服务、教学、学生发展和信息技术的数名副校长，外加二十多名负责院校研究、市场、学术支持等方面的管理人员（图4.2）。

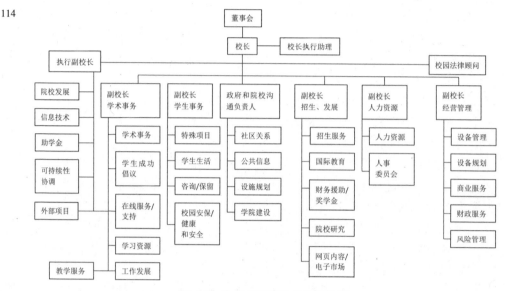

图 4.1　大型社区学院组织架构图

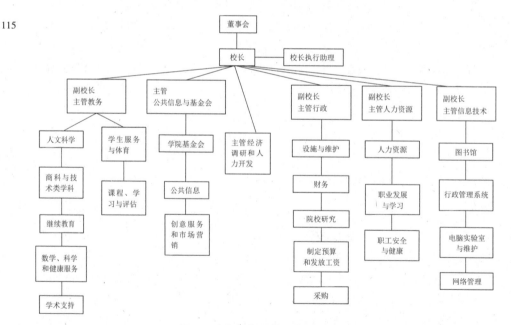

图 4.2　小型社区学院组织架构图

　　拥有多校区或分校的社区学院（多校学区）可以追溯到 20 世纪 30 年代，最早出现在芝加哥和洛杉矶等地。当一所学院开设了新的校区，而新校区的规模最终发展到需要进行独立管理时，该学院就会发展成为拥有多个校区的学

院。如图 4.3 所示，这些多校区学院通常由一个集中的机构进行管理，该机构 116
由一名总校长牵头，配备有研究协调员、人事专员、业务经理和许多其他负责
整体教学、财务和学生服务的管理人员。而有一些多校区的院校，如圣路易
斯，仍以单一学院管辖多个校区的形式进行运作。

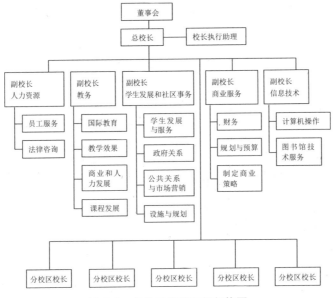

图4.3　多校区学院组织架构图

　　拥有多校区或分校的社区学院远比单个的学院更复杂、更结构化、更正
式。那些主张集中管理的人更重视经济性和决策的一致性。早在 1969 年，金
泽尔、詹森和汉森（Kintzer, Jensen and Hansen）就得出结论，尽管高度集中
的学院具有一致性、公正性及高效性，但也存在缺乏个性、员工士气低迷的风
险。兰德尔（Lander, 1977）表明，当亚利桑那州形成拥有多校区或分校的社 117
区学院时，各分校的行政负责人和总校的首席行政官之间被插入了另一层级行
政管理人员。他得出的结论是：学院规模的扩大，增加了职能的复杂性、沟通
的正式性、责任委托及最终权力的集中性，这是造成管理结构变化的主要
因素。

　　集中式管理架构的主要优势是减少重复。它集采购、数据处理、设施规
划、人力研究、财务、实体业务和承包于一体；促使招聘、员工福利、工资和
平权行动标准化；设置了负责集体合同谈判的专员；在提供支持服务、工资、
晋升、申诉和资源分配方面强化平等；最大限度地减少了不同校区之间的竞
争，同时提高招生宣传、筹资、社区服务和协调力度；加强了教学项目协调及

师资培养；并允许各专业领域成立跨校区的咨询委员会，而无需在不同校区的某一专业领域各自成立咨询委员会。

但是，在对满足集中管理职能的需求和校区员工自治的意愿之间取得平衡是一个持续的挑战。理想情况下，从中心办公室到学校各校区的各个部门、各级别都能参与决策，但是权力往往过多集中在中心行政部门手中。例如，几乎所有多校区的学校中，尽管预算都是各校区自行编制的，但都必须符合中心管理部门规定的指导方针和限制范围。中心区域办公室通常还设有独立的法律事务办公室，以确保员工选聘的程序符合合同条款和相关法规。

118   在一个学校各校区都被赋予权力参与学校管理的时代，参与感的问题非常重要。在加利福尼亚州，共享治理在 20 世纪 80 年代末是被强制执行的，用以确保教师和其他员工能够参与决策。由此造成的结果是，产生了一系列文件以试图厘清教师协会、学术评议会、各类员工组织、地方委员会、地区行政机构以及州委员会和总校长办公室之间的责任。共享治理的方式因各州法律规定和法院裁决而异。2007 年，岱伯洛谷学院（加利福尼亚州）的学术评议会反对用专任院长取代兼职管理人员的行政决定，从而改变了该校延续了 40 年的学术管理传统。但是上诉法院后，被认定这种重组是一种行政特权（Freedman and Freedman，2007）。

弗拉尼根（Flanigan，1994）调查了自 1988 年加利福尼亚州政府出台的共享治理的规定，以了解共享治理在多大程度上改变了加利福尼亚州社区学院的行政模式和决策。他发现教师对委员会的参与度有所提高，但委员会会议和报告的质量以及教师和行政部门之间的信任度并没有改变；反而是决策过程变慢了，因为需要让管理人员、教师和不同的员工群体参与进来，而每个群体都有自己的特殊利益。因此，舒兹（Schuetz，1999）得出结论：一方面，实施共享治理减缓了决策过程，并使校内群体两极分化；另一方面，共享治理可以改善校内沟通，帮助理解问题，并促进各方认同决策。此外，尽管其他支持者认为能够通过劳资谈判等手段代表自身利益，但对学生来说，共享治理弥足珍贵，因为这或许是他们参与决策的唯一可行途径。

119 ## 州

在许多州，受公共支持的学院都由统一的机构掌控。1965 年，布洛克、普卢默和理查德森（Blocker，Plummer and Richardson）指出 20 个州的社区学院由州教育委员会管理，6 个州的学院向州政府部门或学区长报告，只有 6 个州的初级学院有各自独立的学院董事会或委员会；在另外 13 个州，学院隶属于高等教育委员会或四年制州立大学的董事会。金泽尔（Kintzer，1980 年）发现有 15 个州设有只负责社区学院的董事会。

自那时起，州政府的作用越发突显。根据美国教育委员会（2012）的高等教育治理结构数据库显示，50 个州全部存在某种形式的州一级的协调机构，且多数州都采用了托勒夫森、加内特和英格拉姆（Tollefson, Garrett and Ingram, 1999）创建的五个主要的模型。有 7 个州是由州教育委员会管理社区学院系统的，例如爱达荷州和俄勒冈州；有 11 个州是由州高等教育委员会管理的，例如纽约州和得克萨斯州；在 16 个州，有一个州一级的协调委员会例如加利福尼亚州和华盛顿州；特拉华州和科罗拉多州等 7 个州有社区学院管理委员会；有 7 个州，例如阿拉斯加州和夏威夷，社区学院受管辖全州的董事会管理。也有一些州的管理模式不属于这五种。例如在亚利桑那州和密歇根州没有全州范围的管理或协调机构，尽管密歇根州的教育委员会发挥了有限的协调作用，亚利桑那州社区学院校长委员会也自愿地在其 10 个覆盖区域发挥一些协调作用。其他州所设的管辖机构在对社区学院的治理和协调方面的职能有所重叠。

受州一级委员会管理的社区学院，能够最大限度地集中资金和运作决策。尽管各学院保留了在课程规划方面的一些自主权，但全州范围内的议价和预算称得上是常态。图 4.4 显示了州属社区学院系统的组织架构。然而，各州委员会的权力及其职责仍然有很大的差异。高度集中化管理的华盛顿州拥有庞大的教育和信息技术部门以及众多的预算专家，而俄勒冈州教育委员会下设的社区学院与劳动力发展部却只拥有最少的员工。加利福尼亚州社区学院总校长办公室则设有 10 名副校长（2006 年只有 5 名），分别负责从法律事务和政府关系到学生服务、课程和教学等事项。

许多州建立了州立大学和社区学院相结合的体系。在 18 个州中，有 100 多所两年制学院或校区附属于州立大学。例如，在俄亥俄州，除社区学院外，还存在着许多大学的两年制项目分校。在阿拉斯加州和夏威夷州，所有的公立社区学院都隶属于州立大学系统，州立大学的校长是首席执行官，学院的校长是向大学的校级行政人员而并不是向本校董事会汇报（见图 4.5），由大学的校董事会负责制定政策。威斯康星州大学在全州有多个校区，校长领导整个系统，各校区都由一名院长领头（威斯康星州也有独立的职业、技术和成人教育系统）。在明尼苏达州，社区学院、州立大学分校和技术学院于 1995 年合并为一个系统（明尼苏达大学不在合并范围内）。

一个能够对立法机构施加影响、与大学竞争经费，并且能够协调全州范围

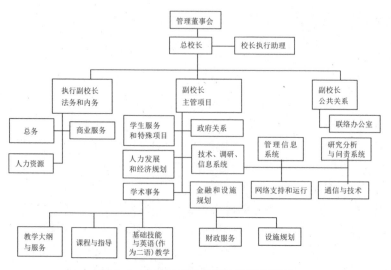

图4.4　州社区学院系统的组织架构图

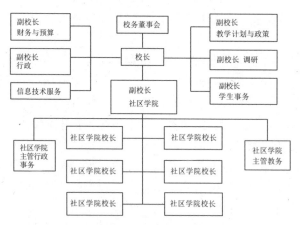

图4.5　大学附属社区学院组织架构图

内学院发展系统的州一级独立的社区学院董事会似乎很有吸引力。如果负责管122 理社区学院的委员会也同时负责管理整个高等教育，那么就可以产生一个协调、经济且清晰的州级高等教育模式。理论上来说，这是种理想做法，但在现实中并未被普遍采用，其优势也没有得到一致体现。院校之间为争取政府支持的竞争抵消了一切组织上的规划。

　　州一级的管理机构越来越多地通过控制开支和项目设置来实现对学院的掌控，并发布了几乎涉及学院运作方方面面的规定，从人员聘用到校园规划。有123 大量文献记载了对重复的、相互矛盾的规章的不满，以及对学院领导必须获得各种监管机构的批准才能采取行动的抱怨。这不仅仅是学院和州级管理机构之间决策权的问题，它还涉及其他部门，例如华盛顿州设有一个州委员会和34个区委员会，其官员都由州长任命，而在学院的决策过程中，必须要考虑来自州长的行政命令、州财务管理办公室的指令，以及合同管理、法律、审计等无数州政府机构的意见。

在大多数州，学院的自主权不断受到侵害。2006 年，伊利诺伊州的 39 个拥有多校区或分校的社区学院起诉了州政府，请求法院将学院定为地方机构，这样他们的员工就不会被归类为州雇员，从而就不必遵守州雇员的规矩而只需遵从校规（"Illinois Colleges"，2006）。在弗吉尼亚州，开展了一项旨在使其高等教育机构获得更大自主权的宏伟计划。随着计划的发展，州内的公立学院将能够从其收取的学杂费中赚取利息，结转余额，并增加"包括采购、租赁、人事和基建支出等方面"的运营权限（Couturier，2006）。该计划的设立是为了让院校可以申请在其他领域的自主权，如出售多余资产、使用当地的施工管理合同、制定教职员工分类政策等。最终，学院可像特许学校一样运作，建立自己的学费、财务和账目机制。

许多评论家认为州级协调加重了领导的工作难度，也令学院对当地社区的回应不足。不过，更大的州级协调力度所拥有的优势也同样有案可查。与依靠地方税收的社区学院相比，此类院校获得的财政拨款更加公平，并且地处富人区和穷人区院校之间的差距也不那么明显。一些州已经开发了复杂的管理信息系统和学生信息系统，所有学院都以统一的方式提供数据；然后，这些数据可以交叉列表，以供各院校做规划使用，并可生成本州和联邦的其他机构所需的报告。当全州范围的协调力度大时，同一州内的社区学院和公立大学之间的课程对接也得到加强。此外，州级委员会还能够更好地以统一的声音与州立法机构沟通。

州级协调和州级管理之间的界线是明显的。许多教育工作者倾向于希望获取无条件的资源，认为州政府对学校项目和服务的规定限制了他们为学生提供恰当服务的权力。州级的协调无疑将决策工作推向了更广的政治领域，并催生了一批专职解读政策的行政人员。但它也能够保证更稳定的资金，为特定学生群体（如残障学生）提供更多的服务，以及更高的运营标准。此外，它有助于最大限度地减少重复办学，并能有效地鼓励或要求社区学院与中小学和大学系统之间开展合作。我们无法回答这种模式是利大于弊还是弊大于利。只能说，它改变了院校运作的基本规则、教职员工的职业观，以及公众对学院的看法，大家不再认为学院是本地的学校，而是受远程控制的州系统的一部分。

这也赋予了学院最高管理层一个新的角色。韦斯曼和沃恩（Weisman and Vaughan）在 2006 年对 500 多名公立社区学院校长进行了一次调查，93% 的校

125 长称在上一次州议会会议期间前去拜访过议员们，为自己的学院争取利益。其
中一半的校长表示每年会与州众议员和参议员进行 10 次以上的交谈，三分之
二的校长表示每年会与国会代表或联邦参议员交谈 2—10 次。此外，相关协会
经常鼓励其成员院校写信给议员反映问题或邀请议员参观学校。这类活动增加
了支出成本："2005 年，80 所社区学院共支出约 430 万美元，其中 12 所报告
称至少支出了 10 万美元。"（Lederman，2006，p. 3）。这还不包括通过其政府
关系办公室花费大量时间和资源款待通过立法事项"提供信息"的专业协会。
美国社区学院协会（AACC）和州一级的院校协会深度参与了这些活动。尽管
AACC 不是官方游说组织，但其有四名员工是注册说客。像许多其他避免被
《联邦游说披露法案》或《国内税收法规》贴上"游说者"标签的协会一样，
它们是在灰色地带开展工作。

自州级协调作用突显以来，建立一所新的社区学院便成为一项更加复杂的
任务。在 20 世纪 20 年代，一所地方学校只需获得本州教育委员会关于开设高
等教育课程的批准，就可以建立一所学院了。要知道，1907 年加利福尼亚州
授权法案仅对校董事会收取这些课程的学费做了规定，后来逐渐地扩大到最低
入学人数、本地区最低人口数以及税收支持。

到 1960 年，建立社区学院的常规准则包括：①建立两年制学院的立法授
权；②通过申请、选举或地方管理委员会采取的地方行动；③州级政府的批
准；④对足以支持学院运作的合理财政进行最低限度评估；⑤ 在本州内或地
126 区开展需求调查以证明开设学院的必要性；⑥达到学龄人口的最低限；⑦本地
区的最低总人口数；⑧最低潜在入学人数；⑨要开设的教学项目（课程）类
型；⑩基础设施的可用性和充足性；⑪符合本州院校运营的相关政策；⑫与其
他院校的接近程度（Morrison and Martorana，1961）。到 20 世纪 70 年代，埃文
斯和内格雷（Evans and Neagley，1973）已经写了一整本书，展示学院设立的
各种模式。他们讨论了各州法规、地方需求研究和获得地方支持的方法；阐明
任命和组织董事会的准则；并提供了组织结构图样本以及工作人员的征聘和甄
选程序。

到了 20 世纪 80 年代和 90 年代，学院数量的增长突然停滞，新成立的社
区学院数量很少。其中一所是卡斯卡迪亚社区学院（华盛顿州），这所学院的
建立，经历了以下过程：为期 10 年有关人口、参与度和可行性方面的研究，
以证明其设立的必要性；由 60 人组成的市民咨询委员会参与了学院授权和预
备资金规划研究的立法程序；用地规划及拨款；与州高等教育协调委员会和华
盛顿大学的协调；在州社区和技术学院委员会的指导下以一所已建成学院来进
行课程规划；制订总体计划，以及按照州和地方法规分阶段建设基础设施。卡

斯卡迪亚学院于 2000 年秋季在与华盛顿大学博瑟尔校区共享的校园里正式开课。

然而，开办学院的过程并不总是那么复杂。2007 年，爱达荷州两个县的选民以三分之二的多数票通过了在博伊西建立一所社区学院的提议。他们得到了当地企业支持的选民登记和广告宣传活动的帮助，博伊西州立大学同意捐赠其一个校园，直到筹集好额外设备所需的资金。西爱达荷学院于 2009 年在此正式成立。

联邦政府的角色

127

联邦政府在社区学院管理中的角色与其在所有高等教育中的角色没有太大不同。社区学院在获得联邦政府对某些项目的资助方面具有优势——例如培训技术人员、失业工人和各类贫困人群的项目。社区学院急于寻求这些类型的资金支持，并开设相应的课程项目。联邦政府提供的学生贷款和其他种类的财政援助对社区学院的影响要小于对成本较高的大学的，但它们仍是院校经费的一个重要来源。

为少数族裔、妇女和残障人士提供平等接受高等教育机会的联邦指导方针，以及法院的平权行动裁决，推动了社区学院改变其员工的招聘模式。联邦政府还通过专项经费激励社区学院扩大招生并提升毕业率，以加强急需岗位人才和弱势群体的培养，增加相关专业证书和学位的授予数量，这也促使学院开发了追踪学生学业发展和毕业成绩的详尽系统（参见第十四章，关于成绩）。尽管如此，各州在其境内学院的政策管辖上仍然比联邦政府有更大的影响力。

认 证

认证是对院校和专业项目的外部审查，始于 20 世纪初，旨在为高等教育院校建立关于学生入学、教师资格和院校资源（包括财务、课程和图书馆馆藏）的最低标准。最早的初级学院是由附近的大学进行认证的。乔利埃特初级学院提供的课程是由芝加哥大学批准的。到 1929 年，密苏里大学已经认证了该州的 18 所学院。在其他一些州，大学也行使了类似的职能，还有一些州的初级学院是由州教育部门认证的。

128

认证的标准差异很大，美国的区域认证协会很快就试图建立适用于其监管

区域内所有学院的标准。中北部院校协会和南部院校协会早期就这样做了。到
1930 年，所有区域认证机构都采用了最低标准，这些标准集中在教师资格和
教学安排、学生入学和毕业要求、课程、学校收入、建筑、设备、图书馆馆藏
规模等方面。虽然大学已经放弃了对社区学院进行认证的做法，但它们仍然对
学院的课程项目有影响，因为大多数大学对于能否接受学院学生的学分转换有
决定权。

认证有几个目的，包括确保质量、简化转学、向雇主和公众显示课程项目
已达到的最低标准。认证也是获得联邦资金的必要条件，因为联邦政府需要依
赖认证机构来决定哪些院校——间接来说，哪些学生——有资格获得联邦资
助。因此，得到联邦政府所批准的认证机构的认可，也就相当于得到了政府监
管机构的认可。事实上，正是在联邦政府的要求下，原本是自愿的认证程序变
成了强制性的要求。

认证的程序有几个特征。认证机构制定标准，寻求认证的院校根据这些标
准对学校的表现进行自评。之后，由认证机构组派认证员对院校进行现场访
问，在假设申请学院提供了充分准确的实践报告的前提下，将访问情况形成报
告提交认证机构，认证机构据此给出认证结论。这一认证过程将定期循环
开展。

129 　　区域认证协会的工作过程与州级理事会进行的类似的审查经常相互重合。
四种州级指标体系是经常使用的。第一个与 K-12（幼儿园至高中）的体系相
似，在该体系中，通过测试系统的输入、运行和输出以测量其附加值。第二个
体系涉及资源利用及其效率、物质资源、教师和空间。第三个体系与州政府的
投资回报有关，特别是关于熟练工人的培训以及毕业生的质量和就业情况。最
后一个体系着重于客户需求和投资回报，重点考察学生的保持率、毕业率和就
业情况。

州一级的审查机构更加重视院校的成果，比如经常包含执业资格的通过
率，这有时被称为效益衡量。尽管认证机构也采用这种衡量方法，但他们更加
重视直接体现学生学习情况的证明。例如，1986 年，南方院校协会采用了院
校效益标准，要求每一所接受认证的学校提供其关于制定学生学习方面目标的
证明（Smith and Pather, 1986）。到 20 世纪 90 年代中期，所有区域认证组织
都制定了类似的政策。行业技能标准也逐渐发展起来，从而形成了工商企业制
定的认证清单。

对认证过程的批评有多个方面。一种担忧是，不同的区域认证协会对院校
的认证采用不同的标准，侧重点也各不相同，尽管美国高等教育认证委员会试
图将这些标准整合在一起。如果认证标准是以结果为导向的，那么就会碰到以

下障碍：社区学院的工作人员中缺少有相关领域专长的研究人员，认证指南模糊不清，以及学院更倾向于关注认证过程而非认证结果（Palmer，1993）。尤厄尔（Ewell）总结了一些批评意见，他说，"尽管认证组织多年来一直要求学院关注真正的培养成果，但大部分学院的改进还仅仅停留在'考试评价'的表面"（2001，p. 4）。还有一点始终颇受质疑，即认证协会与州级管理理事会、机构和委员会提出的标准（这些标准通常被称为"指标"）之间存在不同程度的重复性、相似性和差异性。　　　　　　　　　　　　　　　　　　　　130

　　远程教育的认证是一个特别棘手的问题。审查远程教育的认证者来自 17 个得到认可的区域或全国性院校，其认证标准和指南差别很大，主要原因是传统教育的教师沟通方式、图书馆的使用方式和校园设施标准已不适用。尽管如此，近来偏向评估学校效能、产出和成果的举措表明，认证已经不再完全依赖资源和过程。但如同其他重大范式变革一样，它需要历经多年才能进入教育实践主流的领域。

非传统组织

　　无论院校采取何种管理模式，院校的组织形式都进行了不同的尝试。无校舍学院在 20 世纪 70 年代开始流行起来。因为这些院校通常很少雇用专任教师，并通过可再现的媒体教授大部分课程——包括开路电视以及如今更多使用的互联网。这些学院的校长向地区校监报告，但各自独立的服务覆盖区域则由专业主任或副院长负责。此外，由于课程设计变化快，教学设计者通常比部门或院系主任更加重要。海岸线（加利福尼亚州）、里约萨拉多（亚利桑那州）和佛蒙特社区学院是建设无校园学院的著名示例。

　　另一个极端是，不断追求让教师和学生参与决策的方法促进了附属学院和   131
小型半自治学院的发展。规模越小的学院享有的自由越大，可自行设计教学项目，并制定自己的教职员工和学生行为准则；自主权越大，就越能在总校的保护下顺畅运作。总校为其提供资金预算、法律授权和一般行政管理，还可使用中央图书馆、礼堂和体育设施。由于各学院都有自己的辅导员，学生服务不集中，因此附属学院的传统学术部门的职能并不明显。附属学院的倡议者认为，这种模式能够使学生和教职员工更好地参与关于专业设置的决策。

　　其他的学院组织形式还包括出于特殊目的建立的学院，例如在众多校区中独立的技术学院。这类学院中有一些历史悠久，比如洛杉矶贸易技术学院成立于 1925 年；旧金山的社区学院中心成立于 1970 年，旨在协调所有非学分的教学活动；迈阿密戴德县的医学院是相对年轻的，也是专业性更强的；圣莫尼卡荣誉学院（加利福尼亚州）是一所专为老年人设计并由老年人运营的学院，这也是"院中院"的另一种形式。

可授予一个或多个领域学士学位的社区学院已不再符合本书第一章中提到的社区学院的定义。尽管如此，这些院校中的大多数都符合本章前面部分提到的学院组织、治理、认证体系和标准。事实上，许多这样的学院只提供一到两个学士学位的专业课程，而在其他方面的作用和社区学院一样。因此，授予学士学位的社区学院在分类上处于真空地带，它们已不再是两年制的学院，但又与其他四年制高校存在很大差别——这些学院与其源头的社区学院分离得并不远，还未形成其独特的组织、管理和行政模式。

地方管理董事会

在美国教育中，地方董事会是一个古老的概念；自古以来，公立学校就使用选举产生的董事会来反映人们的集体意愿。理想情况下，地方董事会是学院和社区之间的桥梁，将社区对教育的需求转化为学院的政策，并保护学院免受外部不利要求的影响。这让董事会扮演了中间人的角色，在大学和社区之间传递信息。董事会的主要工作是保持大学的正面形象，并得到公众的持续支持。

社区学院董事会的人员构成与大学董事会的相近。回顾几项有关董事会的研究，皮兰德（Piland，1994）和沃恩（Vaughan，1997）以及韦斯曼（Weisman，1997）的报告显示，无论是经由选举还是任命产生，董事会成员主体通常是白人男性、大学毕业生、高收入的中年专业人士或管理者，他们对学院入学政策和传统的专业项目职能持主流观点。最近的一项调查证实了这些发现：2009年，82%的董事会成员是白人；66%是男性；大多数成员年龄在60至80岁之间；半数以上的成员年收入超过10万美元，18%的成员年收入超过20万美元；32%的成员来自商业领域，29%来自教育领域（Moltz，2009）。但这些是全国性数据；大城市的学院董事会成员中少数族裔的代表性更强。

社区学院董事会通常由从本地区选举产生的5—10人组成，任期一般为四年。他们可能一个月进行一两次会面，也有可能是每周一次。他们的职责包括选任、考核和罢免校长；确保学院的专业化管理；采购、建造和维护学院设施；确定学院的定位和使命；维系公共关系；批准设立新项目；确定工作人员薪资；签订服务合约。但是这些职责因各州而异，比如伊利诺伊州的地方委员会决定学生的学费，而加利福尼亚州却不这样做。

　　董事会是公共机构，因而对学院所有事务都负有法律责任。这一地位使其参与人事和材料采购相关的法律行为（竞标、广告、特殊设计）。因此，正如波特（Potter，1976）所说，董事会必须具备教育法方面的知识，并且在诉讼发生之前就能意识到潜在的法律问题。他列举了学生、教师和其他人提起诉讼的案例——例如，学生就学费或校园突发事件（学生认为这干扰了他们的学习）提起诉讼，以及教师因被解雇而提起诉讼。克劳德（Cloud，2004）追踪了从学生权利到风险管理等方面涉及的法律问题。维护学生权利至关重要，因为"法院一贯认为学生与授课院校之间存在契约关系"（Mawdsley，2004，p.5）。作为消费者，学生有权享受学院所宣传的服务。作为公民，如果学生被开除或涉及行为方面的问题，他们有权走相关的法定诉讼程序。学生也有权享受安全的校园环境。

　　法定诉讼程序在解雇教师时也发挥了作用。如果教师不称职、不服从（校规）、不道德或渎职，在很大程度上是可以顺利被解聘的（Fossey，Wood，2004）。远程教育材料的所有权是学校关注的另一个问题。学院政策通常是根据这些材料的准备方式来划分所有权的。如果材料是由教师在私人时间准备的，那么教师保留所有权；但如果由学院委托并占用教师工作时间和其他资源，那么所有权归学院。　　134

　　董事会是政治实体，因而选择董事会成员也可以看作是一种政治行为，州级任命机关或投票者需要权衡其中的利益得失。由管理者任命的董事会成员可改善政治关系，但也可能会疏远那些反对被任命者的公众。比起由管理者任命的董事会，通过选举产生的董事会享有更大的权力或政治上的独立，但代价是要像参与政治竞选一样经历财务和情感上的艰苦过程。如果教师工会在董事会竞选活动中出了大力，其对董事会的影响力也会是显而易见的——例如，新晋的董事会会立即投票解聘不受工会拥护的校长。

　　近三分之二的州都有本州的社区学院董事协会。这些志愿性的组织协调全州范围的会议；为各类行政人员举办职业发展讲习班，为新当选的校董安排情况介绍会，编写和分发通讯稿，并监督立法。这些组织为本州内学院的首席行政官和董事提供了讨论共同关心议题的平台。一些活跃的跨州协会也以类似的方式发展，如新英格兰学院委员会。这些协会的经费通常来自会员的会费，但有些协会还能从州政府或慈善机构获取资金。

　　美国社区学院董事协会（ACCT）也一直积极称赞校董会成员在学院事务中所发挥的突出作用。自1972年社区学院董事会成立以来，其出版物和举办的会议一直致力于让董事会成员摆脱"橡皮图章"的心态，即学院管理层怎么报校董会就怎么批。与美国大学治理董事会协会一样，该协会强调董事会对　　135

学院财政和公共关系进行监管的重要性，以及董事会与校长之间保持公开沟通的必要性。北卡罗来纳州和佛罗里达州等州政府也出版了校董事会指导手册。

在社区学院的发展历程中，董事会成员的工作方式已经发生了变化。当然，随着学院组织机构日益复杂，董事会成员必须要更多地应对来自学院内人事部门和校外监管机构的问题。此外，正如卡普林和李（Kaplin and Lee, 2013）记载的那样，董事会责任这一概念也越来越明确了。在文献中不太常见但仍然普遍存在的争论是，董事会有时过度干涉学院的管理。干涉得越多，责任就越大。

行　政

所有学院都必须要有行政管理，尽管各校行政管理的组织和人员配备各不相同。在中世纪的大学里，学生权力很大，他们可以制定学费标准和确定课程；而教师是学校的操控者。在19世纪，美国院校发展了集中化管理体系，学校的管理由行政部门接手，教师的权力减少了。教授们专注于他们的研究、学术和教学，由职业专员负责行政事务，因此行政管理人员和教师之间划分出了等级。

校　长

和大学一样，社区学院也遵循这种一般模式，逐渐地，校长们获得了相当程度的学校管理权。然而，随着学院规模的扩大，以及教师和社区拥护的团体的壮大，校长的角色也发生了变化，其权力越来越受限。尽管如此，校长仍是学院的发言人，在仪式性场合向公众说明学校的情况。当教职人员士气低迷或项目资金减少时，校长也就成了替罪羊。

植根于中学的社区学院通常由行政人员负责管理，他们曾担任教师，后来先后成为兼职和专职行政人员。门罗（Monroe, 1972）将他们中的许多人描述为"把自己从上级和公众的控制中解脱出来的独裁者。他们对老师采取家长式的、高高在上的态度。在过去，董事会非常信任行政部门的决策，往往从不质疑就批准执行行政决定，以致学院的行政管理人员成为学院真正的决策者"（p. 305）。但他说的已是过去一段时间的情况了。在20世纪70年代，除了最小型的学院，其他院校的校长都不再手握大权，校董事会也越来越多地插手校内事务。

校长的任期通常比教师短，但工作比较稳定。与过去20年的调查结果相比，2006年调查显示的平均7年的任职年限几乎没有什么变化（Weisman and Vaughan，2007年）。28%的在任校长是从其他社区学院的校长职位转岗的，35%的校长是从本校其他岗位转任的，少数族裔占19%。女性校长1991年占11%，2001年占28%，2010年占32%。

校长主要履行总体行政职责，并定期与校董事会和州政府部门相关负责人举行会议。校长可决定教师的招聘和选拔，开展公共关系活动，并协调学院教学项目与其他院校和社区团体的项目。筹款一直是私立院校校长的一项首要职责，近年来公立学院校长也同样开始为此花费更多心思。沃恩和韦斯曼（1998）详述了校长关注的几个领域，包括调解争端、充当教育引领者以及代表学院形象。莫里亚蒂（Moriarty，1994）将校长的任务归纳为以下重要主题：领导力（学院使命、价值观、资源）、管理（行政人员和职能）和办公室职能（个人的、社会的）。

在讨论"领导力忧郁症"时，马奇和韦纳（March and Weiner，2003）断言困扰管理者的问题通常不是教育政策方面，而是校园竞争方面。争论的结果通常"涉及短期的政治优势及校园内权力和影响力的重新分配"（p.8）。此外，"对管理者来说，员工士气低迷或董事会丧失信心就像是一张出城的车票，而学校效率低下、课程陈旧、毕业率或学生转学率低等情况往往会淹没在校园政治的噪声中"（p.8）。一个小小的争论点就能引发诸多愤怒、忸怩作态和不良情绪，结果是产生久久不去的愤恨。总之，领导者的风格和意图往往建立在人际关系的基础上。这就是为什么巩固关系与经费筹措和财务管理一样重要。

行政架构

行政模式众多，很难描述出一个理想的形式。布洛克、普卢默和理查德森（Blocker, Plummer, and Richardson）（1965年）描述的员工直线管理的组织模式目前在许多大学都得以运作（通常有更多的权力分层），而校长负责向董事会汇报。在组织结构图中，校长之下是副校长，通常由其中一人负责学术事务、课程和教学。负责学术事务的副校长之下是分别负责文科、理科、职业教育、继续教育或社区教育的二级学院院长。院长之下是系主任或部门主任和指导人员，再下面就是教师。布洛克及其合著者称，这样的组织架构的侧重点在于学校的职能。

二级学院院长通常负责制定规划和监督一个或多个专业领域，包括教学、学生服务或社区服务等事项。规模较大的学院也可能设有学院发展主任和招生主任；而在学院早期拥有显著位置的负责男女性别问题的主任一职，现已不存在于公立学院中。像校长和副校长一样，每一位院长都会参与法律、公共关系、校内行政、人事、资金预算以及与州和联邦机构的联络等工作。

委任教职员工和教学管理者为负责学术事务的副校长，而不是教学主任，这体现着学院内部逐渐发生的广泛变革。以前由二级学院院长直接负责分配和评价教师、规划课程、引入和评估教学过程。现在，和大学一样，这些工作由系部直接负责，整体的教学规划和管理事实上并不存在了。在许多大学里，学术评议会（一个教师组织）和名义上掌管学术事务的行政人员之间的关系紧张，导致很难实现大范围的课程和教学管理。

部门结构

139   社区学院的教学项目通常由依据相关专业领域组织在一起的系部负责提供。社区学院建立与大学相类似的专业院系，其主要目标是创建可管理的组织单位，而不是将某些专业的教学相互关联或建立跨专业课程。院系的数量与学校规模有关；在每个课程只有一两名教师负责教学的小型学院中，单一专业教学领域的组合可能相当广泛。在较大的学院中，随着单一专业的教师人数的增加，院系数量也得以增加。

几乎所有的社区学院中，学术部门都是组织结构的基本组成部分。它的影响非常显著。举例来说，行政部门可能会为新教师组织全院范围的情况介绍活动，但真正的融入要在新教师被分配至自己所属的学术部门之后才会发生。与在院校范围内举办的发展研讨会相比，同部门资深同事一声尖锐的评价"我们不是这样做的"所产生的影响更为显著。

系部通常负责构建课程表、分配教师、为辅助员工和服务分配资金——简而言之，在更大的学院结构当中充当小型政府的管理角色。出于这个原因，许多学校高层管理人员试图最大限度地减少院系的权力以保持对其的控制，因此，系的权力转至更大一些的组织单位院部。其他管理人员通过让不同系部的教师共享办公空间或以其他方式混合教师来限制系部的权力。但大多数学校仍保留有系部，这或许是因为教授相同课程或相同专业领域的教师之间的联系
140   密切。此外，有些系主任对行政部门给予了良好的配合，包括保留特定记录、

监督工作人员、筛选职位申请人，调解员工之间以及员工和学生之间的冲突，避免冲突升级造成不良影响。

在社区学院劳资谈判流行以前，学术部门一直是最受欢迎的部门。然而，随着谈判部门的建立，负有管理职能的系主任往往被认定为行政人员，因而被移出谈判部门。当时，各学校都加速在校内组织更大规模的部门，以免出现一所学院有三四十名之多的管理人员，而每名管理人员只负责几名教师的情况。不过，这种界限并不清晰，在一些合同中，系主任被视为教师；而在另一些合同中，系主任被视为行政人员。

隆巴尔迪（Lombardi，1974）的报告显示了系主任冗长的职责清单：其中一份表述中有 69 项；另一份有 51 项。哈蒙斯（Hammons，1984）广泛研究了系主任的工作职责和活动，查阅了大量报告，并确定了至少 40 个不同的职能，分为五大类：行政管理；以学生为本；商业和金融；以教师为中心；课程与教学。他发现一个主要问题，很少有系主任在履职前得到关于学习其职责或如何履职方面的帮助。他得出结论说，系主任的角色在学校中是最模糊的，身负众多职责且多数责任还表述不清，但很少能得到学习如何管理和履职的机会。杨（Young，2007）发现当今院校的系主任都扮演着相似的角色，他们都经历了相当的角色冲突和过量工作，而波尔托兰（Portolan，1992）发现许多人似乎正在经历中层管理综合征，自觉工作无效，感到无能为力。面对不断变化的学生群体、有限的资源和一系列他们并没有考虑到的教师问题，这些系主任对自己的工作产生了疏离感。自 1992 年起，领导力与发展学院开展了为期一年、以技能提升为基础的项目，但是大多数系主任，甚至大多数重要的教学行政人员，都几乎没有太多实际的收获。

141

领导力

塞万提斯史诗小说《堂吉诃德》中描写了一个场景，当他被要求坐在餐桌的首位时，他回答说，"我坐在哪儿，哪儿就是首位"（2003，p. 669）。在过去的四百年里，这句格言被人们铭记于心，甚至已经成为领导力的象征。

为什么有些学院在影响学生学习、保持员工士气、展现积极的公众形象、管理成长、筹集资金以及迅速有效地应对挑战等方面总是比其他学院更成功？许多评论者认为，领导力就是答案。成功的学院拥有合适的领导者：他们懂得如何指导同事，并激励每个人尽最大努力实现目标。

长久以来，高等教育历史文献中都有对领导者和领导力的研究。一些分析人士找寻担任领导职务的人所表现出的共同特征，认为优秀的领导是灵活的、果断的、有道德的、勇敢的、有目标导向的、博学的，愿意承担风险并关心他人的。沃恩（1994）在其著作里也概述了社区学院管理者的这些特质。其他人——例如理查德森和沃尔弗顿（Richardson and Wolverton，1994）以及弗莱尔和洛瓦斯（Fryer and Lovas，1991），他们从环境的角度思考领导力，探究领导者在面对不同学术文化时是如何表现的。阿斯廷和利兰（Astin and Leland，1991）试图将特质和环境结合起来，用"愿景、个人承诺、赋权和风险"来描述领导者和领导力（p. xv）。他们与本西蒙（Bensimon，1994）一起，将这些特征与女权主义观点联系起来，认为学院不是一个理性管理、等级分明的组织，而是一个相互作用的群体的集合。

一些有关领导力的书籍也阐明了将领导力视为互动过程的必要性。伯恩斯（Burns，1978）的经典著作《领导力》，将权力与领导者的影响力区分开来，认为真正的领导者，其影响力能令人自愿追随："有些人把领导力定义为让追随者去做他们不愿意做的事情，或者让追随者去做领导者希望他们做的事情；我把领导力定义为领导者引导追随者为体现双方价值观和动机的特定目标而行动，比如欲望和需求、愿望和期望。"（p. 19）威尔斯（Wills，1994）同意这种说法，并表示"如果存在胁迫现象，领导力就变得没有必要或不可能……胁迫与催眠一样不是领导力，……领导力是动员他人实现领导者和追随者共同的目标"（p. 70）。美国社区学院协会（2005）将优秀的领导者描述为那些拥有人际交往技能的人，他们能够与员工一起工作，推动实现学院的使命。总之，领导者只有在人们追随的情况下才是领导者，而人们只有在感觉目标正在得到推进时才愿意追随领导者。

在学校这个学无止境的地方，权力的界限没有明确划分，人们不会发布命令，也不会在形式上遵守命令。聪明的领导人知道，发表长篇大论、备忘录、时事通讯稿等对决策或人们的行为几乎没有影响。面对面的接触、小组会议和一对一的说明才是主要影响力。有领导力的管理者常与相关人员保持互动，他们亲自在交战双方之间进行沟通，并与那些有助于实施新方法或程序的人交谈。他们并不会表现出要采纳每个人的建议，但是他们会问问题，倾听回答，并在决策时予以考虑。

沃克（Walker，1979）指出，优秀的管理者是那些"知道自己拥有特权和地位，却不会因此自视过高的人。他们将自己与职务分离开来"（p. 4）。他们认为行政管理是一个过程，而不是一系列零零散散的事情，他们往往可以成为优秀的政治家。他得出的结论是，管理者的个性是最重要的因素；即使是在同类型的组织中看似拥有相似的管理风格，有些人取得了令人钦佩的成功，而有些人却失败得一塌糊涂。埃迪（Eddy, 2010）同样指出，并不存在通往成功领导的路径；她提出了一个多维的社区学院领导模式，其特征是领导者的认知、种族和性别、文化的重要性和获取职位的个人途径，这种模式需要更多的沟通和决策协作，而不是仅仅将有效的领导归因于个性。

不管领导的概念为何，大学管理的背景正在不断改变。为了确定学院是否符合州和联邦法规，学院顾问已经成为决策的核心。在有谈判部门的院校，除一些琐碎决定外，其余事件必须征求工会的意见。组织结构图中可见员工模式，但方框和箭头并不代表权力线。二级学院院长、教师和各级学院行政官员的州级协会在立法问题上各有立场，而这些立场可能与学校的立场背道而驰。虽然与会者的所在单位是地方管辖的学院，但他们实行的是某种州一级的管理权。这样的影子政府削弱了地方政府的权力。

144

领导力培训

很多地方都有领导力培训。大学最早开展领导力培训项目，如今它们仍然发挥着重要作用，因为它们可授予研究生学位。如社区学院创新联盟这类联合组织，可协调培训项目，有些更大的地区也可以主办自己的培训项目。

培训的类型各不相同。一些项目围绕行政工作的特定领域，针对"一揽子"的具体情况进行练习（比如一位家长打电话指控性骚扰，或者教师工会已经计划下周举行罢工，你会采取什么行动）。另一些项目侧重领导力理论，还有一些是在学院里安排影子实习项目，让受训者观摩体验管理者的工作。但是，由协会和大学开展的各种领导力培训活动因效果有限而饱受批评。部分原因是权力已经明显转移到经费拨款机构和下层机关手中。在所有涉及学校的大事小事上，都必须咨询州议会、立法者和教师组织。在当今背景下，领导理论的价值不大；领导管理已由自下而上的管理、合作和协作替代。领导力培训项目应重视对沟通艺术的培养。

劳资谈判

在授权公共雇员谈判的立法推动下，劳资谈判席卷高等教育。随着这些法律于20世纪60年代和70年代在各州通过，从垃圾工人到监狱看守都有了代表其利益的工会组织，并开始谈判集体合同。在教育领域，中小学教师最先得

145

益于这项新的立法，这或许是因为他们的专业自主权最低。社区学院的教师紧跟其后，成为第二个最有可能由谈判代理机构代表的群体，其中全国教育协会和美国教师联合会是最突出的两个。到 1980 年，半数州通过了授权立法；然而，劳资谈判所覆盖的区域扩张明显放缓。到 2001 年，共有 29 个州通过了劳资谈判的授权立法（Kearney，2001）。

2011 年，42% 的公立社区学院全职教职工依据集体协商的合同工作，28% 的兼职教师也是如此。表 4.1 中提到的 415 份合同涵盖了近 11 9000 名教师，占教师总数的近三分之一。由于近年来兼职教师人数增加，这一比例已从 2005 年社区学院教师总数的近一半下降了。［总的来说，2011 年美国政府雇员的工会会员比例为 37%，相比之下，私营企业工人的工会会员比例为 7%（美国劳工统计局，2012b）］在教师依据协商合同工作的社区学院中，近 60% 的学院位于五个州：加利福尼亚、伊利诺伊、华盛顿、纽约和密歇根。合同涵盖的所有教师中，近四分之三（80% 的兼职人员）都在这五个州（国家高等教育和职业劳资谈判研究中心，2012）。

表 4.1 1996—2011 年两年制院校教师代理人集体谈判合同数量

年份	国家教育协会	美国教师联合会	美国大学教授协会	独立	其他（包括联合代理人）	总计
1966	1	1	0	0	0	2
1970	6	3	1	10	7	27
1975	71	52	3	23	1	150
1980	141	72	5	16	2	236
1985	171	82	4	25	4	286
1987	172	84	4	27	8	295
1994	184	104	6	30	2	326
1998	188	110	9	29	8	344
2005	186	120	8	29	18	361
2011	197	125	9	30	54	415

来源：国家高等教育和职业劳资谈判研究中心，1974—2012。

劳资谈判的发展带来了行政角色的转变。总的来说，这标志着家长制观念的消亡，校长成为权威人物，开启了各方力量的政治和解时代。这些转变对许多行政管理人员来说是困难的，因其并没有适用于新角色的工作经验，但是对集体合同中限定的职责范围，他们必须要面对并适应，否则只能选择离职。隆巴尔迪（Lombardi，1979）通过追踪劳资谈判的实行对行政人员的影响，发现大多数人不情愿地接受了合同，成为照章办事的行政人员。另一些行政人员是欢迎劳资谈判的——有些是因为劳资谈判使他们能够与工会官僚机构联手管理教师，有些是因为这样能避免其承担决策责任。这也使得管理人员更依赖律师来解释合同条款。 147

合同的范围表明了其影响的程度。合同内容包括：管理程序；谈判代理人的权利；人事政策和申诉程序；学术事项，如班级规模和教材的选择；经济利益；工作条件。在这些大标题类别下，几乎所有学校运行问题都能得以谈判。

劳资谈判在谈判部门的成员和外部成员之间划出了一条法律界线，一方是教师，另一方是管理人员和董事会。它还进一步细化了议事规则。劳资谈判的方式避免了管理员就班级规模或课程安排、教师分配、委员会结构、预算划拨、特殊项目的资金以及无数其他大大小小的问题作出临时决定，否定了社区学院教师曾经重视的共同管理的残余观念，从而形成一种更正规化、非个人化的互动模式。

劳资谈判对员工工资和士气的影响得到了反复的研究。威利（Wiley，1993）就几项薪酬的研究得出结论，谈判合同最初会提高工资水平，但几年后，有工会的学校和没有工会的学校之间的工资水平差别就很小了。对员工满意度的研究发现，这两种学校之间只存在很小的满意度差异，但在治理、支持、认可和工作量方面，在没有工会的学校中教师满意度更高（Finley，1991）。但同时发现，一旦教师投票决定成立谈判部门，他们一般也不会再愿意回到没有工会的状态了。总的来说，不管他们的学校是否已成立了谈判部门，超过三分之二的教师认为教师的劳资谈判在社区学院中要占有一席之地（Outcalt，2002b）。 148

劳资谈判加速了校内大部门设置的进程。在拥有多校区的学院，教师的劳资谈判是覆盖全校的，这样就造成了校一级行政权力的聚集，从而削弱了各个校区的自主性。在有些州，教师谈判部门为所有的学院谈判一份主合同，权力就被吸纳到州一级的层面。一种极端的情况是，这种权力的集中可能会生成一个联邦体系，身在其中的各学院只保留部分权力；而另一端的情况是，学院像一个独立的机构一样运作，并在不同的地方建分校。

总的来说，在劳资谈判下，教师有权决定工作环境方面的问题，并在学校治理中拥有发言权。而行政人员则失去了按照一般原则行事的自由，被迫遵守合同规定的具体程序的条款。教师和行政部门之间不允许私下达成协议。这样一来，教师和行政部门双方由原本不平等的非正式关系转变为近乎平等的正式契约关系。学院的治理和管理模式发生了显著的变化，因为工会代表、行政人员以及由学校内外其他人员组成的各种委员会和协会能够作出更多决策以影响学院的运行。

问　题

　　关于治理和管理的概念一直存在着几个问题。州政府的机构应具有哪些控制要素？哪些属于当地院校？中学和高等教育院校之间的州一级的协调力度应有多大？

149

　　学院是一个学习组织，无法将其作为一个以投入、生产过程和产出为模型的工厂来管理并运行。联合管理中的无政府元素，能与由不同代表谈判签定的集体合同共存吗？共享治理和互动型的领导模式是如何改变学校的运作的？

　　劳资谈判如何影响教师走向专业化？它会影响到课堂吗？如果是的话，如何影响？

　　联邦和州政府以及认证协会对问责制的要求能促进学院的改进吗？学院视认证为强制工作这种看法还会延续多久？

　　生产力和问责制的问题一再被提出。当多数影响员工工作的决策超出了其控制范围时，如何让员工依旧愿意对自己的行为负责？更大的官僚机构是否保护员工免受外部审查？学校员工是否认真考虑过，绩效指标或成果衡量标准能够真实反映自己的工作情况吗？

　　从历史的角度来看，学院的地位是牢固的。它们总是面临各种各样的危机。在 20 世纪 50 年代，社区学院作为大学预科或高中后职业院校的身份受到质疑。到了 60 年代，它们发展得过于迅速，以至于筹集足够的经费以留住工作人员和维护设施成为难题。在 70 年代，劳资谈判和平权行动是主要关注点。在 80 年代，管理者们想知道他们如何适应从地方给予经费到州政府给予经费的快速转变。20 世纪 90 年代，出现经费限制和入学人数上限问题。到了 21世纪，这些问题依然存在，并且还伴随着政府对成果指标和院校问责的立法要求。上述问题得不到完全解决，而新的紧急情况又会出现，使得这些老问题被搁置在一旁。

5

财务
资金的产生、 维持及分配

社区学院的融资状况与办学宗旨及组织模式的转变密切相关。对接收了半
数本应接受高等教育的学生的社区学院来说，它不再被视为不愿背井离乡去上
大学的学生的一个替代选择。社区学院已经成为庞大的企业机构，有些院校的
预算已经超过 1 亿美元。本章追踪研究了院校资金的来源和分配、学费与学生
资助的内涵，以及社区学院试图保持学校收支平衡所采用的办法。

资金来源

学院规模较小的时候，对公共财政的依赖不大，校外很少有人关注学校的
资金从何而来以及如何使用。但是当学校及其预算规模逐渐扩大，并开始和其他
公共机构竞争大量的公共财政经费时，学校则会备受关注。当规模的扩大以及学
生数量的快速增长带来支出的显著增长时，公立院校所得到的财政支持基数便一
直处于立法监督下。现在它们的年度总预算额超过 51 亿美元，引起了高度关注。

公立院校必须在行政管辖区域内运行。自 1907 年第一所两年制初级学院
在加利福尼亚州授权立法通过时，有关他们的立法活动便持续不断。这些学院
作为中学的延伸，资金主要来源于其附属的公立中学的财务预算。但是当独立
的社区学院出现后，这种情况就发生了改变。州政府给予了一定的扶持：1920
年，联邦法律规定在公有土地上进行的采矿和油气生产所得的资金将交于州政
府。当时，加利福尼亚州州议会决定将这些收益拨给本州的初级学院，除此之
外，这些院校的主要资金来源仍是地方税收。最常见的形式就是地方政府给固

定生均拨款，州财政拨款则能缩小州内因不同贫富地区生均拨款金额不同而造成的差异。在 20 世纪 20 年代，州财政拨款所占比例很少，州平均拨款金额所占比例不足所有公立院校拨款的 5%。第二次世界大战爆发的前几年，学院的资金来源主要是学生的学费及杂费，这些金额要高于州政府的财政拨款。理查德森和莱斯利（Richardson and Leslie, 1980）指出，1934 年，地方政府为学院提供 84% 的资金支持，其余的收入主要来源于向学生收取的费用。但即便是在当年，不同州之间的情况也存在很大差异。伊尔斯（Eells, 1931）表明，在得克萨斯州的学院中，学生的学费支撑了学校 77% 的财务收入；而在加利福尼亚州，学生家庭所在地区的税收占学院运营经费的 81%。

随着时代变化，社区学院的资金来源比例也在发生变化，其中包括学费、当地税收以及州财政拨款。如表 5.1 的数据所示，学院的收入越来越依赖学费（州及联邦政府为学生提供的补助金和贷款也被列入学费项目中）。另一个主要趋势是来自州政府的资金逐渐比当地政府的多，这个趋势在 20 世纪 70 年代末尤其明显。当时加利福尼亚州通过了第 13 号修正议案，将不动产税限制在 1975 至 1976 年资产估值的 1%，并且每年最高增长 2%。加利福尼亚州内的社区学院发现他们的主要资金来源受到限制，因而不得不向州政府寻求资金支持。在两年内，该州向社区学院的拨款占社区学院总收入的份额从 42% 增加到近 80%。其他几个州——特别是亚利桑那州、科罗拉多州、夏威夷州、伊利诺

表 5.1　1918—2010 年两年制公立院校各种资金来源收入百分比

年份 来源	1918[1]	1930[1]	1942[1]	1950[1]	1959	1975	1980	1990	2000	2010
学杂费	6	14	11	9	11	15	15	18	20	16
联邦资金	0	0	2	1	1	8	5	5	6	23[2]
州资金	0	0	28	26	29	45	60	48	45	30
当地资金	94	85	57	49	44	24	13	18	20	18
私募资金	0		0	0	0	1	1	1	1	1
销售和服务	N. A.	N. A.	N. A.	N. A.	12	6	3	7	5	4
其他	0	2	2	2	1	3	3	3	4	8

[1] 只包含当地初级院校；

[2] 2010 年划拨给社区大学的联邦资金中的 82% 来自非经常性、非经营性的经济刺激计划。其余的（占总收入的 4%）来自传统的联邦补助、合同和拨款。

来源：斯塔拉克和休斯，1954；梅兹克和蒂勒里，1971；NCES，《文摘》，1990—2011。

伊州、马萨诸塞州、俄勒冈州和华盛顿州，也通过了类似于加利福尼亚州第13 号提案的立法。

不同的社区学院经费支持模式差异很大。一方面许多拥有大型系统的学院从本州获得了 75% 以上的资金支持。实际上，在其中一些州，社区学院获得的州政府资金占本州高等教育财政拨款的比例高达 40%。另一方面，亚利桑那州、伊利诺伊州、堪萨斯州、密歇根州和俄勒冈州的学院，仍然从其所在的地方政府那里获得相当大比例的资金；另外几个州的学院，其超过四分之一的收入来自学生。

经费支持的改变也逐年不同。以 2010 年不变价美元计算，社区学院在1971 年为每个学生花费 8 076 美元，1983 年花费 8 197 美元，1993 年花费9 053 美元，2001 年花费 11 976 美元，2010 年花费 12 140 美元。简而言之，在 20 世纪 70 年代，每年的支出持平，反映了全日制学生所占比例的下降。但在 20 世纪 80 年代中期，全日制学生百分比有所提高并稳定了一段时间；到了20 世纪 90 年代中期学生百分比再次增加，然后在 21 世纪的第一个 10 年中趋于平稳。在经济不景气的年代，学院通过增加学费、推迟维护、增加兼职教师和暂停其他就业岗位等措施来弥补经费不足。在 2008—2011 年的经济大萧条期间，来自州政府资金的减少被当年一次性的非营利性联邦经济刺激计划补助部分抵消（见表 5.1 的脚注）。

分配模式

随着来自各州资金比例的增加，州政府给予经费资助的模式也日益复杂。瓦滕伯格和斯塔内斯（Wattenbarger and Starnes，1976）列出了今天仍然存在的四种典型模式：协商预算、单位费率公式、最低资金计划和基于项目成本的经费拨款。 155

预算协商是每年与州议会或州管理委员会协商进行的。这种方式多用于几乎所有资金都来自州政府的社区学院，要求学院对所花费的资金负有高度责任。一般为增量预算，当年的经费预算是基于上一年的使用情况，并根据可用资金量、成本的变化以及学院教学项目的新增或暂停情况来进行增减的。

根据单位费率公式，州政府为学院拨付资金，该公式规定了每一计量单位对应一定金额，这个单位可能是全日制同等学力学生（FTSE），某些教学项目中的学生人数，产生的学分数，或是某些计算方法的组合。大多数州都采用这种模式。

最低基础规划是对单位费率公式模式的修改，州拨款是按可变的比率进行的，这取决于该院校可获得的地方税收资金数额。分配的经费金额可以按如下计算：按生均经费算，用某个设定的金额减去当地政府的生均拨款金额，或者用已获批准的学院预算总额的某个比例减去当地提供的金额。不论采用哪种方式，其目的都是向地方经费支持较少的学院提供更多的州资金支持。总体上看，社区学院所获得地方支持的不均衡程度要小于低层次的学校，因为社区学院往往规模较大，因此其覆盖的地区很可能同时包括富裕社区和贫困社区。尽管如此，仍存在相当大的差异，因为社区学院的学生出勤并非是非强制性的，各地区在其服务的人口比例上可能存在很大差异。

基于成本的资助公式是根据实际支出提供经费支持的。在这个模式中，州资金是根据项目功能具体预算目标和详细教学类别来分配的。地方税收给予的资金支持不一定会被考虑在内，各院校获得的拨款金额差别很大，这取决于各校所开设专业项目的成本。

经费资助公式通常都很复杂，不论哪个都会对某些院校、专业和学生有利，而对另外一些不利。普遍采用的以全日制学生当量为基础的资助模式可能会对非全日制学生比例较高的院校造成不利影响。在某些州，如伊利诺伊州和新泽西州，不同专业项目所获得的经费资助各不相同，尽管职业类课程获得的生均经费可能高于成本较低的学术课程的。而且由于设施使用、员工薪资、在校学生类型等因素的不尽相同，院校之间的绝对平等是无法实现的。

州级经费资助在针对特殊学生群体或参与特定课程的学生方面没有统一的模式。一些州根据几个不同课程类别的招生情况对院校提供支持，每个类别都有不同的补偿公式，并为特殊学生群体提供额外的资金支持。在一半的州，老年人可减免学杂费，流离失所的主妇和工人可以获得各种资助，有时失业的学生和囚犯也可得到资助。这些不一致使得对资金筹措进行概括是一件非常复杂的事情。课程类别和各类受资助学生的标准也在不断变化。

多年来，社区学院的经费资助部门试图解决几个问题。首先是通过州政府拨款进行平衡，在地方税基较少的地区的学院能够不再受到本地经费缩紧的影响。但新的挑战不断出现。例如，针对不同教学项目的拨款差异产生了另一个难题。有些项目是有利于公共利益的，因此应当获得最高级别的支持，通识教育这种较低成本的项目，就属于这类。而成本最高的教学项目，例如技工培训课程，生均花费更高，但其更大的受益者可能是学生个人而不是公众。因此，各州的预算拨款公式都在不断调整中，也由此体现解决上述问题的难度。

另一个主要问题是资金和注册学生人数之间的联系。用注册在校生数量为基准的计算模式，是按人头或全日制同等学力学生来分配资金的。教学成本几乎全部基于教学人员的薪资和图书馆等设施——这是不变的，而入学人数则是波动的。因此，为了将经费金额与在校生数量脱钩，社区学院经费资助部门已经作出了众多努力。支持者还认为，基础设施方面的支出更多地取决于建筑物的年龄而不是使用它们的学生的数量，如果每年的财政拨款都以学生人数为基础，那么可能会导致收入与支出出现很大的不同。然而，替代的资助模式，例如不考虑入学率，而根据整个地区人口计算的某个基准费率，从未获得过成功。各州已经通过添加预算列项来帮助解决固定成本的问题，计算公式也因而变得更加复杂。但有两个是不变的：（1）各州在一定程度上都以学校注册在校生数为核心来进行资金分配；（2）如果学生人数快速增长，通常意味着学校里会出现更多还没准备好进入大学的学生、更多的兼职教师以及更加拥挤的课堂，这往往会导致课堂效率变低，但并没有足够的资金来改善。

基于绩效的拨款

自 20 世纪 80 年代以来，各州一直在尝试基于绩效进行拨款，并作为目前基于学生数量进行拨款的补充或者替换方式，同时鼓励大学面向州内的重点项目发展。1979 年至 2007 年间，有 26 个州对社区学院或大学采用了绩效资金拨款方式。这种方法在 20 世纪 90 年代尤为盛行，当时各州的预算盈余催生了高等教育激励经费。然而，随着 21 世纪初期各州收入的下降，绩效资助系统被逐渐取消；到 2004 年，只有少数几个州的社区学院还有绩效资助机制（Harnisch，2011；Zarkesh and Beas，2004）。

然而，随着州议员、州长及商界人士等开始要求高等院校担负更大的责任，基于绩效的资助卷土重来，甚至连一些早先已废除绩效资金拨款方式的州，如华盛顿州，也开始重新实施。哈尼施（Harnisch，2011）详细介绍了三种主要基于绩效的资金交付模式。基于输出的系统采用将州政府拨款资金与社区学院的产出联系起来的绩效公式，例如达到学分要求或毕业的学生人数。公式可根据校区的使命进行加权，并可重点扶持低收入和高风险学生。2010 年，田纳西州以结果导向模式取代了此前采用的以学生数为导向的资助公式。俄亥俄州在 2008 年也开始这样做。绩效合同是一份监管文件，详细说明了各个院校与州政府商定的基准和目标，用以获得州政府资金。绩效补助，或者叫奖励资金，通常像基于输出的系统一样操作，但是资金来源与大学招生分开。大多数为社区学院提供绩效资助的州都采用这种方法，划拨了 2%—5% 的州资金用于绩效补助，如果学校取得了某些可衡量的进步，即可获得绩效补助。

从历史上看，就业率、转学率、毕业或取得学位率以及执业资格通过率等成果是最常见的绩效指标。然而，与学生的课业进步相关的测量标准，如学生保留率、发展教育的成效、入门课程的完成率或设定学分标准等相关指标，在当今的绩效资助模式中正逐步占有一席之位。2007 年，华盛顿州通过了"学生成就计划"，奖励那些在校学生取得中期进步并完成学业的院校。该模式使学院能够根据其自身的基准来衡量所取得的成绩，例如完成基本技能课程，获得 15 或 30 个学分，或完成所需的数学课程学业的学生人数等。同时，这种方式还能向学校提供有助于形成改进意见的数据。在华盛顿州和其他地方纳入学生进度的衡量指标可能使新近实施的绩效资助公式比以往的模型更具可持续性，因为进度指标更可能跨越学校各领域，学校也可以更直接地掌控它们，并且相关提升和改进情况在短期内是可检测的。

重新引入绩效资助并非没有争议。批评者认为，以结果为导向的奖励机制可能会限制入学机会，或促使学校不愿招收边缘学生；绩效资助模式是将资金从资金不足的大学中拿走；基于结果的公式可能会导致标准的降低；并且没有证据表明基于激励的模式比现有的基于注册学生数的公式更能有效地利用公共资金。支持者反驳说，为学习不足和服务不足的学生的进步提供措施和经费倾斜，将捍卫学院的开放性使命；绩效资助模式实际上可能会增加财政支持；衡量进步和成功的多重标准将防止标准的侵蚀；而且，许多较新的测量指标，是根据学校教师和领导的意见设计的，提高了绩效资助模式的可行性（更不用说院校本身），有助于促进其长期的可持续发展和成功（Shulock，2011）。

学费和学生资助

与经费资助公式孰优孰劣的问题相比，围绕学生支付学杂费的争议一点也不少。在一个学费频繁上涨的时代，似乎很难回想起当年学院有一半的资金是从本地获取时，许多两年制学院领导呼吁实施免学费或低学费政策，他们认为这是公立学校免费政策的自然延伸，但当时他们的观点在校外并没有得到多少认可。

在研究了学费收取的历史后，隆巴尔迪（Lombardi，1976）得出的结论是，问题不在于是否应该向学生收取学费，而是收多少。他写到，一份 1941年对教育工作者、编辑和其他官员的全国抽样的调查显示，只有刚过半数的受访者对初级学院实行学费全免持肯定态度。尽管 1947 年总统高等教育委员会强调了免费提供公共教育到 14 年级的重要性，但几乎所有在 20 世纪 50 年代和 60 年代组建的社区学院都收取了学费。1970 年，卡耐基高等教育委员会敦促学生支付更高份额的教学费用，以此来挽救私立高等教育院校。免学费这一概念在其产生初期就注定会被放弃。伊尔斯（Eells）引用了美国初级学院协会在 1928 年年会上的一位发言者的讲话，当初的这句话也许预言了后续的发展："很多人，包括那些学习教育金融专业的学生，都认为当学生自己投入了金钱时，他们将会更严肃地对待教育中遇到的问题……"（1931，p. 123）

历史上，学费上涨的压力是因为州议员们想要减少教育拨款（甚至他们在监狱问题上慷慨解囊）。他们的主要观点是，从上学中受益的人应该支付他们教育总费用中的一部分。有些人反驳到，当有更多的人接受教育时全社会都会受益，此时应考虑公平问题，低收入学生不应被迫支付与家境富裕学生相同的学费，因为同样的费用在低收入家庭中所占收入比例更高。近年来，那些呼吁增加学费的院校领导一直在努力弥补州财政拨款所占比例下降所造成的收入不足问题。州议员们先是对校长们的诉求视而不见，现在却谴责公立和私立院校的学费暴涨。

最常见的学费类型是全日制学生的固定费率和其他学生的统一学分费率。当收取全日制学生费用时，可以激励学生每学期注册学习更多课程。如果按学分收费，通常会要非全日制学生支付更高的课时费。

学费通常代表教学费用的一部分，而杂费的标准是根据特殊服务进行评估的，这些服务不一定全体学生都需要。可选的费用包括某些课程需要使用的实验室或特殊设备、停车费、图书馆罚款以及延迟注册或更改课程项目的特殊费用。一些州对院校允许收取的费用总额或费用类型设定了限制，但在其他州，院校试图收取五花八门的服务费用（就像航空公司收取的行李费和选座费一样）。

近几十年来，学费迅速增加，尽管在过去几年中，随着联邦政府投入了大量经济复苏资金，学费在学院总收入中所占比例略有下降。从社区学院出现一直到 20 世纪 50 年代，全日制学生的年均学杂费维持在不到 100 美元/人，到 60 年代涨到 100—199 美元/人，再到 70 年代为 200—350 美元/人。到 1980 年，人均学杂费接近 400 美元；到 1990 年，增加了一倍多，达到 824 美元；到 2000 年，达到 1 348 美元；2010 年，达到 2 439 美元。各州之间的差异很大，从加利福尼亚州的 1 380 美元（五年内翻了一番）到新罕布什尔州的 6 720 美元不等。得克萨斯州和新墨西哥州的水平接近低端，而佛蒙特州和明尼苏达州接近高端。虽然全日制学生平均获得了大约 2 760 美元的补助金和税收优惠，但是加上住宿、食品、医疗保健、儿童保育、交通、教科书和学习用品的费用，在社区学院上学的平均成本每年超过 12 000 美元。

获得较多本地支持的学院通常被允许在一定限度内确定自己的学费。州外学生和外国学生支付的学费要高得多，某些专业类别的非全日制学生、成人和夜校学生也是如此。某些州限定了最低学费标准，另一些州则由州议会确定了最高限额，如北卡罗来纳州，2012 年学费上限为每学分 69 美元，每学期最多 16 学分（学生可学习超过 16 学分的课程，超过的学分无需付费）；在伊利诺伊州，学院不能收取超过人均成本三分之一的学费（Illinois Commuity College Board，2005）。由于州议会通常希望社区学院可以成为进入大学的低成本替代方案，因此各州政策几乎总是将社区学院学费的标准定得低于更高级别的公立高等教育机构。然而，政策并不能代表整体情况。比如，宾夕法尼亚州政策规定，学院来自州、地方和学费的收入各占三分之一。而在 2010—2011 年，费城社区学院的收入有 26% 来自州，15% 来自当地，58% 来自学费（Jaschik，2012）。

在早期，学杂费是院校收入的一项主要来源。如表 5.1 所示，它们在 20 世纪 50 年代占学院总收入的百分比有所下降，但随后就开始稳步上升，直到在 21 世纪的第一个 10 年才又降下来。它们为联邦援助提供了一个渠道，使联邦资助不用通过学院进行。尽管由于存在非全日制学生兼职导致的出勤问题、学生家庭经济状况的问题以及为成年学生和自费生提供住宿的困难，国家对学生的经济援助机制并不完善，实际上这三种情况在社区学院比其他院校更为普遍，因此各州通过向低收入群体提供资助来增强公平。事实证明，这种促进机会平等的措施非常重要。例如，南卡罗来纳州提供全日制同等学力学生（FTSE）资助的比例为学费的 41%（Dougherty and Reid，2007）。

在回顾学费的公平与效率问题时，许多经济学家认为应该是高学费配套高资助。学院可以将学费设定在私营和公共福利的平均水平之间，并通过向低收入学生提供经济资助来维持公平。原先的资助系统对只参加一两门课程学习的学生来说是有惩罚性的，这个问题可以通过由州财政支付相关急需专业人才培养课程的学费来解决——例如，为参加某种职业课程的人支付学费。增加的学生资助费应适当用于学费支付，以避免激励学生入学并使用经济资助来维持生活，导致该资助系统被视为福利的辅助手段。

到 20 世纪 80 年代中期，联邦和州对学生的经费资助已经成为学院经费的基石。1993 年，有 345 亿美元提供给了高等教育，用于向学习特殊专业类别的学生提供补助，以及向中等收入和低收入家庭的学生提供贷款。2011 年，有 21 亿美元的佩尔助学金和 5.64 亿美元的州政府补助发放给了学生，按照通货膨胀率调整后计算，这些数字在过去十年中每年增长 5%。通过贷款支出的金额更大。表 5.2 描述了这些经费流向公立和营利性院校的比例。全国性的社区学院协会一致支持学生资助计划，尽管该计划可能会使学院的潜在学生有能力进入成本较高的大学和营利性院校就读。如果没有了政府资助，社区学院的快速发展及其在众多领域的主要竞争优势将不复存在。

164

表 5.2　1974—2010 年佩尔助学金流向各机构的份额

年份	2 年制公立院校	4 年制公立院校	营利性院校
1973—1974	24.8%	41.4%	7.4%
1979—1980	21.8%	39.6%	10.5%
1985—1986	18.8%	37.0%	22.1%
1991—1992	24.3%	35.5%	20.7%
1995—1996	32.7%	36.0%	12.5%
1999—2000	33.4%	34.8%	13.1%
2003—2004	32.8%	24.0%	16.5%
2009—2010	31.6%	29.7%	25.5%

来源：吉莱斯皮和卡尔森，1983；里维斯和梅里索蒂斯，1987；克纳普及其他，1993；菲利普，1994；美国大学理事会，2000，2005，2011。

在 2007—2008 学年，超过 67% 的全日制和 45% 的非全日制社区学院学生获得了财政资助。在所有全日制学生中，54% 获得了助学金，25% 获得了贷款，2007—2008 年度平均贷款金额为 5 450 美元。非全日制社区学院学生获得的贷款在 1992—1993 年度出现了相当大的增长，当时 12% 的全日制学生平均借贷 2 530 美元。然而，与四年制大学的学生相比，社区学院学生更倾向于长时间从事低薪打工而不是贷款。

布雷内曼（Breneman，1991）针对联邦政府对学生贷款的检查情况，重新估算了联邦政府提供准确支持存在的难度，因为接受贷款的学生是需要还款的。捐款是以学生注册入学时贷款支付的利息的形式出现的，如果学生违约则会产生损失。到 2010 年，对学生在校期间的利息补贴和违约欠款总额每年超过了 300 亿美元。不断变化的人口数和参与联邦资助的不同类型的学校都导致违约率上升。在传统的两年制和四年制学院中，最高的违约率来自有职业的学生和低收入家庭。随后对相关规则进行了修改：如学院有 30% 或更多学生在三年内违约，可以被排除在参与联邦贷款计划之外。迄今为止主要受这条新规影响的是营利性的院校。

165

当 20 世纪 60 年代中期开始实行贷款计划时，大多数学生处于传统的大学年龄，就读于传统的学院，其中超过三分之一的学生就读于私立院校。20 世纪 70 年代中期，在尝试了各种方案，包括州政府担保贷款及经济情况调查下的补助金和贷款后，基本教育机会补助金计划（Pell Grants）成立，补充教育机会补助金计划也被保留。学生贷款营销协会被认为要提供源自私人贷款资本的资金。需求测试被引入，随着年龄较大的非全日制学生开始大量入学，以及私立院校被纳入，联邦贷款计划的实施变得越来越复杂。

各种补助金及贷款的设置依据来自人力资本理论，该理论认为，对人们的健康和技能的投资能够产生类似于投资硬件和基础设施的经济回报。投资学生的一个大问题是，他们"没有提供抵押品，他们没有信用记录，他们在注册入学时还没有能力轻松还款，他们当前的收入很少，如果采用标准来衡量的话，很多学生的信贷风险会很高"（Breneman，1991，p.3）。但是从高等教育的角度来看，高校已经完全依赖于信贷的存在，而从学生的角度来看，贷款上学越来越成为常态。在 20 世纪 90 年代初联邦政府成为直接贷方的变化，以及 2010 年取消由联邦担保私人贷方发起和资助的贷款的规定，并没有改变该系统的基本特征。

166　资金问题

学生的学费和财政资助的增加，以及收入主要来源从地方税收转为州税收的变化，是影响社区学院财务最显著的但并不是唯一的问题。在劳资协商合同下工作的教师的工资获得了相当大的增长，但不论以哪种标准，员工的工作效率都没有提高。对于教育结构中的学生来说，这并不奇怪。事实上，库姆斯（Coombs，1968）概述了即将发生的全球教育危机：由于教师的效率并不随其薪水而上升，造成每名学生的培养成本必须上升。因此，每年，教育系统需要更多的资金来完成与前一年相同的任务。正如他所说的那样，"想要让生均成本长久地停滞不前，那些仍然需要引入的经济创新就是沉迷于幻想"（p.51）。没有创新可以使教育系统免受这种严重的经济困难，因为在他称之为"最后的手工业之一"的教育领域，成本在快速提高。

学生的不同类型加剧了财政问题。许多观察家对院校试图接触新的生源表示赞赏，但很少有人考虑过这些新生源带来的额外成本。"社区服务、职业教育项目、针对弱势群体和少数族裔学生的特别教育项目、财政资助、健康服务和咨询辅导等新的或扩大的学校职能伴随着入学人数的增加而产生。教学创新产生的实验、新的教学方法和技术设备通常会花费更多的钱，并且通常会增加教育的单位成本。"（Lombardi，1973，p. 13）由于为非全日制学生提供夜间课程，校园执法相应而生，公共设施的使用和发生盗窃所产生的额外费用很少被计算在内。那些自 20 世纪 60 年代以来因扩招而进来的没太作好学业准备的学生，需要小班教学和更多的个体关注，而很少有学院可以为此提供足够的资金。即使是外部资助的项目，当需要雇用更多的人员来管理时，实际上也是在增加成本。

167

由于教育是劳动密集型的产业，控制支出一直很困难。但这并非不可能，因为如果真是不可控的，那么不同院校之间的支出差异就不会这么大。生均成本是最常见的衡量标准，通常是通过将学院的总运营成本除以全日制同等学力学生（FTSE）得出的。有时它取决于每个学分的成本，即总费用除以学生的学分数。这种生均成本概念几乎总是指当前的教育费用，很少涉及资本支出。每名学生的培养费用根据学院提供的课程组合而有所不同；职业类课程的成本通常高于传统的学术类课程。人均成本的另一个因素是教师的价格。拥有长任期和博士学位的教师比那些任期短且没有博士学位的教师费用高。事实上，不同类型院校间的生均支出差异要远小于同一类型的不同院校间的（Bowen，1981）。

在总收入中，35% 用于教学，19% 用于机构和学术支持（行政管理），19% 用于学生服务，9% 用于设施运营和维护，12% 用于奖学金，1% 用于公共服务，其余 5% 用于附属企业、折旧及其他。最近的变化反映了更多的奖学金支出，而用于教学和管理方面的支出所占比例变少。

解决问题

为了平衡预算，各院校把财务规划放在更突出的位置，并定期停止招聘，选择性地削减人员、设备、课程、活动和服务。由于合同、任期和资历的关系，裁员是最难以实施的，更不用说裁员所引起的个人剧变了。各校通过聘请效率专家以及给员工开展预算管理培训，努力提高管理效率。他们还通过更有效地使用物理设施来应对公共财政的紧急情况，包括全年使用建筑物、一天之内安排更多课程以及租用空间等。

168

几十年来，许多评论家详细阐述了这些和其他控制支出的方法，包括减少低入学率班级的数量；限制员工休假和旅行；聘用更多按小时收费的教员；在校外租用设施上课；鼓励员工提早退休；减少学生支持服务，如辅导、咨询、体育和实习；停止供应品和设备订单；并为学生入学前获得的经验提供学分。通过大班授课或增加教学时间，教师与更多的学生接触，是一项长期的建议，但由于传统上把教学负担低与质量高等同起来，这不是一项容易实施的改革。最近，远程教育和技术设施被誉为潜在的降低成本和大量节约的途径，但这一希望尚未实现。就目前而言，教师的老龄化（以及由此带来的高薪资支出）导致的学院成本增加是不可阻挡的，而雇用兼职教师（因而薪资支出较低）是降低学校成本的首选模式。

财务工作牵涉到政治和公共关系领域，围绕其产生了各种想法，教育工作者也认识到公立院校保持一个财务审慎的机构形象的重要性。但是公立学院不能年复一年地把钱存起来。如果产生了存款或额外收入，一般这些经费就会被用于建筑维护或其他一些目的（背景项目、开设新的专业项目、扩大对学生的资助或增加奖学金、开展综合活动等），以确保这些经费得到使用而不是被损失掉。因此，只要在允许范围内，教育系统会尽可能低效率地使用资源，因为提高效率会导致经费的减少。院校管理者发现，很难改变这一观念，而这是公共机构维持运转的基本原理。如果有必要进行裁减，经理们会尽量保住所有的教学项目、服务和功能的完整性，以避免作出裁减其中任何一个的艰难决定。事实上，正如隆巴尔迪［1973（1992）］很久以前指出的那样，"当然，从纳税人或学生那里寻求解决办法比从提高生产率中解决更容易……此外，过度依赖增加的资金来缓解每一场危机可能会成为一种自我宽恕的仪式，从而抑制我们为寻找造成自己麻烦的其他的，也许是更基本的原因"（p.37）。四十年后，祖梅塔、布雷内曼、卡伦和芬尼（Zumeta, Breneman, Callan and Finney, 2012）回应了隆巴尔迪的评论，他们说："只要指责州领导人（或纳税人）没有提供更多的财政支持这种做法显得更有吸引力，那么就不会有强烈的意愿去努力寻找更高效地教育学生的办法。"（p.27）

有一项衡量院校效率和生产力的指标，即入学率与学位授予率，多年来几乎没有变化。对于公立两年制学院，1993年是10.73，2009年是10.47（Zumeta and others, 2012）。最终，如果没有支出模式的结构性变化，高校就无法提高学位授予率，除非它们开始通过降低要求，对入学前的经验给予学分等方式来发放学位。最近出现了一个有趣的转变，学院开始对那些没有申请学位或证书就离开学校的学生的成绩单进行严格审查，如果学生符合条件，就自动颁发一份。大量没有拿学位就转学到大学的学生的存在为这种做法提供了肥沃的土壤。

创收和多元化

数十年来，高等教育机构实行了收入多样化的措施，包括寻求其他的资金来源渠道。在规模较大的院校中可以观察到一些明显的例子，例如，斯坦福大学从其购物中心和工业园区赚取了数百万美元。社区学院在过去二十年中积极参与创收活动。一位社区学院校长总结了这一需求，他说："学院领导和董事会必须重新思考学校的资金来源问题，以及学校如何更有效地运作、在未来如何更好地发展。同时，学校不能因为企业化的运营而牺牲教育质量，他们对此非常确定。"（加利福尼亚州社区学院基金会，2010，p.1）创收活动比比皆是，例如，塞里图斯学院（加利福尼亚州）将紧邻学院的一块土地租给开发商运营一个生活辅助场所，租期延长到40年。从这个项目中，塞里图斯学院不仅获得了收益，而且还获得了一个校园实训室，其选择护理、理疗、美容和厨艺课程的学生可以在该设施中获得实际工作体验。

据报道，还有许多其他非传统的资金来源，常见的有为私营企业开展的合同制培训、通过互动媒体提供课程以及为获取州政府给予的额外资金而开展的特殊项目。许多院校都与体育赛事、乡村集市、旧货交换会和马展的主办机构签订了短期合同。一所拥有良好体育或会议设施的院校能够由此产生可观的收入。

院校增加预算的一种更有效、更迅速的方式是建立自己的基金会，作为接收校友、其他捐赠者和慈善机构资金的工具。大多数学院都有基金会，通常是控股公司。基金会一般有15名以上的董事会成员和1名全职经理，资金主要来自当地企业和校外人士，以及基金会董事会成员，其中私人募捐是最重要的筹款活动。由于基金会在法律上和组织上是独立的，它能够促进学院的发展，而不必受法律限制。基金会的大部分资金用于奖学金、学生和教学项目支出、教学椅子和设备。然而，最近州和地方拨款的削减导致了一些院校用捐款来支付基本运营经费。2012年，帕萨迪纳城市学院（加利福尼亚州）基金会从校友和其他人那里筹集了近10万美元，用于恢复2012—2013年度被迫削减的570个班级中的一部分；恢复的课程是高需求的，如生物学、政治学和心理学（Gordon，2012）。

这些学院也开始建立捐赠基金，就像四年制大学一直以来所做的那样，主要通过向校友和董事会成员募集企业赠款和捐款。筹资活动通常由外部专业组织协调。新墨西哥军事学院拥有3.15亿美元的捐款，是迄今为止最多的。紧随其后的 6 所金额最高的社区学院捐赠基金从 3 600 万美元到 1.48 亿美元不等，但三分之二的学院报告捐赠基金平均只在 200 万美元左右。这些数字与大学相比显得苍白无力，其中 1% 的最富有的大学拥有超过 5 亿美元的捐赠。尽管如此，这些数字仍然显示出社区学院在短时间内取得的进展。

最近还出现了其他一些创收建议，不过其中一些建议将需要新的立法。其中一个引起关注的是差别化学费。多年来，保健专业等高成本教学项目一直在收取额外的费用，但事实证明，对英语和数学等拥挤的基础课程因优先录取而收取的高费用的想法颇具吸引力，尽管这引发了有关全体学生公平入学的问题。多年来，经济学家一直认为，收取更高学费并配以更多以需求为导向的学生资助，将为学院提供更多的财务支持，且不会牺牲中低收入人群的入学机会。由于预计更高的学费可能会导致学生贷款增加，一些人提议将学生贷款的偿付与其未来收入挂钩。这一提议得到了一些支持，因为对于收入较低的毕业生来说，被允许用较长时间偿还贷款似乎是公平的。

关于成本的辩护

每隔一段时间，当学院竭尽全力缩减开支后，就会被迫作出一些政策上的改变。例如，大学录取所有申请者并让他们想留多久就留多久的传统就受到了攻击。首先，州立法机构威胁说，如果不降低生均成本，就会设定招生人数上限。此外，许多学院被要求收紧考核学生学业进步的标准。渐渐地，社区学院的倡导者们意识到，他们曾自豪宣称的无限制的招生增长的主张已经成为过去。问题很简单，低级别的中小学在招生人数上没有选择权，因为每个孩子不仅有权利而且根据法律规定也必须上学。社区学院则不同，他们可以通过削减提供课程的种类、降低营销力度，以及许多其他策略来限制招生人数，包括开除那些在完成学业方面表现不佳的学生。唯一的问题是，学院是自愿这么做，还是要等到立法机构强制要求再做。大多数学院的领导都采取等待策略。到 20 世纪 90 年代中期，多数州的立法机构已采取行动，规定了入学人数。

在任何关于财务的讨论中都会出现效率和公平的问题。效率是指从某种商品或服务中获得的利益与生产这种商品或服务的成本之比。公平是指不同的社会成员从公共开支中获得类似利益的程度。在公共支持的教育领域，这两者显然有重合之处：一所高效率的院校会把经费只花在那些愿意利用他们的培训获得更高收入的人身上，而这些人能够缴纳更多的税款，远远超过其教育成本。但是，这样一所院校将是不公平的，因为某些社会群体的成员将得不到任何教育福利。

世纪基金会（Century Foundation）做的一个关于资助类别和价值观的分析研究得出这样的结论，"公共政策已从向低收入工薪阶层的学生倾斜转向向更多经济上得天独厚的学生倾斜，而这些学生不论是否得到政府资助都会去上大学"（Kahlenberg，2004，p.3）。这表明在资助中，贷款所占份额在显著增加，与此同时早在20世纪60年代就创建的帮助低收入家庭学生的资助计划所占份额却在相对减少，如TRIO项目，即面向弱势学生群体的项目却"只能惠及10%的符合条件的学生"（p.8）；而旨在帮助高贫困率地区的中学与大学建立指导合作关系的GEAR-UP项目所获得的经费不到佩尔项目的5%。结果是，"在全国排名前146的学院中，74%的学生来自社会经济中最富有的四分之一，只有3%的学生来自最贫穷的四分之一"（p.9）。而在社区学院中，26%的学生来自最低的四分之一（Horn，Nevill，and Griffith，2006）。

社区学院如何适应？经济学家通常将学校支出分为一般人力资本投入、特定人力资本投入和投资价值较小的消费收益投入。学术类课程、职业类课程和社区服务项目非常适合这种分类。发展项目能够帮助人们成为有生产能力的社会成员，从而有助于减少社会服务和福利方面的支出，由此使公众受益。然而，由于此类学生的高风险特质，培养成本很高。职业类课程能够提高劳动力的生产率，从而使学生毕业后就业的可能性提高；为本地企业培养所需的劳动力，能够使企业留在本地区，由此使公众受益。因此，虽然学生个人从职业培训课程中获益，但也有大量的公共利益呈现。另一方面，以非学分课程和活动形式提供的社区服务的好处主要属于个人，而不是公众。因此，按照大学中的延伸部门的做法，社区学院应该向享受到社区服务的消费者收取全部费用。然而，某些类型的社区服务或非学分课程，如关于儿童护理、家庭营养或能源效率的课程，似乎进入了公共福利的范畴。

为了展示更为直接的效益，人们进行了许多尝试，研究使用了一系列令人眼花缭乱的类别，既有直接的，也有间接的。直接效益包括与学院相关的业务量、因与高校有关的业务而产生的地方企业财产价值、因学院相关存款而在当地银行的信贷基础的扩展、地方财政与院校有关的收入、受院校影响的地方政府服务成本、从事与学院有关活动所产生的本地就业岗位及相关个体收入，以及由学院及其员工、学生和访客购买的物品。净效应的计算方法是将所有支出加起来，再减去当地地区对学院收入的贡献。

间接效益甚至更加多样化：往届学生增加的收入（有时转化为额外的销售税和个人所得税）、学院支付费用的员工培训、为本地企业提供大学生兼职雇员、学院对形成新商业类型的贡献、因员工购买房屋而增加的房产价值和缴

纳的房产税、社区组织使用的学院设施的价值、员工工作效率及校友对公民事
务的参与、较低的失业率和较高的终生收入转化为更多的税收、学院所运营的
公共广播和电视台，以及各种各样的社区服务，如向其他组织开放校园设施、
职业规划和面向专业人士开办的继续教育。所有这些变量都被用来证明学院的
成本是合理的，随着近年来学院要求证明其公共投资价值压力的不断增加，这
些论点对学院领导者和拥护者来说变得越来越重要。（有关将成本与质量、生
产率和学生学习联系起来的更多信息，请参见第 14 章。）

问　题

　　未来几年，学院领导们将不得不面对一些财务方面的问题。在劳动密集型
的机构中如何管理成本？谈判部门将试图限制原先行政管理人员通过聘用兼职
教师和扩大班级规模而节省开支的方式。可复制的或互动的媒体教学需要可观
的启动资金，但其还远未能产生影响深远的经济效益。

　　财务软件如何记录这些因分类资助以及应校外相关部门要求而开设的特殊
项目所带来的额外成本？更广泛地说，一家以向所有人提供某种服务而自豪的
院校，凭什么能够拒绝启动一项成本高于收益的新服务呢？

　　从大量的学生资助来看，低学费是否合理？在什么情况下，更高的学费标
价会降低公平性，即使其大多会被财政资助所抵消？不谈概念，在实际中学费
水平与机构效率之间的关系是什么？简而言之，一个群体的利益能否在不损害
他人的情况下实现？

　　发展研究和双学分课程似乎注定要占据社区学院工作的主要内容。按照六
四四的学制对一些学院进行重组是有道理的，这种做法早年曾在一些地区实施
过。他们如何才能获得资金来教授那些本应在较低一级的学校完成的基础教育
课程？

　　职业教育中有利于某些行业的部分很难从效率的角度加以证明。学院如何
才能在不损害其作为公共支持机构信誉的前提下，扩大职业教育的目标部分，
并通过签订更多的企业培训合同来支付成本？

　　我们可以采取什么措施来衡量院校的生产力，从而使投入的成本更加合理
化？答案取决于该院校想要达到什么样的成果。教育能否坚持自己的初心，还
是必须始终以对学生和社会产生经济回报为衡量标准？

　　所有这些都是难题，作为教育领导者的院校管理者将视其为挑战，并充满
活力地迎接挑战。

6

教学

方法、 媒介和影响

　　教学是所有中小学、学院和大学创建的基础，而许多话题都围绕着这个普　　
通得不能再普通的活动：谁负责教学？通过什么方法教学？紧跟而来的是什么
后果？最近大学生的本科教学尤其受到关注。许多书籍和文章都鼓励教授们多
花些时间与学生在一起，即使这意味着他们会少做一些科研。这个争论已存在
不下百年，任何有历史眼光的人看到这么多谴责大学本科教育地位的评论都会
觉得有点好笑。

　　由于美国社区学院的教师从未花费过多时间去做科研，因此他们能够将重
心放在教学上。社区学院从一开始就十分重视完好的教学方式，很多研究者一致
认为，教学是社区学院存在的理由。伊尔斯（Eells）称这个初级学院为"卓越
的教学机构"（1931，p. 389）。桑顿宣称教学是最主要的功能，他说两年制学院
比大学更好，因为学生所具有的能力更强，即使他们以前的学习成绩往往平平。
"公平地说，大多数社区大学的学生都有学习能力，但相对缺乏实践。在良好的
指导下，他们可以取得令人钦佩的成功，而普通的课堂教学更有可能使他们气
馁，从而落后于那些大学里较具有上进心的大一、大二学生。"（1972，p. 42）　　
他的结论是，要么这所大学"教学优秀，要么完全失败"（p. 42）。

　　其他研究者根据桑顿的观点发现这种教学方式确实如此。尽管很少有学院
能够发展成更大的规模，但是小班制的教学方式确实让教学变得更好。此外，
社区学院教师被认为比大学教师更加好的原因是他们的教材更有实践性。再
说，他们也都是真正的教师，并非什么助教。库斯（Koos）报道说："社区学
院的课程确实和大一、大二的课程拥有一样的程度。"（1924，p. 219）他指出
在社区学院里，许多教师来自高中并且接受了专业教师教育。比起大学里的同

行，他们身为教育者的优越性在这个时候就能体现出来了。

就连社区学院的组织方式也表明了对于教学的保证。通常会由一个行政人员，以前是教学主任，现在一般是负责学术事务的副校长，负责监督正式的教学计划。他也通常担任课程与教学委员会的主席，负责专业上的一些事项。该委员会由课程负责人、系主任、图书馆和咨询服务部门的代表组成。这种教学领导权的分配将使他们能够通过教学发展补助金、休假和给予开发新技术的时间等激励措施来协调教职工的工作。而图书馆发展成为一个学习资源中心，导师制度和可复制媒体的广泛使用也证明了教学的发展方向。

179   本章讨论了关于教学技术和技巧问题，如在线教育、混合教学、跨课程写作和补充教学。此外，本章亦讨论了掌握学习、学习资源中心和能力本位教育的方法。

在我们讲述其他教学方式以及它们的效果之前，我们应该要注意，传统的课堂教学，即一名教师与学生们互动的教学方式，仍然占主导位置。大多数学生仍然通过坐在课室里听讲、观看老师的操作示范、参与讨论、阅读书籍以及参与考试来学习。1998 年，社区学院研究中心进行的一项由国家人文基金会赞助的调查发现，在过去的二十年里，班级平均人数几乎没有变化。美术和表演艺术班规模最小，每班平均 12 至 16 名学生；应用和高级数学、外语、社会和民族研究、英语、工程、物理、化学和跨学科科学也往往小于常规。艺术与音乐历史及鉴赏课、地球与宇宙科学、心理学、社会学以及历史课规模通常比较大，每班平均为 27 人或更多（Schuyler, 1999）。然而，近几年里，由于预算的削减，即使是学生们要求参加的必修课程，其数量也被迫削减。班级的规模明显地变大了。

教学技术和学科教学

教育中一贯的观点是让个性化的教学成为所有教学计划的目标。许多文章都以"假设教师与学生的最佳比例是一对一"开始，继续解释如何根据每个
180   学生量身定制一个教学策略。当学校开始为学生从任何地方得到的学习都提供学分的时候，最极端的个性化教学才得以实现。另一个极端则是以单一的方式教授每个人都需要学习的核心课程。通常在同一个机构里两者都各有支持者。

通过设计多样化学习路径，大多数学生达到指定目标的教学技术已经取得了一些进展，但进展一直很缓慢。我们可以从教学这个词的定义中一窥原因。教学可以简单地定义为实施课程的活动。这一定义假定必须向学生提供一系列

课程。另一个定义是有目的性地组织一系列的活动，让学习自然发生。这个定义表示教学是一个让人学习的过程，尽管它不依赖于课程，但它确实涵括了"学习"这个词。但大多数教师似乎仍然不把教学定义为一个过程，而是通常参与的一系列活动（讲课、进行讨论、说服等）。这种定义既忽视了课程，也忽视了学习者。

无论采用何种媒介，教学技术的基础都包括明确的学习成果或目标、井然有序的学习任务、呈现资料的方式、对学生表现的反馈以及在教学单元结束后进行的标准测试。在教师定下目标、编写试卷，选择和呈现媒介，以及将学生与学习任务联系起来时，教师成了教学技术中重要的环节。

对于两年制学院这样的通勤机构来说，教学技术非常重要，因为学习的环境无法对学生产生微妙而有力的影响。只要将字写在纸上，最基本的教学工具就已经产生了。可再生媒介的扩展以及各式各样的可再生媒介提供了更多的教学工具。但是，尽管所有学院都引进了一些工具，教学技术这个概念还是很少被整个学院采用。就好像工匠们使用着最新型的锤子、锯子和泥铲，却不知道他们将要创建的作品是什么形状一样。 181

发展性课程的指导老师一直是采纳教学技术概念的领导者。在 20 世纪 70 年代和 80 年代，这一个群体从教育机构的边缘向主流稳步迈进。他们不仅仅是补习班的老师，他们也是学生流的管理者，而他们的学习中心更是让教育计划变得更完整。他们不仅为学术和职业领域的教师提供学术上的支持服务，他们也更加深入地衡量他们的教学成果。作为一个群体，发展导师变得更具专业意识，这种意识反映在他们参与了一些活跃的专业协会，例如全国发展教育协会和大学阅读与学习协会。他们提出了将教学与学科融合在一起的概念。他们中许多人已经开始作为阅读、英文、数学或心理学的教师。但随着他们深入参与学习资源中心和补习计划，他们与学术学科之间的联系被削弱了。他们变得更注重于教学技术。

正如大家所预期的一样，在这个科技发达的时代，发展性课程指导教师在教授数学、阅读与写作课程时严重依赖于电脑以及由电脑辅助的教学。这些方法包括：成熟的电脑软件；学生使用电脑修改自己的作文；电子公告板和聊天室；课堂学习回顾；自学课程；在线学习；学习技巧网站的使用。除了计算机，导师也倾向于用其他的教学方法和帮助学习的策略，例如学习辅助中心、提供共同学习的辅助课程、合作学习、关联学习、辅导实验课、有组织的学习课程和精熟学习。

最终导师开始在自己任教的大学还有邻近的大学教授大量新生。1993 年，加利福尼亚大学戴维斯分校 35% 的新生由萨克拉门托城市学院的教师教授英文；2001 年秋天，这所大学提供了 79 个发展教育课程（英文、数学和化学），为多达 2 100 位学生服务；直到 2006 年，发展教育课程已经发展到 81 个（英文、数学、化学和少数不太常用的外语）。所有的这些课程都由萨克拉门托城市学院的导师指导。加利福尼亚大学圣地亚哥分校和圣地亚哥社区学院也有相似的安排。最终，那些从未想要教授发展课程的教师却成了该领域的专家。

电 视

直到 20 世纪 90 年代后期被在线教学取代之前，电视是社区学院中最常见的远程教育方式。电视不仅使后期的教学技术提高了一个阶段，也为一些学院大幅度地提升了课程注册人数。在 20 世纪 50 年代，芝加哥城市学院创建了电视学院，其他几所社区学院也获得了大众娱乐与丰富文化以及学分课程教学的许可证。由 1972 年开始的达拉斯县社区学院的远程大学（TeleCollege）的入学人数从 1978 年的每学年一万多到 2011 年的一万九千多。

183　　　从 20 世纪 70 年代起，人们对电视的兴趣促使许多大学开发自己的电视教材。大多数的大型机构都建造了制作视频的设施。到 1980 年，全国三分之二的教师开始使用它们。少数的大学区，其中最著名的是迈阿密戴德（佛罗里达州）、海岸（加利福尼亚州）、芝加哥和达拉斯，因其精彩的课程而受到广泛的认可。有趣的是，大学的声望通常取决于其教师的才学和研究发现，而高质量的教学项目的输出也让社区学院在其自己学区边界之外获得声誉。电视课程的制作和发行变得十分普遍，并且建立了几个联盟以分享节目制作的成本。通过电视，远程教学已经发展得很成熟。

计算机

计算机的引入为学院提供了另一个创新教学的机会。虽然社区学院人员长期以来一直将计算机用于教学与管理，但 20 世纪 80 年代个人计算机的出现为计算机辅助教学提供了相当大的推动力。然而，社区学院并没有好好利用这个机会。在 2001 年，它们在使用计算机技术的课堂的比例中领先。然而就以机构拥有的台式或笔记本式电脑数量而言，2010 年公立大学平均每 2.6 名学生拥有一台电脑和一个工作站，而公立两年制学院则平均每 6.1 名学生拥有一个工作站（Green, 2010）。比起大学，社区学院较少学生支持这些个人设备，因此教室内无线及移动设备较少。在 2010 年，社区学院的中央计算机预算平均

184　　　为 330 万美元，而其他院校为 800 万美元。然而，相对于其他院校的 6.4% 的开支而言，IT 预算仍然占了社区学院整体开支的 8.4%（Green, 2010）。

财务问题影响了社区学院为学生与教师提供教学资源的能力。近年来，社

区学院的 IT 预算削减幅度远超于其他机构。尽管如此，社区学院和大学之间的技术差距正在缩小。截至 2010 年秋季，社区学院约三分之二的课程拥有一个网站（2002 年为 25%），但仍远低于公立大学和四年制大学的 80%。同时，只有一半以上的社区学院教职人员使用管理学习的软件，而公立大学有 61%。尽管长期以来 IT 的投资不足以支持教学和行政的运作，社区学院显然已做了很多事情来支持教育。

自 20 世纪 70 年代以来，计算机技术协助管理了学生记录、课程教材、管理测试和学生的评估。除去一些已成为大多数学院的规范的计算机应用程序外，课堂上基于计算机和由计算机辅助的教学在过去几年中经历了革新。这些发展通常会加强教学实践，允许以电子方式呈现视觉材料，改善学生的参与度，使学生更容易接触统计学和其他学科的专用软件，通过课上用互联网浏览图书馆目录、使用在线课程大纲、用在线课程辅助课堂活动及将学生转到课外新闻组和电子邮件聊天等。

大量的研究分析了基于计算机和计算机辅助的教学的有效性。对于成年人来说，基于计算机的代数教学比传统教学更为有效（Oxford, Proctor and Slate, 1998）。里德（Reed, 1996）将基于计算机的写作课程描述为更具包容性与更民主，因为这样的环境鼓励学生协作评估他们的写作。汉斯曼和威尔逊（Hansman and Wilson, 1998）认为计算机的使用在教导成人学生写作时是十分必要的。比起课堂教学，电脑会议更能提高创造力，更大程度地提升学生的参与与协作（Klemm, 1998）。这种技术不仅提高了教学效率，也提升了学生的课业质量。除了这些正面的评价，潘库奇（Pankuch, 1998）的报告也说道，在化学课程中使用计算机化的插图、模拟和图形，一旦新奇感消失，计算机辅助教学的效果将会减弱。在传统课程和基于计算机教学的课程之间，学生的保留率和成功率并没有显著的差异。大多数社区学院都还持续运营着其可公开访问的计算机实验室。

跨学科写作

跨学科写作（WAC）是一种教学方法，让学生在英语写作课之外进行写作，有时候作文会提交给写作指导老师，由他协助评估；在另一些课堂上，学生在写作课上写的论文与特定学科课程内容相关。在 20 世纪 70 年代中期，跨学科写作开始流行。针对学生写作和思考能力的明显不足问题，这种方式的倡导者敦促将写作融入所有的班级和所有的学科。

跨学科写作一直在实施。潮水社区学院（弗吉尼亚）有一个非正式的跨学科写作已经存在了 20 年。来自不同领域的教师定期会面，讨论学生写作和

186 如何教学生写作（Reiss, 1996）。在布朗克斯社区学院（纽约），两个强化写作课程是拿到毕业证的必修课，这些课程的学生有额外的写作作业，包括多稿写作和发展写作能力。1991 年出版的《社区学院新方向》（Stanley and Ambron, 1991）相当全面地描述了跨学科写作的历史，并提出了实施 WAC 的各种方法。总的来说，WAC 项目已经流行了几十年，但需要奉献精神和热情来维护它们。一位关键教员退休后，泰德沃特社区学院的 WAC 项目便宣告停止。

补充教学

补充教学（SI）在确定为高风险课程（辍学或失败率极高的基础课程或入门课程）之后，将课程内容作为技能指导的基础。这是在堪萨斯城密苏里大学开创的，学生在课外与导师一起工作，他会参加目标课程的所有讲座。导师也会同意学生参与他的工作并从中获益。补充教学与课外朋辈学习有关，它已用于为以英语为第二语言（ESL）的学生设计的综合计划以及发展课程中。在将补充教学正式体制化的时候，关键人员是确定目标课程并进行培训的领导者、同意参加这些课程的讲师以及参加课程讲座并进行三到五次学习的学生或学习中心工作人员的主管（Arendale, 2005）。加利福尼亚州圣莫尼卡学院，通过将两个或更多个班级联系起来，并让以前接受过这些课程的学生来协助新

187 小组，安排补充教学（圣莫尼卡学院，2007）。经历过补充教学后的学生在第一年就有了收获，因为它给学生提供了最急需的东西，那就是在基础课堂学习之外花时间习得额外的技术。

掌握学习理论

掌握学习是一种教学技术，由数名教育工作者共同提出，特别是芝加哥大学的布鲁姆（Bloom, 1973）作出了突出贡献。掌握学习的目的是使所有学生具有特定的能力（与通过个人能力对学生进行分类的项目恰恰相反）。在掌握学习的计划中，以学习目标、实践测试、纠正性反馈、额外学习时间以及各种教学技术的能力进行分类，以确保所有或至少大多数使用掌握学习策略的学生在测验分数和个人发展方面都有相当大的收获。

掌握学习的支持者指出，使用该策略时，学生在测验分数和个人发展方面有可观的收获。这些收获归因于更集中的教学，学生之间的合作而不是竞争，对学习目标的定义，考试前花费在学习、练习和反馈上的时间，以及老师对大多数学生的期望。

掌握学习程序已在某些社区学院的课程和计划中被采用，甚至在芝加哥城

市学院中已成为一时的流行，但由于许多原因，这一概念并未席卷整个领域。对掌握学习不屑一顾的教职员工和管理人员说开发和运行具有多种教学形式的程序的成本过高；这需要教师费太多的时间；大多数课程的结果无法预先定义或指定；让学生有时间完成课程目标会干扰学校的日程；如果学生不与他们的同伴竞争，他们可能没有动力；雇主和公众期望学院对学生进行分类，而不是全部通过规定的能力等级测试；认证机构和其他监督人员的不同等级要求。

多年来，学者一直试图评估掌握学习的效果。贾斯基和皮戈特（Guskey and Pigott，1988）报告了46种基于组的掌握学习策略研究结果。报告称，很少有单独采用掌握学习策略的情况，但它们对学生的学习产生了有益的效果。最近，祖梅塔（Zumeta，2012）等人发现，在学习过程中完全使用掌握学习时最有效。例如，克利夫兰州立社区学院（田纳西州）重新设计了55个章节的数学模型，并在计算机实验室进行在线测试，由学生完成这些课程。在该模式中，18名学生在全职教师的带领下完成77个板块的学习，结果显示成本更低，学生的成绩更好。

能力本位教育

在社区学院中，能力本位教育也是一种方法，它基于学生表现出的所需能力的规范，但不包括掌握学习的所有具体教学策略。20世纪70年代，英国高等教育改善基金发起了一项基于能力本位的本科教育项目。埃文斯在试图将博雅教育转变为能力本位教育时发现一个悖论，这就是把高等教育从理想的参照标准向标准参照或规范参照的转变，似乎是一个无法解决的困境。"基于理想参照的判断假定了良好的、出色的、更高层次的，最好的概念"（Ewens，1977，p. 19），但是现在大多数教育都只满足最低限度的能力，在环境中发挥作用并符合可接受的行为标准。当我们问"什么是称职的人？"，在所有倾向教授与工作有关的技能的趋势中却出现了两难选择。如果教育是为了找工作，而忽视了一个人的本质，当毕业生发现工作不足以让他们的生活令人满意时，就会感到不满，更不用说他们是否达到了相关的技能培训的水平。

多年来，国家监督和地区认证机构已要求各大学具体规定和评估所有课程中要学习的能力，特别是那些与就业相关的课程。但是，即使在职业教育领域中，也很难确定具体的预期结果。从明确规定的学院的目标到课程结束后学生要完成的任务之间的跨度很大，并且可能很难建立联系。比如使人们变得更好，帮助他们与社会相处，对他们进行职业培训以及教学生每分钟输入70个单词，这些培训课程之间的联系非常微弱。然而，能力本位的教育，在职业学习和成人基础教育中最为成功。很多大学建立全面的成人学生综合测评体系

（Comprehensive Adult Student Assessment System，CASAS），其中包括能力本位的教学方法。CASAS 是由州、联邦和地方基金联合提供的项目，主要提供有关成人基础教育和职业技能教学的指标，为失业者提供综合知识和职业技能教学。该系统强调了记录结果（成人读写能力促进委员会，2003）。

190　　能力本位教学也已被用在与社区学院对口的中学职业基础课程中，并已在高中课程中使用。但是，它在文科课程中并未被广泛采用。如果想要用于文学艺术类课程，面对面授课的形式是最成功的，比如像柯克伍德社区学院（艾奥瓦州）这样的小型学院中，能力本位教学就被用于人文学科教学。

　　最近在进行能力本位教育实验的有新罕布什尔州南部大学（SNHU）。该大学已经启动了一个在线的能力本位副学士学位课程。与以前的基于胜任力的计划不同，该课程并不局限于学生的学时数，而是允许学生根据教师的指导和要求按照自己的节奏学习。当学生准备就绪时，将接受 120 个广泛的能力测试，所涉及的能力会被分解为任务明确的部分。该大学的计划获得了所在地区的认证。教育部门正要求他们传授经验并鼓励其他学院的类似计划寻求助学金（认证和联邦资助是阻碍以前的课程与学生学分脱钩的主要因素）。但是，在 2012 年，虽然有几所社区学院提供基于能力的学位课程，但新罕布什尔州南部大学的课程是唯一基于能力而不是上课时间的课程。

学习型社区

　　术语"学习型社区"常被用来形容为建立在相互支持概念上的教学创新。它在课堂教学中被定义为"教的课程作为一个集成的教学单元，课程间彼此互联"（Van Middlesworth，2004，p. 36）。它们通过在特定时间内为学生提供多门课程，或让同一群学生在所有课程中注册，以及教师协作或学生通过课堂参与协作学习来促进学生的社会融合。一些大学将写作等基本技能课程与学术191　内容领域的课程结合起来。前面提到的补充教学的概念，通常是由同一组学生合作而不是竞争地选修相关课程。这些课程可以辅以实地考察和相关支持活动。

学习型学院

　　许多院校已经开始将自己定位为学习型学院，试图将学院的运作模式从教学模式转向学习模式。正如巴尔和塔格（Barr and Tagg，1955）所提出的那样，历史上一度占据主导的教学范式被"错误地作为一种达到目的的手段"（p. 13），它着眼于教学而不是教学产生的结果。他们强调，虽然学习被认为是所有学院的中心特征，但一所院校所采用的范式决定了其对学习成果的重视程度。这也承认在高等教育中，教学是占主导地位的，并且是教师参与的活动，而不是引导学习的过程。

欧班诺（O'Banion，1996，1997，1999）在众多出版物中记录了学习型学院的共同特征。通常，传统的学院受到时间、地点、官方机构以及教职人员和学生（老师是知识的搬运工而学生是被动的容器）习惯性角色的限制。根据欧班诺的说法，这些局限性有可能阻碍学习，因此学习型学院必须克服这些障碍。他希望学习型学院将允许学生作为共同承担责任的合作伙伴参与学习过程；提供多种学习选择，包括时间、地点、结构和学习范式方面的选择；为学生提供与学习社区中的其他人合作的机会，并对学习进行记录。

关于学习型学院研究的文献一直在引用欧班诺的原则，虽然不是完全一致。总的来说，学习型学院是一个领域（不受地点和时间的限制），不同的学生可以在这里找到学术发展和个人成长的机会。教师成为学习过程的促进者，对现有的新方法和技术持开放态度。这些学习型学院对劳动力需求、终身学习者以及学习者几乎需要的所有其他事物都作出了回应。2011 年，阿斯彭研究所（Aspen Institute）向佛罗里达州的瓦伦西亚学院（Valencia College）颁发了60 万美元的奖金，以表彰其在这些方面取得的进步；2013 年的奖项由圣巴巴拉城市学院和瓦拉瓦拉社区学院共同分享。

学习资源中心

社区学院图书馆藏书以课程为导向，包括直接支持课程的教材，仅偶尔给教职员工的研究提供支持。许多大学或公共图书馆共享设施和藏书，以最大限度利用资源。相对于他们的在校学生人数，授予副学士学位院校的图书馆，拥有适度的预算和收藏，平均每年支出 499 939 美元和 80 315 本纸质书籍、电子教科书、系列订阅和电子参考源，在授予学士学位的大学里的普通学术图书馆，平均每年支出为 990 219 美元和馆藏 392 372 本（NCES，2011a）。

20 世纪 70 年代和 80 年代，大多数社区图书馆成为学习资源中心（learning resource centers, LRCS）时经历了一次重大变革。在一些学院里，图书馆藏完整无损，通过自我指导计划为个人学习增加了设施。但是，在许多方

面，全新的学习资源中心建有一个图书馆，一个学习辅助中心，音像制品学习

193　实验室，视频材料分配中心，教程服务、图片和摄影制片、音像制品的中心。
大约三分之一的学习资源中心也有职业信息中心和计算机辅助教学中心。

革新正在继续，现在有一些学习资源中心正在开设学习强化、辅助或生存技能中心或实验室。有些学习中心已脱离图书馆功能，主要从事辅助、发展教学，学生定向和自主学习等方面的工作。在其他应用中，学习资源中心的工作人员为获得拨款，也开始为教师发展和课程设计提供材料。学习资源中心也能成为教职工在家中进行多媒体创作的移动图书馆。它们已经扩展到使用网络服务、光碟和多媒体产品等电子格式。学习资源中心已经将传统的卡片式目录转化为数字数据库（教师和学生经常可以在线访问），使学习资源中心成为互联网、其他图书馆目录、在线索引、数据库和文本的门户。

远程学习与在线教育

网络教学出现后，远程教育显著地扩大了。1994—1995 年，58% 的社区学院提供在线、混合或其他远程教育课程；到 2006—2007 年，这一数字激增至 97%。截止到 2010 年秋季，超过 610 万名大专学生参加了至少一门在线课程，比前一年增加了 56 万多（斯隆联盟，2011），而且 40% 的学生是在社区学院注册的。从 2006 年秋季到 2010 年秋季，社区学院的远程教育入学人数增长迅

194　速，每年从 9% 增长到 22%，远远超过了整体入学人数的增长速度。2011 年，近三分之二的社区学院无法提供足够的远程教育课程来满足学生的需求（教学技术委员会，2012 年）。

截止到 2010 年秋季，全国共有 22% 的社区学院学生参加了远程教育课程，其中大部分参加的是在校内开设的课程。2008—2009 年，华盛顿社区学院共有 34% 的学生报名参加网上学习课程，其中有 9% 的学生参加混合课程，即一部分是在网上授课的，一部分是在课堂上讲授的（Xu and Jaggers，2011）。在北卡罗来纳社区学院通过州虚拟学习型社区选修线上、混合以及其他远程教育课程的学生中，有一半以上的全日制同等学力学生参加了 2011—2012 年度的入学考试（北卡罗来纳社区学院，2012）。在加利福尼亚州的社区学院，2006 年至 2010 年期间，远程课程的数量翻了一倍，在 2010 年达到了总课程的 9%（加利福尼亚社区学院，2011）。

学校的规模越大，就越有可能提供全面的网络课程。在全国范围内，超过三分之一的学院提供可发学位证或结业证书的网络教育。一些学院将在线教学

作为所有课程的核心。里约萨拉多学院（亚利桑那州）充分利用了通过雇用兼职教授和教学设计师的团队所带来的节省成本的优势。该校近三分之二的学生可以在线学习课程，每两周可以报名参加该校 50 个学位和证书项目的 600 门课程中的任何一门。该学院提供近 58 000 个学分、10 000 个非学分学生名额，并雇用 24 名全职教授，他们开发课程并监督教和学。这些教师的平均年薪为 7.5 万美元，而聘请来的大多数在线课程的 1 300 名兼职教师每门课程的薪酬为 2 500 美元（需要额外课堂教学的科学课程的薪酬为 4 500 美元）。在线课程的每学分收费和在马里科帕区现场上课的学生的学分收费相同，这使得里奥萨拉多的运营成本大大低于其他 9 个姐妹机构的平均水平。

除了节省成本之外，在线教育的支持者称，一个主要的好处是让非传统学生有更多的机会学习。事实上，那些因为家庭或工作原因而难以参加校内课程的学生比传统学生更有可能选择在线课程；62% 的在线社区学院学生是女性，其中一半年龄在 26 岁以上。在线教学的课程自成立以来完成率一直在上升，2010 年达到 69%，而传统课堂的完成率为 75%（教学技术委员会，2012）。然而，近年来在线学习成绩差距有所缩小，越来越多的学院利用在线课程来减少支出。在华盛顿和弗吉尼亚进行的几项研究表明，社区学院的学生完成在线课程的可能性比面对面课堂的学生要小，即使在提高了门槛之后也是如此。此外，选修网络课程的学生退学的可能性更大，在下一个学期重返大学的可能性更小，获得社区学院学位或证书以及转到四年制大学的可能性也更小（Xu and Jaggers，2011a，2011b）。

留存率和完成率并不是在线教育面临的唯一挑战。远程教育受到政策的限制，这些政策将远程教育与传统的现场教学区别对待。需要州或联邦资助的学生可能会发现，如果他们想在网上学习所有课程，他们可以获得的资助金额会受到不同政策的限制。此外，许多州和个别大学将远程教育的资金作为一个特殊的预算项目，而不是将其纳入正常的年度预算程序。而居住在州外的远程学习者可能会被收取州外学费。

远程教育的成功实施取决于倡导者克服障碍的能力，例如缺乏学院内大多数人的支持，在学生支持服务方面得要作出必要的改变，以及学院文化的改变。奥立弗（Oliver，2004）提出了几条对创建成功的在线教学至关重要的准则：制度保障；对教学发展和员工培训的投资；技术基础设施和支持网络的发展；以及对无纸化学习更新迅速导致的进一步成本增加的认识。考克斯总结到，"针对各种可能性的激进言论将会继续超越经验性证据"（Cox，2006）。贝利和莫雷斯特（Bailey and Morest，2006）发现管理员和教师之间的脱节，前者说他们在与其他部门相比较中不得不引入在线教学来保持竞争力，后者更担心在线课程缺乏质量，增加他们的工作量。建设高质量的远程教育项目通常需要更多的资源和更大的决心，而大多数学院管理者不愿意这么做。

2011—2012 年，远程教育得到了大力推动，包括斯坦福、哈佛、麻省理工、密歇根和宾夕法尼亚等几所知名大学出资推出了大规模的在线开放课程（Massive Open Online Courses，MOOCs）。MOOC 一词始于 2008 年，但这个概念根植于已有数十年历史的去中心化学习网络。这些不计入学分的课程包括大量的混合内容——通常是视频讲座——保持了研究领域和思想之间的联系。它们都是免费的，而观众所需要的只是基本的数字知识和自律。

文凭的重要性催生了各种为慕课学习体验提供学分的方式。几家提供结业证书的营利性机构就此成立。比如其中一家名为"学术教室"（Academic Room）的公司为 1 000 多门课程提供认证。到 2012 年，有超过 150 万用户参与了慕课，其中 10% 到 20% 的用户以不高的价格购买了结业证书。这些证书没有正式的学分，而且卖家只向校方支付了少量的钱。

许多经认证的公立机构在为学生之前的学习经历匹配相应的学分之后，也开始向付费学生提供学分，只要他们提交观看慕课后的学习心得，并将其与自己的经验结合起来，最后提交论文、参加考试或提交其他证明文件。美国教育委员会以及成人与实验教育委员会已制定相应的指导原则。任何学院都可以将其课程的部分教学任务从教职员工现场授课转移到慕课上，并为完成网络上建立和维护的课程授予学分，所有这些都是由所谓的"完成议程"推动的。为了增加学位授予量，高等教育需要在历史悠久的高中到大学的模式之外进行拓展，并将老年人和其他非传统学生带入这种模式，给过去的受教育经历提供学分的模式已经存在了数十年，慕课也在向更多参与者开放。

事实上，半个多世纪以来，自大学理事会（College Board）开始提供大学水平考试计划（CLEP），授予经验学分和通过考试而获得广泛认可的学分一直是高等教育的一个特点。现在，学生们通过塞勒基金会（Saylor Foundation）和教育门户（Education Portal）等网站访问学习材料来准备这些考试，在获得相应学分后，只需支付不到 100 美元便能参加考试。慕课与 CLEP 的主要区别在于 CLEP 为英语、数学、历史等 30 门及以上的入门课程（100 级）提供学分，慕课将课程水平提升到与研究生和专业学校相当的专业课程。

随着在线教育和互动媒体的发展，学校变得比以往任何时候都重要，因为教育、批判性思维和功能性读写能力对于整理信息至关重要。就像阅读一本书总是需要人脑来解码信息和区分论点一样，互动媒体需要审查信息的能力，确定哪些信号是重要的，哪些是真实的，哪些是相关的。

更乐观的互动媒体支持者，如兰哈姆（Lanham）就表达了这种形式对自由、责任和个性的影响。迄今为止，教师、编辑、评论家和出版商已经对各种产品进行了筛选，从而对信息源进行了控制。但是，如果将个人置于一个可以搜索所有数据库的位置，在互联网上与每个人互动，能够知晓古今，那就可以规避受到的这些筛选。支持者说，这一切都是好的，因为没有人应该忍受别人带有偏见的筛选。

许多年前，很多人赞成阅读《圣经》的观点，认为所有人都应该在没有宗教领袖的情况下读懂《圣经》本身。应用于教育，类似的思维表明，人们应该被赋予自主学习的权力。通过互动媒体，最终让学习者能够自行提出问题，自行找到答案，构建自己的文本，形成自己的知识体系。

在学校内，互动媒体必须与几个传统的教学模式相抗衡，以避免它们直接排斥现存的教学形式。教学核心是其本身。交互式传播媒介和各种可重复的教学情境，由于难以复制一个活生生的学习环境而不断受阻。无论是一对一指导还是小班级或大型教室授课，就导师和对学生提问的反馈而言，现场学习情境涉及的不仅仅是信息传输。现场教学情境拥有细微的身体动作、语调、表情，以及师生在一起上课的相互感受。所以，何时应当采用怎样的语气？当说话人通过说话方式或肢体语言来进行暗示时，传递的这部分信息重要吗？当听课者通过面部表情传达出"没充分理解"的信息时，哪些信息需要重复说明？ 199

如果这些语言和非语言的暗示不像它们现在这样重要，那么在过去半个世纪里各种可重复使用的教学计划就不会取得比现在更多的进展。的确，有些人通过使用程序化的教学材料来学习，这些材料已经成为美国教育的重要组成部分，就像大众传媒变得重要一样。但是，学校教学的主要形式仍然是围绕着活生生的人，与活生生的人交谈，并收集人类自语言以来学会的与信息联系在一起的所有行为的细微差别。可复制的媒体具有持续的吸引力，它承诺低成本的信息传播，但不包含从教室面对面接触中产生的意义的微妙暗示。点头，皱眉，微笑，在椅子上移动身体，眨眼和抽搐，所有这些都具有无法通过个人之外的媒介轻易复制的意义。

我们有理由认为，在一个自成立以来就致力于良好教学的学校中，将会尝试新的教学形式。然而，尽管可复制媒体在传播，传统的教学方式仍在蓬勃发展。校园的参观者可能会参观数学实验室，媒体制作设施以及电脑辅助教学课程。不过，在前往参观这些设施的路上，他们会经过数间有导师在上课和组织讨论的教室，在数十年内一直在进行对话和讨论。传播媒体广泛使用，但通常与现场教学联系在一起。许多教师仍然坚信，与学生接触是可以发展的最具价值和灵活性的教学形式。

[200] 惯性的力量

基于媒体的技术不是唯一一个遇到阻力的教学方式。为什么教师不需要更多的写作？教师们有很多理由，但是经常给出的一个理由是，他们的班级里有太多的学生，如果要求学生写更多的东西，那么他们就必须检查更多的内容。在大多数课堂上，由于老师不愿意看作文，因此很少布置书面作业。而要么其他批阅者对他们没有帮助，要么他们不相信除了自己以外的任何人来阅读学生的书面作业——或者两者兼有之。老师也从来不认为学生的写作是可以抽样的。他们仍然表现得好像每个练习都要受到评判，不论学生是在练习弹钢琴、打棒球还是写作文。

凡是减少与学生直接接触或要求教师花时间的事情都很有可能遇到阻力。就算是临时的演讲也需要少量准备时间。创新者必须证明他们的技术的积极作用，而传统主义者通常可以心无旁骛地走自己的路。教师作为一种职业，还没有发展到在出现个体差异时，自定义什么是适当行为并实施该行为的程度。虽然较低的教学负荷会使教学改革有更多时间，但这并不足以让教师改变教学；仅仅给人们更多的时间去做他们所做的事情，并不会改变人们对他们角色的看法，这也是 PowerPoint 演示文稿变得流行的一个重要原因；老师仍然负责把握节奏和进行演示，从不离开学生的视线。尽管如此，几乎所有的两年制公立学院都为开发可复制教学软件和课件的教师提供支持。

[201] 新媒体出现的速度与学术文化的稳定性是不一致的。在活字印刷术问世五百年后，书籍和课堂仍共存于教学领域。廉价、易得的书在传播信息方面并没有取代课堂；它变成了另外一种辅助形式。每一个都有对方无法复制的有价值的特征。在这方面，学术文化与其社会背景相似。电影院没有取代现场戏剧，电视也没有取代收音机。就这一点而言，过去三百年来科学的主导地位并没有完全取代对超自然的信仰，基于优越训练的权威必须不断地与民间智慧的固执依赖进行不懈的斗争。

评估教学影响

任何类型的教学技术都没有足够的力量来克服它所反对的传统教育形式。除了个别例外之外，有一种根深蒂固的学术责任感，其结果是在惯性的岩石上，无法证明它是值得继承的，而且不能证明它值得付出努力。然而，评估学生学习的重要性，也是指导学生学习的重要组成部分。

社区学院是良好教学的发源地吗？由于在任何学习中必须控制的变量多，就很难获得教学影响的信息：如学生入学的能力；测试的标准和运用教学的方法；课程或学习单元的难度；等等。由于匹配学生群体和教学演示的不可行性，比较研究尤其困难。（任何两节课真的一样吗？）与其尝试比较获得的学习，不如用学生和教师的偏好作为发展变量来衡量学习结果。研究者们通过询问学生们与现场教学相比是否更喜欢来衡量网上教学的价值。报告通常指出，许多学生喜欢与老师接触，但很多人都很熟悉通过计算机呈现的教学程序。但是，在学生学习的教学前和教学后评估很少产生显著差异。

教学研究的一个棘手问题是，没有一种方法可以被证明始终优于另一种方法。杜宾和塔韦贾（Dubin and Taveggia）重新分析了1924年至1965年中的91项研究中的数据，结论是："如果以学生期末考试成绩作为衡量标准，各具特色的教学方法并没有可量化的差别。"（1968，p.35）教学条件的不稳定，教师的多样性，学生的差异化，以致实际实验条件是无法应用的。麦基奇（McKeachie，1962）也得出了类似的结论。

在20世纪80年代，人们为了广泛评估学习效果进行了新的尝试，例如，通过收集学生在跨州、跨机构和机构范围内的学习情况。尽管这样的研究在大多数其他国家都很常见，但它们与美国高等教育不同，在美国，衡量学生认知变化的责任已经下放到课堂教师身上。因此，开展此类研究很少受到欢迎。许多机构的领导都口头上承认衡量学生成绩的重要性，但除了一连串的学习小组和相关的教育工作者会感到紧张之外，他们几乎没有取得什么成果。

新泽西州、田纳西州、佛罗里达州和得克萨斯州都强调了对所有刚进入大学新生的基本技能的测试。然后，鼓励学院将这些数据与毕业率和保留率相连。大多数项目进展缓慢，受到强制执行，对合规的给予奖励，对违规的给予惩罚。但他们真正遇到困难的地方是在本科阶段推行包含测试内容的建议和一些学习措施。

尽管如此，很多媒体仍然要求进行评估。由于对每个学生的学费快速增长感到担忧，尤其是因为大部分费用是由公众支付的，并且很多选民认为培养少数族裔学生的成功率较低，许多州的立法机构和官员坚持采用更直接的方法来衡量大学的成果。比如有多少比例的预科生获得了学位？有多少人通过了执照考试？有多少人在他们所培训的领域工作？最令人不安的是，对于一个以宏观的目标和过程为傲的专业团体来说，学生们到底学到了多少？特别是对教师来说，最后一个问题不能被搁置一边，因为这超出了他们的权限。总而言之，社

202

203

会公众要求知道，他们为学校提供了很多服务，那么到底带来了什么样的成果。

收集生源留存率数据和后续数据是一回事，但在大二结束时对学生知识进行测试则是另一回事。关于课程被外界控制、学术自由被剥夺以及类似的抱怨已经变得很普遍。而向课堂之外的人揭示学生学习情况的考试是被学术界所厌恶的。在大学里，几乎没有人知道该如何构建这种测试。大多数情况下，工作人员会努力收集和使用这些信息，直到州立法机构将这一过程与大学基金或学生入学联系起来。

20 世纪 90 年代，评估的形式再次改变，因为一些州的立法机构要求大学确认它们的学生分级机制。由于社区学院的分级测试在许多州引发了激烈的争论，因此法律进行了相关规定，要求学校提供其分级测试效果作为参加课程的先决条件。此外，必须考虑其他衡量学生能力的标准来对学生进行分班。阿姆斯特朗（Armstrong，2000a）在对分级测验效度进行评估后指出，虽然分级测验成绩与学生最终课程成绩之间的相关系数具有统计上的显著的关系，但实际上这些系数并不那么重要。同样，在较低的课程水平（发展性课程）中，这种相关系数的联系较弱。这表明在辅助的教学中，分级测试分数和课程成绩之间没有什么联系。学生的个人背景和家庭情况，特别是性格这一变量与课程成绩和留存率息息相关。事实上，学生的性格比考试分数更能预测成功。阿姆斯特朗（2000b）也进一步证明了他的观点，他发现对于英语分级测试来说，考试成绩和学生在课堂上的表现几乎没有关系。

学校的组织形式导致大多数教职工对学习结果的评估持抵触态度。学生应该在不同的课程和学院中学习历史、音乐和数学。一些学生比其他学生学习更有效率，课堂测试一直被用来决定哪些学生比其他学生更好。国家的相关考试组织提供了从生物学到社会学的科目测试，用来确定哪些学生应该进入高级学校课程，从而发挥这种规范性评估形式的作用。当测试的目的是持续观察个人的表现，它们就会很有效，因为它们强调学生能力的差异。这种差异非常明显，某一门课程的学生所取得的成绩差异之大，好比上过该课程的班级平均成绩与另一组未上过该课程的班级平均成绩的差异。

这种规范的模式，对于在一个课程中进行工作分配或给其中的学生评分是有用的，它不同于评估一个课程或机构时通常采用的标准参照评估方法。标准参照评估是指个人通过一个标准来衡量所获得的学习。如果所有的学生都正确回答了所有的问题，那么整个小组就已经回答了测试所问的所有问题。如果测试被设计成一门课程、课程或机构中所要获得的所有知识的样本，那么这个教学单元就大功告成了。然而，在一个之前进行参照测试的机构中去应用标准参照评估，这就要求工作人员对其工作的看法发生完全转变。这种形式的结果评估容易陷入抽象的概念化，并在实践中陷入困境。很少有机构领导者有足够的耐心或技巧，让整个团队放弃传统的看待学生学习的方法。很少有领导者能够解释总体抽样和测试开发的价值和目的，尤其是这些课程开发不是特定的。无论评估的动力是什么，也不管所采用的模式是什么，都应该适用于某些原则。

　　考试成绩不应局限于单一课程或教师，不应该根据结果去进行推论，也不应该用结果来判断一个教师、一个学科或一个学院。使用的课程不能是特定的，但应该涵盖在任何地方学习过的概念。考试成绩不应作为学生毕业的条件对学生进行抽样调查，对于大多数学院来说，统一的评估系统过于烦琐，难以管理。在完成一定数量的课程时，应采用多种入学考试的形式来衡量学生的知识。教师必须尽可能多地参与考试选择、设计、课程搭建和考试评分。实施过程不应延迟，直到达成一致。应该雇用对工作人员了解的测试专家，要明白虽然评估是一项集体工作，但工作人员不会愿意被迫参与。应使用不同的措施为不同目的提供数据。例如，应该用不同的方法来评估学生的进步过程以及学院对所在社区的贡献。对个性化价值的观念不需要延伸到每个人不同的课程目标上；如果共同的理解和价值观有助于形成社会凝聚力，那么学院目标和学院成果的衡量方法应该保持一致性。 206

问　题

　　教学中心的主要问题在于教学技术的发展程度。是否会有更多的教师将教学作为一个过程而不是一项活动？什么样的教育领导能更好地实现这种变化？

　　评估教学成果是教学技术的重要组成部分。持续不断地要求强制评估的呼声会不会从毕业率和执业证书通过率等衡量标准蔓延到对学习成果的系统性等衡量标准？甚至很少使用抽样作为学生进步的基础。从课堂上的多重矩阵测试到开展全国教育进展评估项目，这种技术在高等教育的任何领域都是罕见的。学习型大学的理想和当代外部资金压力是否会协同作用，使评估学生的学习（课程或项目水平）成为一种常规活动？

　　放弃纸质文件和课堂讲授作为主要的信息传播方式尚未完全实现。对于那些通过网络或非传统渠道获得大量知识的学生来说，这将对学习产生什么样的影响？学生的学习和远程教育所产生的效果，是否能与课堂上以教师为中心的教学课程所产生的效果相媲美？

　　掌握学习和能力本位的课程在发展教育和职业教育方面取得了进展。它们

能否扩展到转学功能和人文类学科功能？地方认证机构和联邦资助项目是否愿
意接受与学生学分无关的能力本位课程，授予慕课课程学分，为学校节省成
本，并保证学生有更多的机会？这些进展是否会将教学互动的责任从教师身上
大幅度地转移？

　　尽管从无线电到计算机，每一种新的教学媒介都迫使教育工作者检查他们
的教学实践，但没有一种媒介单独地使教学发生革命性变化。教育从定义上被
普遍认为是一个过程，它必须引导学习，才可能在实现社区学院主要功能方面
做得更多。

7

学生服务

支持教育目标

学生服务活动补充并完善了教学过程，这些服务的诞生最初是由于学校要 209
规范学生活动，在学术方面，学院任命教师担任学生顾问和学生系主任的职位。正如欧班诺（O'Banion，1971）所说，“学生事务专员扮演着调节者和监管者的历史角色。因为校长需要他们帮助规范学生行为，所以学生专员的规模进一步扩大”（p. 8）。换言之，为了维护院校秩序，学校要对学生进行管理，因此学生专员不仅仅要指导学生选择合适的课程，而且也为招生、学生活动、学生会等活动打下基础。由于学校规模越来越大，如今的学生服务涉及招生咨询、新生培训、学生活动、学生健康、经济资助、学术支持、求职、转学以及一些补充服务，如交通、儿童保育以及针对特殊学生群体的服务。

这一理论的发展也使学生服务对学生发展起到了积极的支持作用。柯林斯（Collins，1967）在《初级学院学生人事计划评估与发展委员会的报告结果》
中写道：“学生相关的人事计划应是整个学校发展的中心、枢纽和核心。它提 210
供的这种结构促使初级学院将自己定位为以学生为中心。”（p. 13）最终，学生服务部门将越来越重视发展，而不是监管。

学生宿舍匮乏是社区学院和四年制院校之间的基本区别。尽管有两百多所公立社区学院有校内住房，但大部分都是小型的偏远学校，平均每所学校只有两百多张床位。大多数学院缺乏普遍的社区意识，尤其是在居住环境方面。其实在获取学位或证书之外，学生还会用其他方面受到的种种影响来指导人生方向。因此，社区学院的学生服务专员面临的主要挑战是通过咨询、学生活动、不断介绍学院情况与学生接触，让学生长时间与学校保持紧密联系，即使学生每周只花几个小时在学院学习，也能完成其学业目标。

　　本章从学生参与度的概述开始，介绍了学生服务的范围和重点。特别值得注意的是学校在招生和保留、咨询、专业领域（咨询进程、新生指导）、学生活动（如学生组织和留学）、经济资助、为特殊人群提供服务以及其他补充服务方面所作的努力。

学生参与度

　　学生事务是社区学院学生参与度的核心。长期以来，学生事务为学院发展作出了重要贡献。几十年来，研究证实了佩斯（Pace，1979）、阿斯廷（Astin，1977）和廷托（Tinto，1975）提出的学生参与度和学院影响力之间的关系。简而言之，无论学生学什么，都要投入时间和精力，学生在各个方面的发展取决于他们与学校交流的程度和质量。尽管博格勒姆和库巴拉（Borglum and Kubala，2000）报告称，学生的学术、社会融合和退学率之间没有相关性，但马拉希奥（Marashio，1999）强调学习型社区对学生参与度的影响，学生的努力（将"努力"定义为参加图书馆、课堂、美术、写作、科学活动以及与教师和同龄人的互动）是通识教育以及个人发展和社会发展中影响收益的关键预测因素。一般来说，相比四年制院校，社区学院学生更少地参与到学院活动中，但这一现象与大多数社区学院的非居民性质，以及占用学生时间的外部制约因素有关。

　　尽管如此，正如赫尔夫戈特（Helfgot，2005）所概述的那样，社区学院学生事务的核心价值观深深植根于学生发展和参与度的相关理论中。

　　·对所有学生负责（帮助培养学生的情感特质，而不仅仅是认知特质）；

　　·承认和欣赏个体差异（根据学生的不同背景和文化、学习风格、个性类型、能力、学业准备程度定制课程和服务）；

　　·致力于促进学生的发展、进步和学习（将学生支持纳入学术课程）；

　　·重视课外环境（课外活动也可以为学生的学习和发展提供机会）；

　　·提供入学机会。

　　最近，一项名为"全国学生参与度调查（National Survey of Student Engagement）"活动的开发人员评估了社区学院的学生参与度。诸如学术挑战、积极合作学习、丰富的大学经历和环境支持等教育实践都可以用来衡量参与度。学习成果无法直接衡量，而是通过学生的看法来评估学院的表现。调查问题涉及学生的时间管理，自我感知，与同龄人、教师和工作人员的交流，学生参与的活动类型以及学院对他们的支持程度。社区学院学生参与度调查

（Community College Survey of Student Engagement，CCSSE）特别关注学生的参与度、学生合作完成的课程、学生在课堂作业上花费的时间，以及学生在课堂内外与导师的沟通。例如，教职人员可以将学生的协作学习参与度和师生互动与国家基准进行比较。

CCSSE 通过扩大范围对 288 所学院的学生、教师进行了调查。调查发现，大多数入学学生都被要求参加分级考试，但只有不到一半的社区学院提供备考经验，其中只有13%是强制学生参加的。尽管几乎所有的学院都提供了学生发展课程，但只有15%的学院强制要求学生参加（CCSSE，2012）。CCSSE 也开始关注学院为鼓励学生课堂出勤所作出的努力。研究表明，课堂出勤率是预测学业成绩的最佳指标，但 2012 年的报告（CCSSE）显示，48%的社区学院学生缺勤率较高，26%的学生在第一学期的头三周内一节课都没上。近 20%的新生甚至不知道有什么新生辅导课程。

学生事务的范畴和机构

虽然学生服务一直围绕着学生发展和参与度的相关理论进行，但大家从未就其具体作用达成共识。比如帮助学生在学术、社会、情感和民事主体方面发展时，应该给予他们多少重视？学生服务应该在何种程度上帮助学生应对体制，进行注册和申请助学金？对于 40%年龄在 25 岁以上，且出勤率不稳定的学生，青少年发展的概念还适用吗？许多学生要养家糊口，没课的时候要做兼职或全职工作，学生服务人员如何帮助他们？这种角色之间存在的模糊问题尚未得到解决。因此，最好的学术建议是学生服务必须将所有学院职能联系起来，并与教师合作，以最大限度地发挥作用。

学生服务是一个独立的行政部门机构具有的职能，由学生事务副校长领导。机构人员包括学生注册、招生、助学金申请和招生的相关行政人员、辅导员、体育主管以及残障人士协调员和学生活动协调员。在他们的支持下，会开展一系列与诸如分级考试、咨询和学生权利与责任等相关的活动。

目前已经明确了学生服务的部分范畴。1989 年，社区学院创新联盟发布了一系列关于学生发展的概念，其中包括七个核心主题的 31 项指示（Doucette and Dayton，1989）。2012 年，马里科帕社区学院列出了 16 个类别，其中包括学术咨询、助学金、新生培训和退伍军人服务。学院需要补充行政服务来帮助学生，如今学生服务在整个学生生活中发挥着重要作用。

招生、新生指导和保留

　　理想情况下的招生、新生指导和保留策略是一个持续且统一的过程。学院由于要尽其所能为更多人服务，所以选择了扩招。20 世纪 70 年代末，人口高峰过后，随着 18 岁适龄人口的减少，扩招现象越来越明显，尤其是在高中毕业率下降的社区中，扩招尤为活跃。最近，随着高中毕业生人数的增加，学院招生职能变弱。一项针对招生负责人的调查报告称，他们不担心其他学校加大招生力度；他们的主要关注点在于招收更多生活在学院附近的学生，并为中低收入学生提供足够的经济资助（Green，2011）。

　　大多数社区学院都与周围的高中有联系，以方便学生从高中向大学过渡。其中学院所作出的努力包括给高中提供学院的信息；主持学术科目的考试，然后告知学生及其家长考试结果；展示学院设施以吸引高中生；通过宣传视频、在线宣传和外出等多渠道招生；为合格的学生开设大学预修课程；甚至在现场指导学生完成入学、注册和入职培训。学院想提前给学生提供他们早期可获得的服务和活动信息，以降低学生将来的辍学率。

　　巴特社区学院（加利福尼亚州）提供了社区学院与当地学区之间联系的例子。社区学院给 40 所当地高中的学生提供入学信息，并为他们提供入学机会。在萨克拉门托城市学院（加利福尼亚州），一个名为"RISE"（尊重、正直、自决和教育）的点对点招生计划，让社区学院学生对高中生进行提前指导。"RISE"计划中的学生也参与课堂辅导，帮助学生努力学习课程，如果学生缺课，就得联系他们。萨克拉门托也有一个名为"City Vets"的针对退伍军人的招生计划。还有一个计划旨在招收低收入的、父母没有接受过高等教育的美国学生。

　　过渡性的衔接课程是在学生进入大学前的夏季开始的，可能会持续一年。其目的是帮助学生发展学术技能，并通过建立同龄人之间的社交网络实现过渡。很多社区学院都设置了衔接课程：盖特威社区学院（亚利桑那州）有一个为期 5 周的课程，高中毕业生可获得 6 个学院学分；蒙哥马利学院（得克萨斯州）给未通过得克萨斯州知识和技能评估的学生提供为期 3 周的课程；卡皮欧拉尼社区学院（夏威夷州）提供为期 4 周的新生指导、技能学习和数学课程；皮马社区学院（亚利桑那州）给低收入学生提供大学预科课程。自 1998 年起，阿拉斯加州、夏威夷州和华盛顿州的院校合作推出了本土科学和工程课程。

215

几年来，美国国家科学基金会一直通过支持"科学、技术、工程和数学（STEM）人才扩展计划"，增加在这些领域中主修和获得学位的学生数量。社区学院的课程以夏季衔接课程为起点，并根据第一年的情况修订接下来几年的课程计划。柯克伍德社区学院（艾奥瓦州）支持学生从高中过渡到两年制学院和四年制学院。海龟山社区学院（北达科他州）给当地参加 STEM 大学课程的原住民学生发放津贴。216

广义上的新生指导课程指为学生提供教育需求和服务。新生指导有几种很受欢迎的形式，比如夏季时为学生提供新生指导、开学时提供一到两天的新生指导、贯穿整个学期的学生发展课程以及针对特殊学生群体的研讨会。新生指导可为学生提供讲习班和各种类型的兴趣课程，包括提供注册流程、针对学校进行座谈、提供学生服务和资源、就学生的优点和缺点提出建议、让学生参加学院领导的小组活动和参观校园。

广义的新生指导课程的缺点是，如果非强制要求，相当大比例的学生不会参与其中。如果这是入学要求之一，那么就可能会减少入学人数。因此对那些以全日制同等学力学生（FTSE）为基础提供政府生均拨款的学校来说，人数的减少意味着处罚，即便对于最终的毕业率有着积极的影响。

综合新生指导课程开始盛行起来。布朗克斯社区学院（纽约州）、查菲社区学院（加利福尼亚州）和波特兰社区学院（俄勒冈州）提供为期一学期的课程，帮助学生制订教育计划、设定职业目标、实施时间管理和学习技能、参与辅导，以及了解如何使用校园导航和图书馆等资源（Purnell and Blank，2004）。瓦伦西亚社区学院（佛罗里达州）"学生发展"这一课程有 3 个学分，完成这门课程的学生保留率提高了 6.8%。圣莫尼卡学院（加利福尼亚州）的学生发展课程包括持续的新生指导、发展性和指导性建议、共同课程经验、同辈支持和辅导，所有这些都由教学和咨询部门成员共同主持（Tovar and Simon，2003）。布里瓦德社区学院（佛罗里达州）创建的第一年的新生经验课程，包括指导性建议、教育规划和职业指导、分组或一对一提供咨询服务以及帮助学生明确目标和确定专业。所有第一次上大学，并在布里瓦德社区学院注册一门或多门发展课程的学生都被分配了一名学生服务导师。该导师为学生提供额外的指导，帮助学生联系辅导课程并提供其他服务（CCSSE，2006）。217

在线新生指导是一项创新课程，它是由几十年前流行的流程建议小册子发展而来的。圣安东尼奥山学院（加利福尼亚州）展示了一个互动的新生指导。学生们通过一页一页地浏览相关的校园信息，了解入学考试的组成部分，并在四个模块的末尾进行简短的评估测试。在线指导也包括学院的全职教职工进行的在线咨询。通过这种方式，学生体验入学流程中要求的咨询部分，从而熟悉未来将体验的服务。无论是在线培训还是面对面指导，只要计划得当，而且持续一个学期，就可以大大提高学生的满意度，并且通过更好地利用学生支持服务，可以提高有辍学风险的学生的留存率。

咨询和建议

早期，提供咨询和建议一直都是学生服务的核心。咨询中心最初是为了帮助学生"找到并有效利用他们所需要的信息、技能、洞察力和理解力，以便在大学里取得成功，其次在生活中取得成功"（Helfgot，1995，p.49）。学生进入社区学院，然后再就业或进入其他学校，并通过各种咨询和其他非课堂活动接受个性化教学，例如学习技能课程、辅导等形式的学术支持和指导，这些是必不可少的。

咨询形式多种多样，其中包括学术规划和教育规划；个人生活技能和心理健康咨询以及其他可能妨碍学生学业进步的问题；转学和职业咨询；指导、小组会议和朋辈咨询；通过学习技能课程、研讨会和工作直接获得学术支持；在线服务。而咨询师和全日制同等学力学生的比例为 1∶1 000（MDRC，2010）。在加利福尼亚州，这一比例甚至更高。2012 年，圣地亚哥社区学院的这一比例为 1∶1 700，帕萨迪纳城市学院为 1∶1 647。很多学生没有机会，或者最多只有 5 到 10 分钟的时间可以和咨询师交谈。团体咨询和在线咨询正在发展，但是对个人的关注较少。

作为学生发展的一个关键因素，咨询服务应帮助学生设定目标、进行个性和技能评估，同时始终关注学生的个人目标和兴趣。这种治愈性的观点表明，教育人们最好的方法就是整合他们的目标和功能：认知、情感和心理运动。认为学生是自己教育成长和过程中积极和负责任的参与者，在帮助和支持下，他们将作出影响他们生活的决定，并处理所带来的结果。对学生服务效果的评估有时是基于这种整体发展模式的。而学生对采用了基于心理结构的测量方法也较为满意。后续研究表明，大多数学生都重视他们的大学经历，因为大学经历可以帮助学生进行自我理解，开展进一步学习和社会互动，接受工作技能培训。然而，如果有一所学校有一半的大学生只完成了一个学期的学习，随即就辍学了，那么这些帮助人格养成、道德发展的学生服务很难维持下去。

40 年前，布里克质疑心理咨询是"一种由教育机构执行的教育职能，还是……由公共健康机构执行的公共健康职能"（Brick，1972，p.677）。学生可能会在咨询师面前暴露一些自己的个人问题，如压力和焦虑、抑郁、自杀、家庭暴力、滥用药物、饮食失调、种族主义、偏见和其他社会边缘化问题。然而，尽管有严重心理健康问题的学生可能会被转诊到校外服务机构，但学院无法强制学生听从学校的建议，因此学院大多数工作人员都是心理咨询中心的有执照的心理学家，他们的职责远远超出了心理健康咨询。

学术指导的目的是给申请人安排最适合他们的目标的课程，帮助学生认识到自己的学术优势和局限性。一些学院采取积极措施，跟进学生的学业进展，使这些学生与学院还保持联系。哈泽德社区技术学院（肯塔基州）采用了一种早期预警系统，在该系统中，如果学生在学业或其他方面遇到困难，可由相关工作人员通过电话或邮件与他们联系（Purnell and Blank，2004）。

不管这些理念如何支撑着他们的努力，学术咨询师需要引导学生选择最符合他们能力的课程并让学生实现自己的目标。许多学生想朝一个方向前进，但看起来另一个方向是更好的选择。该群体的特征是"飘忽不定的梦想家"或 220 "抱负错位的学生"（Schneider and Stevenson，1999，p.7）。游说模式旨在改变这些学生的方向。咨询师经常与学生见面，修改注册课程，检查学习进度、授权评估、提供入学测试、新生指导和学生发展课程。纽约的新社区学院推行了一种称为 ASAP（加速相关课程学习）的方法；让学生参加密集的全日制课程，获得财务支持，并与咨询师频繁互动，以确保学生没有偏离轨道。该做法"基本上拒绝让学生失败"（Geigerich，2012，p.4）。自赞恩州立学院（俄亥俄州）实施类似模式以来，保留率上升了6%（CCSSE，2012）。

转学咨询通过满足学生的副学士学位要求以及在必要时转学至四年制院校来帮助学生。转学咨询师可开展信息会议，安排学生实地考察四年制大学校园，并提供新生指导，帮助学生从社区学院的环境和文化过渡到四年制大学。大多数咨询师都非常熟悉该地区主要大学和学院的转学要求，许多社区学院都建立了不同的转学中心。

职业咨询帮助学生选择符合其目标的课程。许多学生上大学仅仅是为了提高工作能力。无论上大学是可帮助学生获得工作技能，还是可获得某一领域的学位或证书。在这两种情况下，职业成果对他们来说都是很重要的。然而，考尔斯（Cowles，2002）发现，咨询师将大部分时间都花在了学术和转学咨询上，其次是个人咨询，职业咨询排在第三位。

其他的专业咨询方法包括团体咨询、指导、朋辈咨询和辅导。在某些情况 221 下，团体咨询服务可满足并解决特殊需求和问题，如饮食失调、虐待、养育子女和酗酒。指导需要咨询师、行政人员、教师、教练、社区领导和校友参与，他们与学生一起工作，以日常方式指导学生处理个人和职业问题。导师通常与有相似兴趣或背景的学生相匹配，并考虑到学生的个人经验，以最好的指导贯穿他们的教育和发展过程。朋辈咨询通常是学生对学生的个人指导、学术指导和职业指导，所有这些都体现了招生职能和留校职能。在大多数情况下，朋辈咨询的学生服务专员会在特定专业领域（如社会、学术或心理健康支持）接受培训。

近年来，为了缓解学生服务专员的短缺问题，开始实施**线上服务**。其为咨询师和学生提供了一系列便利条件，如方便咨询、咨询速度快、舒适度高。在俄亥俄州的洛伦县的社区学院，笔名为卡罗尔阿姨的咨询师通过电子邮件回答学生的问题，提供在线咨询。这种方式可让咨询师通过学院网站指导学生。如果学生的担忧过于复杂、性质过于敏感，或提出了道德和保密方面的担忧，咨询师可接受学生预约。

特殊群体服务

学生事务专员的工作很复杂，现如今他们所面临的挑战就是了解各种学生文化。多元文化咨询需要考虑不同的学生背景并想办法帮助他们。另一项任务是满足学生的心理健康需求，因为许多学生入校时有严重的医疗、心理和社会问题。这些问题甚至是许多正常工作者都没有经历过的高度压力和焦虑。为了应对最近发生的校园暴力事件，大多数学院都增加了心理健康咨询，并提供心理健康专家和自杀预防资源。

留住一些未被充分代表的学生群体，已经成为一项特殊服务，如扩展机会计划和服务（EOPS）课程（加利福尼亚州）；针对残障学生和社会经济地位较低的学生的 TRIO 学生支持服务课程（国家）；针对美国哪些父母未接受本科教育的低收入教育弱势学生的"勤工助学"社区学院计划（加利福尼亚州）；提升非传统学生就业能力的项目（俄亥俄州）；针对拉丁美洲学生的 Puente 计划（加利福尼亚州）。这些课程鼓励学生充分利用其享有的服务，包括注册协助、多个咨询课程、辅导、儿童保育以及朋辈咨询。

一些学院专门为不同兴趣和群体设立了中心。圣莫尼卡学院咨询部提供了19 种不同的服务。因为这样，学院通过为特定群体设置"专门保留服务"，使他们能获得和主流学生相一致的服务从而完成学业，而不是像某些院校一样提供一些"小型精品"课程（Jenkins，2006，p. 4）。

自州和联邦法律规定大学对残障学生人群开放后，所有学院都为有移动障碍的学生提供了入学机会。其中最常见的障碍类型是学习障碍，占 31%。大多数学院都会为该类型学生提供服务（NCES，2011c）。同样，大多数学院也为视力或听力受损的学生和患有抑郁症、精神疾病或多动症的学生提供帮助。提供的服务包括自适应设备、课堂记录员、口译员、导师、备选考试、入学协助和课程替换。根据 2000 年的美国高校学生资助研究，12% 的社区学院为残障大学生提供另一种考试形式，这是最为普遍的服务，紧随其后的是辅导服务。最近的一项创新型服务就是专门为这些学生设计在线课程。在圣彼得堡学院（佛罗里达州），创新型服务的重点是通过减少网页窗口的数量，使用简单的语言和限制网页辅以视频和字幕，以此简化在线课程的演示（Boulard，2007）。2002—2003 年，在密歇根州的社区学院获得学位或证书的学生中，12% 是残障学生。

223

学生活动

　　社区学院的学生活动课程很难普及，因为大多数学生都有校外工作，很少有学生居住在校内，而许多高中学生会干部会选择上大学。虽然让学生参加定期的课外活动并不容易，但自从学校组织学生俱乐部和体育活动以来，各种类型的课外活动得以开展。伊尔斯（Eells，1931）列举了 20 世纪 20 年代，初级学院的众多学生活动，特别提到了帕萨迪纳初级学院（加利福尼亚州）。该学院有 70 个活跃的俱乐部。其中最受欢迎的是体育俱乐部，随后是文学团体、音乐活动以及宗教和社会道德组织。如今，帕萨迪纳初级学院仍有 70 多个俱乐部，但这些俱乐部的类型已经有所改变，多面向身份认同团体，如墨西哥裔或男同性恋、女同性恋、双性恋和变性学生。其他活动还包括社区服务、参与环境问题、学生会和学生出版以及各种校园赞助活动，如演讲者、音乐家、戏剧和音乐剧表演者、舞蹈演员和其他表演者。在其他方面，还有像电影放映、游戏与电玩、领导力规划和法律咨询服务这样的文化和政治活动。这些活动通常由学生活动经费提供资金。

224

　　学生课外活动的参与度较低，这一点体现在社区学院学生的积极性上。针对以文化或少数族裔为导向的学生群体，学院需要雇用更多的少数族裔教师或在课程中更多地关注少数族裔问题。但在大多数情况下，这种行动主义尚未对大学造成很大影响。社区学院行动主义通常是指学生试图摆脱那些限制其行为的规定。学生报刊经常陷入困境，尤其是编辑或作者通过印刷挑衅的文章、故事或诗歌来碰触学校底线。因此，学院指导学生行为的权利与《第一修正案》有关新闻自由的规定相冲突，有时学生会用这些案例来说明学校以管理儿童的方式对待他们。

学生会的功能众多。它可以为学生提供领导力培训课程，举办团队动力和沟通技巧研讨会；让学生参与教师委员会的投票；给学生会分配职责；让教师成为学生组织的咨询师；给学生服务规划部门分配资金；以学生会为代表就有关问题投票表决学生意见。它还协调学生参与社区服务和学生俱乐部活动。

作为一种吸引学生的方式，一些评论人员呼吁以学术部门为中心开展学生活动。在伊利诺伊州的哈珀学院，学生活动的管理者与学生一起组成调研小组，调查学生对校园活动的兴趣，但他们组织活动的主要方法不是基于学生的兴趣，而是基于提高学生出勤率的需要。这是通过协调教师活动，给参加活动的学生提供额外学分来实现的。在哈珀学院，尽管学生们会自己组建活动，但受教师支持的活动，出勤率通常会更高。

体育活动的种类很多。一些学院的校际运动队会为感兴趣的学生提供校内运动和以体育活动为中心的课程。组建众多俱乐部和特色团体使学生参加徒步旅行、骑行、潜水、背包旅行和慢跑等课程。随着各年龄阶段的人对身体健康的关注不断加强，面向工作人员和学生的运动班也随之兴起。有氧舞蹈、瑜伽、游泳和举重已经流行起来。不过，一般来说，学生参与的比例很小。

越来越多的社区学院正在为学生提供**领导力课程**。这一趋势在四年制大学中也在不断增长。桑迪（Sandeen）表示，"学生领导力发展研讨会、价值观发展研讨会和提高学术诚信和荣誉准则的课程成为近年来最有前景的学生/学术合作事务"（2004，p.32）。学生干部对自己的能力、领导技能更有自信，也更愿意担任领导职务。哈珀学院的卓越领导力课程就是一个案例。它基于领导力的社会变革模式（Astin and Astin，1995），每月开展团队建设、多样性和冲突管理以及服务型学习等主题的研讨会。哈珀学院自豪地说，许多学生组织参加了课程和研讨会，事实上，这一现象说明如果学生活动在学术、服务和职业活动之间建立起支持网，那么就是成功的。

出国留学是另一项课外活动，往往因为负担得起的学生太少而未受重视。然而，许多社区学院提供的课程比大多数四年制学校提供的传统学期制或一年制课程时间更短、更便宜、更灵活。布鲁克代尔社区学院（新泽西州）是国际研究学院联盟的一员。该校提供短期课程，例如在厄瓜多尔留学五周，学习西班牙语和厄瓜多尔历史。有时职业计划也是出国学习的一个机会，比如护理。霍华德社区学院（马里兰州）的学生可以从工作人员和其他捐助者的捐资中获得海外学习的资金。曼哈顿社区学院（纽约州）的学生活动费可抵消学生出国留学费用的60%（曼哈顿社区学院，2012）。和四年制大学的同龄人一样，社区学院学生也可以向联邦政府寻求资金。

2009—2010年，大约有8000名社区学院学生出国留学。在每年出国留学的美国大学生中，这一比例占3%。尽管许多社区学院都在推广出国留学课程，但由于学生出勤率较低（无论是由于缺乏兴趣，还是由于资金或儿童保育冲突导致的无法入学），直接取消这些课程的现象并不罕见。杜佩奇学院（伊利诺伊州）的目标是通过举办信息活动，减少学生及其父母对出国留学的误解，并通过提供为期两到三周的简短课程，让学生有机会出国留学。学院还设有教师委员会，为有兴趣出国留学的学生筹集资金。

助学金

227

　　联邦对学生的授予助学金始于1944年的《退伍军人权利法案》（*GI Bill*）。1958年《国防教育法》颁布后，助学金资助范围随之扩大，但社区学院在寻求资金方面进展缓慢。直到1972年《基本教育机会补助》（现称为佩尔助学金）计划的通过，大多数社区学院才组织了助学金办公室。起步缓慢的一个原因是人们错误地认为，社区学院教育成本相对较低，学生不需要助学金。然而，学生们必须承担生活和课程开销，而且由于上学，他们放弃了原本可以挣钱的工作。此外，由于社区学院学生通常来自低收入群体，即使就读学院的成本较低，他们的消费需求也很大。到20世纪80年代，大多数社区学院的助学金办公室可直接给有需求的学生发放助学金和贷款。在20世纪90年代，随着获得州级助学金的速度比获得联邦资金的速度更快，因此学生援助急剧增加。

　　目前，学生资助是整个高等教育中一个突出的特点，它影响着学生在最初入学和继续入学方面的决策。联邦和州通过佩尔助学金、补充教育机会助学金、有担保的学生贷款、勤工俭学助学金和州级学生激励助学金等来筹集资金。在此仅列举其中一些项目，这些项目对提高入学人数有明显的影响。助学金是社区学院体系的一部分，当加利福尼亚州立法机关要求社区学院学生每年支付100美元的费用时，它在同一法案中提供了5 250万美元作为助学金（加利福尼亚州州立高等教育委员会，1984）。

　　尽管如此，由于学费相对较低，对非全日制和非学位生的各种援助计划受到限制，社区学院学生没有得到相应比例的助学金。从20世纪70年代中期到80年代中期，社区学院录取了25%以上的全日制学生和更高比例的非全日制学生，但其学生获得的联邦奖学金和助学金仅占总额的16%。各州之间的这一比例差异很大，这取决于各州社区学院的入学率和相对收费水平。在亚利桑那州、佛罗里达州、密西西比州和俄勒冈州的社区学院学生获得了所在州25%的高等教育奖学金，而在缅因州、新罕布什尔州和路易斯安那州这些入学率较低

228

的社区学院中，学生只获得总数的 5%。尽管马里兰州的社区学院学生获得的资助占该州大学生资助总额的 21%，伊利诺伊州的社区学院学生获得的资助占该州资助总额的 17%，得克萨斯州的社区学院学生获得的资助占该州资助总额的 13%，然而，与这三个州的社区学院入学率相比，学生获资助占比很低。

美国 65% 的全日制学生接受了资助，其中 49% 的学生受联邦资助，25% 受州政府资助，18% 受学校资助，18% 受其他资助。有 45% 的非全日制学生接受了资助，其中 25% 的学生受联邦政府资助，10% 受州政府资助，10% 受学校资助，17% 受其他资助。截至 2013 年，有 3 个州（加利福尼亚州、新墨西哥州和得克萨斯州）的非法居留学生也可获得助学金，还有 13 个州给予这些学生州内学费优惠。

2010 年，政府取消了联邦担保的学生贷款计划，而是直接向学生发放贷款。这些直接补贴贷款的利率相对较低，且国会会定期调整其最大限额。然而，学生可去寻找其他的私人贷款，其浮动利率（如信用卡）高达 20%。他们可以借银行能提供的那么多钱。自 2005 年以来，联邦法律禁止学生以破产作为偿还贷款债务的方式，但是收入偿还计划可为贫困生提供一些救济。

多州试图增加资金，使助学金程序更具可操作性。2001 年，康涅狄格州的社区学院体系集中提供助学金服务。到 2007 年，接受助学金的学生比例从 20% 增加到 42%。康涅狄格州的社区学院援助申请也增加了 64%，佩尔助学金获得者增加了 63%，少数族裔的入学人数也增加了 21%（Prince，2006）。新泽西州的助学金也有所增加。自 2004 年以来，第二章所述的 NJ Stars 计划已经向该州的优秀社区学院学生提供了大约 1 300 万美元的奖学金（Nespoli，2010），并且给低收入非全日制学生提供超过 1 000 万美元的学费援助（Maliszewski, Crabill, and Nespoli, 2013）。

资金和效能

社区学院扩大了面向成人学生（将"成人学生"定义为每周至少工作 25 小时或有一个及多个抚养对象的学生）的服务。儿童保育服务更为广泛，办公室面向各种残障学生开放。就业安置服务也一直是社区学院的特色之一，随着寻求就业的学生比例提高，就业服务也在增加。学生入学服务也得到了发展，以帮助学生适应入学考试。

在社区学院的历史上，20 世纪 80 年代首次出现了用"软钱"资助学生服务的情况，"软钱"是指以帮助特定类型的学生为目标的校外资金。在其他情况下，职业教育法基金、资金法案第三章、EOP&S 基金，以及各种州和联邦项目被用来支持残障学生和其他特殊类别的学生。虽然学生事务管理部门可能是由直线人员管理结构组成的，但下属部门可能会扩大或缩小可用资金来支持他们。2013 年，营利性机构奎德学习开始在多所学院通过在线和面对面服务为更多学生提供咨询和辅导（Lederman，2013a）。申请这个课程并被录取的学生，其支付的费用要比正常学费高出 50%。

　　学生服务的效能一直是一个长期的问题。定期评估学生的入学和平时成绩，州政策的制定者和地方学院的领导在制定政策和预算分配时可能会考虑这些变量。但对于学生服务来说，评估在很大程度上取决于学生对服务某一方面效能的看法。霍华德社区学院（马里兰州）的学生对所有的服务都给予了很高的评价。但是，当这些评价与学生参与或使用服务的程度相结合时，只有学术建议得到了很高的评价，满意率为 97%，而其他所有学生服务评价都跌至50% 以下。在美国全国范围内，43% 的学生表示教师是他们最好的学术建议来源，26% 的学生表示朋友、家人和同学是其学术建议来源。参加发展课程的学生比其他学生更能发现这些服务的重要性（CCSSE，2006，pp. 17-18）。

　　针对学生服务的评估往往没有进行很好的构思。评估人员通常试图评估所有学生服务内容：新生指导、咨询、经济资助、学生活动、考试等，涵盖了所有不同形式的服务、目的和基础概念。"所有这些服务都达到了你的期望吗？"问学生这样的问题是没用的，因为大多数服务学生都从未参与过。比如，研究发现有一半的辍学者从来没有见过他们的辅导员。[231]

　　最近社区学院开展了一些更为复杂的评估，尤其是确定学生的保留率和成绩是如何受到影响的。评估是按每项服务或对服务分组进行的。研究发现，为了促进学生的发展，开展诸如新生指导、咨询、预警系统和学术支持等服务需要与校园内的其他部门和项目进行协调（Jenkins，2006）。大多数有关新生指导和建议的研究表明，新生指导率、保留率与毕业率之间，以及辅导员与学生的接触同提高保留率和毕业率之间存在正相关关系。圣菲利普斯学院（得克萨斯州）有七个院系设立了全职辅导员。两年半后，学院授予的副学士学位或证书数量增加了 68%。在俄亥俄州的辛克莱社区学院，辅导员推行了个人学习计划（ILP），帮助新生选择职业并计划支付教育费用。研究发现，2003 年至 2005 年期间，与非 ILP 学生相比，ILP 学生的保留率更高。此外，学生报告称，ILP 帮助他们克服了障碍（CCSSE，2006，p. 19）。一般来说，学生使用服务越多，他们就越得到发展，这一发现证实了一句格言，即研究通常是一种为我们已知的东西提供可信度的方式。

　　从整体上看，高校的学生服务发展速度快于教学活动，但各种服务呈现出不同的模式。在 20 世纪 70 年代初，由于学生可凭自己的意愿选择课程且非全日制学生人数增加，咨询和指导服务有所减少，但在 20 世纪 80 年代，由于预算紧张迫使学院精简了指导学生的程序，故咨询和指导服务反而增加了。招生和学生留存也成为学生事务专员的突出关注点，他们逐渐采用了理论家所提出的概念，而不是以全日制住校学生为模型开展工作。如何让这些项目适用于那些每次只在学校待一两个小时的学生，这让学生活动的支持者感到难度很大。

综合课程是让学生从大学预科发展到毕业最有效的链接学生体验的方法。如果招生、留存、新生指导、转学或就业安置不是作为独立活动来组织的，而是作为整个学生服务过程的一部分，那么这些活动就是有效的。而将它们和强制性的指导课程和建设一同概念化，它们的效能将最大化。

问　题

社区学院领导面临的挑战是要在所有服务之间保持平衡，并使它们与正式的教学计划相协调，但是教育哲学的问题却围绕着学生服务工作。学院对学生的生活负有多大的责任？一所致力于大众教育的学校怎样才能达到个性化呢？

尽管由于院校使命的不同导致部门之间的对比不稳定，社区学院学生是否应获得与大学学生同样多的经济资助，这一问题尚未得到解决，非法居留学生享有援助资格的问题同样也没有解决。

当学院领导面临学生评估和分班的挑战时，他们还会继续接受那些仅凭个人兴趣只上一两门课程的学生吗？

学生服务的大部分资金是通过资助特殊学生群体获得的。这种"软钱"很难建立持续援助，然而学生服务仍然很少像教学课程一样被视为可获得的永久性资助。这类资助能建立起来吗？

这些问题的答案将决定社区学院未来学生服务的走向。与其他相关学院提供的服务类型的问题一样，答案取决于活动倡导者的精力和政治技能。总而言之，这就是为什么在美国各地的社区学院，学生服务都各不相同。

8

发展教育
提高功能性读写能力和基本技能

没有什么比低效的学校教育更容易遭受谴责了。一位美国教育观察员指出：

教育和智力的传播目前正在妨碍高等教育和智力的自由发展，这个说法似乎是矛盾的。许多人曾经希望，现在仍然希望，通过向大量的人传授部分知识，可以激励他们中最优秀的头脑，唤醒对知识的渴望，从而达到教育的高效；但迄今为止，教育实践从来没有达到预期效果。"大笔开支……致力于教育目的的实现……但是，校园里基于死记硬背的竞争制度并没有产生足以令人喝彩的教育成效。"（Parkman，1869，p.560）

美国历史学家弗朗西斯·帕克曼（Francis Parkman）于1869年写下的上面这段评论在无数后人心中产生了共鸣。帕克曼发表评论一百年后，美国诗人和批评家约翰·斯亚迪（John Ciardi）抱怨说："美国的学校体系导致了低水平教育的普遍性。"（1971，p.48）小说家沃克·珀西（Walker Percy）提出了毁灭性的批评："我们的文明是历史上唯一将平庸视为国家理想的文明。"（1980，p.177）

对低效的学校教育进行批评的书籍不断涌现。赫希（Hirsch）在他的畅销书开篇就表明"现代社会要求的读写标准在发达国家不断提高，但美国人的读写水平还没有达到这一标准"（1987，p.1）。哈曼（Harman）在研究文盲的文章中阐述"越来越多的美国主流社会工作人员要么完全是文盲，要么根本没有达到其工作岗位或社会地位所要求的读写水平"（1987，p.1）。

传统观念认为美国人的读写水平下降了，但是下降了多少？用什么来衡量？当然，大学过去与现在都一直深入参与发展教育研究，但付出了什么样的代价？最终结果如何？本章探讨了学生进入大学以下水平课程碰到的几个难题，特别是在设定标准与定义以及评估课程结果方面的困难。此外，还列举了高校改善实践的案例。

功能性读写能力下降

彻底谴责是一回事，提供准确数据则是另一回事。几十年来关于美国人的读写水平数据很难汇编，尽管一百多年里美国人口普查局统计了完成教育的人口数据，但代际比较不够精确，因为美国历史上不同时期上学人口比例不同，且美国从无统一的教育评估体系。而且，人们对功能性读写能力的重要性、读写水平下降以及对此应采取措施的必要性的理解又千差万别。

237　　1994 年 3 月 31 日，克林顿总统签署了《2000 年目标：美国教育法案》，国家八个教育目标被纳入法律。目标之一是每个成年人都要能读写，拥有工作竞争与履行公民义务所需的知识和技能。尽管该法案现已被取代，但它强调的教育标准、教育规范以及对所有年龄段的功能性读写能力进行测量的观念均保留下来，并被纳入当代问责制之中。随后的联邦立法强调定期对学生进行测试，以之鼓励那些学生成绩低于标准成绩的学校进行改进。

关注阅读能力，这对于那些在大学入学的国家标准考试中评判学生成绩的教育工作者来说并不奇怪。现有证据表明，20 世纪初至 20 世纪 50 年代中期，中小学和大学生的学业成绩逐渐提高，20 世纪 50 年代中期至 60 年代中期，学生学业成绩加速提高，之后到 70 年代末，学业成绩普遍急剧下降，80 年代初趋于稳定。由美国大学理事会组织的美国学业能力倾向测验（SAT）显示，高中毕业生的数学能力测试成绩 1952 年为 494 分，1963 年上升到 502 分，1980 年下降到 492 分，但到 2012 年又上升到 514 分。语言能力 1952 年为 476 分，1966 年上升到 543 分，1980 年下降到 502 分，之后多年保持稳定，但 2012 年却跌至 496 分（大学理事会，2012 年；见表 8.1）。

1995 年至 2010 年参加美国大学入学考试（ACT）的学生分数显示出类似的特点（表 8.2）。在那几年，学生的阅读和科学成绩稳定，英语成绩略有提高，数学成绩则表现出更大程度的提高。2008 年，综合指数升至 21.1，并一直保持到 2012 年。20 世纪 70 年代学生学业成绩下降，随后稳定下来，这一点经国家教育进展评估（National Assessment of Educational Progress，NAEP）针

对 17 岁学生的学业成绩研究而得到证实。在 20 世纪 80 年代初触底后,学生
的数学成绩提高了,因此 2008 年的平均成绩略高于 1973 年的。同一时期,学
生的阅读成绩在 20 世纪 80 年代有所提高,但此后又回落到 1975 年的水平。 238

　　没有人敢肯定地说,是哪个社会或教育环境导致了学生学业能力的下降,
这种下降显然始于 20 世纪 60 年代中期,并在 20 世纪 70 年代提高,然后趋于
平稳。可以说,这种现象是众多因素共同作用的结果:第一代观看电视长大的
人出现;对于权威与职业的失望;普遍认为书面语不如以前重要;对公立学校 239
抱有除学术以外的各种期望;母语非英语的学生数量增加;各级学校的学业要
求和期望下降。当前这一代人花在发短信或社交媒体网站上的时间对于学生学
业能力的提高没有任何帮助。

表 8.1　1975—2012 年上大学的高中生的 SAT 测验成绩

年度	批判性阅读(分)	数学(分)	写作(分)
1975	512	498	—
1980	502	492	—
1985	509	500	—
1990	500	501	—
1995	504	506	—
2000	505	514	—
2005	508	520	497 *
2010	500	515	491
2012	496	514	488

＊写作部分成绩从 2006 年开始统计。
来源:大学理事会,2012 年。

表 8.2　1995—2010 年高中生的 ACT 测验成绩

	1995	2000	2005	2010
作文	20.8	21.0	20.9	21.0
英语	20.2	20.5	20.4	20.5
数学	20.2	20.7	20.7	21.0
阅读	21.3	21.4	21.3	21.3
科学	21.0	21.0	20.9	20.9

来源:国家教育统计中心(NCES),《文摘》,2011。

　　家庭收入与学生 SAT 分数之间的关系表明了教育效果和可选择的教育机会之间的关联。根据大学理事会（2012 年）的数据，参加美国学业能力倾向测验的 160 多万高中毕业生的得分与其家庭收入呈直线正相关。家庭收入超过 10 万美元的学生平均阅读成绩 540 分，数学 555 分，写作 533 分；家庭收入低于 2 万美元的学生平均阅读成绩 434 分，数学 460 分，写作 429 分。因为来自低收入家庭的学生更有可能进入社区学院学习，而不是去本科大学学习，这些数字对解释大学学生群体的模式很有帮助。

学校要求

　　在所有列出的影响学生功能性读写能力的因素中，学术要求是学校唯一有权直接改变的因素。学校教育的几个前提，例如，学生倾向于学习教师传授的东西，花在完成这项学习任务上的时间越多，学得越多，他们也愿意参加并完成这项课业所要求的课程。因此，当期望值、学术要求和在校时间降低或减少时，不管怎样衡量，学生的成绩似乎也一定会下降。教育考试服务中心（Educational Testing Service，ETS）在其 1978 年的报告《关注写作》中指出："问题的关键在于，写作是一项复杂的技能，只有经过漫长而艰苦的努力才能掌握。这需要参与性的努力，而不是作为旁观者。大多数中学生没有足够的实践来掌握应有的写作技能。"（p. 4）在 20 世纪 60 年代和 70 年代，学校对写作的重视程度较低，甚至在写作课上，比起文法和其他写作，创造性的表达被认为是更高层次的内容。

　　科佩尔曼（Copperman）于 1978 年再次提到中学课程中令人沮丧的数据变化。具体来说，从 1960 年到 1972 年，9 年级到 12 年级的学生参加学业课程的比例下降了。英语课上课率从 95% 下降到 71%。社会研究学、科学和数学课的上课率也呈一定比例下降。换句话说，1960 年高中毕业生平均每人学四年英语，而 1972 年的毕业生平均只学三年。英语课程也从必修课程转变为选修课程，内容涵括创意写作、新闻、公共演讲、古典文学、科幻小说、高级民俗学、写作、大众传媒、诗歌和许多其他课程。学生少上了科学、数学、英语和历史课，而且在学术课程上，分配给他们的作业数量和作业标准也在下降。

　　20 世纪 80 年代，学校改革转向了卓越教育和成果评估。1983 年，美国国家促进卓越教育委员会出版了《处于危险中的国家》（Gardner and others），强调教育对国民福祉的重要性。报告建议各州采用新基础课程，面向希望进入大学学习的高中生开设四年英语，三年数学、科学和社会研究，半年计算机科学以及两年的外语课程。拉维奇（Ravitch）指出："到 1983 年底，一项全国性的调查发现，46 个州最近要么已经提高了毕业要求，要么正在商议中。"（1985，p. 67）

之后，高中课程选课情况发生了显著变化。1982 年至 2009 年，中学生卡耐基平均学分从 21.58 上升到 27.15（见表 8.3）。

241

表 8.3 公立高中毕业生各学科领域卡耐基平均学分

	1982	1994	2000	2009
卡耐基总单位	21.58	24.17	26.15	27.15
英语	3.93	4.29	4.26	4.37
社会研究	3.16	3.55	3.89	4.19
数学	2.63	3.33	3.62	3.91
科学	2.20	3.04	3.20	3.47
外语	0.99	1.71	2.01	2.21

来源：NCES，《文摘》，2011。

所有课程领域都有所增长，其中数学、科学和外语的增长最为显著。2009 年 70% 的学生学习了化学，而 1982 年仅为 32%；1982 年只有 47% 的学生选择几何，而 2009 年上升到 88%；1982 年 11% 的学生选择学习生物、化学和物理，而 2009 年该比例上升到 30%。总的来说，高中课程恢复到了 20 世纪 50 年代的水平。强化要求的效果是减少了高中职业课程（簿记、打字、购物）的数量，增加了毕业生应修课程的数量。

总的来说，20 世纪 90 年代和 21 世纪初，升入大学学习的学生选修了更多的学术基础课程，学术能力也开始提高。事实上，高中毕业生的平均成绩从 1992 年的 2.68 分上升到了 2005 年的 2.98 分（Landsberg，2007）。学生考试也有所增加，超过三分之一的州要求进行高中毕业生最低能力考试。但是，正如 SAT、ACT 和 NAEP 的测验成绩所显示的那样，总体而言，功能性读写能力的提高是缓慢的，如果有的话。

美国教育考试服务中心最近的一份报告显示，尽管上一代人进行了各种学校改革，但结果几乎没有什么变化。1969 年的高中生毕业率（不包括 GED）为 77%，1995 年下降到 70%，2009 年又回升到 75%，这导致美国高中生毕业率落后于经济合作与发展组织（Organization for Economic Cooperation and Development，OECD）列出的 26 个国家中的 21 个。值得注意的是，在同一时期，美国公立中小学每个学生的总开支（按 2009—2010 年的固定美元计算）

242

翻了一番以上，师生比（班级规模）下降了一半，拥有至少一个硕士学位的教师比例增加了一倍。2011 年，ACT 考试显示，那些在高中阶段曾接受过核心课程学习的高中毕业生，经过四年的英语学习，三年的数学、科学和社会研究学习，他们中有四分之一的学生这四个科目都达到了美国大学录取标准，有28%的学生没有达到任何标准（ACT，2011）。毕业生中只有一半以上达到了阅读标准，比起 1999 年 55%的峰值有所下降；2011 年，只有 45%的毕业生达到了数学标准。这个问题在有些州更为严重：ACT 发现"更多的 8 年级和 10 年级学生正在为达到大学阅读能力水平作准备，而不是毕业时才达到该水平"，并指出"高中生阅读能力的州标准不充分，或者根本不存在"（p. 3）。规定阅读标准的 49 个州中，超过一半的州将其限定为"只到 8 年级"（p. 3）。国家教育和经济中心 2013 年的一份报告强调，大学英语和数学课程的要求与高中要求之间持续脱节，无论是在学科内容方面，还是在教师对学生的期望方面。

大学入学

243　　因为每一所大学都有自己的入学标准，而且由于大学的建立先于广泛的中学系统，早期的大学提出各种各样的入学要求。到了 19 世纪末，大多数大学都开办了各自的补习教育课程。1895 年，入学学生中有 40%来自学院和大学自己开办的预科班（Rudolph，1977，p. 158）。

　　为了稳定大学入学率，政府已经进行了多次尝试。1892 年，全国教育协会组织了名为"十人委员会"的中学学业委员会，负责建议并批准中学的大学入学课程。1900 年，大学入学考试委员会开始提供普通的大学入学考试。尽管如此，美国大学种类和质量的多样性使得它不可能设计出统一的入学标准。在美国，从来没有一个统一的大学入学标准。美国教育考试服务中心（Educational Testing Service）和 ACT 计划在全国范围内提供统一的考试，但是每所大学都可自主招生，不管学生在这些考试中的名次如何。

　　在美国所有的高等教育结构中，公立社区学院在 20 世纪学生不足的困境中首当其冲。当大量学业准备充分的学生呼吁接受高等教育时，比如在 20 世纪 50 年代和 60 年代初，社区学院招收到了大批学生。但是，当大学适龄学生人数减少，本科大学变得更有竞争力时，学业准备充分的学生进入社区学院的比例就下降了。因此，社区学院受到了多重打击：更有声望的本科大学宽松的入学条件和提供的助学金；高中毕业生学业能力严重下降；参加较少学术课程的申请者比例升高。尽管最近 18 岁年龄段人口的增加降低了社区学院学生的年龄中值，但社区学院对于提高学生的学术能力却无济于事。

社区学院在不拒绝任何学生入学的情况下接纳不同类型的学生。他们总是 244 倾向于让每个学生都能入学，但随后又试图引导学生选择符合他们期望的课程，在这些课程中学生有机会获得成功。有资格参加转学计划的学生从来都不是社区学院面临的严重问题。这些学生在校会学习一些与四年制学院和大学的低年级学生类似的课程。倾向技术和职业技能学习的学生也不是问题，职业化的专业就是为他们设计的。社区学院允许学生在校内进行多次选择。但若没有达到某些先决条件，学生不允许选择卫生或技术专业。为兴趣而想上一两门课的学生，可在继续教育系和转学计划中实现这个愿望。

其他学业准备不足的高中学生，一直是人们关注的对象。大学应该如何对待那些渴望获得大学学位但学业水平仅停留在 5 年级水平的学生？将学业准备不足的学生分流到商贸课程是一个有利的策略，这也引出了克拉克的“冷却功能理论”（1960）。另一个策略是向这些学生提供少量的发展课程，让学生们或多或少地准备好进入转学课程，或者让他们轻松地度过离校前的时光。但是，20 世纪 70 年代中学生表现出来的成绩下降和辍学现象却对社区学院产生了极大的冲击。学生学业准备不足的问题成为制订教学计划时考虑的核心因素。

补习力度

补习性的、发展性的，以及补偿性的基本技能（较少使用），或多或少地被用于读写教学（阅读、写作和算术基础）以及更广泛的有关生活技能（时间管理、如何学习、应对家庭危机）的课程。建议学生们根据入学考试或以 245 前的学业成绩参加这些发展教育课程。这些课程通常没有大学学位课程的学分，但教育资金来源于常规的学术教学预算，有时还通过州或联邦特殊计划拨款来增加预算，以帮助学业成绩不佳的学生学习。

尽管学生学业能力逐步下降，直到 20 世纪 80 年代才停止继续下降，发展教育却一直持续到 20 世纪 90 年代才趋于稳定。参与补习课程的学生数量持续上升，是因为当时学生能力下降到低谷，以至于社区学业工作人员、立法者和学生转入的四年制本科大学的工作人员都受够了。学生辍学率非常高。当人口不断扩大，每年新生越来越多时，这个问题就显得不那么严重了，几乎没有大学再开展发展教育。然而，到 20 世纪 70 年代后期，当学院的工作人员意识到让学生继续入学比让他们因学业失败而退学更可行，更有社会和教育意义时，这种态度发生了转变。

所有公立两年制大学都提供发展课程。社区学院研究中心（Center for the Study of Community Colleges，CSCC）对 1998 年全国高校样本中提供的部分数据进行了统计，发现 29% 的英语课程和 32% 的数学课程都被指定为发展课程（Schuyler，1999b）。这些数据在州立研究中得到了证实：伊利诺伊州社区学院 14% 的学分课程、北卡罗来纳州 17% 的学分课程、佛罗里达州和华盛顿州 23% 的学分课程均为补习课程（伊利诺伊州社区学院委员会，2005；北卡罗来纳州社区学院系统，2007a，2007b；佛罗里达州教育部，2007；华盛顿州社区和技术学院委员会，2006）。

需要补习帮助的学生的数量之多反映了问题的严重性。美国教育委员会估计，40% 的两年制学院的学生和 58% 的社区学院的学生需要补习（Fulton，2012）。2010 年，对全国 57 所社区学院 25 万名新生进行的一项研究发现，59% 的学生需参加发展数学课程学习，33% 的学生需进行发展英语或发展阅读课程的学习（Bailey，Jeong，and Cho，2010）。学业准备不足的学生比例很大。最近，一项针对 6 所大城市的社区学院中 10 万名学生的研究发现，大约 90% 的学生被分配补习一门或多门课程（Scott-Clayton and Rodriguez，2012）。在所有最近毕业的高中生中，2004 年进入肯塔基州大学的新生中有 46% 的学生（和 92% 的 GED 毕业生）学业准备不足（肯塔基州发展教育工作队，2007）。在加利福尼亚州，2010 年秋季入学的学生中，72% 的人经测试需要接受英语基础技能补习，85% 的人需参加发展数学补习课程。值得注意的是，在那些参加数学补习测试的学生中大部分比大学水平要低三个等级；只有 14% 的学生完成了大学水平的数学课程（加利福尼亚社区学院，2012）。2007—2008 年进入弗吉尼亚社区学院的学生中，超过 70% 的人需要参加发展数学课程补习（比大学数学水平低近半级到三级），34% 的人需参加发展英语课程补习（弗吉尼亚社区学院，2010）。在全国范围内，经第一批录取进入社区学院的学生中有 44% 的学生参加了一到三门发展课程的补习，14% 的学生参加了三门以上的课程补习。

发展教学

每天面对学生的大学教师如何看待大规模的发展教育和学业准备不足的学生？学生的能力对每一所学校每一门课程的教学水平、教育质量、授课类型都

有着极为重要的影响。至于其他影响，比如教师的倾向、外部管理、考试和执 ²⁴⁷
业资格要求、某一大学和其他大学的课程所规定的入学水平都不那么重要。我
们不能教授任何超出学生认识范围的内容，因此学术标准、学院层次、补习课
程、教材可读性及其内容涵括范围、课程节奏和顺序等都会因学生水平过低而
产生问题。

学生也是教师教学环境的一部分。除了特别为教师发展课程招募的教师
外，大多数教师认为，如果学生学业水平更高，他们的教学环境会因此得到改
善。社区学院研究中心于1977年在全国科学基金资助下开展了一项全国两年
制大学科学指导教师的调查（Brawer and Friedlander，1979）。工作人员向被调
查者提问："怎样才能使你教授的课程更好？"超过一半的教师选择了"需要
学生学业准备得更好"。这一选择远远超过所列16种可能答案中的其他选项
（p. 32）。20多年后，奥特卡尔特（Outcalt，2002b）发现，他所调查的教师几
乎都是这个回答。

如果学生学业水平无法提高，至少他们水平需保持平衡，以便教学更能集
中进行。学生的阅读水平或计算能力从3级到13级不等。教授这种学生很容
易让教学变得令人沮丧。无论是从写作考试到小组进步展示，还是能力分组、
补习课程以及面向学业能力不足的学生开设学习实验室，这些尝试都会变得更
加难以处理。

随着20世纪80年代综合发展计划的推进，形成了由教师、学业导师和支
持人员组成的单独部门，以适应这些综合发展计划。如第三章所述，进行发展
教育的教师与以学术研究为中心的教师的分离导致前者的职业意识水平增强。 ²⁴⁸
他们出版自己的期刊，刊登关于发展导师的文章，阐述强制性测试的利弊，展
示组织学生阅读和写作的方法，以及他们对处于自己教学范围内学生的各种教
导方法。在某些大学，侧重学术的教师们仍然把这类教师视为教育行业中的异
类，但其实他们都有自己的同事和支持团队。然而，有个持续存在的问题就是
绝大多数的发展导师都是兼职教师。

评估和分级

半数以上的州都有关于学业补习的规定。有些州要求公立大学不能提供补
习课程，如佛罗里达州、密苏里州、纽约州、南卡罗来纳州和亚利桑那州等地
均作出如此规定。另一些州则限制四年制大学可开设的发展课程的门数，并规
定这些大学在社区学院为学业准备不足的学生安排补习教学，从而使其参加发

展教育的学生数量激增。伊利诺伊州的法律明确规定，"高等教育的主要补习计划放在公立社区学院"（Ignash，1997，p.7），其他几个州也有这种规定。

由于弥补学业准备不足的责任已转移到社区学院，新生评估工作与新生分级工作就成为一个整体。从20世纪70年代末开始，美国的社区学院对新生开始进行分级考试，对许多课程和专业的选择作出限制，将发展课程与学业咨询和辅导服务结合起来，并对这些措施的有效性进行评估。20世纪80年代，在州政府授权下，佛罗里达州和佐治亚州的社区学院率先开始对新生进行分级考试，随后推广到得克萨斯州、加利福尼亚州和新泽西州。到2000年，在另外20个州也采用这类分级测试。分级的要求也影响了所有公立的院校，在21世纪初，92%的社区学院采用了这种高权重的考试，以确定是否应该推荐新生参加发展课程还是指导其参与大学水平课程学习。

一些对新生开展评估和分级的州明确了评估测试与分数线。马萨诸塞州高等教育委员会要求该州所有大学都使用大学委员会的计算机化分级考试，并对阅读水平和数学能力作了严格限制。得克萨斯州的成功计划已经在该州高等教育评估基础上建立了一个大学入学标准，要求所有打算进入大学的高中生都必须参加评估测试。加利福尼亚州允许其112所社区学院选择各校自己的措施，2007年，各院校采取了100多种不同的措施（Brown and Niemi，2007）。2010年由韦斯特德教育进行的一项关于社区学院学生的调查显示，大多数学生不知道他们的分级测试成绩将决定他们可上课程的类别，或不知晓他们的测试分数将如何影响修学分，或不清楚完成学业课程的时长（Venezia，Bracco，and Nodine，2010）。新生往往忽视分级测试结果，这将大大增加了他们面临的风险。

分级测试究竟是否有效？国家政策很少过问。一些人呼吁对分级测试的分数线而不是测试本身进行定期审查。常见的方法往往无法区分哪些学生能从补习中受益，哪些学生能在获得额外支持的大学课程中取得进步。太多学生通过这种有效性极为有限的分级测试被引入发展性课程。最近一项研究发现，每10名学生中有3人被误引入英语发展课程；学生数学成绩进行分级的错误率较低，但并非没有错误（Belfield and Crosta，2012）。商业化的分级测试逐渐流行起来，比如COMPASS、ASSET与ACCUPLACER等能力分级测试。如果测试与课程要求相匹配，那么测试就具有可靠性，并且在测试前向学生提供短期进修课程对测试分级也很有帮助。但是，这些测试前的准备课程仅有不到一半的社区学院提供。将高中平均绩点与分级测试结合，预测分级结果就要准确得多。当长滩城市学院开始利用高中成绩来确定新生是否能进入发展班学习时，该组1 000名学生中53%的人被安排上大学英语课，而去年同一所高中的这一比例不到 6%。这个班 62% 的学生通过了这门课程,与学院的常规通过率相同 (Fain, 2013b)。

综合课程

与评估和分班测试一起进行的是一系列综合性工作,这些工作将 3 Rs(读、写、算)指导与咨询、学业辅导、学习技能研讨会以及各种特殊干预措施结合起来,例如早期预警系统、学生出勤与进步监测。课程可能包括阅读和写作的补习,也可能提供围绕某些内容领域进行的辅助课程。学生可以由专业人士或同龄人一对一辅导。这些课程通常包括通过学习实验室展示的可重复的教学序列或教学流程。近一半的学校使用电脑作为校园阅读、写作和数学的互动教学工具。四分之一的学校通过远程发展课程教学。在一些更复杂的发展课程中,补习课程由英语系与数学系提供,辅修课程或学习课程则由学习资源中心提供,学习技能由提供咨询的工作人员提供,助教由这些部门协调提供。

有关这类综合课程的描述有很多。有些是作为学习的桥梁开展的,旨在帮助高中毕业生实现中学到大学的过渡。这些课程包括指导学生职业目标实现的咨询,以及强调基本技能学习的学业指导。布朗克斯社区学院(纽约州)的新生计划就是针对需要参加两门或两门以上辅导课程学习的新生而设计的。学生在第一学期需要学习两到三门发展课程以及至少一门大学学分课程,同时接受课堂辅导和专业咨询。圣莫尼卡学院(加利福尼亚州)通过其新生学院向学生提供暑期衔接课程和学习社区课程。

再比如其他综合课程。一些课程允许学生在通过辅导完成补习课程作业的基础上进入学术课程学习。但这是一种老办法,将学习实验室内容与特定的课程内容匹配。一些实验室致力于数学,另一些则致力于阅读或写作课程。此外,开放式进入、开放式退出的课程也普遍存在,学生可以随时来课堂与导师一起解决具体问题。然而,这些课程的学习都是学生自愿选择的,可能仅是在迎合学生个人喜好,却不需学生在大学学习中付出额外努力。

总的来说,多种综合课程都能发挥作用:独立的发展课程;为普通大学生提供学习援助;为学习高风险课程的学生提供额外指导;大学预修课程;学习社区以及综合所有这些模式;等等。重点是,这些大学现在已经禁止学生随意入学或退学,通过强制性评估和按分数分班的模式,让学生留在学校继续学习,提高基本技能,从而完成其学业或职业课程学习。

课程效果

252　　虽然社区学院只有少数发展课程能定期且系统地开展评估，但有许多报告聚焦到了不同的方面。通常研究的数据涉及学生留级情况、平均绩点、补习课程完成情况、成功过渡到大学水平课程以及毕业率。莱文和卡尔卡尼奥（Levin and Calcagno）引用的研究表明，"补习的学生中大约有 70% 的学生通过了阅读和写作补习课程的考试，但只有 30% 的学生通过了数学补习课程考试"（2007，p. 4）。学生须补修的课程门数越多，就越难以取得进步从而进入大学课程学习，甚至无法获得结业证书。即使所有的补习课程都完成了，许多学生也没能成功进入大学或完成大学课程学习。根据贝利、郑和周（Bailey, Jeong, and Cho, 2010）的研究表明，有三分之一的学生完成补习课程或必修课，这些学生中有四分之三的人成功完成了大学课程，但都没能进入大学。例如，在亚利桑那州，参加发展数学课程的学生中有 28% 在 2005 年秋季开始大学课程的学习，并在 6 年内成功完成了大学水平的数学课程学习。而参加发展性英语课程的学生中，这一比例为 47%（亚利桑那社区学院，2012）。

　　发展课程确实有效吗？帕斯卡雷拉和特伦兹尼（Pascarella and Terenzini）的综合分析发现，补习课程"至少在帮助大学生改善学前准备不足及其相关知识缺陷方面有一定效果"（2005，p. 398）。在已发表的文献和 ERIC 文件中数百项研究表明，分级考试是有效的，学生通过补习课程学习阅读与写作。尽管一些针对单一学院的研究发现，参加发展课程学习对随后的成绩没有影响，但前后两者不一致似乎与课程的组织方式和学生类型的差异有关。

253　　综合课程旨在通过将补习课程与学业咨询、学业辅导和学习帮助结合起来，强化学生的记忆和学习，特别是针对发展教育中其他课程而设计的综合课程，相比较低效的独立发展课程，其有益效果要明显得多。2006 年，佛罗里达州的瓦伦西亚学院（Valencia College）开始要求为所有上过发展性课程的学生开设学业发展课程。自那时起，2010 年新生的留存率上升至 81%。莱文和卡尔卡尼奥（2007）一致认为，与那些将基本技能课程与学分课程联系起来、使用补充指导或建立学习社区的课程相比，单独开设的课程效果要差得多。他们指出通过学业支持中心获得的支持包括职业咨询、辅导和其他改进。他们还认为，教学中的批判性思维的形成、解决复杂问题和抽象推理均有益于参加补习的学生。

　　综合发展教育课程的积极效果并不令人惊讶。当教师参与综合课程时，他们会密切关注学生，将课程教学与学业咨询结合起来，提供比普通学生能获得的种类更多的学习材料，并激励他们的学生投入更多的学习时间。简言之，当被进行特殊对待时，当得到补习咨询、学业辅导和学习帮助时，当被挑选出来进行额外学习时，学生倾向于留在学校继续学习。任何形式的特殊对待都会产生特殊效果。

学生因补习需要而被分班，类别的不同也会影响发展教育的效果。加耶戈斯（Gallegos）描述了非英语母语的学生，指出影响其发展教育成效的几个因素："有压倒性的证据表明，发展课程的学生和传统学生在许多方面存在根本性的不同，这种不同不会通过补习课程而改变。"（2006，p. 35）参加发展教育的学生通常提高了高中平均绩点。他们更可能会说两种语言，通常是家里第一代大学生，出身于社会经济地位较低的家庭，有家眷，并且兼职。经常"将退出这些课程的学生的学业成绩与一开始就参加相应大学水平课程学习的学生的学业成绩进行比较，从而评估发展课程的有效性"（p. 254）。但在许多情况下，学生将继续与先前讲西班牙语的人讲西班牙语。这些西班牙学生的能力不足的状况与经济上的劣势还会持续下去，孩子的数量保持不变，父母的教育水平也不会改变。

事实上，根据成人读写能力促进委员会（Chisholm，2008）的数据，以英语为第二语言（ESL）的学生中只有8%的人进入到大学水平的课程（尽管他们可能获得就业机会）。委员会将这归因于许多ESL课程都以生活技能为中心。因此，即使是那些完成ESL必修课程的学生，仍然没有成功掌握高等教育所必需的英语语言技能。生活技能课程很少讲授大学学习所需的特殊词汇、语法，而写论文、做笔记和领悟能力都是大学学习中必不可少的。每周3到6个小时的英语学习是不够的；每周12到20个小时的高强度课程却很有必要，比如加利福尼亚州米拉科斯塔学院的英语课程。旧金山社区学院有一个很完善的学习课程，内容包括职业ESL，它教给学生足够的知识与技能去从事健康、建设和维修行业的入门工作。

学生年龄是影响发展教育效果的另一个因素。在对3万名第一次参加传统教育的学生和5 700名老年学生进行的一项研究中，师范学院的社区学院研究中心发现，老年学生更可能需要一些补习措施，因为他们忘记了一些基本的数学和英语技能（Calcagno，Crosta，Bailey，and Jenkins，2006）。普林斯和詹金斯利用华盛顿州社区技术学院系统的数据来跟踪25岁或以上的低技能学生的进步情况，这些学生最多获得高中毕业证书。这一群体中只有13%的ESL学生继续学习并获得一些大学课程学分，但成人基础教育学生中却约有30%的人进入大学水平课程学习，其中5%的学生在5年内完成了45个单元的学习，或获得某种证书或学位。至于课程的学习对毕业生收入提高的价值，"上大学至少一年，获得证书，可以大幅提升收入……若经常给领取社会救济的人开展这类技能短期培训，可能有助于他们找到工作，但通常不能帮助他们找到高薪工作"（2005，p. 23）。

正统性

像其他公共机构一样，教育机构必须保持其正统性。社区学院通过多种策略努力保持其在高等教育领域的地位。从 20 世纪 50 年代到 60 年代，它们开始聘用拥有博士学位的人担任教师，并奖励学历提升的在职人员，尽管拥有博士学位与教师的专业教学水平几乎没有关系。博士学位是一种说法，表明"我们社区学院与资深学府一样优秀"。同样，它们将发展教育课程从大学常规教育中分开，试图重新获得因为进行成人基础技能教育和职业培训而失去的合理性，而这些课程在任何程度上都不能被视为大学水平课程。

实际上，学校的正统性取决于它的学术标准和指导原则。学术标准要能证明，持有学位证书的学生已达到就业或在其他学院深造的专业要求。它们是大学及其工作人员声誉的基础。社区学院的教学计划、测试以及咨询服务、课程内容和课程要求都必须与期望学生获得的能力和学习成果相关。他们的证书或学位必须证明他们达到了该专业要求的最低熟练程度。

发展教育的标准是什么？这种特别课程表现出了与传统教学课程相同的问题。其中一个主要问题就是很难为同课堂的学生设定固定的结业标准（评分标准），因为在这些课程中，类别不同的学生一同上课，课程结业标准不能维持一成不变，每个学生可能都要有不同的结业标准；教学时间和教学类型不必相同；教师对学生期望不能过高。这三个方面几乎在所有课程中都存在。

谈到学习成果标准化的期望，或课程退出标准，必须将社会规范与个人标准区分开来。社会规范意味着，在特定的社会环境（工作场所、学校）中，能够充分发挥作用的人要按照特定的标准行事。而个人标准，是指与个人欲望、职业技能或升学能力相关的学习成效，其任何学习成果都要令人满意。社会规范与个人标准间的冲突是一个绝对与偶然相对的问题，它触及了发展教育的核心。

不同的团体在这个问题上采取不同的立场。社区学院教师，尤其是那些不参与发展课程的教师，倾向于主张绝对标准。加利福尼亚州社区学院学术评议会（ASCCC）对这个问题进行了广泛的研究，调查了其成员，并就这个问题召开了州会议。ASCCC 强烈反对降低标准的呼声：学生进入大学时基本技能不足，但却希望自己能顺利完成大学课程学习，就像他们在中学所经历的一样；学业准备不足的学生坚持参加转学课程而不是补习课程；基本消除了学业成绩评定中的 D 与 F 等级，与此同时却更为广泛地使用及格评定；减少必修科目的数量。1977 年，ASCCC 学术标准委员会建议，在授予学生学位之前，应通过诊断和分班测试、指导咨询、课程的学术先决条件和能力测试来保持学业标准的存在。这些建议在很大程度上使加利福尼亚州在 20 世纪 80 年代采用了入学标准。

努力使所有社区学院学生成绩达到至少大学等级的水平。正如 1988 年社区学院未来委员会指出的那样，"读写对于个人和社会都是必不可少的……社区学院必须作出承诺，无须道歉，帮助学生克服学业缺陷"（AACJC，1988，pp. 16–17）。该协会进一步发起了一项全国性的研究，试图使参加过发展课程的学生的学业持续获得进步。研究发现，大多数接受过补习课程的学生在大学水平课程的学习中表现良好，毕业后能直接参加工作，并且总体上融入了美国生活主流（McCabe，2000）。

终身学习概念的倡导者常常提出一种相反的观点。对他们来说，任何渴求知识的人都应该发现大学是一种适用于不同目的的资源。例如，克罗斯认为，学校形式的可持续性变化是必要的，这样任何人都可以在任何时候学到任何东西："我关心的是，热情地招聘成人，在证明他们的学习课程符合标准的情况下，把独立的、自我指导的学习者与依赖他人学习的学习者区分开来，从而确定哪类人应该在何处、何时通过何种方式学习。一个让各个年龄段的人都热衷于学习的学习型社会中的学习群体很容易因刻板地要完成学习要求、为各种各样的学习寻求合理性而变成一个无趣的学习群体。"（1978，pp. 19–20）这些对立的立场表明了对现有学生和潜在学生的不同看法。一些人认为他们是死气沉沉的文盲，另一些人则认为他们是人文主义知识的探索者。两种观点都捍卫了学校的合理性，并顺理成章地将糟糕的发展结果归咎于准备不足的学生缺乏努力或缺乏兴趣。

跟踪的困境

将那些学业准备不充分的学生区分开来进行教育，这对教育者来说有很大的吸引力。如此，课堂可以变得更单一化。聪明的学生不必等差生赶上来再继续学习。而且，最重要的是，如果班级里没有学习困难学生，那么教师就可以像真正大学教师一样开展教学。然而，将学生调到发展班的做法却是基于脆弱的假设，就是假设评判学生表现的标准一成不变，而学校几乎所有的课程都是不断变化的。功能性读写能力教育就是一个案例。

功能性读写能力的定义

功能性读写能力的第一个定义指的是人们在其选择的公共领域获得发展所要求的阅读水平、写作和计算能力。根据这一定义，读写水平指公民、纳税人或家庭主妇，在其他任何非特定环境下应具备的作为标准的文化水平。第二个定义是指获得工作并维持工作所需要的阅读水平、写作以及发送和接收信息的能力。显然，不同工作需要不同的功能性读写能力。功能性读写能力的第三个定义是完成大学课程学习所需的阅读与写作水平。在这里，不同的学习课程需要不同的能力水平。哈曼引用了 1956 年的一个综合定义："当一个人获得了阅读和写作方面的知识技能，能够有效地从事文化群体中常规读写方面所有的活动时，他就具备了功能性读写能力。"（1987，p. 4）因此，所有这些定义都可以涵括在以下表述中："功能性读写能力是指运用阅读、写作和口语等符号语言进行交流的能力，这种能力足以让人们在特定语境中表达自我。"或者，正如国家教育进步评价体系（NAEP）所定义的那样，"功能性读写能力是指使用印刷的以及书面的信息进行社交，实现自己的交流目标，并发展自己知识和潜能的一种能力"（Kirsch and Jungeblut，1986，p. 3）。

如此，功能性读写能力与人们所处的具体环境有关。这种能力是相对的；没有绝对的最低能力标准。在某些学校环境中，具有功能性读写能力的人在某些工作中可能无法进行读写。而在某些工作范围内能够很好沟通的人，在大学课程学习中很可能是功能性文盲。

这里的困境是，大学的合理性和教师的喜好取决于教育标准、确定的教育产出和可认证的成果，但引导员工不断努力的教育定义和终身学习或继续教育的规则却是相对的。每个人都会给大学带来特殊的背景和愿望；每个人在大学都能经历一段独立的历程。在一个招生开放的大学里，这两个方面如何协调？这一问题不仅局限于发展教育，而且由于学习能力差的学生的涌入，这一问题显得尤为突出。

标准的不精确性

任何选择性录取课程都是歧视性的，尽管性质是正当的。但不管采用什么标准来决定录取，那些被拒之门外的人都受到了歧视。然而，在认证机构、州政府执业资格委员会和高校的监督下，课程主管觉得只录取少数人是合理的，尤其是在该课程做的准备只能够录取这么多毕业生，或者大学设施只允许容纳这么多入学者的情况下。

大学应该限制某些课程的注册人数吗？如果一些申请人因为文化水平低于最低录取分数而不能获得学习资格，那么这个问题就解决了。但是，如果申请者被录取了，课程教师就有责任教会他们课程所需掌握的知识与技能。课程如果允许所有申请者参加学习，同时又通过课程本身来筛选出无教育价值的学生，那课程教学成效就会打折。因为课程教师不能同时既是教师又是裁判，其次从公共资金和人们的关注来看，在预料到众多学生不可能完成课程学习的基础上仍接收大量学生，这种成本过于昂贵。

大学补习课程的选择性接收的压力近年来有所增加。在 20 世纪 50 年代，如果学生以前的高中成绩或大学入学考试成绩表明他们可能无法顺利完成转学课程，大多数学院都会将这批学生纳入补习课程范围。在 20 世纪 60 年代，允许所有学生进入转学课程的压力越来越大，原因是补习课程被视为低学能学生的大容器，或被看作是不能完成高等教育的学生的储存罐。在 20 世纪 70 年代，院校又恢复了传统教学法，许多院校制定发展课程，筛选学生进行分班教学，不再让所有学生全部直接进入转学课程学习，因为其中有些学生不可能顺利完成。20 世纪 80 年代，随着州政府授权范围的扩大，这种趋势就更广泛了。

然而，在转学课程中教授学生功能性读写能力是很有可能的，尤其是对于那些评估分数接近大学水平课程录取标准的学生。值得注意的是主流的努力允许能力较低的学生参加常规大学课程，即使这些学生正在接受学业辅导。补习课程不再必须以独立发展课程的形式出现。

如果要求大多数学生在课程学习中接受补习辅导、学习实验室、特殊咨询、朋辈辅导以及其他各种辅助手段去完善知识结构，那么他们很可能在大学学习和职业学习中都获得成功。社区学院的开放哲学意味着这些学生不应被拒之门外。被排除在大学课程之外的学生通常会错过认识这些领域所基于的人文和科学思想。社区学院已经成功地向所有人提供了入学机会；如果这种机会仅限于其发展课程，而发展课程主要提供的基础教育内容与学生在中学阶段没能学好的基础教育内容相同，那么学生就被残酷地拒绝在高等教育之外。

想要对各个层次的课程实施标准的人都面临着困难，这是由于对制度的目的缺乏共识、对群体规范观念产生抵触，以及在中学和社区大学无法推行入学要求。在较早的年代，对转学课程进行选择性筛选是无法维持的，因为学生有不及格的权利。这导致了 20 世纪 70 年代不合理的人员流失率。现在重新尝试对大学课程学习进行选择性录取，因为从整体上筛选学生比从读写学习中设立标准筛选学生更容易。但除非明确界定这些标准，否则选择性录取将无法成功实施。

调节困境

在任何院校，如果把入学机会留给边缘学生，其最终失败率与成功率相比会高很多，但如果完全不接受这类学生，那么成功的概率就是 0。唯一的问题是教育成本。学校有三种选择来调节保持标准和允许所有学生进入自己选择的课程之间的冲突。首先，学校可以限定课程的准入并完成课程的能力要求。大学水平、课程熟练程度和学术标准都不够精确。同一个课程中的每堂课之间有太多的差异。事实上，同一堂课的不同部分也有太多的差异。因此这些标准无法维持。可以通过设置有明确准入标准的测试来决定学生是否可以进入某个班级学习，也可同时设置精确的班级学习退出标准或具体的可测量标准。

第二种选择是允许所有学生参加任何课程学习，但限制学业准备不足的学生在学期中可选的课程门数，并要求他们充分利用可获得的学业支持服务。因此，学生可能一次只能参加一门课程的学习，但也能同时选择学业辅导和学习实验室课程，进行每个学分所需的两到三个小时的学习。

第三种选择是建立独立的发展课程，要求参加大学课程学习的所有学生都要注册学习阅读、写作或计算机水平课程。这些课程强调学习技能，聚焦于这些学生在中学阶段无法解决的问题上。

这三种选择现在都在某种程度上得到了应用。那些依赖于精确评估学生进步的学院已经建立了绝对标准的课程。但这只是少数。许多监督学生进步并坚持让学生参与辅助教学练习或在学术部门内开展发展性课程的学校，已经为那些准备不足的学生开展教学而作了大范围的准备和努力。但是，采用最广泛的是专注于补习学习的独立课程。它有经过专门培训的导师，并根据顺利转入学术课程和职业课程的学生人数来判断该课程是否可行。实际上，这些课程，只有与学业支持服务、与大学的其他课程联系起来时，才能行之有效。单独的补习课程不太可能奏效。

至少有两种状况是不能接受的：允许相当大比例的学生学业失败；降低学术标准，使那些表面通过考试的人没能为将来的工作或后续教育做好充分准备。高不及格率导致了许多指控：谴责社区学院成为许多大学生，特别是少数族裔学生的死胡同；通过降低学术标准，学院只是把学生学术能力问题推给学生将来的雇主或今后学习的高校。自 20 世纪 80 年代以来，许多旨在促进学生进步的州政府规定反映出它们决意不能让这两种状况持续下去的态度。

问　题

　　社区学院是否会招收早退的 17 岁学生，是否是年长学生的学校教育和工作之间的桥梁？发展教育是否能担负把人与机会联系起来的使命？学生将以一种或另一种形式参与补习课程，但有几个问题：发展教育有效吗，它对大学教师有何影响？如何在不危及大学标准及其在高等教育中的合理性的情况下维持发展教育？公众应该向学校支付多少费用，以尝试向同一个人教授相同的知识和技能？

　　学院教职员工需要了解更多关于发展教育成果的信息，他们在发展教育中投入了大量精力。单独的补习课程是否会导致其他课程的标准提高呢？课程外的教职员工是否在课程中添加了内容，使课程准备不足的学生被移除？当他们不必等待能力较差的学生时，他们是否能更快地让学生通过课程？如果是这样，所有这些结果都应该被列为单独课程的好处。到目前为止，关于这些影响的研究几乎不存在。

　　多次尝试让教师用具体的、可衡量的术语来评价他们的课程结果，但都失败了。什么样的教职工发展形式会取得成效？可以使用哪些激励措施？

　　允许教师测试那些想要进入他们的课程的学生，而禁止那些没有通过测试的学生，这是否足以鼓励他们承担课程最终通过率的责任呢？到目前为止，他们通常单独或集体拒绝对结果负责。

　　所需的支持服务增加了教学成本。学院能否为必要的导师、辅导员、学习实验室技术人员和非专业教学助理找到足够的资金？

　　是否有必要重新审视传统的大学水平标准如何适用于各种学术和职业的发展历程？例如，社区学院的大多数发展学生都被引导到以代数为基础的课程补习，因为代数或高等数学通常是获取副学士学位所必须学习的课程。但是，一些大学，尤其是得克萨斯州的那些大学，质疑那些不打算进入数学或科学领域的发展学生，转而选择统计学或数量推理课程的学习，这样可能更好地服务于他们未来的职业生涯，并且在向大学学分课程过渡的过程中少点障碍。

　　最重要的问题是社区学院是否能够保持其作为高等教育机构的信誉，即使它们招收的学生学业准备越来越不足。如果可以，它们将履行向最早一批支持者作出的承诺。无论如何，只要美国不会放弃功能性读写教育，那么社区学院就会参与其中。

9

人文教育和转学教育
为大学作准备

　　转学功能包含了两个概念：学生流动和人文课程。学生流动是指为在美国教育体系（从幼儿园到研究生院）内流动的学生提供 13 至 14 年级层次的教育。人文教育课程包括以人文、科学和社会科学为基础的教育课程。大多数学院学生都要学习这些基础课程。

　　在本章节，我们将综合讨论二者。继人文教育的讨论后是关于这些研究对学生转学至高校的影响，这也包括了课程的具体内容。本章对 20 世纪 70 年代人文教育的衰落原因及其后续稳定性进行了研究。本章指出，教师群体是人文教育的支持者。本章内容还包括学科建设、对学生人文教育的考核方式、对高中生的双学分课程以及努力提升转学和衔接过程。

人文教育

　　最初，人文教育被嵌入了学院教育的功能之中，也就是转学教育功能。它是早期美国学院仅有的课程体系。人文教育作为中世纪欧洲大学的规定项目，作为反映人类思想最好的内容被引进学院教育。语法、修辞、逻辑、音乐、天文学、几何学和算术，所有这些都被认为是受教育者所必须掌握的。人文学科逐渐包括古典语言、哲学和自然科学。到 19 世纪末，物理科学和社会科学也因其教育功能被融入人文教育课程体系。

　　19 世纪末，相比于人文学院（通识教育为主的学院），大学占据了主导地位，并承担起教育受教育者的责任。在这之前，人文教育者很可能在自己的家里，在业余社团里，在教堂或修道院里，在学校的独立实验室里学习。但是，大学将科学和人文学科的教学制度化了——比如现代外语、文学批评、艺术和历史——并使研究这些学科等同于接受教育。

这种基于制度的教育定义是由一场校内革命促成的：学术占据了统治地位。大学是建立在这样一个假设上的：大学将支持学者们推进知识前沿的工作。而学者们认为他们通过组成学科来开展工作是最有利的。因此，与其他被认为值得纳入高等教育的领域一样，人文教育也采取了学科形式。研究人文教育的专家通常会从学者们定义的学科立场来研究人文教育，所以课程体系的组织形式不可避免地与学科的架构形式相关联。

人文教育的转变早于社区学院的出现。当这些新的学校出现时，学院功能已规定为学科教学，以至于没有一所学院、一个立法机构、一个教育者呼吁建立以学生为中心的课程体系，也没有任何学生的相关呼吁能够动摇这个规定。

267

为了使学生的学习符合他们的兴趣，学院作出的努力无非重新安排毕业所需课程的数量和顺序、广泛的课程分配要求或自由放任的选修课制度。人文教育已沦为学科教学的俘虏。这些学科决定了人文课程的结构。理想情况下，人文课程提供的是帮助理解的语境，而不是去探究某些秘密是真的或假的。如果教育的定义是基于对某些数据、事实或任何学术学科的语境模式，那么在 19世纪之前，没有人受过自由教育，因为学术学科的概念并不存在。只有当人文学科帮助人们认识社会，让人们知道什么是正确的，什么是重要的，它才能有用。

转学课程

这样的结构使人文教育完全被社区学院所采用。为了争取成为高等教育的正式合作伙伴，人文教师在大学院系接受培训，社区学院模仿大学安排课程。"平行学院""学院转学"和"同等学力"等术语过去和现在都用来描述社区学院的学术课程。社区学院在转学课程中融入了年轻人在适应文化方面所起的作用。这些课程越接近大学课程，它们的地位就越高。

社区学院最普遍、最长期存在的问题是其课程在多大程度上能被大学接受。从社区学院最早的时代到最近，转学协议（有时被写入州教育法规）、校际常委会和政策声明都证明了可转学的重要性。尽管社区学院对其为特殊学生

268 和特殊目的开发的自主课程提出了各种各样的说辞，但事实上通过明确大学接受的转学学分和大学对学士学位的要求，大学已经掌控了课程的主动权。社区学院课程的重大或突然变化通常可以追溯到附近一所大学其毕业要求或课程体系规格的改变，而这些改变必须出现在即将转学的学生成绩单上。

社区学院的课程和中等学校的课程衔接并不严谨。中等学校的课程体系往往忽视了很多人文学科。中等学校的课程体系中包括了美国历史、美国政府、文学、生物学和现代外语的介绍和学习，但很少包括哲学、人类学、艺术史、西方文明、宗教研究、跨学科科学和人文学科。社区学院的这些学科以及其他人文学科的实践者，在制定他们的课程时都向大学寻求指导，却很少与低年级学校在思想、课程模式或课本上相互交换意见。

在最早的社区学院，大部分课程都是人文教育的转学课程。库斯（Koos）在1921年至1922年间，对58所公立和私立两年制初级学院的课程进行了研究，发现人文类课程占课程总数的四分之三。仅古代和现代语言类就占课程的四分之一。虽然也教英文写作，但文学课占了英语课程的一半以上。农业、商业、教育、工程和家庭经济，以及其他的职业学习，合计占总课程的不到四分之一。

这种对人文教育的重视一直持续到20世纪60年代，所有社区学院的关注者都意识到了这一点。1960年，梅兹克（Medsker）讨论了学院常规工作的声誉价值。1966年，索顿（Thornton）写道，转学"仍然是专科学校付出最大努

269 力和大多数学生表达兴趣的功能所在"（p. 234）。即使在职业教育蓬勃发展之后，科桑德（Cosand, 1979）报告中写道"过去、现在和将来，很大程度上都会以成功转学至四年制学院或大学的学生数量来评估社区学院"（p. 6）。

20世纪70年代，人文课程急剧缩减。政治科学、历史、文学和外语（尤其是以英语为第二语言）仍然很强大，但文化地理、宗教研究和民族研究仅在不到四分之一的学院中被发现。三分之一到三分之二的学院提供了人类学、艺术史和鉴赏、跨学科人文、戏剧史和哲学。数量最多的人文课程出现在较古老的学校。这是学院以前把大部分学生送到高层次大学所留下的遗产。这一趋势无疑是针对转学学生开设的入门课程，以及针对成年人开设的专门课程，而不是为了学位学分。

到了20世纪90年代，人文教育领域的重点再次转移，一些学科明显增加。1991年至1998年间，提供社会和民族研究课程的学院从15%增至42%。其他学院类似的数量增长也表现在提供宗教研究类课程（22%到42%）和音乐史及欣赏类课程（71%到90%）。各个人文学科领域的学生总入学率也发生

了变化。与 1991 年相比，1998 年参加美术和表演艺术课程以及社会科学、数学和计算机科学的学生比例更高。而在后一年中，参与人文、英语和科学课程的学生比例减少（Schuyler，1999a）。

人文课程中变化最快的是英语作为第二语言（ESL）课程。英语从 1983 年外语专业招生人数的 30% 扩大到 1986 年的 43% 和 1991 年的 51%。当时它与西班牙语一起占所有外语学分课程的 75%。大约 25 万名学生在修 ESL 课程的学分，而几乎同样多的学生在学非学分 ESL 课程。在 6 个州的六个大型 ESL 课程的调查中发现，ESL 课程提供学分的决定，是否是基于国家资金和财政援助政策的影响，也就是在于这些课程所在地如何将 ESL 归类（成人或继续教育），以及是否归类为低于大学要求的课程。如果一所学院的大部分课程都是学分制的，那么 ESL 课程也倾向于提供学分（Ignash，1994）。

学生从人文课程中获得了什么？从最广泛的角度来看，这种传统教育的实践基础是可以得到验证的：学生将选修他们被要求上的课程，而那些选修某一特定领域课程的人很可能学到有关该领域的知识。后者是显而易见的，也是可以通过实验验证的。1983 年至 1984 年，由安德鲁·W. 梅隆基金会（Andrew W. Mellon Foundation）赞助的社区学院研究中心实施了综合学术评估。这一项调查和内容测试旨在揭示学生在通识教育和人文学科方面学到的知识。这项测试有五种形式，对来自芝加哥、洛杉矶、迈阿密和圣路易斯 23 所大学的 8 000 多名学生进行了测试，其中包括英语用法、人文学科、数学、科学和社会研究等非课程特定项目。

表 9.1 和表 9.2 给出了一些调查结果，表明了三个主要结果：（1）完成大学课程越多的学生了解得越多；（2）完成某一领域课程的学生在该领域的内容测试中得分较高；（3）学生知道自己掌握了多少知识。要预测学生在子测试中的分数，最好的方法是问他们："与你的同学比，你如何评价自己解答问题（各种学科相关问题）的能力？"（Riley，1984）。2002 年，南加利福尼亚州 10 所大学对 2 500 多名学生进行了一项名为"一般学术学习体验"（General Academic Learning Experience）的调查，调查结果与"综合学术评估"得出的结论类似（Cohen，Schuetz，Chang，and Plecha，2003）。年龄较大的学生，包括那些为了个人兴趣而入学的学生，往往在英语和社会科学方面（这些科目通常在校外学习）得分较高，但在数学方面得分较低。学生在学科领域内完成的单元数量与考试相应部分的分数呈正相关关系。这一关联在科学类课程中尤其明显，但在人文课程中关联较小。学生对人文科目所具有掌握知识能力的自我评估非常准确。

表 9.1   完成卡耐基单位的评估分值表

学分总数	数学	读写	社会科学	人文科学	科学	通识总计
0—14	4.45	4.73	4.64	3.02	4.89	21.73
15—29	4.84	4.84	4.80	3.13	5.05	22.66
30—44	4.88	4.90	4.88	3.31	5.25	23.22
45—59	5.18	4.96	5.13	3.54	5.27	24.08
60 及以上	5.51	5.55	5.58	4.24	5.84	26.72
样本总评	4.85	4.92	4.92	3.35	5.17	23.21

来源：莱利，1984。卡耐基单位：计量学生学习量的学分单位，每单位代表 1 学年至少 120 小时的课堂教学。

表 9.2   相关领域技能的自我评估分值表

自我评估	数学	读写	社会科学	人文科学	科学
差	3.82	4.16	4.22	2.66	4.44
一般	4.49	4.58	4.00	2.99	4.81
好	5.16	5.08	5.17	3.48	5.25
优秀	6.17	6.28	5.82	4.22	6.34
样本总评	4.85	4.92	4.92	3.35	5.17

来源：莱利，1984。

272   其他研究也采用 ACT（美国大学入学考试）的大学学业水平评估（CAAP）的方式对应届毕业生的样本进行了评估。杜佩奇学院（伊利诺伊州）在秋季的入门课程和春季的高级课程中部分实施了这个评估。在控制了辍学和转学的变量后，他们将一组新生与一组二年级学生的评估结果进行比较，并根据评估结果，完善学生学习能力弱的课程（Geesaman, Klassen, and Watson, 2000）。印第安纳州常春藤理工社区学院采用 CAAP 评估其 23 个校区的学生成绩（"常春藤理工社区学院系统用 CAAP 评估普通教育成绩"，2007）。教育考试服务中心（ETS）一直在推广一种衡量学术前途和能力的评估系统（MAPP），该评估系统通过一项综合测试来评估"批判性思维、阅读、写作和数学"（ETS，2007）。根据 ETS，该测试结果可用于衡量和记录教学项目的有效性，评估学生在核心学业技能领域的熟练程度，与国内其他大学进行绩效对比，并进行趋势分析，以评估教学项目的改进。人文课程已经存在了几个世纪，这一事实已不再足以证明其有效性，而要求将学习过程记录下来变得越发普遍。

课程多样性

　　入门课程大部分枯燥乏味且千篇一律，但还是可以看出明显的多样性。比如善于设计和营销课程的教师能使这些专业课程蓬勃发展。1975 年至 1998 年间，福特基金会赞助的社区学院研究中心进行的调查表明，几乎每一所大学都有一名或几名教师喜欢展示自己特别感兴趣的东西，旨在为不同的学生做不同的事情。因为务实的学生不愿意参加这样的课程，所以教育课程不能以人文为中心的主张也就不成立了。令人兴奋的、活跃的，充满活力与思想，有独特价值观的课程的确吸引学生。正如在如今的社会中，电影和舞台剧在面临商业电视的挑战中幸存下来一样，决定脱离讲座和教科书式的课程的教师们已经能和学生们一起做富有想象力的大学工作了。

　　课程体系的广度受学院规模的制约。虽然几乎所有的大学都提供基础课程，但少数院校中，很少有人参与专业课程。表 9.3 展示了其中一些关系。

　　如果只是通过转学学分课程来了解社区学院的功能，就会了解得比较模糊。我们可以看出人文教育在某些方面是有改动的。社区学院提供的课程相对较少，包括美国以外的世界其他地区的历史、比较政治学或专业政治学、单一作者的文学、西班牙语和 ESL（英语非母语课程）以外的语言以及文化地理。然而，诸如社会历史、电影欣赏和某类特定文化的艺术史课程有所增加。这些变化旨在吸引学生去注册那些本来人数较少的课程。比如音乐鉴赏入门课程人数在减少，爵士乐和其他专业课程人数有所增加。

表 9.3　开设人文课程的学院占比表

	学生数量超过 6 000 人的学院	学生数量少于 1 500 人的学院
艺术历史	91	57
文化人类学	83	15
文化地理学	40	6
跨学科人文学	71	26
舞蹈	40	6
地球、太空科学	81	19
数据统计	98	50

来源：伊格纳，1994，p. 19。

这些变化可以追溯到大多数学科。艺术史教师根据学生喜欢特定文化的特点，将墨西哥或亚洲的艺术呈现给对欧洲艺术不感兴趣的学生。民俗学、魔术和神学等新课程吸引了一些可能不愿意学习有关亲缘关系的人类学课程的学生。不愿上气候学课程的学生报名参加了沙漠奇观或保护大草原课程。关于城市问题的专业课程取代了社会学导论课程，正如家庭生活类课程从心理学导论课程中吸引学生一样。生态学吸引了对物理或化学课程不感兴趣或成绩不合格的学生去学习海洋环境课程。尽管无法获得准确的数据，但将所有学生放在一起进行比较，注册这些专业性的、当前比较受欢迎的课程的学生人数占 20 世纪 90 年代人文教育入学人数的 20% 到 25%。

学生对职业的兴趣使他们从传统的转学项目中脱离出来，但人文教育却以不同的形式保留了下来。比如在每个执法人员教学项目中都有政治学和法学类课程。社会福利课程的学生参加了社会学中的特别修订课程。许多学校的联合健康课程包括了医学伦理学和西班牙语。一些院校的教师为有工作的学生开设了例如"科技社会的人文科学"课程，使他们能够在不上传统历史和文学课程的情况下满足通识教育的要求。

275   职业课程中对人文教育的要求反映为人文课程占总学分课程体系的百分比（1998 年为 54%）以及人文学科领域授予的副学士学位数量。1997 年至 1998 年，在授予的 555 538 个副学士学位中，42% 为人文学科学位，58% 为职业领域学位。12 年后，在授予的 849 452 个学位中，39% 为人文学科学位，61% 为职业领域学位。

教职工和专业学科

人文课程之所以长盛不衰，最重要的原因是教师们一直是该课程最忠诚的支持者。当人文教育从大学被带到社区学院时，学术奖学金的精神并未伴随它们。社区学院不支持奖学金，教师所接受的大学培训不足以培养出能够注意到学科意义的教师。此外，很少有教师联合起来开设科学、社会科学和人文学科的跨学科课程。大学很可能不接受新类型的学分转移课程的说法并非空穴来风，但不管如何，社区学院的实践者并没有在这方面付出足够努力。

教师作为独立运作的实践者，应该拥有定义课程的权力，这种想法源于世纪之交的大学模式。学术自由的概念，即教师在他们自己的教室里教他们想教的东西，没有被中学接受。但社区学院接受了这种概念，尽管很少有教师能开发出具有普世价值且适合学校的课程。尤其是在人文课程中（但不限于人文课程），由院系设计和管理的考试经常遭到反对。普通教科书能由不同的教师从不同的领域进行讲授，那这更多的是一种例外而非规则。社区学院的教师表面上是按照普通的教学大纲来工作的，但这些大纲最多只是放在院长办公室的档案柜里，向来访的认证团队展示。这些大纲通常仅作为课程建设的一般指导性大纲。 276

如果人文教育在无政府状态下存在，如果科学家和人文主义者在不同的思想框架内工作，那么他们所阐述的课程将是多样化的。然而，大学期望的是教师将附属于学科，通过课程体系反映这些学科的原则。社区学院的学科隶属度较低，学科的无形之手对课程形式的影响要小得多。因此，社区学院非常珍视创新和灵活性，与其说来自教育哲学，不如说是因为课程体系没有被方向舵限制。一位教师的突发奇想将改变课程的模式、重点和方向，从而改变课程体系。大学通过划分知识分子类别来组织知识分子世界，那它必然要考虑众多多元的知识分子的立场。而社区学院则将其世界组织为不同类别的教师群体，那它必然就要考虑教师的多元立场。来自学院院长、主管教学副院长、认证团队和同行对教师的非常规、零星的督导影响不大。教师的工作受到教科书作者、教师参加的会议的演讲者以及他们通过在职课程或自己学习的新信息的影响。但这种影响是随意的，没有方向性。

通过对比人文课程和职业课程教学模式给我们提供了一个范例。传统上，人文课程是由教师在配有椅子和讲台的教室里教授的。教师的行为表明他们和学生之间的交流是关键要素，就好像一个人学习所需要的内容就是对话、阅读和独立思考。相比之下，职业教育工作者的立场是，他们需要实验室、商店、 277 设备以及与工商界的联系，以便向学生传授实际的商业模式。他们说他们的学生必须实操练习手艺，而不仅仅是谈论。

如果人文教育的教师也有类似的看法呢？教授艺术鉴赏的教师会说，除非学生有资金去博物馆旅游，否则他们不能掌握知识。人类学教师可能会坚持让学生在考古挖掘工作中获得回报。政治科学教师会让学生去做政府和公立机构的实习生。学习一门语言的最好方法就是生活在一个说这种语言的国家，所以就应当由学院赞助学生去国外游学。但是社区学院的人文课程的教师很少提倡这种观点，而护理教育者和他们的认证协会坚持他们必须有实验室、设备和临床培训。他们不会想到在一个只有椅子和白板的房间里教护理。他们得到了诊所来满足实践所需，得到了资金来维持较低师生比。但人文课程的教师往往只能看学生论文看到眼睛疲劳。

这些教师的不同的态度源于他们进入大学之前接受的关于职业性和大学职能的不同教学方式的培训。职业准备是从真实工作环境下的学徒制的历史中演变而来的，是一种传统的学习贸易的方式。而喜欢思考的人往往更擅长于人文教育。因此，职业项目的教学成本更高，因为工作场所这一情境是与现实相符的，或者至少是对现场的模拟。而社区学院的人文教育工作者甚至没有从规模较大的图书收藏中受益，而且他们也没有采取一致行动来改善这些条件。

社区学院的人文教育功能的特点是减少了对学术学科的强调。教师往往不进行学术调研，不属于学科协会，不过分关注学科的纯粹性。这些都有利于教师团队去钻研当前学生感兴趣的领域的教学，并且这样的教学经常跨学科领域。一位同时教授一门人类学课程、一门社会学课程和两门美国历史课程的教师不可能被奢望保持对所有领域的现状都了解。这种对学科的背离产生了一些不良影响。许多课程都具有直接的相关性，过分关注学习者的需求，而不利于满足学习者的智力需求。在提出以学生为中心的课程体系的幌子下，那些反映流行文学的课程，涉及关于应对、获得独特的优势以及其他个人关注的主题，往往在通识领域框架内被建设。

归根结底，所有的课程都必须以知识为基础。不管一门以学生为中心的课程的目的是什么，除非教授了"什么"，否则这门课程就无法保持其作为学院一部分的特色。"什么"指的就是科目，科目又源于学科本身。没有作为学术传统基础的人文学科和科学学科的锚定，高校的职能就会脱节。即使人文学科本身不是一门课程，它仍然必须保持作为贯穿其他课程体系的人文教育的基础。

学术学科作为通识课程的基本组织形式，它的衰落既反映了也限制了教师对其学术领域最近趋势的认识。这种认识非常重要，甚至对于评估新出现的教科书这类看似简单的任务都很重要。但更重要的是，学科需要被重新定义，以适应发展性的和职业性的教育。这是除转学教育以外的社区学院的主要职能。这不可能发生在社区学院之外。为了人文教育的发展，社区学院的教师必须使自己的学科更加具体化。但这对于与学科根源联系正逐渐减弱的教师群体来说是很难做到的。

双学分课程与达到高中毕业标准

尽管中学和社区学院之间的合作仍然不如社区学院与大学之间的合作那么普遍，但近年来已经建立了一些旨在促进这两个教育系统之间的学生流动的伙伴关系。比如为实现促进结构效率（减少重复）、社会公平（使所有学生获得最大的机会）以及个人和社会获得经济回报的目标，国家尝试建立了一个从幼儿园到 14 年级的整体系统。奥尔和布拉格（Orr and Bragg，2001）引用了研究 K-14 合作得出的有组织性障碍的结论：社区学院通常服务于多个学区；培养劳动力资源通常是社区学院的首要任务，而在较低层级的学校，课程体系以读写能力和文化适应为中心。因此，形成一个合作组织架构来进行共同的规划和治理是很难奏效的。

相比之下，双学分课程更容易实现，也就是高中生在高中学习社区学院课程，并在高中和大学同时获得学分。但它们也面临着类似的问题：学区很多但社区学院较少；需要正式协议；国家对同时适用于社区学院和高中的课程作出的限制；严格获得学分最低课时的要求，也就是高中生在毕业前必须完成的课时数（Kisker，2006）。一项关于州政府管理双学分课程的政策的报告（Karp，Bailey，Hughes，and Fermin，2005）显示了实施该课程的复杂性和多变性。近半数州政府规定学校有义务提供这样的课程。5 所学校对所有阶段的高中生开放，9 所学校只对 11 年级和 12 年级学生开放。有 10 个州，该课程的学生需要付学费；另有 15 个州，费用由学校或者州政府承担。

尽管有这些复杂性，双学分课程已经成为一种广受欢迎的方式。它允许学生在接受学科教育的过程中提高专业性、开启社区学院学习。佛罗里达州的双学分课程体系始于 20 世纪 80 年代。从那时起，大多数其他州都开始制定了全面的双学分课程体系。到 2002—2003 年，98% 的公立两年制学院接受了 25 万高中生修读学院学分课程。阿德尔曼（Adelman）强调了双学分课程的重要性，指出：第一学年结束时，获得 20 或更多学分的学生的学位完成情况会极大提高。如果学生"在高等教育中能获得至少 6 个附加学分"（2006a，p. xx），那毕业完成情况会更好。社区学院研究中心（2007）的一项研究也印证了这一点：双学分课程与高中毕业率、大学入学率、大学平均成绩和大学毕业进度紧密相关。

除双学分课程以外，一些州已经启动了社区学院和 K-12 系统（幼儿园至高中）之间的合作，以减少卡耐基单元（获得学分最少课时）的数量和这些学校具体课程之间的差距。这些课程是高中毕业和大学入学（不需要补习）所需的先决课程、知识和技能。同时倡导实施"共同核心州立标准"以及将州教育委员会（Dounay，2006）所谓的"大学准入指标"嵌入高中评估的人认为，这样做不仅可以减少进入大学后再进行补课的现象，而且会更好地为所有高中生在中学后接受教育或工作中取得成功作好准备。

课程衔接和转学功能

281   课程衔接是指学生的移动，或者更准确而言，是指学生的课程学分从一个学校转移到另一个学校。学分的衔接不是一个线性序列或进程。它涵盖了学生从高中到社区学院；从两年制社区学院到大学；反之亦然，比如双向转学学生，即从两年制学院到大学，再回到两年制学院；那些寻求之前学习所获得的学分作为学院或大学基础学分的人。这个概念包括准入、离校、再准入、建议、咨询、计划、课程和学分评估及应用。

          课程衔接与一个州的政策紧密相关。第一，因为社区学院招收了大量没有资格进入州立大学一年级的学生。而且，由于这一学生群体中有高比例的低收入家庭学生，因此保持转学选择权的开放在政治上是有利的，在道德上也是合理的。第二，社区学院的成本更低。2009—2010 年，全国社区学院每名全日制学生的平均支出不到四年制公立学院或大学全日制同等学历学生（FTSE）支出的三分之一。因此，"转学过程以具有经济效益的方式满足了社会对入学的需求"（加利福尼亚州高等教育委员会，2002，p.1）。

          一直到最近，社区学院与大学的课程衔接主要都是单向的。一系列政策和程序由更高层级的大学来决定。金泽尔和瓦滕伯格（Kintzer and Wattenbarger, 1985, p.40）各自以及共同研究了课程衔接，他们发现各类不同的大学政策存在着对转学学生的歧视，尽管转学学生的表现通常与他们过去的成绩水平较为一致。他们注意到，在 1985 年之前的几年中，在理顺转学关系方面几乎没有取得进展，因而得出结论："50 个州中至少有一半继续在学校间进行转学谈

282   判，大多数是根据具体情况进行的。"问题通常出现在：一是应该给予转学分的课程类型，二是学生在他们选择的学术专业中进行的研究，三是在大多数情况下，大学工作人员坚持认为社区学院学分的评估应由学士学位授予机构进行。科恩、布劳尔和伊顿（Cohen, Brawer, and Eaton, 1995）对影响 8 个州转学的政策和计划的研究报告中也注明了类似的发现。

          在有正式的课程衔接协议的地方，通常是因为州高等教育委员会的创新举措而实现的。几个州的社区学院和大学之间就通识教育课程的共同核心达成了协议。例如，在加利福尼亚州和伊利诺伊州等，完成指定课程任务的学生被认为已经达到了转学公立大学的要求。但是，为了保持课程衔接协议符合最新需求，定期协商是非常有必要的。尽管社区学院和大学的教职员工在课程衔接方面作了很多努力，但学生事务工作人员通常与辅导员、招生人员和成绩记录

员、成绩单分析人员以及课程衔接工作人员一起作出了更多努力。高度认可课程衔接的重要性是一回事，而协商处理细节则是另一回事。

三十多年前，迈阿密戴德社区学院为了稳定社区学院招生率和畅通转学，率先制定了一个综合项目，即在学生入学时，为学生筛选某些课程，并对其就读期间的进步和表现进行监督（Harper，1981）。以前的院校惯例是允许学生选择任何课程并无限期地留在学校，不管他们是否是因为要继续完成课程而留在学校。在新的计划中，学生们被告知从学院毕业和转学到佛罗里达大学各专业的要求。这一制度是强制性的，除了那些已经取得学位并且因个人兴趣而参加了课程的人之外，所有入学的人都被纳入其中。这一制度推广至全国各地，可以从高校的高毕业率上看出其影响力（Borden，2000）。

许多州的高等教育系统都有常设的课程衔接委员会。该委员会有已批准的课程的详细程序，并提供课程的指引和在系统内对普通课程进行编号。课程衔接协议通常明确规定了两年制学院不能提供的课程，而不是规定了必须提供的课程；尤其是由高层级学校提供的初级和高级课程，通常是不受限制的。在一些州，课程衔接委员会审查非学分课程和学分课程以及相关条款。例如，限制两年制学院的社区教育项目提供会话语言类课程，因为委员会认为这些课程应是高层级学校的教学范围。

当课程紧密结合时，课程衔接和转学课程的实施才会更加顺畅。社区学院与教师教育有着长期的联系。事实上，在 20 世纪初，两年制学院被认为足以培养在 K-12（幼儿园至高中）体系中任教的师资，社区学院因而在师资培育方面作用显著。随着 20 世纪 30 年代左右学士学位成为学校教师的预期受教育水平，州立大学成为师资培养的主要提供者。但是，社区学院的师资培养功能从未被放弃。以 "2+2" 的方式构建的师资培训体系（即社区学院两年和相邻大学两年）已经被广泛应用。教师教育课程也是大多数社区学院核心的学士学位课程。在戏剧、农业和农场管理、护理和其他卫生领域以及工程技术领域，学院也发展了紧密的衔接模式。奥克兰社区学院和东密歇根大学开发了一个 "3+1" 的建筑学课程项目，学生除了第四年在大学学习以外，其余都在社区学院学习。南加利福尼亚大学电影与媒体制作专业的毕业生所获得的学士学位，并没有注明他们在圣莫尼卡学院进行了头两年的学习，而学生也能节省 6 万美元的学费。

尽管在州政府和院校层面，课程衔接协议是普遍存在的，但关于其有效性的证明却不尽相同。尽管每年大约有 6 万名学生转学到加利福尼亚大学和加利福尼亚州立大学系统，加利福尼亚州高等教育委员会的结论是，转学 "似乎没有受到州政府资助的许多新激励举措和政策的影响"（2002，pp. 11-12）。

安德森、阿方索、孙（Anderson，Alfonso and Sun，2006）和法尔科内蒂（Falconetti，2009）以及罗斯卡和基思（Roska and Keith，2008）进行的研究表明，转学率的高低与课程衔接协议有无的关系并不清晰。

　　州政府课程衔接政策和转学率之间的联系断裂可能是由学分转移和学分申请之间的差异造成的。获得副学士学位的社区学院的学生通常有资格作为大三学生进入大学。在许多州，副学士学位保证了进入大三年级学习的资格。尽管如此，某些课程学分仍然不被认可，一些大学的院系可能需要其他替代课程，而转学可能无法保证按学生的意愿将学生录入特定专业。换言之，学生的学分可以被转移认证，但这些学分不一定适用于大学专业或普通教育模式。因此，学生必须参加额外的、有可能重复的课程，以满足大学的学位要求。由于大多数学生在获取学士学位的道路上就读于两个或两个以上的大学，因此课程学分适用性研究至少与学生学情分析和掌握学生进步的能力研究同样重要。

285　　为了提高转学率和方便转学学分的申请，一些州最近实施了副学士学位的转移项目，即适用于全州的途径或学位项目，使学生获得社区学院副学士学位的同时，可以无缝转学到大学的三年级学习。正如基斯克、瓦格纳和科恩（Kisker，Wagoner and Cohen，2011）写道：转学副学士学位可以理解为七个课程和政策相关要素的组合：（1）通识教育（GE）课程包；（2）低年级预科专业和早期专业途径；（3）关注学分的适用性；（4）转学到大三及以上年级；（5）大学保证录取或优先录取；（6）副学士学位或学士学位学分限制；（7）高年级课程的录取政策。至少有10个州已经实施了包含大部分或所有这些要素的副学士学位转学项目，其他一些州正在制定或正在考虑这样做。

　　其中一个最棘手的问题是，如何确定哪些社区学院的课程学分可以匹配哪个大学的毕业学分。事实上，几乎所有的人文课程都是符合的，但是贸易和技术类课程是多样性的。例如，加利福尼亚大学只接受该州社区学院提供的27%的非人文课程，但加利福尼亚州立大学为73%的课程授予学分（Striplin，2000）。伊利诺伊大学厄本那分校和伊利诺伊州立大学的课程可转移率甚至更为不同，前者接受16%的非人文课程，后者接受80%的非人文课程，即使伊利诺伊州就普通教育核心课程达成全州协议已经几十年了。得克萨斯大学、斯蒂芬·F.奥斯汀州立大学和西南得克萨斯州立大学更加统一：在得克萨斯大学奥斯汀分校大学三年级能接受35%的非人文课程学分，而其他州立大学，这一比例为42%。在这三个例子中，接受程度的差异主要与特定领域的专业匹配

286　度有关。加利福尼亚大学和伊利诺伊大学在营销、贸易和工业或工程技术领域没有开设本科专业，在健康或技术教育专业也很少开设本科课程，而这些领域

的本科教育可以在加利福尼亚和伊利诺伊州立大学系统中找到。而各专业的分布在得克萨斯州更加均匀（Cohen and Ignash，1994）。

人文教育的未来

20 世纪 70 年代和 80 年代出现的人文课程学生的转学率下降已被遏制。尽管到 20 世纪 90 年代中期，转学率一直保持稳定，但到 90 年代末，转学率开始上升，到 21 世纪，全国范围内的转学率徘徊在 25% 左右（Szeleyni，2002）。社区学院的主要职能是转学和传授职业技能。即便如此，两个职能的支持者们并没有放松他们的努力。那些认为社区学院的主要作用是帮助学习者为工作作好准备的人，反复提出了传授职业技能应该是学院的首要功能的观点。他们通常不承认文化和基本读写能力、根据语境的交流能力、理解社会环境能力以及类似的人文教育培养目标实际上对每项工作都是必不可少的。那些提倡人文教育的人往往忽视了学生的生活现实。他们都是或将是社区劳动力。大多数的学生都需要接受某种形式的专门技能培训。

时尚的浪潮、资金支持、学生的兴趣以及教师的想象力都影响着社区学院人文课程的发展。一些因素有利于人文课程的发展。财务方面的因素更有利于人文课程的发展，因为它们比职业实训课程便宜。历史是站在人文教育这边的；人文教育从社区学院成立的第一天起就存在了，传统（或惯性）在教育中起着重要作用。但要使人文教育发挥其全部潜力，吸引所有学生都参与进来，那它就不能脱离职业性课程。与其完全依靠毕业要求来吸引上职业课程的学生上人文课程，不如教师通过人文和科学的合并原则，将人文教育的部分内容融合在职业教育中。技术无处不在。学生一般难以理解政治、伦理学、社会学和科学技术哲学的历史如何影响他们的世界。而且不应该是相关工作人员去关注科学家和技术人员提出的基础假设。一般来说，社区学院的文学和艺术没有充分地融入技术，但是在所有的转学项目中都需要一门完全综合的课程。同样，部分人文课程也可以专门为职业项目的重点课程设计服务。事实上，1990年对珀金斯法案的修正案正强调了这种融合。

如果人文教育衰落，这可能是由于对职业课程持续高水平资助，而没有充分关注一般文化教育和社会意识。此外，从小在电子媒体的即时信息浸润中长大的学生会发现，很难具有反思和自律能力，而这正是人文教育传统的基础。尽管人们在电视和后来的互联网呈现的综合课程建设上已经作出了一些富有想象力的努力，但远离印刷品的长期效果还没有得到充分的评估，尽管这已经成为荒诞派作品的主题。比如针对最近出版的一部小说《半影先生的 24 小时书店》的评论中这样写道："凯特买了一份《纽约时报》，但不知道如何阅读，所以现在她在玩手机。"（Gay，2012，p. 16）通过非印刷图像进行交流现在很普遍。口信不是由一个带着一包包信件的信使带着的，而是通过社交媒体背后的技术来传递的。互联网的普及使得人们在任何地方都可以手持计算器进行计算。超市收银员和餐馆收银员依靠条形码将产品的图片叠加在下单系统上。该系统记录产品的价格以及需要提供的零钱。那么，教育工作者为什么要关心人文教育呢？提倡者会争辩说，人文教育的失败只会使社会阶级的分裂持续下去，增加了蒙昧的个人对权威的依赖。任何一个对社会不那么愤世嫉俗的教育者都会同意这个观点。

288

问　题

人文教育除了在转学项目中发挥作用，它的功能是否可以拓展？它能成为职业课程的一部分吗？人文教育对于那些只想得到职位提升或获得新技能的学生而言意味着什么呢？

人文教育会必然随着学生读写能力的下降而衰落吗？它能以一种没有相应知识储备的学生的认知方式被传授吗？

由相关公民、劳工组织领导人和雇主组成的咨询委员会，在将职业课程与实际职场联系起来时发挥了很大作用。那么为人文教育设立咨询委员会是否同样有助于将人文教育与更广泛的社会联系起来呢？

州内转学副学士学位的增加是否有助于缓解社区学院和大学之间的学分转移和适用性问题？最终是否会大幅提高转学率和学士学位完成率？

在学院内部和外部，转学功能或人文教育功能都有许多拥护者。作为一所综合性学校，社区学院的未来取决于这些拥护者们如何表达他们的关注点。

10

综合教育
完善通识教育

综合教育是指通过多元渠道获得知识，逐步完善知识架构，学会批判性思考，形成价值观，理解传统，尊重多元文化和认知。综合教育最重要的一点是强调知行合一。它是整体全面的教育，而不是专业教育。它存在于很多副学士学位的要求中，但又不局限于此。从理论上讲，综合教育对那些寻求职业准备的人和那些打算转学到大学的人同样重要，但在实践中，很少有机构将其完全纳入这两类学生服务的课程中（参见第九章和第十一章）。有趣的是，综合教育的概念与社区教育的框架非常吻合（参见第十二章），在社区教育中，对责任性、劳动力相关性和紧密衔接性的要求不那么普遍。

通识教育一词最早用于描述这一教育理念。但是当学术学科成为高等教育的定义要素后，通识教育的概念已经发生变化。现在，通识教育几乎被当作宽泛要求的代名词。学生必须学习由不同课程组成的通识类课程来达到大多数学位的素质要求。通识类课程通常由人文、数学、自然科学、社会科学、英语、外语和美术类课程组成。学生可以在类别众多的课程中选择课程学习。这样广为应用的通识教育模式更加科学合理地拓宽了学生的专业技能和知识（专业知识加深了学习的深度）。

关于通识教育的阐述，不仅被兰格、库斯和伊尔斯这些最早著书研究社区学院的教育家们推动着，同时学院以外的群体也对其发展作出了贡献。1947年，高等教育委员会指出了准职业教育的重要性。同时主张"该职业技能应该在一个也能培养通识教育的环境中获得，以使学生同时具备对社会的理解能力和技术技能"（Park，1977，p. 57）。十年后，艾森豪威尔总统的高中后教育委员会也明确提出了这种主张，认为这是社区学院的特殊责任。随后，美国教育委员会极力建议，任何提供副学士学位的机构都应该证明它的学生已经熟悉了通识领域的知识并且已经具备了"分析、沟通、计算能力和综合技能"（《教育学分获取的灵活性》，1978）。学位不仅代表学生在学院获得了培训，也代表该培训包括了通识教育要素。

1977年，卡耐基教学促进基金会发布了《学院课程的使命》的报告。自此"通识教育"广为大众所知。来自其他机构的很多同样主题的报告如雨后春笋般出现，包括：美国高等教育卓越研究小组在美国国家教育中心赞助支持下发布的《参与学习》（1984）、美国国家人文基金会发布的报告《重建传奇》（Bennett，1984）、美国学院协会赞助出版的《大学课程体系的完整性》（1985）；卡耐基教学促进基金会随后发布的《美国本科经历》（Boyer，1987）。

通识教育有着悠久的历史，可以追溯到美国大学最初两百年里开设的道德哲学课程。这些综合的经验通常是由学院的校长传授和展示给所有学生的。尽管如此，在19世纪下半叶，这类通识教育课程在很多院校被自由选修课程所替代。这类古老经典的课程体系逐渐消失，取而代之的是将课程作为一个有机整体传授给学生。

与选修课程对应的便是必修课程。学术部门间通过协商指定一系列课程组。必修课作为课程组织原则取得了成功，但并没有阻止那些提倡课程整合的人。他们通过调研课程，尝试恢复原有的秩序，比如哥伦比亚大学的当代文明课程最早于1919年开设，通常被视为课程整合原型。

鲁道夫（Rudolph）在其教授的本科课程中，将这一概念追溯到了20世纪70年代，并得出结论："在20世纪40年代和50年代，被广为宣传的通识教育重塑了学习课程。而在20世纪60年代和70年代，由于宣传较少，关于通识教育的要求也越来越少。"（1977，p.253）根据他的研究，通识教育成为教师权力的牺牲品：不能引起学生的兴趣、不断增长的对教学时间的需求、很难与学科融合，最关键的是它不好展示，而且很难讲得深入。在美国高等教育中，通识教育一直是一种崇高的理念，但在实践中却是一潭死水。

通识教育是根据它所涉及的人所具有的能力来定义的。20世纪50年代初，研究加利福尼亚社区学院通识教育的一个团队提供了一份清单，包括接受通识教育的学习者应该具备的12项能力：

- 行使平等公民的权利和义务；
- 形成指引自己人生的一套健全的道德及精神价值观；
- 通过口语和写作，能清晰地表达想法，并且具备阅读和听力理解能力；

● 掌握日常生活所需的基本的数学和机械技能；

● 掌握批判性思维方式来解决问题和辨别不同价值观；

● 了解自己的文化遗产，从而了解自己所处的时代和位置；

● 了解自己与生物和物理环境的相互作用，以便更好地适应和改善这种环境；

● 为了自己、家人和社区保持身心健康；

● 发展平衡的个人和社会适应能力；

● 共享和谐美好家园及家庭生活的发展成果；

● 实现满意的职业调整；

● 积极参加各种令人满意的、具有创造性的活动，并且尊重和理解他人的创造性活动。（Johnson，1952，pp. 21-22）

这份清单，或其中的一部分，在许多社区学院的目录中被逐字复制，因为它展现出以能力为基础的特点，即使它宽泛到可以认证任何课程或计划。

2001 年，也就是在约翰逊（Johnson）给出能力清单 50 年后，哥伦比亚社区及初级学院认证协会草拟了一套通识教育的"综合目标"，其中包括大部分与清单相同的能力。

293

● 介绍主要知识领域的内容和方法，如人文及艺术、自然科学和社会科学；

● 具备成为高效工作者和终身学习者的能力，包括口头和书面交流、科学和定量推理、批判性分析或逻辑思维、知识获取、计算机素养以及与他人合作的能力；

● 具备成为有道德的人和有效率的公民的能力，包括尊重他人、人际交往技巧、礼貌，欣赏美学、文化多样性、伦理原则、创造力和历史观点，愿意承担公民、政治和社会责任。（2001，p. 5）

尽管通识教育表面上很有吸引力，但要将其定义为人人都应该知道的东西从来就不是一件容易的事，最近又有三种额外的观点影响了它。第一类观点认为，没有知识对每个人来说都是基本的，因为每个人都有不同的背景，由此形成了独特的观点；男人不能理解女人的观点；祖先来自非洲的人不能理解祖先为欧洲的人的观点；一个群体成员写的书与其他群体无关。第二类对立的力量认为：语言、价值观和理解力的发展演变如此之快，以至于没有一种参考比另一种更相关，没有一种是永恒的，没有一种能在新一季的电视节目中存活下

294　来。除此之外，大多数大学仍然将通识教育定义为一套以学科为基础的课程，以此来满足具有不同兴趣的教师的需求。第三类正如凯利（Kiley，2012）写道，综合教育或通识教育的理念已经"输掉了关于大学教育目的、良好教育应有的样子以及教育应如何融入国家结构的信息战"（p.1）。就业准备在慈善团体的议事日程中占据主导地位。通过创建普通低层次的课程和路径，实现转学并申请四年制大学的专业，是许多州的一个重大政策。这两项举措虽然值得称赞，却使社区学院开设真正的综合课程变得更加复杂。

　　社区学院是否可以修改它们的做法，即要求申请副学士学位的学生从学科范围内的课程清单中选择项目要素？这将是一个漫长的、专门的综合课程建设过程，并需要与转学的大学协商，认可大部分的综合课程学分。但是，这种转变的基础现在以批判性思维、服务学习、公民参与以及新兴的可持续发展课程和活动的形式存在。这些课程和活动可以作为一个严格的、现代的课程整合在一起，将一代又一代通识教育倡导者追寻探索的理念，传授给学生们。

批判性思维

　　批判性思维作为一项教学改革，已经被推进了几十年。作为综合教育的核心，它有许多定义，包括将其与专业人员使用的思维方式联系起来，增强学生的开放性和抑制冲动的能力，以及"清晰思考以形成有根据的判断"（Elder and Paul，2007，p.43）。埃德和保罗将批判性思维与创造性思维联系起来。他们把"才能""天赋""天资"和"天才"等定义为天赋，而"聪慧""聪295　明""有学问""能手"和"艺术大师"则是指可以教导和学习的品质。埃德将批判性思维称之为"学习型学院的关键"（2005，p.39），并展示了它如何影响教师的发展、成果评估和大学文化的演变。

　　批判性思维应该为所有在自己的大学生涯中学习过的学科的教师所熟悉，因为每个学科"都是一个意义相关的系统，具有明确的逻辑来预设并使用批判性思维的概念和工具"（Paul，2005，p.29）。此外，在读写教学中，很多努力都集中在通过分析和评估写作（一种批判性思维活动），来提高写作能力。批判性思维已经与跨学科的写作联系在一起，并与将社区学院教学提升到高级学习或至少是学院水平联系在一起。巴恩斯（Barnes，1992，2005）和麦克马洪（McMahon，2005）从许多角度审视了批判性思维本身。他们对社区学院的新方向进行了大量的回顾。他们不仅回顾了这一概念，还回顾了社区学院引入和维持这一概念采用的多种方式。许多教育工作者对评估批判性思维的难度发表了评论，但是伯斯（Bers，2005）列出了十几种标准化的评估工具，其中一些评估工具已经使用了几十年，如沃森-格拉泽批判性思维测试。

服务学习

20 世纪 90 年代，将服务学习纳入社区学院课程的努力与最初的通识教育理念相呼应。服务学习的出现是为了减少学科中所描述的人文学科之间日益扩大的差距，其最初的目的是将学习置于更大的社会背景中。服务学习作为一种教学方法，将社区服务与课堂教学结合起来，注重批判性、反思性思维以及个人和公民责任（Robinson，1999，p. 1）。因此，服务是学生学习经历的直接组成部分，在学术课程和现实问题之间有着明确的联系，使学生能够体验到其对社区和周围环境的影响程度。1995 年，31% 的社区学院将服务学习纳入其课程。到 2012 年，三分之二的学院提供服务学习课程。两个主要的服务学习论坛为由美国社区学院协会主办的服务学习交流所和位于亚利桑那州梅萨社区学院的校园契约国家社区学院中心。

校园契约国家社区学院中心是一个由美国三分之一的高等教育机构参加的联盟。它提倡校园体验（而不是在线体验），以促进学生之间的互动和合作。它出版了《课程建设基础》作为服务学习指南，其中包括主题概念和目标：公民技能；批判性思维；公共问题的解决；集体行动。2011 年，校园契约国家社区学院中心对其成员学院进行了调查，发现 37% 的学生在 2010—2011 学年从事服务、服务学习或公民参与活动，估计为其社区提供了 91 亿美元的服务（2007—2008 年为 57 亿美元）。最常见的活动是为当地学校的学生提供家教辅导和学习指导，但学生也参与社会和健康服务、环境和可持续发展工作以及到老年中心服务。社会科学和英语专业的教师最有可能赞助服务学习。他们和来自社区组织的合作伙伴一起参与服务学习。参与服务学习的学生更有可能留在学校完成学业。佛罗里达州的布里瓦德社区学院发现，在截至 2005 年的六年时间里，其参与服务学习的学生的毕业率高于那些没有参与的学生（Robinson，2007，p. 3）。

公民参与

凯特琳基金会几十年来一直致力于推动公民参与。罗兰（Ronan，2011）

在基金会的一份出版物中将公民参与定义为通过经验、探索潜在价值观以及在追求某种公民目标的人之间建立信任关系，以此随着时间的推移，培养技能和习惯的过程。这些习惯是通过课堂和非正式场合的深思熟虑培养出来的。学生不仅从事服务性活动，如在施粥所服务和在贫困儿童幼儿园提供辅导，而且还参与反思和讨论，如无家可归和贫困的根本原因。活动和讨论通常聚焦在学生和他们所在的社区的重要问题上，并强调与他人一起做而不是简单地为他人做的概念。

社区学院通过为学生们提供参与如罗兰所言的"民主的工作"的机会，让学生们为社区生活和工作以及民主的社会作好相应的准备。在众多致力于推动公民参与的学院中，麦康布（密歇根州）培训学生如何利用媒体参与和宣传他们关心的问题；格林河（华盛顿州）通过人文课程讲解人权事项；韦恩县（密歇根州）通过公民参与纠正底特律的学校隔离制度（Ronan，2011）。柯特兰社区学院（密歇根州）已经展示了乡村学院如何让高比例的学生参与公民活动（Holton，2003）。

随着学生们学会以团队的方式解决问题和协商冲突，他们获得了就业技能，并且可能获得其他重要成果，例如批判性思考、发展价值观以及尊重不同文化和观点的能力。此外，公民参与计划帮助学生将他们在课堂上学习的内容与他们在课外的体验联系起来。基斯克和罗兰（Kisker and Ronan，2012）引用了一位来自社区学院的教师的话来解释这个观点："当学生看到……他们的课程和他们对现实世界的关注之间的联系，学生会做到最好。对我而言，这意味着公民问题和社区参与是一种将统计数据与我关注的社会公正问题、生物学和我未来的职业、基础数学和我的家庭支付账单联系起来的方式。"（p. 8）公民参与是公民综合教育理念的核心。

可持续发展

可持续发展完善了综合教育。可持续发展指生物、经济和社会活动的几种类型。它依赖于环境的可持续性、生活水平的提高、可再生资源的使用、生态经济学以及"以生存为本的进步"（Hawken，2007，p. 288）。环境教育的目的是让人们"了解并关心环境和人类对环境的影响"（p. 233）。"绿色学校"教授生态意识，鼓励学生采取对环境负责的行动。总体而言，可持续发展旨在提高每个人的生活质量，并传授可持续资源的管理。霍肯《福佑的动荡》一书有110页的附录，列出了许多致力于可持续发展教育的非政府组织，以及类似于健康地球等概念。他把这称之为一场没有领袖或意识形态的运动。大学教职员工在确定与哪些组织安排合作关系方面不会有困难。与这些机构有联系的学生将获得多种形式的公民参与经验。

许多被资助的可持续发展项目都是为了在大学教育中融入这类改革。尽管如此，正如巴恩斯（2005）报道的那样，当资助停止的时候，这些举措也就消失了。所有的课程和教学改革都需要实际操作者，它们自身不能持续发展。成功的课程将与传统课程相结合，以满足四年制学院和大学的期望，即转入的学生作好了高年级课程准备，同时，也可以满足关注狭义职业教育的立法者的要求。许多学院和大学中都建立了综合性可持续发展课程的基础。促进高等教育可持续发展协会有数百个机构成员。霍肯指出基层组织在全世界有数万个，仅在环境教育方面就有近 12 000 个，在自然资源教育、可持续发展教育、能源效率和节约以及可再生能源方面更是有数千个（2007，pp. 233-236）。

美国巴特学院（加利福尼亚州）是众多学校的领导者，它通过调整生命和社会科学课程，将服务学习与可持续资源联系起来（Meier，2008）。圣莫尼卡学院（加利福尼亚州）将自己宣传为全国最绿色的大学之一。它提供环境研究领域的副学士学位、太阳能光伏板安装职业证书以及回收和资源管理证书，并拥有一个有机学习花园以及一个环境与城市研究中心。2008 年，该学院与其他 600 所高等院校签署了减少碳足迹的承诺，并采用了以下的机构学习成果：通过参加圣莫尼卡学院的体验项目，学生将会以可持续发展的、道德的方式生活，来为自己对地球的影响负责（圣莫尼卡学院，p. 1）。

重新强调综合教育

社区学院已经得到了很多致力于高等教育改革的人士的关注，尤其是那些希望通过提高毕业率和为学生提供能在职场收获成果的技能来推动高等教育改革的人。毕业手册中强调劳动力发展，同时呼吁为更多类型的学生提供机会。这两点都很重要，因为辍学率很高，而且美国劳动力不能仅仅依赖传统的技术劳动力来源。但是招收准备不足的或者边缘化的学生与期待他们带来高毕业率是矛盾的。正如欧班诺（O'Banion，2012）指出："大学准入的政策实际上阻碍了学生成功。"（p. 8）他引用了一位大学领导的话："我们面临的最大挑战是通过创造一种毕业文化来改变人们对不成功的关注。"（p. 8）欧班诺总结得出：要实现这一点，学院必须提供"一个广泛的教育，将传统人文学科和'软技能'嵌入个人发展和体验式课程"（p. 14）。换言之，综合教育的方向转换是有益的，不但是因为它将带来很多关于人文教育的益处，而且它是实现完成毕业议程的关键（有可能被忽视）。

对于这一行动，我们可以找到相当多的支持。大学可以从综合教育如何提高工作技能和就业能力开始，这将吸引那些支持实训课程的人。他们可以努力将综合教育理念融入一些副学士学位和职业证书所需的课程。他们还可以创建新的课程，强调服务学习、公民参与和可持续性。这些举措中的每一项都可以在全国各地的大学中找到。

有趣的是，最近开发的几个课程避开了传统的分配要求，转而倾向于更为综合的通识教育方法。蒙特圣玛丽学院已经开始提供商业管理、计算机科学、人文学科、健康管理等专业的在线教育的副学士学位。这些专业培养聚焦"批判性思维、团队协作、解决问题和性格"等核心能力。蒙特圣玛丽学院的院长斯里坎特·瓦桑这样描述学院课程的基本原理："雇主对于社区学院培养的毕业生并不满意。同时，我们作为高等教育机构不停地向雇主展示没有说服力的学位和成绩单，这与雇主的期待不吻合。例如，他们期待学生具备解决问题的能力。"（Tilsley，2012，p.1）蒙特圣玛丽学院授予的学位，比传统的副学士学位包含更多，它将是"一个证明学生具备学习能力和潜在职场能力的学位"（p.1）。

综合教育正蓄势待发，为成千上万的转入大学的学生和那些在社区学院毕业后不再继续升学的人士服务，但它将采用更加完善的形式。

问　题

很遗憾，学院和大学从课程诞生起就未能完成其综合教育使命。重新强调综合教育来突出社区学院现有的和新实施的服务学习、批判性思维、公民参与和可持续发展计划，是否有助于减少公众对该问题的抱怨？

基于将分配要求导向作为向学生提供大学教育的主要方式，是否会让步给新的、更具创新性的方法，如蒙特圣玛丽学院的方法？或者在一个州内统一，大学之间的学生转学和课程衔接相一致，以确保在一个州内与通识教育模式相关政策能够保留。

欧班诺（2012）指出，综合性教育将社区学院的关注点由大学准入变成学生成功。那么综合教育的理念将通过什么方式得以进一步有效实施呢？

11

职业教育

劳动力准备领域的发展和变化

1964 年，美国初级学院协会（American Association of Junior Colleges，
AAJC）召集了一批杰出的公民作为全国初级学院咨询委员会成员，他们得出
结论：两年制的学院通过提供包括职业培训以及传统的人文教育和普通教育在
内的综合课程，为增加教育机会提供了美好的前景（美国初级学院协会，
1964，p.14）。委员会建议"立即采取措施加强职业教育工作"（p.1），许多
其他委员会和咨询团队也发表了类似声明，其中包括 20 多年前的美国初级学
院协会自己的终端教育委员会。这些倡议十分引人注目，且正逢职业教育方兴
未艾，并开始涌入两年制学院的教育。

1963 年，《联邦职业教育法》的通过扩宽了对学校的联邦援助标准。随着
新标准的出台，国会慷慨地拨出了资金——1968 年拨款 4 300 万美元，1972
年拨款 7.07 亿美元，1974 年拨款 9.81 亿美元——这些资金还为弱势群体和残
障学生提供了资金用以参加职业课程。随着资金的激增，职业教育以其倡导者
梦寐以求但从未实现的方式席卷各学院。

本章包涵了职业教育的各个方面，包括课程和项目的发展和局限性。这些
课程和项目旨在服务那些拟进入职场，不再进行继续学历教育的学生或者在职
学历提升者。同时还涵盖了职业教育更广泛的含义：它遏制了学生去申请学士
学位吗？它对缓解失业有多重要？有多少与商业和工业领域的合作是可取的？

早期发展

职业化的一个标准是指一个群体在允许新手进入他们的行业之前所需要的受教育年限。20 世纪早期高等教育发展的一个主要推动力是众多职业群体对职业地位的追求。随着这些职业的发展，一套辅助或支撑这些职业发展的培训职业，有时被称为半专业教育，围绕着它们发展起来。专业培训被搬进了大学，但辅助人员的培训仍留在外面。社区学院的发展部分是因为它们早期的一些支持者认识到了对半专业教育的需求，并对大学的迅速调整并提供这种低于学士学位的教育感到失望。

很早开始，两年制学院（初级学院）就呼吁职业技术教育。1900 年，芝加哥大学的校长威廉·雷尼·哈珀（William Rainey Harper）建议："许多没有勇气转入四年制大学继续深造的学生更希望在进入职场或职业学校之前有两年的真实工作经历。"（Brick 引用，1965，p. 18）加利福尼亚州初级学院的创立者们假设，他们学院的一个目的是提供农业、技术研究、手工培训和家庭技艺方面的终端课程。1927 年，亚历克西斯·兰格（Alexis Lange）表明，初级学院培养的技术人才可以占领手工劳动者和专业人士之间的中间位置。1924 年，库斯（Koos）描述并称赞了 19 世纪 20 年代早期初级学院的职业技术课程。

美国初级学院协会在早期的会议上就提出过开办职业教育的主张。在 1920 年的会议以及在之后二三十年代几乎所有的会议上，职业教育都被提上了议程。布里克（Brick）总结这些讨论，他指出"美国初级学院协会应当意识到它需要在终端教育中发挥领导作用"（1965，p. 120）。他引用了该协会主席科尔弗特（C. C. Colvert）在 1941 年的一次讲话，科尔弗特曾告诫初级大学的教育者不要鼓励政府为适龄学生提供职业教育的资金。他说道："如果我们初级学院不是忙于为继续深造的毕业生提供课程，而是为大部分的学生提供合适的、实践性的终端课程，我们才能有幸培养这些年轻人。"（Brick 引用，1965，p. 121）

布林特和卡拉贝尔（Brint and Karabel）的书《梦想转换》的主要观点是：美国初级学院协会是影响社区学院教育重点从大学预科到终端职业教育转变的主要力量。地方学校董事会和学院领导对国家协会的关注程度尚有争议，但毫无疑问，美国初级学院协会一直很努力地在推动。1939 年，美国初级学院协会成立了初级学院终端教育委员会。该委员会持续深入研究终端教育（主要是职业前教育），组织研讨会和会议，并且出版 3 本书，总结了感兴趣的领域以及初级学院在该领域的努力。尽管各方付出了很多努力，但正如委员会指出的那样，还有更多工作要做："目前，国家初级学院提供的所有课程中，大概有三分之一是在非学术或终端领域。毋庸置疑，这样的情形与较理想状态仍相差很大，但是表明它在正确的方向稳定健康地发展。"（Eells，1941a，pp. 22- 306
23）伊尔斯强烈谴责这一事实，即66%的学生都在学习的课程，实际是为27%的准备继续进入四年制大学深造的学生开发的课程。

　　1940年，初级学院提供的终端课程比例升至70%。其中，最受欢迎的是商科和文秘类、音乐、教学、普通课程和家政类课程。其中，超过三分之一的学生选择学习商科，注册学习农业和家政类课程的比例相对较低。表格11.1部分展示了学院的数量以及它们提供的终端课程的比例。

表11.1　1917年至1937年初级学院提供的终端课程或职业课程的占比表

调查者（年份）	所有初级学院		公立初级学院		私立初级学院	
	学院数量	终端课程占比	学院数量	终端课程占比	学院数量	终端课程占比
麦克唐威尔（1917）	47	14	9	18	28	9
库斯（1921）	58	29	23	31	35	25
伊尔斯（1930）	279	32	129	33	150	29
科尔弗特（1937）	—	—	195	35	—	—

来源：伊尔斯，1941a，p. 22。

定　义

　　职业教育的术语从来就不准确：术语"终端""职业""技术""半职业""专业""事业"等词都可以互换使用或组合使用。对于1940年的委员会和学院来说，终端意味着课程并不是为了学位而设计的，而是为了更好地走向就业。早期，"职业的"通常指提供给准备从事农业、贸易和经商的学生的课程。"半职业的"通常指工程技术人员、总助理、实验室技术人员以及其他从事制造、商业和服务职业的人员。"技术的"指为从事科学和工业领域的工作准备。"职业的"课程似乎覆盖面最广，并且最常用来指代以就业为导向的课程体系。职业生涯教育诞生于20世纪50年代，指低级别学校在引导年轻人为职场准备所付出的努力。目前，这个术语大多作为混合词使用，例如：职业技术教育（Career-Technical Education，CTE）。目前，"终端"这个术语不再被使用，但是其他术语仍在被使用。"职业的"这个术语最常被国家教育统计中心和其他政府机构使用。

尽管直到 20 世纪 60 年代，社区学院的主要功能仍然是大学转学功能，但是职业技术教育的制度结构已经开始形成。大多数州的社区学院授权法案倾向于承认以上两个主要功能。1921 年的加利福尼亚州地区法律允许初级学院提供大学预备教育、农业、工业、商业、家庭和其他职业的培训，以及公民教育和人文教育。类似的 1937 年《科罗拉多法》将初级学院定义为一所提供 12 年级以外的学习和职业教育的机构。密西西比州要求初级学院课程体系包括农业、家庭经济、商业和机械技艺。到 1940 年，近一半的州的初级学院法律明确规定了职业教育功能和转学功能。当时的国家和地区认证协会也将这一规定写入其规则中。

然而，职业课程的注册人数并没有达到与大学课程同等的水平。到了 20 世纪 50 年代，它们只占总注册人数的四分之一或更少。1929 年，20% 的加利福尼亚州学生和 23% 的得克萨斯州学生参加了终端课程（Eells，1941a，p. 24），那些学生中不是所有的都参加了职业性课程学习；这些数字包括公民责任的高中继续教育课程。1938 年，伊尔斯（Eells）的报告指出：35% 的学生参加了终端课程，但是当排除非职业性终端课程时，注册比例就会低于 25%。这一数据一直持续到 1960 年。进入初级学院的学生中有 75% 在大二之后没有继续学习。因此根据定义，他们是参加终端课程的学生，但只有约三分之一的学生真正注册了终端课程。"这两个数字的差异表明，超过 40% 的初级学院学生就读的课程并不是最能满足他们需求的。"（Eells，1941a，p. 59）。

扩展的限制

为什么职业教育课程在 20 世纪 60 年代之前没有蓬勃发展？首先，因为职业教育强调终端属性，这往往会让潜在的学生望而却步。很少有人想放弃继续深造的选择，因为对大多数学生来说，上大学意味着有机会获得学士学位，即"合法"学位。学院教育的概念已经根深蒂固了。

阻碍职业课程发展的另一个因素是学院规模小。到 1946 年，初级学院的平均入学人数一直低于 1 000 人。入学率低的学院无法提供职业课程，因为这类课程费用太高。伊尔斯（1941a）报告了初级学院规模和注册职业课程之间的直接关系。规模小的学院（不超过 99 名学生）的注册终端课程的学生占比为 10%；中等规模学院（100—499 名学生）占比 32%；大规模学院（500—999 名学生）占比 34%；超大规模学院（1 000 名及以上）占比 38%。

限制终端课程发展的第三个因素是很多早期初级学院和高中的紧密联系。在这些学院里，管理者更喜欢大学课程，因为这对于高中生来说比职业课程更具吸引力。它们不需要新的设施或设备，它们可以与四年制的高中课程相结合，以提高入学率，而且它们不需要招聘新教师。

声誉因素同样很重要。大多数新的初级学院都在以前没有大学的城镇开设。公民和教育工作者都希望他们的大学是一所"真正的大学"。如果大学本身不能提供学士学位，它至少可以提供通向大学的前两年的学习。在公众眼中，大学并不是一家手工技艺培训店。成本是一个重要因素。许多职业项目课程需要昂贵的专用设施：诊所、机床、汽车修理厂、焊接设备。相比之下，大学学习成本很低，转学类课程通常可以在随机可换的教室授课。这些教室都有同样的桌椅和黑板，并且经常是同样的老师来上课。英语、历史和数学等科目都可以在这些教室上。 310

最后，20 世纪 20 年代和 30 年代的中学也提供了商店贸易、农业、秘书技能、簿记和销售技巧方面的教育。只有当这些领域的雇主要求求职者具有高等教育经历，直到健康、工程和电子技术等领域受到重视，社区学院的职业教育才能得到发展。

综上原因，尽管伊尔斯和他的委员会付出了很多努力以及随后的初级学院协会组织了很多活动，但学院领导们并没有紧密联合呼吁开展终端学习。在一些州，例如密西西比州，职业教育是必要的；而加利福尼亚州的学校规模足够大，可以在职业院校和大学中开设综合课程，职业教育做得很好。但是，在那些高等教育功能占主导地位的州里，规模较小的学校直到很晚才制定出大规模的职业项目。

发 展

20 世纪 60 年代开始，职业教育课程的入学比例快速增长并远远超过人文学科的入学率，并且一直持续了 20 多年。这个发展是由很多因素促成的：早期初级学院的领导们组织的运动产生的影响，以及后来的领导者强势倡导、推动甚至是刺激；1963 年的《职业教育法案》以及后来的修正案；两年制学院的规模的扩大；非全日制学生、女性、弱势群体、残疾人士以及老年学习者的增加；社区学院吸纳了成年教育项目和高等职业教育项目，该项目以前是由中学开设的；劳动力市场的变化。

《职业教育法案》并不是第一个为两年制大学提供联邦资金的法案。1939
311　年初级学院终端教育委员会注意到，根据 1917 年的《史密斯-休斯法案》和 1937 年的《乔治-迪恩法案》，至少有 14 个州的 62 所初级学院接受了联邦基金的拨款。联邦资金专门用于资助低于学院级别的院校："这并不意味着该院校一定不如学院——只是接受联邦资助的特定项目的机构的水平必须低于学院层次。"（Eells，1941a，p. 29）美国教育办公室称，如果某经贸类或工科类教育的入学要求不是唯一的准入条件，而是为将来在工业领域就业作准备，且这类项目不能获得学位，也不需要符合常规学院课程的要求，那么它的水平就是低于学院层次的。根据多尔蒂（Dougherty，1988）的说法，早在 1937 年，美国初级学院协会就在游说废除仅支持低于学院层次院校的条款。

1963 年的《职业教育法案》以及 1968 年和 1972 年的修正案促使联邦政府增加了对社区学院的资助。其他联邦法律，如《全面就业与培训法》（1973年）、《职业培训合作法》（1982 年）和《卡尔·帕金斯职业和技术教育法》（1984 年）提供了社区学院共享的额外资金。随后几年出现了就业机会、基本技能、综合贸易和竞争力、工作场所扫盲以及合作教育项目，这些项目在1994 年的《从学校到工作机会法案》和 1998 年的《劳动力投资法案》加入后被取代、修改或扩展。1994 年，高等技术教育计划通过，国家科学基金会随后资助了 200 多个项目，以及实验室的改进。总而言之，在劳动力准备和职业研究方面有几个明确的具体法案，而大多数用于其他类型教育的联邦基金都是
312　通过佩尔助学金和面向学生个人的贷款项目运行的。联邦政府的方向是显而易见的。

各州也很活跃。在伊利诺伊州，许多新选区是在向选民承诺拥有超过 50%的职业教育课程的基础上形成的，1 871 个课程中占 66% 是职业课程（伊利诺伊州社区学院理事会，1976）。在佛罗里达州，副学士学位和发放证书的职业课程超过了 200 个。夏威夷州提供了 80 种不同的教育项目。正如麦克卡比（McCabe，1997）在评论中所详细描述的那样，"各州……比联邦政府更致力于推动改革劳动力发展。尽管劳动力改革传统上以联邦资助项目为主，但各州在推动劳动力发展方面的资金投入远远超过联邦政府的资金（p. 9）"。

尽管许多个别学院提供了 100 个或更多不同的职业课程，但那些可以支持学生拥有更多职业选择的课程是最受欢迎的。商学院的课程吸引了大多数学生，因为它们提供的机会非常广泛。卫生专业和工程技术吸引了大量的学生，因为这些领域的专业基础不断扩大，对专业技术人员的需求不断增长。由于计

算机在所有职业领域的迅速扩展应用，计算机科学在 20 世纪 80 年代变得流行起来。根据就业市场的变化，而其他专业领域课程却在涨落。

一些入学人数的增加是由于初级学院的升级和向社区学院转移了以前由其他教育机构（中等和成人学校、技术学院和地区职业学校或中心）履行的职能所致。这一趋势在佛罗里达州最为明显，28 所社区学院中有 14 所学院被指定为地区职业教育学校。它们都设有一个部门，其他学院则与经营地区职业技术中心的学校董事会签订了合作协议；在艾奥瓦州，所有的公立社区学院都与地区学校合作；内布拉斯州被划分为技术社区学院地区；在北卡罗来纳州，技术学校是社区学院系统的一部分；在芝加哥，成人教育和职业技术教育项目被从城市学校转移到社区学院系统（Lombardi，1975）。

来自各方的努力在一定程度上削弱了导致学生和家长偏重学历学位教育而忽视职业教育的力量。在 1978 年至 1987 年的全州总体规划中，马里兰州社区学院委员会报告说，"对职业教育项目的日益重视反映出学生和家长价值观和态度的转变，因为所需要的教育水平应该要满足理想的就业机会的要求。这一转变也在国家预测报告中体现，预测在未来的十年，80% 的可获得的工作所要求的学位将低于学士学位"（1977，p. 34）。美国劳动部的数据表明，20 世纪 80 年代主要的工作领域是零售销售员、出纳、股票操盘员等。学士学位在类似的专业领域不是必备条件；经理和管理者是排在前 15 名的唯一需要学士学位教育的工作类别（Kuttner，1983）。

稳定性

职业教育入学人数增长不可能无限期地持续下去。它从 20 世纪 60 年代后半段开始增长，并在 20 世纪 80 年代开始趋于平稳。尽管只有少数社区学院的学生完成了课程，但是授予副学士学位的数据显示了职业教育受欢迎程度指标。表 11.2 和表 11.3 列出与职业有关的学位百分比和颁发学位专业的百分比。授予的副学士学位相关数据显示，文理科、通识课程和人文学科的总学位比例从 2000—2001 年的 34% 略微下降到 2010—2011 年的 33%。卫生健康及相关专业从 15% 上升到 21%。国土安全、执法和消防从 3% 上升到 5%。商业、管理和市场营销学位在所有副学士学位中的比例稳定在 15%。计算机和信息科学学位的比例从 6% 下降到 4%。总体而言，在 2010—2011 年，以职业为导向的学位占了 58%。

313

314   **表 11.2   1970—1971 年至 2010—2011 年高等教育机构授予的各类课程的副学士学位统计表**

年份	所有课程	文理科 或通识课程	所占百分比	职业课程	所占百分比
1970—1971	253 635	145 473	57	108 162	43
1976—1977	409 942	172 631	42	237 311	58
1982—1983	456 441	133 917	29	322 524	71
1987—1988	435 085	148 466	34	286 619	66
1991—1992	504 321	195 238	39	309 083	61
1995—1996	555 216	211 822	38	343 394	62
1999—2000	564 933	249 975	44	314 958	56
2003—2004	665 301	308 064	46	357 237	54
2010—2011	942 327	398 091	42	544 236	58

来源：NCES,《文摘》，2005，2012。

表 11.3   2010 至 2011 年授予副学士学位的主要领域表

主要领域	副学士学位	所占百分比
文理科、通识课程和人文学科	306 670	33
卫生健康专业及相关学科	201 831	21
商贸	139 986	15
国土安全、执法和消防	44 923	5
计算机和信息科学	37 677	4
工程技术和工程相关领域	35 521	4
多学科/交叉学科研究	23 729	3
视觉与表演艺术	21 379	2
教育	20 459	2
机械维修技术/技师	19 969	2

来源：NCES,《文摘》，2012。

315   总而言之，在过去四十年中，国家授予学位的数据在直接就业领域的贡献率超过了50%。这一比例在20世纪80年代中期达到顶峰，之后获得学士学位的学生比例再次增长至与寻求立即就业的学生比例持平，这一比例也随之下降。

合同培训

合同培训是指为特定的职业目的而提供的指导，通常在大学学分计划之外。它分为三类：专门为某些公司的员工设计的培训；对公共机构员工的培训；为失业者或领取福利金的特定群体提供的培训。资金可能来自受益的公司或公共机构，也可能来自州或联邦基金。

企业合同培训通常在公司的办公室或工厂进行，使用他们的设备。如果公司支付所有费用，包括教师的工资，按统一费率或人均成本，那就没有问题。但是，如果这些课程带有大学学分，而且课程经费已经通过了州政府的报销程序，那么它们必须对所有申请者开放，但因此可能会危及公司的工作规则。在许多情况下，学院提供的现有课程已通过修改来适应雇主的要求，并保持完整的教师配置和原有的课程认证。公司可提供新设备，以实物支付特殊服务。课程的开发成本也可以向公司收取，但由退费引起的财务程序可能难以操作。

合同培训已成为社区学院整体教育工作的重要组成部分。劳工及社区发展委员会（1997）和美国政府审计局（2004）进行的调查表明了其重要性。实际上，全国所有的社区学院都参与其中。为特定公司设计的课程包括特定工作和计算机相关培训、管理准备和职场读写。合同培训的普遍性是由于学院寻求外部资金以抵消州政府收入和地方收入的减少；企业寻求较优惠的培训和培训工人的方式；对于州政府而言，它们希望通过补贴该类型的合同培训来吸引新的商业和就业机会。很多州投入了大量资金补贴。科罗拉多已经提供了 270 万美元用于商业和工业企业在社区学院的合同培训。同样，肯塔基州每年向由社区技术学院系统管理的劳动力培训激励回报项目提供 600 万美元的支持。这项计划涵盖了社区学院向企业提供培训的 65% 的成本；企业偿付剩余的成本（Oleksiw and others，2007）。对于一些社区学院，尤其是那些拥有大型或多个合同培训合作伙伴关系的学院而言，这是很好的商机。2005 年关于全国的社区学院的调研表明：32% 的两年制学院的继续教育收入来自合同培训（Pusser and others，2005）。

工会领导者们也支持职业教育项目。例如，通过与雇主谈判协商培训资助项目，职业项目咨询顾问帮助建立合作式的学徒制培训项目和协助培训工会成员学习领导力项目。一些工会赞助的活动资助成员学习人文课程项目；其他项目旨在帮助员工处理个人问题或者与雇主之间的问题。

多尔蒂和巴基亚（Dougherty and Bakia，1999）对 20 所社区学院的 5 个行

业（汽车制造业、服装制造业、建筑业、银行业和汽车修理业）的合同培训进行了研究。在汽车制造业、汽车修理业和建筑业中，技术工人培训项目被认为是主要的合同培训项目，而对入门级和半熟练工人的培训却很少。培训项目通常由雇主和工会管理，但社区学院在课程选择和评估相关决策方面具有一定的影响力。由于成本低、可靠性高、对雇主需求的响应能力强，这些社区学院成为许多雇主选择的培训合作伙伴。

　　学院是如何受到影响的？作为一项重要的福利，合同培训提高了入学人数，许多最初参加职业合同培训的学生后来也回来参加普通教育课程。合同培训还经常为社区学院提供大量的额外收入。合同培训的非货币收入包括新设施、设备、培训辅助设备和教师培训。合同培训带来的更大的知名度和政治支持，强调了社区学院在降低失业率方面的作用，也是其中的优势之一。

　　合同培训也会带来一些负面影响。它将使更多的企业参与到学院的内部决策过程中，并可能令教师对职业和合同培训课程产生不安，因为这两个课程经常是为了竞争学生。虽然受益的雇主提供了这些培训课程成本的很大一部分资金，但学院也经常提供资金作为补充。由于这些课程与大学学分课程的关联性很小，一些教师团体抱怨说，培训课程雇用的教师没有得到正规的教师资格认证，他们不按照传统开发课程，从而降低了整个学院的教学质量。

更广泛的影响

　　职业教育的更广泛意义是什么？大学应该付出多少努力，为国家工业发展提供接受过培训的工人？学术纯粹主义者和许多公民领袖认为：都不是。但社区学院的领袖和立法者认为：都做到了。一大批的评论员和教育哲学家会争辩说，为特定行业培养专门岗位的有职业准备的员工不是学校的目的，因为学校应该有更广泛的社会目标，而且企业可以更有效地对特定工作的员工进行培训。持这一说法的人并不一定是请求回归到旧的时代，即高等教育的目的是为绅士提供一套独有的行为准则。

　　其他工业化国家的劳动力培训模式也提供了一些借鉴。一些国家依靠高等教育机构承担主要负担，一些国家依靠义务教育的学校，另一些国家依靠正规教育机构以外的其他机构提供的成人教育。例如，加拿大的职业教育以社区学院为中心；在法国，由高中和学徒培训中心实施职业教育；德国实行"双元制"，通过中等专科院校和在职培训对学生进行职业教育；意大利依靠技术学校开展非学校职业培训项目；日本后义务教育阶段有专门的培训学校；英国通过继续教育和学徒制度提供职业培训；日本、德国、法国和意大利是正规的、高等职业教育项目中学生比例最高的国家。

职业教育主要是个人福利还是社会福利？个人掌握了技能使他们更加具有 319 就业竞争力，并且获得更高的酬劳；社会拥有更多的技术技能工人，就能推动国家商业和技术的发展。所罗门（Solmon，1976）认为社区学院可以并且应该与雇主密切合作，以促进学生进入劳动力市场。在一定程度上，他们这样做会使每一方都受益：学生、他们的家庭、大学、企业和公众。所罗门还主张所有人都必须承担这些费用。尽管雇主必须提供较高的学徒制成本，但他们可以通过合作项目来确定他们想留住的学生。本章后面描述的可叠加证书项目提供了一个示例。当商业公司决定由谁参与合作项目，以及当这些项目更容易受到外部评估时，学院会失去对学生的一些控制。然而，他们通过为学生提供一份更好、更直接的工作以及延长他们的学习时间并因此获益。

其他教育方面的评论家，当然还有大多数评论社区学院作用的人，都认为教育是经济增长的基本支出，是一种共同的利益，而不仅仅只是消费非产出的存在。如果学校在某种程度上被视为这种类型的投资，教育工作者可以对国家预算提出更有效的要求。为了证明这一说法的正确性，学校必须符合社会目标；如果要促进经济增长，学校必须提供受过培训的工人，而且它们提供的受过培训的工人越多，就越有可能让这些受训者满足可获得工作的要求。因此，当它们的毕业生没有得到工作，或者不能在得到的工作中有效地发挥作用时，它们可能会受到批评。"过度教育"被用来描述那些为不存在的工作而学习准备的人，或者在工作中无法应用他们接受教育掌握的知识技能的人。

职业教育理念反映了这样一种信念，即独立的课程体系路径是适应学生不同教育目标和个性特点的最佳方式。尽管如此，帕尔默（Palmer，1987a）建 320 议，职业教育单独的课程路径不是来源于学生意图，而是来源于以下几种观点。第一种是州议员和大学规划人员制定的政治战略。根据这一战略，职业教育项目是服务那些以获得技能为首要学习目标的学生，帮助他们进入职场。第二种是终端教育视角。它认为职业性的学习是服务于那些学术成绩不理想，不可能进入大学继续深造的学生。第三种是经济视角，它认为职业性学习通过提升劳动力水平来促进经济发展，从而服务社会。这三种观点已嵌入社区学院的历史。第四种是"隐藏意图"，由其他评论家提出假设：他们认为职业教育引导低收入和少数族裔学生远离学术学习，由此产生向上的社会阶级流动。

帕尔默的研究表明，社区学院的职业项目可能是由认同这些观点的领导人推动的，但这些观点并不能准确地反映项目课程的作用。职业性学习实际上为学生提供了更广泛的多元发展机会，使学生具备更广泛的能力。这些课程并不仅仅与职场或者经济相关，也满足学生出于个人兴趣学习技能的要求。他们注册职业教育课程，"是因为内在的兴趣和价值，并不一定因为职业发展"（1987a，p.291）。根据帕尔默在 1986 年卡耐基教学促进基金会的主张，资助社区学院教学促进发展中心在全国范围内调研了注册社区学院各类课程的学生。调研发现，16% 参与职业教育课程的学生表示：他们并没有注册职业教育课程。26% 参与职业教育课程的学生表示，他们希望在大学继续深造。他否认了相关指控，即社区学院学生被建议选择职业教育课程是基于学生的学习能力以及他们的社会经济地位。调研分析表明，高等级和低等级的职业教育课程的注册模式很大程度偏离了课程体系有效实施的预期。低收入学生在高等级和低等级课程领域的入学人数几乎相等。非常自信的学生也会注册低等级课程学习，就如自我能力评估低于平均水平的学生也会注册高等级职业课程一样。"很多学生非常明确自己的选择，不管辅导员是否通过学生能力引导他们选择。"（p.305）

因此，将职业教育过于简单片面地评论为一个引导远离学士学位教育的路径，会导致很多错误。这种评论在一定程度上忽视了职业教育服务职业和社区的功能。它导致了课程内容和学生意图的混淆。这种观点认为，职业教育服务于就业市场中不断变化的中等水平部分的工作。这些工作需要一些有学院学习背景的人，但并不是必须接受过学士学位教育的人，因此忽略了职业教育毕业生的高转移率。它还延续了这样一个神话：职业教育学习是低能力或低收入学生的专属领域。

不管职业教育是有用的还是符合需求的，它无疑吸引了社区学院及其支持者。20 世纪 60 年代至 80 年代，职业教育的招生浪潮和来自企业、行业和政府的财务支持，给职业教育工作者以激励，促进了新课程、项目和教学策略等各方面的发展。它有大量的资金支持，主要来自公共的，但有些是私人的和基金会的，来从事职业教育的各个方面的研究：准备模型课程和项目；开展毕业生的后续研究；评估就业趋势；建立新课程项目或课程体系的遴选指南；研发标准以此来淘汰过时和薄弱的课程或项目；提升其他课程或项目来满足新的工作规范的要求。职业教育获得了来自各方面的支持。美国劳工部的就业和培训司参与这项工作，明确职场岗位需要的能力。它的"模块构建模型"是对建设课程体系的职业分析方法的改进，是一种确定特定职业领域工作人员需要完成的任务的方法。

"模块构建模型"展示了对管理能力和具体职业能力要求的综合描述。它们分为行业技术以及职场能力，并且被行业进一步定义细分，例如：航空航天、自动化和生物科学，总共包括 22 个类别。它们包括每个领域和等级的目标，例如：职业专业性、保持社会可接受的行为礼仪、展示对工作的积极态度、遵守着装规则和标准、避免浪费物品。根据工作类型而设定的各种等级和标准规范，是明确具体可测量目标的起点。要实现这一过程，学院的工作人员（教师、导师、测试人员和读者）必须就这些问题达成一致。然后，这些目标要得到雇主和专业团队的认可。对于社会可接受的行为礼仪或者积极工作态度的构成要素，让每个人都达成共识，是一项艰巨任务。这些是金字塔的基础；更高级别的期待目标，例如：满足客户需求和提供持续支持（在零售业的体系），有很多不同的变量。

　　一种更可行的方法也已经出现。最近，制造业协会成立了一个"全国制造商协会"，针对制造业教育的不足有可能限制了为高质量制造业岗位供给合格的候选人这一问题，出台了"制造技能认证体系"。这个体系全国通用，得到行业认可，有可晋级的职业资格证书。这个体系开始于职业准入证书，聚焦软技能，例如：着装、行为举止和可信任度。下一个等级被称为生产技术员和制造工程师。这些领域包括精密制造、金属制造和供应链管理。一级证书包括四个月内可获得的 16 个学分，许多公司同意在学生获得证书后立即雇用他们作为带薪实习生。他们可能在制造业的职业生涯中成长，或者他们可以继续学习获得更高级的证书。职业资格证书的学分并不适用于副学士学位，但一些学院已将职业资格证书课程纳入他们的职业课程。

　　随着 2008 年开始的经济大萧条引发的失业率上升，职业培训的发展势头进一步增强。2009 年 7 月 14 日，美国总统奥巴马宣布了"美国毕业计划"。他的前提是美国的经济实力取决于工人的教育程度和技能。需要副学士学位的工作增长速度将是那些不要求大学教育背景的工作增长速度的两倍。因此，每个美国人都应该努力接受至少一年或一年以上的高等教育或职业培训。理想情况是到 2020 年，社区学院将增加 500 万毕业生。虽然最终缩减了规模，但美国的毕业计划是在 10 年内每年提供 10 亿美元，用于资助创新战略，以提高社区学院毕业率，使社区学院设施现代化，扩大在线教学，以及探索授予学术学分的方法，而不是根据上课时间授予学分。

　　卢米娜基金会（Lumina Foundation）的梅里索蒂斯（Merisotis，2007）说，自 1980 年以来的每一次经济衰退中，总失业率比例的不断上升是由结构性失业造成的，而不是由短期周期性裁员造成的。因此，教育和培训对于让人们重返工作岗位至关重要。他认为，要使公民个人富足起来，使国家在全球市场有竞争力，美国人必须大幅提高他们的高等教育水平。经济复苏是缓慢的过程，因为只有极少数的工人能在高质量的高等教育中掌握技能和知识。他在评论中总结了无数评论员在书籍、文章和大众媒体上的观点：高等教育对美国经济的福利负有重大责任。

然而，这一传统的信念受到了一些分析家的挑战。克拉克·科尔（Clark Kerr），20 世纪的主要教育家之一，同意"高等教育……一直以某种方式服务于劳动力市场……培养律师、法官、行政人员和会计师。这些课程发展到包括医学、工程学和教学。但雇主显然比人们要承担更多的责任……一个国家的生产力可能会迅速提高，而劳动力的受教育程度却不会显著提高"（1994，p. 54）。科尔以北欧和日本的学徒制度为例。此外，他还指出，"美国正在向国外派遣工作……由那些受教育程度较低的工人来完成……因此，这并不是因为美国学校制度的失败"（pp. 92-93）。他认为，正规的教育已经因生产力的减缓承受了很多指责，比它应该负的责任要多。正规教育近期也担负了为经济发展作出贡献的更多责任（p. 95）。认为教育改革能够解决国际竞争力问题，是一种把注意力作为真正影响因素转移到学校教育的愚蠢努力。"管理层对生产力变化应承担的总责可能比美国社会的任何其他个体都要大"，除了其他问题，"对在职培训也投资不足"（p. 95）。

约翰·隆巴尔迪（John Lombardi）是一位非常著名的社区学院领导者。他也在质疑社区学院提供的职业教育是否有效或者被很好地指导："是否如我们被告知的那样，真有这么多的工作岗位等待着我们的毕业生？如果是的，是不是没有一个失业者能满足条件去应聘这些岗位？有些技能在学校比在职更容易学习，尤其是那些需要接受正规教育才能获得资格证的技能。但是这样的工作并不是很多。是不是上百万的失业者如果学习了一个技能，就会被雇用？失业与工人是否懂得如何工作与导致失业的原因之间关联甚少。"（1992，pp. 81-82）

由于制造业的大部分工作都已经转移到国外，因此越来越多的剩余工作需要通用的技能和特征：基本的计算和语言能力；对工作的渴望；合作的态度；敏捷和规律的特质，这就是所谓的技能差距，实际就是职业道德的另一个术语。对雇主而言，价值观和工作态度的发展可能比掌握具体知识更有用。目前还没有关于个人发展、全球竞争力、劳动力发展、减少失业和经济发展实际所需的证书或副学士学位数量的连续数据。学位可能不是工作所必需的，甚至与工作无关。但是有学院教育背景的申请人通常更容易被雇用；如果大多数求职者都有资格证书，那么没有资格证书的人就处于明显的劣势。

2012 年 10 月，有 1 230 万美国人寻求就业。其中大约 500 万人失业了至少 6 个月。所有学士学位持有者中，有 4% 的人失业；同时有 7% 具有副学士学位或学院教育经历的人失业（美国劳工统计局，2012a）。这些人是不是突然失去了技能，忘记了怎样工作？或者他们从事的工作规模缩小了、自动化了，或者转移到国外？被派往海外的律师助理、会计和技术服务提供商等工作还会回到国内吗？美国工人是怎样竞争这些工作的？或者全球化意味着一场关于最低工资的比赛？此外，随着2013年住宅建设的复苏和大量失业人员重新开始从事建筑业、房地产、家具、家电和保险销售工作，他们的雇主是否坚持从业者拥有专科学历？

326

科尔（1994）评论了这种将美国经济相对衰退归咎于学校的荒谬性的观点。他说道："在美国的政策制定过程中，很少出现令人信服的证据，却得出如此坚定的结论。"（p. 88）似乎是为了证实科尔的论点，2012年夏季收集的数据显示，虽然在大萧条期间失去的大部分工作都支付了中等水平的工资，但在经济复苏中创造的大部分工作的工资却少得多。低薪工作，小时工资在7. 69美元到13. 83美元之间，这样待遇的工作占经济衰退期间失业工作的21%，但是却占2009年末到2012年初增加的工作的58%。每小时工资高达21. 13美元的中等工资待遇只占新工作的22%，而占失业工作的60%。转移到海外的工作清单持续增加。诸如数据处理、会计、医疗记录保存和X光片的读取的工作已经离开这个国家很多年了，但是那些被认为是不可能转移到国外的工作，如护理职能和医疗索赔处理，现在也加入了转移国外的行列（Lee，2012）。

2012年，美国工厂雇佣的劳动力不到十分之一，低于20世纪50年代的三分之一。但是，最近将制造业工作转移到海外的趋势已经显示出了逆转的迹象。但不是在大众市场的服装、塑料器皿和其他可以由低技能工人组装的产品领域，而是在高要求的制造领域。低成本劳动力对管理者在其他国家建造或承包工厂的吸引力已经减弱，有以下原因：远洋运输产品成本更高；在美国经营能源密集型工厂的成本已经下降；一些低工资国家的工资比以前高出许多倍，并且"美国劳动者的生产力已经持续上升"（Fishman，2012，p. 48）。

327

但总体而言，2012年秋季美国劳工部收到350万个职位空缺的报告，近一半的美国雇主表示他们找不到合格的工人。这些空缺包括从熟练的机械师到更高水平软技能的零售机构从业者。所需的技能包括分析和批判性思维、创造力、演讲和时间观念，以及没有不当着装、缺乏良好的礼仪（例如，求职者在面试过程中接听手机）、药物测试不合格以及不承认犯罪记录等。社区学院是否是教授这些技能最有效的机构仍有争议；美国是否要培养足够多的副学士、学士和研究生学位持有者来填补预计的职位空缺。也就是说，在2010年至2012年间，拥有高中文凭的工人净失去了25万个工作岗位，而拥有副学士学位的工人却增加了140万个工作岗位（尽管之前提到过时薪下降）。美国劳工统计局（Bureau of Labor Statistics）估计，2012年至2022年间，有1 400万个新职位空缺，适用于持有副学士学位的人。

这些数据反映了不同的定义。在与乔治敦大学经济学家安东尼·卡内瓦莱（Anthony Carnevale）的交流中我们得知，2010 年，当前人口调查（CPS）将美国经济中 60% 以上的就业岗位列为需要高等教育，但劳工统计局（BLS）的报告显示只有一半，比例为 31%。这种巨大的差异是因为当前人口调查衡量的是现在从事各种工作的人的教育水平，而劳工统计局统计反映的是这些工作对教育背景的准入要求（这一准入标准似乎逐年变化）。因此，一位有着社区学院教育背景的零售销售人员所从事的工作将被当前人口调查归类为高等教育，但劳工统计局不会如此归类。

328

哪项统计数据更适合预测对受过大学教育的工人的需求？很难说，一份零售业的工作可能不需要副学士学位，但接受过学院教育的求职者的简历几乎肯定会排在一摞简历的上面。鉴于此，社区学院适合哪里？乔治敦大学基于当前人口调查的统计数据分析显示，2010 年，28% 的年轻工人有一些大学经历，一个高等职业教育资格证，或者一个副学士学位。但是 BLS 数据表明，只有 11% 的工作需要这样的教育水平。

融合学术和职业技能学习

职业和大学职能的分离更多的是组织上的，而不是概念上的。可以这么说，学生将学会更有效地规划时间、分析书面交流、理解人际关系、对口头指示作出适当的反应、发展替代方案、保持参与度直到解决问题、有效地口头沟通。这些目标是与职业或学士学位学习相关的吗？它们很可能出现在双方的课程大纲中。

几十年来，人们一直在呼吁减少职业教育和人文教育之间的分离。所罗门（Solmon，1977）调研了各项目毕业了几年的毕业生，发现他们希望在英语、心理学和理解人际关系的方式方面有更好的职场准备。雇主也经常期望员工有更高水平的能力，尤其是在写作、数学、思维、计算机素养、领导能力以及人际或团队关系方面。萨尔兹曼、摩斯和蒂莉（Salzman，Moss，and Tilly）回顾了职场要求的变化，发现"最底层工作对从业者的软技能和基本读写能力的要求增加"（1998，p. 3）。同时，中等层次工作的准入要求"对基于正规教育和培训的要求越来越多，而这些能力是不可能通过企业内部培训和工作实践学习获得的"（p. 18）。因此，聘用标准不再基于"一个人展示特别作用的能力……而是基于对他掌握综合技能或承担责任的评估"（p. 18）。他们总结：

329

"具有讽刺意味的是，社区学院似乎是深化和扩大劳动力技能基础的理想选择之一，原因之一是它们更广泛地关注技能，而这反过来又是因为社区学院的双重教育使命至少部分与四年制大学一致"。(p. 28)

哈里斯和格里德（Harris and Grede，1977）预测了关于人文学科和职业教育课程体系、社区学院的转学课程和非转学课程体系严格的区别将会被打破。这一预测还没有实现，主要是由于流入职业教育和学院课程的独立资金渠道的堵塞，确实在微观层面往往存在二者的交叉。一些学院设计了一些课程，以便将人文教育和职业教育结合起来。格拉布和克拉斯克卡斯（Grubb and Kraskouskas，1992）以及贝利（Bailey，2000）提到了几个例子。但总的来说，人文教育的拥护者依靠考核标准和州政府的要求来维持他们在职业领域获得副学士学位的课程中所提供的服务。

对学生而言，职业培训的风险高于人文教育。对两者而言，学费和放弃的收入可能是一样的。但是如果最后没有工作岗位，那么职业培训将会被彻底浪费了。人文教育至少让学生有选择的余地，这种看法当然可以解释人文教育在学生中持续受欢迎的原因。由于不可能准确地预测在校生离开学校时可能获得的工作类型，因此可以通过两种方式来解决这个问题。首先，教育制度可以开放到足以让人们在一生中陆续返回学校接受再培训的程度。第二，最初的培训可以足够广泛，使所学技能适用于各种情况。可以说，所有当代教育都是职业教育，因为它是为将来工作的人设计的。从长远来看，如果职业教育仅仅局限于工作技能，那么它通常是失败的。知道如何生产某种东西与维持就业的其他要求是完全不同的。功能性读写能力是基本条件，还包括人际关系和最重要的知道如何找到工作。此外，在就业的总体情况中，将受过培训的工人与现有工作相匹配的概念并不像以前那么突出。主要是因为更多的生产发生在边界不太明显的结构中，换句话说，网络或虚拟公司。创业也创造了许多新工作机会。它不仅涉及技能，还涉及寻找资本、了解市场以及组织企业所需的所有知识的能力。越来越多的职业培训旨在帮助人们通过创建小企业创造更多的工作岗位。（这一主题将在第 12 章关于社区教育部分深入探讨。）

近年来的一个重大变化是，社区学院的职业教育项目日益成为高级学院的支持者。这些高级学院正经历着自己的职业教育发展。学生们发现他们在两年制职业教育项目中获得的许多学分都可以转入高级学院。因此，职业教育和转学教育的范畴已不足以描述社区学院的实际情况，但肯定的是，"终端"一词已经过时。相当大比例的转学学生忙于业余爱好；而相当大比例的职业教育学生希望获得更高学历。将社区学院视为终端机构，将大学视为对人文教育感兴趣的学生的机构，很遗憾，这一观点已经不准确了。

330

就好像已经预测了未来的发展，1964 年，美国初级学院协会的国家咨询委员会总结："即使是两年制的课程体系，也要提供课时给至少是基础性的课程，如英语、艺术和社会科学。未来的技术工人必须避免过度专业化。他们不能被迫过于狭隘地专注于技术，以至于不能成为有用的公民，也不能适应自己的专长的变化。"（p. 14）20 多年后，由美国初级学院协会赞助的一个团队重申了将职业教育和普通教育结合起来的倡议："许多学生来到社区学院时背景狭窄，对他们来说，职业教育可能意味着只为某一特定工作学习技能……由于对普通教育缺乏关注，社区学院往往加剧了这种狭隘的倾向。我们建议将核心课程纳入技术和职业教育项目。"（美国初级学院协会委员会，1988，p. 17-19）

问　题

作为工作准入条件的职业资格证书非常重要，但是这些证书并不包含来获得副学士学位或更高学历的学分。这一趋势是如何影响社区学院的整体职业教育课程的？

职业教育能否有效地与学院职能相结合？以前很少有人成功地将审美、理性、道德和高等教育的其他要素与为特定工作培训员工的课程结合起来。学生自己可以做到吗？社区学院的领导者们是否想尝试？增加应用类学位，并通过继续深造获得学士学位，这一方法有效吗？

自从许多学生通过所谓的转学和学分认证，开始从社区学院的职业项目升入大学，职业教育和学院教育之间的界限变得模糊。职业性和学术性之间概念差异的问题虽然经常被提出，但对社区学院的课程设计影响不大。可以提供哪种类型的员工培训、课程重组或外部激励措施，以鼓励教师和管理人员根据各自学院的实际情况对职业课程和学院课程进行重新审视？

为使学生更好地就业，而有很多特定行业设计的课程，至少部分是由这些行业提供支持的。但是怎样才能将培训成本按比例分配给行业呢？哪些渠道可以开放，以合并公共和私人基金，使每个人承担一个公平的份额？

职业教育作为主要职能的作用还有待观察。公众将社区学院看作是实现个人向上流动发展的机构。这一认知正转变为将社区学院作为职业教育培训中心。缩小学院的综合性功能可能会导致支持模式的转变。

12

社区教育

拓展学院服务和培训

社区教育是社区学院所有功能中最广泛的，它包括成人教育和继续教育
（通常被称为终身学习），以及许多传统大学课程以外的其他活动。它可以是
有学分的课程，也可以是没有学分的课程。上课时间从一个小时到一个周末、
几天或整个学期不等。社区教育可能由学院赞助，也可能由使用学院设施的其
他机构赞助，或者由学院和一些外部团体联合赞助。它可以在校内或校外提
供，也可以通过电视、报纸、广播或互联网提供。它可以以教育或娱乐为中
心，也可以以个人兴趣或整个社区的利益为中心。

各种形式的社区教育通常以参与者学费、补助金或与外部组织签订合同等
形式得到充分的资金支持。参与者倾向于短期目标，而不是以获得学位或证书
为目标。他们通常比传统的 18—24 岁的学生年龄要大，并且他们已接受的教
育背景也是多样化的：很多已经持有学士学位或者硕士研究生学位，还有很多
甚至没有高中毕业。他们通常间歇地利用业余时间参加课程或活动。他们有自
己的理由参加这个项目，项目管理者根据他们的需求设计相应课程和活动。

这些活动在早期的社区学院中就已经出现，几十年来一直在职业教育和人
文教育职能的外围开展。这些活动在 20 世纪 70 年代大幅拓展，在 20 世纪 80
年代缩减，因为学院服务受到外部预算分配者的严格审查，但在 20 世纪 90 年
代再次扩展，因为学院领导者不断寻求新的途径为特定的社区群体提供资金
服务。

本章回顾了社区教育的基本原理和范围，强调了最受欢迎的活动：继续教
育、成人基础教育和社区服务。它还考虑了长期存在的资金问题、评估效果和
验证这些服务的成效问题。这些都不属于传统的学院提供的服务范畴。

理论基础

　　"社区学院"一词是在 20 世纪 50 年代最开始由杰西·鲍格（Jesse Bogue）提出的。此后，1988 年，美国社区与初级学院协会（AACJC）未来委员会在关于社区学院的报告《建设社区》（AACJC，1988）中也提出这一概念，并希望得到社会支持。1958 年至 1981 年，协会主席埃德蒙德·J. 格利泽（Edmund J. Gleazer, Jr.）以教育促进社区直接发展、学院拓展高等教育之外的功能和继续教育为主要目的写了大量文章。他强调学校的名称重点是社区而不是学院。对他来说，社区学院是一种可供个人终身使用的资源，也能成为供公众用作协助解决社区问题的机构。格利泽的主要论点是，"社区学院有资格成为社区学习系统的纽带，将具有教育功能的组织连接成一个足够复杂的系统，以响应人们的学习需求"（1980，p. 10）。

　　一些评论员则倾向于将社区教育作为主导职能。迈伦（Myran）通过大学推广服务和公立学校过去一个世纪提供的成人和继续教育来追溯社区教育的概念。这些院校能够向个人和团体提供教育服务，而不必采用传统的教育形式，如学分、学期和年级。在迈伦看来，以社区为基础的学院之所以能提供这样的服务，是因为它有能力"与其他社区机构协调规划；对参与式学习体验以及认知式学习体验有兴趣；它的学生群体展现了不同的年龄段和生活目标；它能够安排选择性的教学方法使不同的社区群体学习"（1969，p. 5）。

　　社区学院未来委员会敦促各学院围绕社区教育理念联合起来：社区学院最好是成人文盲或残疾人教育的问题解决中心；它也可以成为领导力培训的中心；它也可以是教育和商业领袖见面时讨论流离失所的工人的问题的地方；它也可以联合各机构，加强对少数族裔、职业妇女、单亲家庭户主和未婚青少年父母的服务；它也可以努力协调各方，提供日托、交通和助学金的工作；它也可以在社区发展的长期规划中发挥引领作用；它也可以作为提高城市生活质量的重点领域（美国社区和初级学院协会，1988，p. 35）。

　　这似乎是一个很有潜力的市场，但委员会致力于培养学院作为社区生活的中心。它的报告以"社区一词不仅应被定义为一个需要服务的地区，而且应被定义为一种需要被创造的氛围"为前提（p. 3），它的 77 项建议中有许多都遵循了这一主题。

　　是什么促使人们呼吁重新调整社区学院的结构？是什么让这些倡导者如此关注社区建设和非校园的形式？一个线索是高校的政治和财政支持它们开展研

究性质。它们从私人捐赠者那里获得的资金微乎其微，而且几乎没有联邦政府或基金会支持它们开展研究。相反，它们几乎完全依靠在政治舞台上获得的公共资金。在这里，它们很难与更具声望的大学竞争，因为大学可以获得由大学校友主导的立法机构的支持。它们似乎转向当地选民，寻求与基层纳税人的联系。

社区教育倡导者创建的活动不同于普通教师所教授的传统课程，他们说传统形式陈旧，有限制性、歧视性和关注面窄的特点。他们似乎觉得，摆脱传统的教育形式，必然会带来更高的服务质量。在他们想要避开精英主义的愿望中，他们阐明了民粹主义和平等主义的目标。人口服务的多样化程度越高，项目的传统基础越少，效果越好。

社区教育的总体概念当然是合理的。很少有人会去挑衅一个旨在提升整个社区，而不仅仅是提供有限的系列课程的学院目标。然而，总数似乎少于各部分的总和。社区教育的组成部分必须单独讨论，以了解其范围和效果。是否所有部分都有同样的价值？谁来决定什么该捐赠，或谁来承担这部分费用？

分　类

在本章中，我们将社区教育细分如下。

• **终身学习**：为那些已经完成或中断正式学习并寻求发展潜能或解决问题的人而设计的阶段式教育。

• **成人基础教育**：对不到高中教育水平的成年人进行的基本技能教育。教学内容包括以英语为第二语言（ESL）、通识教育发展（GED）准备和编程。

• **继续职业/劳动力教育**：任何类型的非学分教育或培训，旨在提高工作技能或为进入职场作好准备。课程可以针对特定的工作或行业进行量身定制，或者具有更广泛的适用性。

• **创业活动和培训**：课程专门帮助创业者完成建立和运行一个新企业所需的任务。

• **社区服务**：最广泛使用的术语，一个机构为当地居民提供的各类服务，如日托、广播或电视台，以及娱乐活动。

• **社区教育**：由为服务于社区发展的人们设计的教育项目，包括与当地俱乐部或其他教育组织的合作项目。

• **矫正教育**：向监狱学生提供的学分和非学分教育和培训。

从概念上讲，社区教育包括职业教育、发展教育和人文教育的要素。职业

338

教育是围绕为就业市场作好准备来组织的，而社区教育则包括为职业晋级或更新职业资格证提供的短期课程。人文教育和转学教育的目标是帮助人们获得学位，而社区教育包括成年人的定期学院课程、授予经验学分以及学院提供的非学分课程，例如交际外语。发展教育的目的是弥补以前的学习缺陷，而社区教育包括以识字、高中毕业和普通教育发展为重点的成人基础教育。社区教育的一些要素——例如残疾人和监狱学员的项目——可能会融会其他三类教育的职能。然而，社区教育中的不同因素也与向社区提供非教育性服务有关。这个特点表现为：具有公共功能的开放性的学院设备设施；提供多样化的娱乐服务。这些都是社区服务理念的体现。例如，农村地区的居民可能会发现，唯一容易接触到的艺术和文化活动都是通过他们当地的学院举办的。

招　生

由于定义和类别的不同，很难估计社区教育的规模。尤其是招生人数是不可靠的，因为它们通常被低估了，除非部分提倡者想要表明社区学院服务于他们地区的几乎所有人。由于与大多数社区教育相比，学位学分课程的资助水平更高、更稳定，因此倾向于尽可能多地将这类学生归类为学位学分课程类，从而导致社区教育注册人数减少，夸大了学位学分的数量。然而，由于各州对他们拨款的学分课时数进行了限制，这种牺牲社区教育入学人数的做法被遏制了。事实上，如果报名学院学分课程的学生没有动力获得学位，他们就可以被归类为成人教育学生。那么社区教育的总入学人数将远远超过职业证书和转学课程的总入学人数。但参加非学分课程和参加社区服务活动的人通常是被计算在内的。

现有的入学人数值得重新计算。美国社区和初级学院协会的目录中报告的社区教育入学人数（服务、娱乐和生活项目不属于学分学术项目）从20世纪70年代末到80年代初的每年有300万到400万不等。然而，1980年目录的介绍指出："由于这些课程的教学时长不同，没有明确的注册期，所以很难清楚地了解整体情况……有些学院不定期收集社区教育学生的入学数据。"（p. 3）该目录的编纂者根据877所学院在1984—1985年报告的非学分课程学生人数推断，全国范围内有4 848 065人参加了非学分课程。由于数据的不精确性，美国社区学院协会（AACC）已经停止发布这些数据。

数据处理困难使得无法比较各州之间的社区教育入学率。一些州报告的入学人数包括成人基础教育或参加文娱活动（或两者兼而有之）的部分，而另

339

一些州则没有。此外，社区教育中的总人数统计通常存在重复统计现象，如同一个人在一年中参加多个非学分课程或活动。尽管如此，州入学率对于评估社区教育定义中所包含的规模和功能是有用的。

在佛罗里达州，社区学院主要负责为合规的离开低级别学校的 16 岁及以上人士提供课程。2010—2011 年，52 219 人参加了成人基础教育，2 452 人参加了终身学习，57 761 人参加了娱乐休闲活动（佛罗里达教育部门，2012）。同年，密西西比州有 19 238 名学生参加了成人基础教育和继续教育课程，以及 GED（一般教育发展考试）和读写项目。另有 76 541 名学生参与了非学分劳动力教育（密西西比社区学院理事会，2011）。在加利福尼亚州，347 195 名学生参加了 2010—2011 年 112 所州社区学院提供的基本技能课程（加利福尼亚州社区学院总校长办公室，2012）。

毫无疑问，所有人群对非学位相关课程的需求都很高。国家统计局估计，2005 年，16 岁及以上的人口中有 44% 参加了成人教育活动，高于 1995 年的 40%。与工作相关的课程和基于个人兴趣的课程吸引了很多的成年人（每个类别分别占 27% 和 21%）。

《纽约时报》2012 年春季开展的一项民意调查，对全国范围内的成年人，进行了随机抽样，询问他们在过去五年中是否重返学校。23% 的受访者回答他们曾重回了学校，大多数人这样做是为了获得就业培训。在这些人中，75% 的人说他们已经完成了培训或者仍然在继续接受培训，29% 的人说培训帮助他们找到了新的工作或者升职。几乎所有人都回答说，培训是一项很好的时间和金钱投资（Connelly，Stefan and Kayda，2012）。

范　围

社区教育的范围体现在全国各高校的文件中。终身学习的范围很广。这一概念描述了一个服务领域，该领域对学员年龄、之前的教育成就、兴趣或意图没有任何限制，而且提供服务的范围仅受学员精力和想象力以及可用资金的限制。

终身学习

吉特尔（Gittell，1985）报告的福特基金会研究发现许多低收入成年人参与社区教育，并得出结论：以社区为基础的学院为许多人提供了在其他地方无法获得的选择。无论自身财务状况如何，许多人都愿意参与其中，因为社区教育解决了各种各样的问题，包括儿童保育、滥用药物、老年公民服务、学生成绩和学校效能、社区自豪感和对学校的支持、失业和就业不足、读写和文凭获得以及社区经济发展情况。当获得足够的资金支持时，社区教育会为特殊群体提供课程：妇女；失业工人；公众和直接服务老年人的人员（为他们提供老年医学课程）；退休人员；单亲父母；以及失业的家庭主妇。

总的来说，成人教育和非学分教育服务于一个特别多元化的群体：父母；老年人、残疾人；失学青年和辍学者；失业和未充分就业者；接受公共援助和福利的成人；接受刑罚的人；新移民。超过 750 所学院增加了退伍军人机会学院（Servicemembers Opportunity Colleges，SOCs），该学院允许军人及其家属参加社区和州立学院的大学水平的课程。它的特点是，可以让那些由于流动在不同地点而难以正规出勤的军人，灵活地接受高等教育。退伍军人可以获得转学到大学的学位学分，而且获得学位所需要的学分中仅有不超过 25% 的部分是学术相关学分。

成人基础教育

继续教育项目也服务于其他特殊群体。成人基础教育是一个重要组成部分，它关注功能性文盲的成年人的基本技能发展。2007 年，超过 13.5 万名学生参加了成人基础教育项目。学生人数占北卡罗来纳州社区学院系统（2007 b）学生总数的 17%。

非学分的 ESL（以英语为第二语言）和 GED（一般教育发展考试）预备课程通常被归为成人基础教育的一部分，因为它们既提供读写能力的教学，也提供低于学院水平的教学。在伊利诺伊州的学院，8 811 名学生参加了成人基础教育项目，5 001 人参加了成人中等教育课程，22 215 人参加了 ESL 课程（伊利诺伊社区学院理事会，2012）。密尔沃基地区技术学院（威斯康星州）是众多学院之一，帮助移民和季节性农场工人以及他们的孩子获得 GED 证书甚至获得雇用，或者继续在农业以外的高等教育机构接受教育。

创业培训

对于一些社区学院职业生涯项目的毕业生来说，建立一个小企业一直是一个自然的过程。1980 年，国会法案成立了小型企业发展中心（SBDC）。这是一家由联邦政府、美国小企业管理局、州和地方公共和私人机构共同赞助的机构。这个中心，在许多情况下，位于社区学院，旨在帮助有兴趣创业的个人和那些已经创建了企业但需要管理协助的人。

卡迈克尔（Carmichael，1991）讨论了建立 SBDC 的步骤，并描述了拥有全国第一个社区学院网络的莱恩社区学院（俄勒冈州）和卑尔根县社区学院（新泽西州）。这两个学院有小企业管理协会资助的首批试点项目之一。其他示范项目包括蒙哥马利社区学院（马里兰州）和华盛顿特区的其他几所学院。

创业培训和业务拓展培训的区别在于：一个是劳动力培训，一个是寻找目标人群的培训。创业培训的内容旨在帮助人们创业，从制订商业计划到获得执照和贷款，再到雇用员工。少数学院参与企业孵化：通过创造一个为企业主提供创业技能机会的环境来帮助新兴小企业。然而，在许多情况下，学院只为创业者提供了空间和文件支持。

1994，由考夫曼基金会赞助的社区学院研究中心，对创业培训的范围和规模进行了调查，发现大多数大型城市的大学都有参与，通常是通过继续教育部门或者通过经济发展中心或者小企业发展研究所。这些项目是在特定的基础上进行的，如可获得国家、联邦、基金会或地方机构资金。通常，接受培训的人只能支付很少或根本不能支付学费。

根据考夫曼基金会（2007）的报告，在 2006 年，全国的两年制和四年制大学开设了 5 000 多个创业课程，其中超过 500 个学校提供了正式的创业项目，包括主修、辅修课程或者证书。在弗吉尼亚州，大多数社区学院开设了至少一门课程，讨论创业和小企业管理的主题。行动学习农村创业项目将在 151 所初级学院（主要是社区学院）中开展，通过体验式学习、自我评估、社区分析和商业计划书写作，重点关注小企业发展。

基于社区的教育

社区学院和其他社区机构之间可以找到几种类型的合作。学院与地方和州组织以及其他教育机构之间的合作最为普遍，与县、市政府机构和私营企业之间的合作也很普遍。这些联合机构的合作模式从共享设施到提供共同赞助的课程。大部分资金来自向学员收取的学费和相关费用，但许多项目由学院社区服务基金提供支持。社区服务基金通常由地方税收产生。

劳动力资源战略中心进行的一项研究指出，基于社区的组织对于学院实现将教育和培训机会扩大到更广泛的当地社区的目标至关重要。社区组织为当地社区中与教育机构缺乏联系的成年人提供咨询、档案管理、社会支持、康复服务和教育培训。社区学院和社区组织之间的合作使缺乏服务的成年人获得这些资源。这项研究以经济和教育处于劣势的成年人为重点案例，发现社区学院提供了带学分的教育，并整合了社会支持和咨询。达利社区学院（伊利诺伊州）的西区技术学院与拉丁美洲项目研究所合作，提供金属加工、机械师、成人基础教育、职场 ESL 和 GED 课程，旨在帮助在经济和教育上处于不利地位的成年人作好在制造业求职的准备。奥斯汀社区学院（得克萨斯州）与好主意公司（Capital IDEA）合作，为超过 600 名低收入成年人提供医疗保健、高科技、会计、成人教育、ESL、GED 以及针对雇主要求的定制培训。研究小组得出结论："使社区学院成为职业生涯路径模式的关键机构，使地方劳动力机构、社区组织、社会服务机构和雇主能够共同努力，建立一个有效的劳动力发展系统，使弱势群体能够实现经济自给自足。"（Gruber，2004，p. 3）

345 　　在以社区为本的规划中，由社区学院领导能力提升、创新和示范学院推动，学院充当领导和催化剂，促进社区机构和组织之间的合作。吉尔福德技术社区学院（北卡罗来纳州）采用了以社区为基础的项目，以加强劳动力的准备程度；詹姆斯·斯普伦特社区学院（北卡罗来纳州）以文化水平和经济发展为重点；佛罗伦萨达令敦技术学院（南卡罗来纳州）关注当地水质问题；低地技术学院（南卡罗来纳州）促进经济发展；保罗坎普社区学院（弗吉尼亚州）强调与药物滥用有关的问题（Boone，Pettitt，and Weisman，1998）。一些学院发展了有关社区的论坛，参与者讨论当地报纸报道的主题。这是一个通过讲座、专题讨论、辩论、戏剧、电影和广播向参与者介绍人文学科的过程。许多学院提供招聘会，帮助求职者与企业取得联系，还会在老年活动中心举办文娱活动，组织居民参加亲子班、托儿班，以及召开毒品和酒精滥用研讨会。

　　虽然没有被包括在社区教育数字中，但美术和人文部门与地方机构（如艺术委员会和博物馆）合作赞助的许多项目，正是这一概念的一部分。几十年来，此类活动一直在推广：菲尔茨（Fields，1962）描述了泰勒初级学院（得克萨斯州）如何在社区中分享文化活动；戈德曼（Goldman，1969）发现加利福尼亚州成立了乡村学院，提供多种文化项目；特里、哈代和卡奇纳斯（Terry、Hardy and Katsinas，2007）发现几乎所有的亚拉巴马州的农村社区学院向公众提供戏剧制作、音乐和文学活动，活动经费由小额赠款资助，有一些来自国家艺术基金会。

矫正教育

346 　　社区教育通常包括为其他公共资助机构提供特殊服务，例如，几乎全国每个监狱系统。埃里斯曼和孔塔尔多（Erisman and Contardo）的综合研究发现，"2003 年至 2004 年，超过 85 000 名因犯正在学习学院课程，接近总监狱人口的 5% 以下"（2005，p. 47）。数量最多的是联邦监狱（17%），得克萨斯州和北卡罗来纳州各占 11%。自 1967 年以来，亚利桑那州社区学院为其监狱系统内的因犯提供基本技能和职业培训，2003 年为超过 25 000 名因犯（MPR 协会）提供服务。2006 年，北卡罗来纳州 45 所学院共有 6.5 万名犯人受到教育，占 78 所监狱人数的 30%（北卡罗来纳社区学院系统，2007a）。雷克肖技术学院（威斯康星州）监狱项目包括成人基础教育和中等教育、ESL 和 GED 测试。加利福尼亚州的海岸线社区学院和佩罗佛德学院通过远程学习计划招收了大量监狱学员。查菲学院（加利福尼亚州）和奎纳博格谷社区学院（康涅狄格州）有专门针对女性囚犯的学习项目。

这些监狱学员项目是有效的。狱中青年职业培训与社区转型培训项目在许多惩教机构中推行。社区学院为监狱中的学员提供学分和非学分课程。在这些项目中，学员的再犯罪率明显低于其他有前科的罪犯，北卡罗来纳州比其他州有前科罪犯低 46%。得克萨斯州在监禁期间获得副学士学位的因犯返回监狱的比率为 27%，而整个州监狱系统的重新犯罪率为 43%。1994 年的立法取消了对监狱学员的佩尔助学金，限制了监狱学员参与这些项目，但 10 年后的入学率高于之前的水平。州级的矫正资金和慈善捐款弥补了联邦政府拨款的不足（Erisman and Contardo，2005）。

347

成　效

社区教育计划总体上有效吗？评估这一结果是困难的，因为整个社区都是客户，影响是分散的，受到无数来源的影响。衡量继续教育课程效果的一种方法是：询问参与者是否受益或他们是否喜欢这些课程。当参加社区服务的学生被问到为什么参与这类活动时，他们的回答集中在"提高我的就业机会""促进我的文化或社会发展""掌握某种爱好"几个方面。

其他评估通常与过程相关。麦圭尔（McGuire，1988）提供了一套标准，通过这些标准可以测量整个基于社区的项目。但这些标准主要针对过程：比如社区成员参与项目规划的程度；学院与其他社区机构之间建立的联系；从社区领导和客户那里收到的反馈；依赖于第三方的主观评估。通过评估社区教育仿佛从个人继续教育拔高到面向更广泛的群体。如果客户定义了目标和过程，那么衡量成功的标准就是达到了目标。但就好比事先知道变化然后进行应对，很少能以疆化的变化为基础开展独立评级。

组织和资金

1976 年成立的海岸线社区学院（加利福尼亚州）是一所主要致力于社区

教育的非校园机构。亚利桑那州和华盛顿州的类似机构促进了一种新型职业教
348 育的发展。这些机构的管理者不仅必须是课程和教学的设计者，是所有学院的
实践者所扮演的角色，而且还必须与社区咨询委员会互动，寻找机构来承担他
们的课程的费用，做广告招收学生，雇用兼职工作人员，研发各种新的教学媒
体，解决与其他机构的司法纠纷——总之，必须像企业家一样行事。尽管这些
角色在更为传统的社区学院中没有很好地被定义，但是那些大规模的社区教育
机构必须有很多具备以上能力的管理者。

在一些独立学院中还组织了独立的管理实体。瓦伦西亚社区学院（佛罗
里达州）于 1974 年开始成为开放型校园（现在称为瓦伦西亚继续教育），以
协调学院在校园之外提供的所有继续教育、社区服务和功能。同样，由兰辛社
区学院（密歇根州）运营的校外终身学习中心提供社区教育、继续教育、青
年和老年人学习课程以及一个小型企业发展中心课程。这些协调非学分课程、
远程学习和相关社区教育活动的组织已经在许多学院建立起来了。它们通常有
自己的员工、预算和资金来源。

社区教育的资助方式反映了社区教育的发展和多样性。一些社区教育活动
不接受直接援助，所有费用由参与者本人或与该机构签订合同的机构承担。另
一些则是通过招生的形式提供资金的，这种收益往往低于职业教育和转学课
程。在社区教育的定义中，为娱乐和业余活动提供的资金是最难获得的，因为
这些活动似乎不容易获得纳税人的支持。

349 一些州给予成人基础教育与职业教育和转学教育相同的资助比例。其他州
也为成人教育提供了一定的资金支持，但采用的方式不同。在佛罗里达州，发
展教育和社区指导服务的政府拨款几乎与履行职业和学院职能招收的全日制学
生所获得的拨款相同。俄勒冈州对发展和继续教育课程的补助与人文学科和职
业课程的大致相同。然而，艾奥瓦州的继续教育课程无法获得州政府援助。马
里兰州资助符合一定标准的继续教育课程，特别是侧重于职业教育、发展教育
和消费教育的课程；娱乐类课程不符合补助条件。加利福尼亚州的非学分课程
和成人教育课程仅限于向学生免费提供的课程，其资助主要由州立学校基
金、一般分摊、其他各种项目的额外支持组成。再次强调，由于不同类别的课
程和项目的定义差异很大，所以不能准确地进行跨州对比。

没有一个州能为社区教育提供最佳的资金计划，关于资金筹措的争议往往
掩盖了对社区学院使命认识存在的分歧。1978 年至 1981 年，几个州通过了税
收限制立法，奠定了资金不稳定的基础。1978 年加利福尼亚州通过第 13 号提
案后不久，社区服务平均预算至少削减了 50%。这些削减导致收费课程增加
76%，通过学院预算资助的课程减少 24%。金泽尔（Kintzer）详细介绍了削减

计划，包括 4 600 个非学分课程中有 20% 被取消，10% 的课程是收费的。娱乐性非学分课程减少了 60%，而且随着 21 所学院取消了社区服务预算，老年课程在全州范围内减少了一半。总的来说，由于第 13 号提案"取消了近 15 年来保护社区服务活动（包括项目、人员和一些基本建设）的 5% 的特许财产税，这一职能的财政基础被破坏了"（1980, p. 7）。 350

然而，这些课程不仅存活了下来，而且扩大了规模，很多开始收费。随后在接受哈兰彻和艾尔兰（Harlacher and Ireland）调研的学院中，69% 的社区服务管理者表示，"在过去的 5 年中，他们的社区服务和继续教育项目的地位有所提高。另有 21% 的人说，他们的地位能够一直保持着"（1988, p. 3）。重点项目是劳动力培训和再培训，次要的重点领域是闲暇教育和经济发展。尽管这些项目很受欢迎，但越来越多的社区服务和继续教育项目需要学生自费参加，这是目前主要的威胁。最常引用的政策是州政府关于非学分课程、社区指导服务以及闲暇课程的相关规定。其他的威胁则来自缺少教学支持，以及私营部门和社区组织的融合与竞争。

许多社区教育将某些课程的成本从一个公共机构转移到另一个公共机构。比如社区学院规模较小，无法开办警察和消防培训课程。除非学院另行安排，各部门付钱给社区学院进行培训的课程几乎没有什么变化。但在某些情况下，执法类课程被转换为学位或证书项目，从而使它们符合州政府资助支持的条件。这些课程的费用因此从地方预算转移到州政府预算。同样，一些与社区学院签约培训员工的行业企业，也需支付服务费。但在许多情况下，有针对性的培训计划是以授予学分的形式开展的，从而将成本从行业企业转移到州政府。

培训军事人员的合同特别复杂。它们指定了地点、课程和可能收取的学 351
费。它们不仅受到学院认证机构的监督，还受到军事官员、美国退伍军人事务部和其他联邦机构的监督。例如，学院教员一般签署工会合同，但军方不承认其员工为工会成员时，就会出现困难。由于制订合同以及审计合同都非常复杂，因此大大增加了学院的行政成本。

总之，社区教育范围内的各种活动不仅为服务新客户提供了机会，而且有利于学院增加资金支持。如果一门课程可以被指定为学位学分课程，从而有资格获得州政府资助，那么就可以归类于社区教育。如果可以在签订合同基础上提供培训课程，由另一个政府机构或私营企业支付费用，那么这样安排就不会使用学院的运营资金。尽管管理成本可能很高，但社区教育为学院管理者提供了在项目规划和人员配置方面发挥创造性的机会，因为他们往往在传统项目中受到外部监管部门和教师合同的限制。

项目效度

    关于项目的效度，支持者们通常会说：这些项目通过社区教育服务于全体民众。对他们来说，这是开放政策和平等主义的自然延伸，而这促成了社区学院的兴起。社区提升的理念也被作为一个目标。对于那些赞同这一观点的人来说，发展社区是他们的目标。学院是形成社区自豪感的焦点。它赞助的活动增强了该地区的社区意识；规划、教学和参与娱乐项目和个人帮助研讨会等培养了社区精神。按照这种想法，任何能让人们聚在一起的活动都是非常有效的，比如健康博览会、老年人日、疗养院提供的业余课程或学院赞助的出国之旅。

    这些活动的意图虽然不那么高尚，主要是扩大或至少维持社区学院目前的规模，但可以避免学院的衰落。学院的领导者仔细研究人口统计图表，考虑他们所在地区的竞争院校和学生的来源，研究自己项目的潜在市场。在20世纪80年代，当18岁的人口减少时，年龄较大的学生的入学使社区学院避免了严重的倒退。许多社区教育作为一种营销手段，不仅针对所提供的活动，也针对传统的大学项目。授予经验学分就是一个很好的例子。获得这一学分的学生中，有80%的人会继续在大学学习其他课程。"不断变化的市场"一词经常被告诫学院要进入新的服务领域为人们所使用。许多曾经繁荣的产业都因为无法适应市场变化而衰败。

    社区教育似乎也能减轻在其他领域失败导致的指责。在20世纪50年代和60年代，人们普遍认为，社区学院将使弱势群体提升社会经济阶层，并将公民应获得的技能和知识传授给那些基础教育都没有完成的人。社区学院发言人还承诺为能力较弱和收入较低的学生提供获得学士学位的途径。事实证明，所有的目标都很难实现，与其解释社区学院为什么不能履行旧的角色，不如重新赋予它们新的角色。

    社区学院的信誉问题也必须被重视。社区学院是真正的学院吗？大多数社区教育倡导者和那些强烈要求新使命的人都忽略了这一问题，但是公众和教育专家都提出了这一问题。那些在课程中沿用学院教学标准的教师们对大多数的社区教育活动持否定态度。相应地，大多数社区教育倡导者在他们的课程中几乎找不到正规教师的影子，他们更愿意聘用临时工作的兼职教员。这些兼职教员很少或者没有给学院任何承诺。因此，社区教育引发了内部问题。管理者可能会把传统的教职员工视为推动学院进入新时代的锚；这些传统教员对文体活动和协议课程存在偏见，因为在这些课程中，教员是可变的，甚至在课程结束

352

353

时就会被解雇。

对于那些对大学的记忆主要集中在校园里教授人文课程的人来说，社区教育威胁着高等院校的根基。他们认为社区学院应该是个人流动的场所，学生通过接受高等教育，成为社会中有生产力的成员。这部分人认为社区的提升是一个陌生的维度，它的各个方面都是浮夸的或者具有次要的功能，最糟糕的是它似乎是反知识分子的。他们质疑非学分项目、开放式项目和继续教育项目，尤其是对于只有很少一批全职专业学者的教育机构如何把握教学质量表示疑惑。他们反对这样的论点，即把一个职能不协调的院校与高等教育联系起来。社区教育倡导者试图反驳他们这种观点，因为这种观点把学院视为服务精英阶层的常春藤联盟的学院，实际是对旧时代错误定位的执念。但是评论者中，也包括很大比例的公众。他们希望社区学院能够为他们的孩子提供灵活选择的路径，而不是为其他人提供休闲和个人兴趣的课程。

未来发展

社区教育的未来取决于其资金基础和在学院内部的组织体制。参加社区教 354 育项目的学员不符合典型的学生类别。他们很少参加基于学位的课程；他们甚至可能不参加正式的课程，而是参加专门根据他们的兴趣量身定制的活动。因此，任何对社区教育的资助，如果以平均每日出勤率、全日制同等学力学生（FTSE）或者其他根据学生参加学位或证书课程为基础，就与课程的初衷和学生参与模式不契合。

似乎社区教育最有希望进一步发展的领域是那些使社区学院脱离其高等教育从属关系的领域。但这种职业教育和读写能力培训方向，与社区学院希望作为直接提升社区的机构的想法有明显不同。社区学院相当于原来的中等学校，而不是社会福利局。社区学院是基于教育结构的机构，而不是娱乐休闲活动和准教育服务的提供者。

其他形式的继续教育的前景还不明晰。在不同的机构中，肯定会有所不同。这主要取决于董事会在吸引资金和宣传方面的积极性。终身学习倡导者注意到：最大的生源市场由使用大学体育设施、参加招聘会、学习如何制造家具或修理汽车以及应对生活周期性变化的人构成。那些通过书籍自学和参加非正式学习小组的人会被吸引来参加社区教育，因为社区教育的专业教学是基于结构化的、教学大纲认可的活动。但是这些人是否会热切地欢迎这种引导和协调他们学习进程的机构的介入还有待商榷。

355　　　　与社区教育有关的社会福利与个人福利问题日益突出。大多数经济理论家都认为，从纳税人那里筹集的资金应该用于造福社会。因此，如果一个项目对个人比对更广泛的社区更有利，那么获得福利的人应该承担该项目的成本。这是立法反对资助自助和兴趣课程的依据。然而，许多社区教育不能清晰地被归为个人受益还是更广泛的社会受益。当人们依靠公众资金完成一项 GED 或非学分职业培训课程，并利用所学在社区中找到一份工作时，社会将获得一个纳税人，而个人将获得一份工作。在工作中，获得培训的人比没接受培训时能赚更多的钱。谁受益更多：社会还是个人？更为明显的是那些最能帮助社会的社区教育形式。社区论坛提供了一个例子，探讨了能源使用模式、生活质量、分区的影响以及当地社区的环境。通过这些形式，公民获得了在社区中作出决策所需的重要信息。

　　　　那些愿意扩大社区教育的人能很好地阐明并坚持其结构背后的某些原则。第一，最有理由得到公共基金支持的项目首先是那些倾向于对社会有用的项目，而不是个人受益的项目，例如，可持续发展论坛。第二，它们是可验证有效的教育项目，而不是那些以娱乐性为主的项目。第三，这些项目提供的服务，是学员们在其他地方无法获得的。因此，很好的综合性企业将专注于自己员工的培训项目，而学院则专注于帮助那些组织不完善的企业的员工，如社区
356　的餐厅员工，他们通过学习定期的医疗保健和卫生进修课程受益。迄今为止，经济弱势群体的成员参与教育的可能性最小，但真正的社区服务机构将会竭尽全力为他们服务。遗憾的是，因社会效用概念的存在，社区学院与财富 500 强公司合作开展的培训项目比为支持农场工人或无家可归者开展的项目要普遍得多。

　　　　倡导者也可能不再认为社区教育有解决社区问题的潜力。塔尔博特（Talbott）说，社区学院将自身的能力与承担和解决所有社区问题的能力混为一谈："扮演一个全能型的社会福利机构的角色会使学校的信誉和资源受到损害。学院不是为了革新法庭、改变交通方式、净化水、净化雾霾而设立的。"（1976，p. 89）

　　　　高查克（Gottschalk，1978）指出通过区分个人问题与社会问题之间的不同来区分服务个人与服务社会。为个人服务的范围较广泛，足以影响社区。社区学院可以通过对失业者进行充分的培训来缓解失业者的问题，这样每个人都可以带薪工作。但是大规模的失业是一个社会问题，社区学院对此也束手无策。试图解决社会问题需要采取政治上的行动，而这是高校无法承担的，因为会有冒犯重要的资金支持团体的风险。学院有时会参与解决低风险的社会问题。例如，参加节能话题的论坛是安全的，但是参与一个关于当地劳资纠纷问

题的论坛是有风险的。再比如当地的艺术委员会经常会在一所社区学院建筑里开会，但社区学院从来不会为无家可归的人提供住宿。而且大多数学院领导会选择安全的课程。

问　题

无论是在资助方面，还是在对学院内部使命和外部使命的认知方面，社区教育都没有达到与学位或证书课程同等的地位。在可预见的未来，社区学院作为地区所有教育形式的纽带的可能性很小。一个主要由州政府资助的机构如何能及时满足当地需求呢？

作为社区服务计划的一部分的文化和娱乐活动由于预算有限而被减少，同时这些功能也随之转变为自我维持的基础。大学应该保持它们的文娱功能吗？演讲是否可以作为常规人文课程的一部分并因此被纳入助学金的资助呢？

没有受到任何外部机构或内部课程审查论证的社区教育课程，如何控制其教学质量？

任何公共机构最终只有在公众意识到其价值时才能得到支持。教育功能是社区学院的优势，包括短期课程、体制内人员教育以及为那些试图通过 GED 或获得读写能力的人开设的课程。每一个非教育功能都可能造成长期影响，因为它分散了学院的使命。每一次学院作为社会福利机构或现代的肖托夸（19 世纪后半期美国兴起的以成人教育和函授教育为主的教育运动），每一次学院声称要加强全球化社区建设，它们都面临着失去支持的风险。而如果社区学院要追求它们的主要目标，就需要这些必要的支持。

13

研究和评价
关于社区学院的观点

与营利性院校相比，社会服务性院校的研究经费较低。教育研究的支出占
比非常小，自20世纪70年代初以来，教育支出在总预算中所占的比例有所下
降。其主要原因是，如今的立法者、普通民众和教育从业者不够重视教育研究
的实效性，也忽视了教育对生产力或生产效率的贡献。费尔德曼和纽科姆
(Feldman and Newcomb，1969）的《学院对学生的影响》（两册）中没有出现
社区学院、初级学院、两年制学院这样的字眼。帕斯卡雷拉和特伦兹尼
(Pascarella and Terenzini）在《学院如何影响学生》（1991，2005）中引用了
3 000多份报告，其中只有几十份研究报告涉及社区学院的学生。因此，这些
针对高等教育的研究都没有重视社区学院，而美国近40%的大学生就读于社区
学院。

然而近年来，随着对社区学院职能的研究越来越多，对社区学院学生的研
究已不那么贫乏。尽管对社区学院的研究比不上对企业的研究规模，但也是可
圈可点。研究主要由以下人员进行：教授和研究生；受基金会和会费赞助的国
家组织；联邦和州级机构；学院研究人员。研究有以下几种形式：历史分析和
社会学分析；州和国家数据汇编；规范制度对比数据；研究会提供一些诸如项
目审查、学生满意度、学生行为，以及学生分班有效性的信息。这些信息都可
以用于校内规划。研究在很大程度上是受外部推动的，尤其是对院校问责制的
要求，它使评估和成果研究有了实质性的增长。过去二十年的社区学院研究比
之前五十年还要多。

本章回顾了研究小组的研究报告类型。同时作出评论，提出批评和修改建
议。当代对社区学院的研究尚处于起步阶段，很多学院都急于在数据上表现出

成效。校领导们都明白，现在社会上只关注报告中冠冕堂皇的数据和图片，而对负面的影响视而不见。州政府官员需要了解政策和资金与责任之间的关系。在处理模糊的定义和数据时，是谨遵科学性还是使数据和定义浅显易懂，让外行人也能理解，研究人员对此也摇摆不定。所有这一切都是预料之中的，因为这些研究并非源自为知识渊博的受众而设计的有效研究的传统。研究设计需要积极的公共关系，这是本章报告中众多研究的指导原则。

研究来源

除了以学院为基础的机构研究员，几乎所有研究社区学院的人都隶属于大学或联邦或州立机构。偶尔会出现由私人、非营利公司或特别委员会撰写的报告，但这些校外研究通常是由大学教授和社会科学专业的学生进行的。他们大多数在教育学院。只有一百多名大学教授专门关心社区学院的教学并撰写相关文章。也许还有一百多人对这类院校感兴趣，偶尔会进行研究或评论。然而，这些研究人员对发表的文章中的大部分分析负责。研究生在他们的指导下收集原始数据或根据现有数据撰写论文；许多社区学院的研究报告已是现有研究成果中大部分的分析来源。这些研究的一个限制是，为了使教育作为一种合法化的职业，使教育部门在研究生院中具有地位，教授们必须遵守校方的要求，采用科学的方法进行研究。因此，教授及其学生的研究与理论紧密联系，并且经常使用高性能的软数据统计分析。

研究主题的差异很大。社区学院在美国社会背景下的地位一直深受关注，最近也成为全球化的一角。对社区学院毕业率、转学率和就业率之类的成果分析以及对不同学生群体的分析较为盛行，例如分析低收入和少数族裔学生，或者是分析家庭里的第一个大学生。而对专任教师、项目成效和替代教学法的研究相对较少。

如果需要扩大研究的范围势必需要州一级的法律支撑来保证其合法性。但每个州的情况各异，这也取决于每个州的治理结构。部分州（例如佛罗里达州、伊利诺伊州和华盛顿州）有复杂的研究办公室作为其管理或协调委员会的分支。如果社区学院是州立大学体系的一分子（比如夏威夷州和纽约州），那么就能进行可靠的数据收集和分析。在其他州，如科罗拉多州、俄克拉何马州和北卡罗来纳州，在数据汇编和报告方面，大学和社区学院体系有密切合作。尤厄尔和伯克（Ewell and Boeke）描述并记录了 40 个州的公立院校及其学生成绩追踪体系，这一体系更复杂也更可靠。然而，他们得出的结论是，

"跨州共享数据取得的进步甚微"（2007，p. 7），并将其视为下一个前沿领域。

美国教育部收集了美国社区学院的大部分数据。美国国家教育统计中心（NCES）资助了综合高等教育数据系统（IPEDS）这一最为全面的汇编系统。国家教育统计中心每年报告社区学院的数量、学校提供的服务、收入、成本、支出、招生、学位、员工和薪资。近年来，其报告已经远远超出了综合高等教育数据系统对辍学、学术进步、读写能力发展、国家目标等一系列相关问题的评估的范围。国家教育统计中心会单独发布这些数据。

其他机构，尤其是美国社区学院协会（American Association of Community Colleges），从国家教育统计中心报告中提取社区学院的相关数据，并发表简编。教育部门还资助社区学院的科教资源信息中心（ERIC）。科教资源信息中心不是研究机构而是研究报告的收集者、索引者、摘录者和传播者。1966年至2003年间，科教资源信息中心数据库新增了两万多个文件，为研究社区学院提供资源。

包括国家高等教育改善中心和国家公共政策和高等教育中心在内的19%的高等教育小组已经做了一些有效工作。这些组织专门从国家角度研究社区学院，其中包括了州级教育委员会的社区学院政策中心，哥伦比亚大学师范学院的社区学院研究中心，康奈尔大学的社区学院发展研究所，以及独立的社区学院研究中心。

363

美国各种专业协会和院校协会共同进行了一些研究：全国高校商业事务官员协会负责收集财务数据；美国大学教授协会负责收集薪资数据。社区学院创新联盟资助研究学校的运行。许多其他专业协会和院校协会在慈善基金会和政府机构的资助下研究社区学院，并引用与学院任务和角色相符的范例。某些类型的信息收集为研究提供了支持。

高校研究办公室

社区学院的高校研究呈现出从复杂到简单的发展格局。只有少数学院得到了较好支持。卢艾什和博格斯（Roueche and Boggs）在1968年发表的一项研究中发现，通常只有五分之一的社区学院（通常为规模较大的社区学院）配有全职研究协调员。克纳普（Knapp，1979）发现高校研究办公室通常只有一到两名工作人员。1987年，南加利福尼亚州的社区学院平均只有0.67个等效全职（FTE）研究员，没有达到政府机构的数据要求（Wilcox，1987），南部只有不到一半的社区学院配有半工半薪的高校研究人员（Rowh，1990）。直到今天，这种情况仍没有改变。最近的调查发现，近一半的社区学院"只雇用一个或没有全职研究员"（Morest and Jenkins，2007，p. 6）。

多个州都要求进行成果评估，但高校研究办公室的增长速度远没有各州的信息需求的增长速度快。研究工作主要是基于社区学院提供的基本信息。因此，高校研究的职能非常重视合规报告和绩效问责，其中学生的就读率、转学率、毕业率、就业率、执照考试情况，以及学生满意度是研究目标。继合规报告和招生报告，高校研究的第三个主要职能是为认证作准备。这种信息体系主要用于记录保存、管理财务、使用设备和安排班级，并没有考虑到研究层面。一些学院的高水平研究人员会采用复杂的研究方法，但这些研究方法并不是工作必备的。莫雷斯特和詹金斯（Morest and Jenkins，2007，P. 3）研究发现院校工作人员很少使用复杂的研究报告："事实上，复杂的高校研究报告多用于期刊投稿和会议演示而不是学院管理。"学院校长、副校长和高校研究人员表示，复杂的研究往往缺乏实用性，在分析教育成果时，需要考虑非常多的变量，而且"根本没有复杂分析的受众"（p. 11）。

学院为评估所困扰，评估的需求主要来自州级行政指令、联邦报告条例以及认证机构要求。首先是对数据的要求，其次是对数据排列的建议，最后是对评估的要求。要想满足这些要求，就得搜罗各种类型的信息：项目责任制、成果评估、转学率、就业率、毕业率、评估标准、满意度指标、工作绩效。研究办公室必须经常访问学院各部门的信息库，如人事记录、招生记录和学生记录。由于近年来数据处理能力更为高效，这种查询变得轻松起来。但那些每个校区研究办公室平均只有一两名全职人员的社区学院无法达到评估要求。

由于人手不足，高校研究办公室做了相当数量的报告。这些报告不仅有益于学院自身，而且可为分析者提供项目数据。如今盛行将学生的进步同就业和测试程序联系在一起。高校研究办公室也会偶尔进行社区调查，询问有多少本校毕业生在社区工作，从事什么领域的工作。他们研究学生的志向，并将其与项目设计和学生成功联系起来：学生为什么要上大学？学生得到自己想要的了吗？高校研究办公室通常会按外部机构要求进行项目评审：该项目是否配备了合适的人员？项目吸引学生吗？项目有成本效益吗？其中还有比较研究：我们州的其他社区学院如何组织其新生培训项目？学术验证研究：哪些测试最能反映课程成绩？高校研究办公室会使用标准化的工具来测试学生在写作、数学、阅读和批判性思维方面的成效，以研究学生的学习。他们也做成绩研究：学校有多少毕业生找到了工作？或有多少毕业生继续深造？

这些报告的受众各不相同。有数据要求的州级机构、学院高级官员和董事会成员都会收到数据副本。高校研究人员所在的州级和国家协会会公开精选的数据汇编。一些研究人员将他们的报告浓缩成简短的备忘录，分发给学校所有人。备忘录的内容通常是条形图、饼状图或一些吸引眼球的艺术设计，还附有一些简洁的文字，以便读者能获取一些有用的信息。

366   虽然大多数的高校研究报告只在学校内部传播，但也有一些报告分发给了更广泛的受众。一些按学科组织的州级和国家教师协会有自己的出版期刊和会议，其成员可在上面发表自己的研究。两年制学院下的社区学院人文协会和美国数学协会就是很典型的例子。《社区学院企业》《社区学院评论》《社区学院研究与实践期刊》《社区学院应用研究期刊》《社区学院新方向》等期刊均刊载了研究人员的文章。包括两年制学院董事、管理人员、高校研究办公室和教师协会在内的各种群体，他们可以在自己的刊物上发表其成员的研究。例如弗吉尼亚社区学院的期刊《询问》和佛罗里达社区学院的应用研究期刊《展望》。还有一些全国性论坛和协会也欢迎研究人员发表研究报告，其中比较突出的是高校研究协会、学院和大学规划师协会、高等教育研究协会、国家研究和规划委员会、美国社区学院协会、美国教育研究协会、社区学院研究委员会。

研究形式

教育研究的形式多种多样，主要取决于学科、样本的大小、研究对象的目的、支持来源以及研究问题的范围。历史和社会学研究视野开阔，深受研究者青睐。大量的数据汇编为后续分析打下了基础。研究者们对学院的评论有其自己的类别。

历史研究和社会学研究

367   从历史学或社会学的角度，本节对初级学院（现社区学院）的形成和发展进行了若干论述。那些有历史倾向的人会寻找个别院校成立的有关文件和细节，比如毕夏普（Bishop）的《社区学院》（2002），他们希望将这些例子串联在一起，浮现出一幅全国院校的形成图景。社会学家通常会自上而下，他们试图将社区学院的发展与广泛的社会力量以及制度形成的理论联系起来。

本文运用一些历史处理方法，回顾了许多将社区学院发展与广泛的社会力量联系起来的社会学和政治科学研究：伊顿（Eaton，1994）、沃恩（Vaughan，1980）、多尔蒂（Dougherty，1994）、弗莱（Frye，1992）和威特（Witt，1994）等人的著作，彼得森（Pedersen，2000）和迈耶（Meier，2008）的论

文，加拉格尔（Gallagher，1994）、穆雷（Murray，1988－1989）、普鲁克
（Plucker，1987）和瓦格纳（Wagoner，1985）撰写的文章。一些人将学院的
起源归因于商业和社区领袖或地方官员的影响，如学校管理者和大学校长。通
过展示这些人是如何在其影响范围内建造大学的，反驳了"大学是国家议程
的产物"这一观点。如果大学领导想要发展本科教育（Gallagher，1994），如
果商业领袖想通过基础教育来加强公民自豪感（Frye，1992），如果学校官员
不顾州议员的反对建造学院（Dougherty，1994；Pedersen，2000），那么无论
这些地方领导人的动机是好是坏都无关紧要了。

　　如今的主流历史观是，在 20 世纪 50 年代以前，这些社区学院还只是地方
院校，当地的高中生一毕业就可以上大学。而大多数社区学院都建在离大学较
远的小镇上；如果建学院是为了即将毕业的学生，那么大学的存在就不会成为
社区学院发展的限制因素。此外，如果建社区学院是为了职业教育，那么应首
先考虑在工业大州建立学院，而不是在艾奥瓦州、密苏里州、得克萨斯州和加
利福尼亚州建。

　　这些分析引发了公众对早期学院推动者和领导者动机的长期争论。学院的　368
形成是出于国家机构的请示还是为了回应当地的拥趸？是对广泛社会力量的反
应，还是对个别机会主义者的回应？它们是否证明了资本主义的社会阴谋是让
下层阶级安分守己？它们是帮助民众实现高端工作和社会地位这一美国梦的主
要民主力量吗？作者的观点是，社区学院要么是 20 世纪最伟大的发明，要么
就是那个时代的社会悲剧。尽管如此，每每看到有人分析社区学院时，还是会
让人耳目一新，即便分析人士是从新马克思主义者到商会传记作者，不一
而足。

大规模影响

　　尽管大量的数据汇编模糊了学院的一些信息，但它们仍提供了一些有用的
概述。美国国家教育统计中心收集了所有部门的数据，并发表了大量报告。本
书引用了近 20 篇报告。除了常规的人口普查式的招生报告，其数据还反映了
国会的担忧。由于联邦政府给大学生提供各种形式的资助，国家教育统计中心
总结了社区学院的收入、支出及学费数据。联邦平权行动规定，社区学院必须
提供有关学院工作人员、学生和毕业生的性别和种族的数据。国家教育统计中
心对这些数据进行了汇编。还有一些数据是有关联邦政府反对歧视残障学生的
行为，以及为残障学生提供特殊资金和服务的。

　　为了减少违约贷款和滥用助学金的现象，国会于 1990 年通过的《学生知
情权法案》等条例要求社区学院提供学生成果的相关数据。《学生知情权法

案》中的毕业率是基于对所有在特定日期第一次入学的全日制学位生的。毕

369 业率是按照完成学位所需时间的 150% 来计算的（副学士学位需要两年）。转
学生不包括在内。正如第 14 章关于成果的说明中出现了一些奇怪的数据，因
为近三分之一起初就读于社区学院的学生最后不止就读于一所学校。此外，三
年时间太短，无法衡量社区学院学生的成绩（参见第 14 章，更广泛地讨论了
成果评估时间框架）。

　　于 1984 年通过，随后多次更新（并更名）的《卡尔·帕金斯职业和技术
教育法案》要求社区学院提供学生就业结果和就业维持的数据。20 世纪 90 年
代，联邦政府的另外两项举措对数据收集也有所影响。其中一个是《美国
2000 年教育目标法》，鼓励制定国家课程标准，提高学生文化程度和其他能
力。另一个是州立高等教育评估组织（SPRE），要求社区学院提供学生毕业
率、退学率、考试合格率等数据。尽管这两项举措都已被撤销，但它们体现了
联邦政府是如何参与学院制定研究议程的。

　　虽然国家数据是社区学院研究的重要起点，但各种对学院有用的信息类型
都只是按常规汇编的。自 1994 年起，美国社区学院协会（AACC）陆续发布
了几个核心效能指标的数据。指标包括学生的坚持程度、满意度和目标实现情
况；转学率、就业率及成功率；文化程度和公民技能发展情况；学院与社区的
关系。阿尔佛雷德、尤厄尔、赫金斯和麦克伦尼（Alfred, Ewell, Hudgins and
McClenney, 1999）进一步描述了其中的 14 个指标。协会随后出版了核心指标

370 的第三版。这次列出了 16 个指标（Alfred, Shults and Seybert, 2007）。在第 14
章有关成果的研究中提到了 AACC 的自愿问责框架（VFA）。该框架拓展了这
些指标，并且能够公布很多国家指标，这些数据涉及学生的进步、成果、学
习、职业、技术教育以及成人基础教育。

　　社区学院创新联盟详细列出了 69 项有效性指标（Doucette and Hughes,
1990）。在斯宾塞基金会主办的会议上，与会者列出了 100 个涉猎广泛的问题，
证明任何类型的研究都是合理的（Ashley, Barr and Lattuca, 1999）。其他评估
框架有多种形式的组合，如考试、实践学习活动、网页设计、民意调查和诊断
测试。所有这些组合都可用于解释众多晦涩难解的变量，其设计十分复杂。正
如格莱克（Gleick）强调的，"选择总是一样的。你可以让自己的模型更复杂，
更切合实际，也可以让它更简单，更容易处理"（1987, p. 278）。

　　从 20 世纪 90 年代初到今天，美国教育部一直在完善全国高校评估体系规
范，并以各种方式向高等教育院校施压，要求它们制定各州和认证机构的执行
标准。高等教育未来委员会秘书于 2006 年至 2007 年就相关事宜举行了听证
会。其目的是制定程序，以持续监测学生的成果、项目完成率，以及学生的各

种学习指标。工作组主要负责查找统一的报告格式和一系列超出认证标准的指
标，以便能让公众理解和接受。尽管公众接受了这一理念，但许多政客和学院   371
官员认为他们既没有僭越联邦政府的权力，也没有侵犯学生的隐私的权力。

由于社区学院在各州高等教育体系中的地位不同，且各州立法机构和管理
委员会颁布的法规不同，所以各州机构汇编的数据类型差别很大。州级机构通
常从社区学院接收数据，然后发表全州的社区学院数据总量。其中一些收集成
册的数据有利于进行院校比较，如每年佛罗里达州、伊利诺伊州、北卡罗来纳
州和华盛顿州发表的数据册。

通常情况下，州级机构会像美国国家教育统计中心一样响应立法授权。法
律要求学院启动项目并要求州级机构收集相关项目的数据，例如学生入学考
试，由此为学生的入学评估制定指导方针。学院根据学生参与的项目来确定程
序并提供测试。无论这些学院是否能像加利福尼亚州的社区学院一样自行选择
评估方法，还是像新泽西州一样举行全州范围的统一测试，它们都已经确定了
部分研究议程。但是州政府为这些程序提供的补充资金不足以支撑大学开展将
研究结果与实践结合起来的综合项目。

研究的局限性

无论研究的来源和形式如何，社区学院的研究受限于社会科学不精准的语
言以及研究人员与实践人员之间的关系。就这种冲突研究人员给出回应："这
就是为什么研究人员和实践人员会忽略彼此，即使这两者的工作是由同一个人
承担。"（Cohen，2005）

教育研究的风格会影响社区学院的研究。与前人相比，高等教育研究界较
少使用心理测量和青少年发展理论。目前仍在使用的是对社会科学中典型的软   372
数据进行的强有力的统计测试——这种感觉就像在土路上驾驶印地赛车一样。
此外，最近的文献，尤其是论文，呈现出定性分析趋势，报告通常也是基于对
少数学生、教师或工作人员的观察或采访。例如一篇长达 300 页的论文全是 6
名学生逐字逐句的评论，令人望而却步，但这表示研究正在向传统的叙述型模
式转移，这是一种古老的信息传播模式。向定性研究的转变表示人们想要了解
为什么会出现特殊现象，这些特殊现象又是如何发生的。事实上，特殊现象
（可以通过对大量数据集的定量分析记录下来）的出现通常被视为起点。

历史学和社会学论文证明，没有公正的学术。将学校的形成和发展同社会
学理论联系起来，假设广泛的社会力量或地方自主性促进了社区学院的发展，
那么可得出的结论是这种开放式的发展可以很好地服务于社会，也有可能对社
会造成不好的影响。高等教育体系认为客观调查是矛盾的。这些发现与定量研

究人员得出的结论一样，只有 25% 的新生转学（要达到多少转学生才能去掉
"只有"这个词）。研究人员再一次证明社区学院的学生获得学士学位的可能
性低于就读于大学的学生，没有什么新意。研究人员得出的结论表达了他们的
预断，比如"社区学院应该开始提供学士学位"或者"让社区学院放弃其高
373 校职能"。霍斯（Hoos，1972）不赞同后一种研究，认为后者作出的决策都是
马后炮。

　　调查研究也有其局限性。有时美国国家教育统计中心提供的信息也模棱两
可。例如，向所有社区学院询问"学校提供以下哪些服务"，并列出为各类残
障学生提供的服务。结果发现，在美国 1 020 所两年制公立院校中，有 837 所
院校提供"视障人士援助"（NCES，1994a，p. 21）。但读者无法通过报告判
断该援助是指帮助残障学生学习全科课程，还是指在校园电梯按钮上标记
盲文。

　　此外，政策制定者和政策学习者之间存在分歧。比恩鲍姆（Birnbaum）概
述了这种分歧的原因，那就是政策的本质是无法通过研究找到解决问题的明确
方法的，"政策制定者定义问题的方式往往就是问题的一部分"（2000，
p. 122）。他进一步指出，"改进研究方式不是解决办法"（p. 124），因为严格
遵守科学标准只会让非研究人员更难理解这些报告。比恩鲍姆得出的结论和
1981 年鲍文提出的一样，许多小型研究累积到最后只印证了一些笼统的说法，
比如"高等教育是经济发展的社会福利和积极力量"（p. 124）。

　　总之，研究的来源和形式、开展研究的目的、社会科学研究中普遍存在的
问题，尤其是学院管理者要求研究结果不得对学院不利，这些因素都造成了报
告的不一致性。由于观点不同，这个问题永远无法协调，所谓"横看成岭侧
374 成峰，远近高低各不同"说的就是这个道理。

对学院的评论

　　一些学者致力于从社会角度或学校角度批判社区学院。从社会角度批判
时，人们常戴着有色眼镜看待社区学院，认为它是资本主义的代理人，为商业
和工业培训工人；认为社区学院是上层阶级用于剥夺穷人的工具，它剥夺少数
族裔获得学士学位的机会，从而阻碍少数族裔学生获得更高社会地位。从学校
角度批评时，人们就会对社区学院的有效教学提出疑问：这些社区学院真的传
授了较低层次学校未能传授的基本技能吗？它们能为高等教育打下基础吗？这
些问题的答案通常也是否定的。由于没有通过考试，社区学院的学生很难进入

高级院校。

社会角色评论

有数篇文章批评社区学院未能帮助美国实现社会阶层结构的平等。这些文章出于 20 世纪 70 年代，当时社区学院的迅速扩张引起了社会学家的注意。卡拉贝尔（Karabel）断言，社区学院是教育膨胀和美国阶级体系的要素。他指出社区学院的大规模扩招是由于技术和专业工人在劳动力中所占比例有所增长。这一比例的增长导致那些不愿拿最低薪资的人选择接受高等教育，从而增加了高等教育的压力。因此，教育通货膨胀导致求学人口比例上升。但社会的阶级体制没有变化："虽然扩招没有改变社会流动性和实现经济平等，但对经济生产力和社会的总体文化水平作出了贡献。"（1972，p. 525-526）学生越来越多了，但经济平等性没有发生改变。

卡拉贝尔引用的数据表明，与四年制学院或大学的学生相比，社区学院学生来自更高社会经济阶层的可能性较小。他们更有可能来自那些没有读完高中或大学的工人家庭。（早在 1924 年，第一个初级学院分析师库斯就注意到了这一事实。）几年后，卡拉贝尔的研究证实了他之前发表的论文的观点："现在有了大量的经验证据，我们可以更有信心地阐明基本论点。社区学院的扩招非但没有体现高等教育民主化和社会机会再分配，反而预示着高等教育存在阶级联系，其目的是再现现有的社会关系。社区学院的总体影响是强调而不是减少社会阶级不平等的普遍模式。"（1986，p. 18）

泽维林（Zwerling）支持的观点是，社区学院在维持美国社会和经济结构稳定方面发挥着至关重要的作用："它阻碍了社会体系中穷人和被剥夺公权者成为有尊严的体面人。"（1976，p. 17）社区学院的主要职能是"引导年轻人在社会体系中找到与其父母基本相同的位置"（p. 33）。社区学院可有效控制班级间的流动性，因为它的学生多来自最低的社会经济阶层。它的辍学率最高。相比那些在社会阶层较高的学校就读的学生，其辍学生和毕业生更有可能从事较低水平的职业。这一辍学率"与学校引导学生按照他们认为合适的社会秩序就业息息相关"（p. 35）。

同样的，平卡斯（Pincus）也从阶级冲突的角度对社区学院进行了探讨，特别强调了社区学院在职业教育中的作用。他追溯了社区学院职业能力的发展历程，展示了它如何准确地满足每个人的需求："企业得到了他们需要的工人；四年制学院不会把资源浪费在即将辍学的学生身上；学生找到了体面的工作；并且规避了毕业生过多的政治风险。"（1980，p. 333）他还声称，"像商界和政府领导这样位居高位的人，将高等职业教育视为解决政治和经济问题的手段，而这些问题是由工人阶级日益增长的期望衍生出来的"（p. 356）。

其他评论者也认为，就业项目让下层阶级的学生放弃了学士学位学习。莱文（Levine）从学院角度提出设想："面对潜在的学生群体，该群体在社会经济的背景下日益庞大和多样化……教育工作者鼓励发展半职业培训的新型高等教育。"（1986，p. 183）因此，他得出的结论是："许多上过初级学院并准备上大学的学生，其兴趣和需求都受到了教育者精英主义的打击。"（p. 184）理查德森和本德（Richardson and Bender）在他们关于少数族裔学生入学和成就的论文中指出，尽管学院入学率上升，但"少数族裔的经济和社会阶层流动性几乎没有变化，因为他们的课程选择一直集中在职业领域"（1987，p. 1）。他们进一步指出，"将学校的职业教育集中在少数族裔学生身上，从而降低了转学项目的可行性和质量"，这将导致少数族裔学生"纷纷进入职业技术专业，因为他们别无他选"（p. 44-45）。

377

支持基于阶层的研究数据随处可见。在研究了伊利诺伊州的社区学院学习模式后，廷托（Tinto，1973）得出结论：社会经济地位较低的社区学院学生比高级学院的学生更容易辍学。多尔蒂（Dougherty）采取了类似的研究路线。他认为社区学院既"让高等教育民主化"，又"阻碍了学生获得学士学位"（1994，p. 21）。他还指出社区学院确实让更多的学生享受到了高等教育的好处，但并没有推动学生获取学士学位。

由于社区学院录取了许多成绩较差的学生，这类学生糟糕的毕业率和转学率实际上是早已注定的。从根本上来说，学生对社区学院的敌意要小于他们对美国社会阶级制度的敌意，他们希望美国社会阶级制度更公平。这些观点已有几十年的历史。长期以来，各类社区学院都未能推翻社会阶级制度。1944年，瓦尔纳（Warner）和他的同事认为美国人没有充分意识到阶级体系在学校中的地位，他们关心的是机会的平等、课程的差异以及教育人们接受社会地位的观念。

378

最近，坚信阶级体系不可避免的信念已经弱化，其概念与社会正义、机会平等、文化剥夺混淆在一起，决心纠正部分人的历史弊端。人们往往高估了非洲裔美国人、西班牙裔美国人和美洲印第安人在较低的社会经济阶层中的地位，这加剧了概念的混淆，但提高了领导者的威望。用加布勒（Gabler）的话来说，"在过去30年里，保守派伟大的政治成就之一，就是把社会福利与种族联系在一起，而不是阶级"（2002，p. 6）。这种做法并不新鲜。几十年来，南方的劳工运动一直受到工业家们的打压，工会组织者故意让白人和黑人对立起来。事实上，针对社区学院在构建社会阶层体系中所扮演的角色的争论，如今已为社区学院文化和文化传统以外的学生（即少数族裔）是对立的这一论点所取代。

伦敦（London）的《社区学院文化》（1978）和韦斯（Weis）的《两个世界之间》（1985）是这一流派的早期著作。紧随其后的是罗兹和瓦拉德斯（Rhoads and Valadez）的《民主、多元文化主义和社区学院》（1996）以及萧（Shaw）、罗兹和瓦拉德斯的《作为文化文本的社区学院》（1999）。这些评论者研究了社区学院的意识形态、校风、学生接收的信息，以及教师、学生、政策和要求之间的互动，然后得出结论：学校形式与学生的期望、抱负和能力之间存在着巨大的脱节。一个典型的结论是，大学文化根源于以语言为中心的正统观念，不利于学生取得学士学位。

近年来，由于政治领导人和教育工作者开始认识到社区学院的作用，认为社区学院是大学无法扩大新生班级以容纳更多入学申请者时的可行选择。普通大众也意识到，争夺名牌大学的有限名额就像是一场抢座位游戏，无论申请者资历如何，都有可能会落选。

尽管如此，有关新马克思主义的争论仍以不同形式呈现：全球化、新自由主义、新经济，所有这些术语都被评论者们用上了。多德（Dowd）指出："资本主义意识形态一直在有力地重塑社区学院及其使命……增加合同制培训……与此同时，将重点从学生转向工业。"（2003，p.98-99）艾尔斯（Ayers）表示："社区学院本身就是再现先进资本主义阶段的不平等工具。"（2005，p.528）"学生被简化为取悦雇主的经济实体，以保持商业和工业在全球经济中的竞争力。"（p.539）在规划教育项目方面，商业代表取代了教师的位置。其论点是一样的：公司得到了他们需要的工人；社区学院负责职业培训；这些学院与跨国公司串通一气，剥削自己的员工——兼职教师。综上所述，社区学院在新自由主义议程中的问题由来已久，只是在几十年前，资本主义是唯一选项。

对学院的批评

第二层批判是针对社区学院的学校角色。它们真的能传授那些较低层次学校未能传授的基本技能吗？它们为高等教育提供了基础吗？它们的学生是否学习了适当的技能和态度使他们能够在工作或高级院校取得成功？除去花言巧语和社会影响，这些问题可以归结为以下几个问题：有多少职业院校学生在他们所学的领域找到了工作？有多少学生转学到高级院校？

几项大规模研究为这些问题提供了一些线索。回顾了一些比较研究后，帕斯卡雷拉和特伦兹尼（Pascarella and Terenzini，2005）得出结论，"考虑到受教育程度，最初上两年制社区学院对学生后续的职业地位似乎只有负面影响，但对受教育程度相同的个人来说，最初上两年制学院没有给他们带来重大影响"（p. 592）。他们还发现，"与1990年以前的判断一致，在两年制院校（而非四年制院校）攻读学士学位，学生最终获得学位的概率会降低15至20个百分点"（p. 592）。部分原因是转学较难。"学士学位完成率的差异在于，社区学院学生是否能转学到四年制院校。一旦跨过这座桥，社区学院的转学生获得学士学位的可能性与四年制学院或大学学生差不多，尽管社区学院学生完成学位的时间往往更长。"（p. 592）

若分析者问："如果学生有资格上大学，他们为什么要进入社区学院？"那么答案可能会有所不同。如果没有社区学院，大多数社区学院的学生就不会接受高等教育。"问两年制学院的学生在四年制学院的表现如何，这样的问题是没有意义的。"（Rosenbaum, Redline and Stephan, 2007, p. 50）的确，帕斯卡雷拉和特伦兹尼认为社区学院的资金相对不足，但"在某些情况下，社区学院的影响比四年制院校更大……从这个角度来看，两年制院校很可能为学生（和纳税人）提供攻读学士学位的途径。这样既保持了学术的严谨性，也不会牺牲市场的竞争力"（p. 640）。

从社区学院转学至四年制学院和大学的学生数据是分散的，因为各体系和各州计算转学的方法有所差异。学生的流动模式也不是线性的。学生们在社区学院和大学之间来来回回，同时在这两种类型的院校中学习课程，且在两者间频繁转学。然而，当全国统一汇编数据时，发现每年有125万名学生最初是在社区学院接受高等教育，最后至少有25万人转学至大学，其中大多数人转到了比他们高中刚毕业时要求更高的四年制院校。社区学院究竟是社会性流动的贡献者，还是打击弱势群体希望的机构，这完全取决于公众的看法。

对评论的回应

我们能对评论家作出何种回应呢？他们提供的数据显示，社区大学的许多毕业生没有转学；社区学院招收的少数族裔和低收入学生比例相当高；在转学的学生中，来自少数族裔和低收入群体的比例最小。但他们的结论并不总是有根据的。一些评论家建议增强社区学院学生的阶级意识，这样他们就会意识到自己已经被引进了社会陷阱。泽维林（Zwerling, 1976）建议向学生展示他们是如何在社会阶级体系中被引导的；学生应该明白学校是权力的工具，这样就可以采取行动来抵制它。平卡斯（Pincus, 1980）同样也支持增强阶级意识。他说社区学院的教育者应该为工人阶级和少数族裔学生提供社会环境，并帮助他们了解自己所面临的局面。然后他们可能会开始质疑美国教育、政治和经济体制的合法性。

其他评论家得出了不同的结论。一些人想让社区学院和大学平起平坐，那样来自低收入家庭的社区学院学生就有平等的机会获得学士学位和更高的社会地位。另一些人建议社区学院应该减少对学位教育的关注，把重点放在学生的职业技术教育上。   382

因此，评论家们忽视了"社区学院促进机会平等"这一观点。他们就社会平等这一不可调和的严峻问题，提出了稳妥的解决方案。假设所有两年制学院都变成了四年制院校，那么所有的学校和学生都会受到平等对待吗？即便是现在，学校之间也存在明显的优劣次序。例如哈佛大学和东北大学，加利福尼亚大学洛杉矶分校和佩珀代因大学、芝加哥州立大学和芝加哥洛约拉大学都提供了博士学位。但在公众眼中，它们并不相同。如今个别州的社区学院经授权可提供学士学位，但这并没有改变公众对它的看法：它只是高级院校中处于底端的两年制学院。

就职业教育的中心地位而言，所有高等教育，包括研究生院和职业学校，都是以职业为导向的。安贫乐道的学者纯粹是为了知识的乐趣而上大学，就好比是出生在小木屋里的总统候选人一样。这两者都很体面，但已经鲜有出现。

学校教育的神话

在学校学习的时间越长，收入就越高，这一老生常谈已改为人们就读的学校类型决定了他们未来的成功。根据性别、宗教或种族身份制定条例减少歧视。各社会阶层的年轻人进入社区学院接受高薪职业培训。但是，越接近机会平等的目标，学校教育就越重要。衡量这一重要性的显著标志就是社区学院毕业生和未完成高中学业的学生，其收入比大约是三比一。因此，会出现这样一种反常现象，当衡量社区学院学生的标准建立在财富、种族和智力的基础上时，机会平等的论点就会集中在这样一种观念上：我们剥夺年轻人受教育的机会是在浪费人才。随着民权法案、州和联邦政府为学生提供助学金，以及学校实行的开放性招生政策变得普遍起来，高等教育内部的种族分离问题就凸显出来了。上大学的机会不够，可以就读哪所社区学院？有什么课程？目标群体的成功率是多少？目标一直在发生变化。   383

詹克斯（Jencks, 1972）探索了社会建构不平等的概念，并得出结论：教育者混淆了教育机会平等与人口收入平等的概念。减少收入差距的更好办法就是与其要求所有人都接受同样的教育，不如改变税收结构等公共政策。他认为，即使高等教育像初级教育一样触手可及，那也不是每个人都能接受教育，所以不平等现象将持续存在。每个人工作效率不同，能力不同，对雇主来说也有不同的价值。机遇可以使他们在职业生涯里辉煌或衰败。他们就读的学校类型或表现出的认知能力与普通人群没有关系。如果社会真的想要平衡利益关系，就应该建立制度，让读书的人和不读书的人都能得到相同或类似的好处。

384   最近，迈克尔斯（Michaels）扩展了詹克斯的观点，他表示贫困者进不了精英学院的原因"不是他们付不起学费，而是他们根本没有资格被录取"（2006，p. 87）。迈克尔斯复制了一份由美国大学理事会编制的图表，显示家庭收入和 SAT（学业能力倾向测验）分数成正比（详见第 8 章功能性读写能力下降部分）。他解释了这种关联是如何产生的，因为富裕的家庭有能力把孩子送到私立学校或更好的公立学校，并支付各种辅导费用。他把大部分的不平等问题归因于公众（或学生）对身份的执着："我们喜欢多样性，且希望权利平等，因为解决种族主义的问题需要我们放下偏见。（解决经济不平等的问题可能需要我们付出更多，有可能是放弃金钱）。"（p. 89）

       另一种观点是，社区学院并不一定比其他低级院校更能推翻国家的不平等。与其他社会机构相比，社区学院的影响力相对较小。但批评者的根本错误在于，他们试图将教育平等的意义从个人转向群体流动性。如果机会平等意味着各社会、种族或宗教群体与其他群体有同样的机会接受高等教育，那么这个目标是有价值的，也是可实现的。没有人会质疑社区学院为打破社会、种族、经济和地理壁垒作出的贡献。当这一概念具有群体流动性时，它的意义就发生了变化，超出了学校的能力范围。无论是社区学院还是其他任何形式的学校都

385 无法改变阶级差异。它们无法改变整个种族群体的社会阶层，也不能保证教育成果的平等分配。

社区学院提供了什么

       不能用社区学院对推翻美国社会阶级体系的贡献程度以及社会习俗的改变程度来衡量其真正效益。社区学院是一个为个人服务的体系，其教育形式帮助学生学习他们需要知道的东西，从而成为有责任感的社会成员。只要他们在分级教育的主流中保持自己的地位，学院就可为其提供向上层阶级流动的渠道，帮助其在各社会阶层之间流动。很多人都在谴责社区学院不仅没能推翻阶级间的不平等，也没有履行其主要职能，还忽视了大众入学、退学和接受更高教育

的利益，而这正是教育体系的核心所在。

学生获得学位或证书，但没有从事该领域的工作，这并不是学校的失职。如果社区学院是教育体系的一分子，那么就会告诉潜在生源："你只有在项目中特别优秀，才可以入学。"但如果后来的学生未能在该领域找到工作，他们就会感到沮丧。但社区学院不是这样运作的。某些专业性较强的学科，比如牙科卫生、护理和一些更高水平的技术专业，几乎所有毕业生的就业领域都与其专业相关。而多数专业性较弱的学科，如房地产或市场营销，学生在其专业领域就业的概率就会显著降低。辍学是对专业结构的反映，但如果学校或学校课程设置的入学门槛较低，就无法实现较高的项目完成率。

386

很少有评论家提到社区学院在社会和经济方面所发挥的重要作用：社区学院减轻了大学的压力，为国家节省了资金。这两点在美国全国范围内转学的课程衔接协议中都有所体现。课程衔接协议已有几十年的历史，如今的课程衔接协议多由公立院校商定，并由州级机构或协调委员会加以监督。许多立法机构已开始实施课程衔接协议，协议的政治地位有所提高，尽管社区学院承诺促进经济发展、缓解失业问题只是吸引立法者的"一面之词"。

社区学院的替代方案是什么？

相比提出能让所有人满意并能得以实施的解决办法，批判当前的社区学院结构要容易得多。用非历史性的方法来解决高等教育问题是没有意义的。从高等教育的角度来看，学生需要什么、对社会有什么好处，尽管这听起来很诱人，但如果没有从社会背景的角度看待学校，这些观点就没有多大用处了。从个人需要什么或社会需要什么这个问题开始的初衷是好的，无论答案如何，社区学院都不会消失。学校需求与个人和社会需求一样真实。事实上，把学校需求作为分析的起点更合适，因为随着时间的推移，各个学校的需求会统一立场。而个人和社会的需求是因人而异的。现在也有人对学校的发展很感兴趣，这些人包括学校的盟友、赞助者、毕业生和支持群体。

随着当代院校进行自我改革以应对新媒体和支持模式的变化，社区学院开始建设替代方案。其中一些改革是强加给它们的；另一些则是由学院内部压力引起的。地方控制随着地方资金的减少而减弱。低学费的时代已不在，对学生来说，更高的学习成本减弱了社区学院与州立大学的竞争力。

387

无论是大学还是高中，课程衔接越来越突出。在基金会的支持与推动下，将11—14年级合并在一起的初级或中等学院数量一直在增加。转至大学的学生人数稳步增加，有几个州的院校签署了转学副学士学位协议（Kisker and Wagoner, 2013）。职业教育的主要内容已形成模块。例如，巴尔的摩郡社区学院（马里兰州）提供为期六个月、每周四天的机床技术证书项目。几乎所有的社区学院都引进了大量职业课程，学生可以通过四个月的实习，从学习基本技能过渡到掌握专业技术。

不同社区学院在预科生获得学士学位的比例上存在很大差异。这取决于学生的兴趣，以及社区学院与其周围中学和大学的关系。虽然学院提供职业和社区教育，但绝不会放弃提供大学平行课程。如果放弃，学院就会拒绝那些想要继续深造的学生接受高等教育，尤其是来自没有接受过高等教育的家庭的学生。学院会违背想教授大学课程的教师的意愿。社区学院不再是大学的"安全阀"，他们拒绝那些准备不足的学生进入学院，否则他们将被迫开展大规模的发展课程，不然就要面对这些被拒绝学生的怒火。

部分州有多种社区学院体系，因此能将人文教育与其他职能分开。除了提供大学低年级课程，威斯康星职业技术成人教育中心可执行社区学院的所有职能。威斯康星州有一个大学中心体系，许多州立大学的分校负责学院工作。在南卡罗来纳州，州立技术学院与大学分校共存。北卡罗来纳州的体系可同时经营技术院校和社区学院。这种替代结构也存在于较大的社区学院区域。海岸社区学院（加利福尼亚州）有两所提供全方位服务的综合性学院，以及一所专门从事短期教育和社区服务的院校。学校的制度形式有所改变，但其职能不变。

通过少量调整来扩充修改学科列表，很早就有关于人文学科与职业教育相适应的看法：哪些传统人文学科课程对参加职业项目的学生最有用，以及学生如何更好地融入课程？部分院校开展了模块化课程，但要想在学院的两种中心职能之间架起桥梁，还有很多工作要做。虽受立法支持，大学预修课程、国际学士学位、早期学院附中和双学分课程等项目让更多的学生在高中时期就能获得部分学分，但减少11—14年级的重复课程也是个不错的选择，这样可以让学生更快获得高等教育证书或学位。

社区学院的潜力比任何院校都大，因为它们关心最需要帮助的人。克林顿总统称社区学院是美国教育的断层线（Bourque, 1995）。如果社区学院能让学生在主流社会取得成就，那它们就有可能改变世界。社区学院与处于风口浪尖的人打交道，这些人可能会成为主流，也可能会重新陷入贫困和寻求福利的循环。这就是为什么社区学院需要得到社会凝聚力的支持，以及获得实现潜力的机会。

问　题

对社区学院研究的微薄的支持不足为奇，因为教育研究几乎无法反映学校教育在美国生活中的重要性。然而，对社区学院的研究有所改进，因为通过研究可以获取更多信息，虽然这些信息来自大量的报道，其中包括自吹自擂的评论、不具相关性的数据汇编、对选定数据毫无根据的批评以及一些以偏概全的言论。

报告失真是一个长期存在的问题，它反映了公共话语的状态。负面新闻可以促进媒体的发展，因此，为了保护学院以及官员自身，官员们通常会提供精神上的鼓舞，宣传积极信息，而不管这些信息是否准确。各州和联邦政府对硬数据的需求能克服这些困难吗？

很少有社区学院制订自己的研究计划。在不扭曲公众对学院个体成就的看法的前提下，学院能否继续根据外部机构给出的定义提供数据？

研究人员能否保持社会科学研究标准和适合广大受众的新闻报道风格的平衡？

一些评论者建议对制度结构和职能进行重大改革，但没有人表示要关闭社区学院。然而，如果当地学院的预算减半，社区将会发生什么？ 390

几乎所有人都能使用电话和互联网。两者都是能让人与人之间进行交流的即时响应工具。那么社区学院培养人际交往的价值是什么？

博物馆提供娱乐和教育。博物馆之间可以就藏品数量、展览的吸引力以及参观展览的人数进行比较。从这些方面来评估学院的价值又是什么？

政府机构是旨在提供服务的社会机构。政府维持秩序，为人们提供公共场所，从而提高社区的生活质量。社区学院也可以用这种评估方法吗？

因为很少有学者关注社区学院，所以没有相关论坛。学院发言人也帮不上什么忙。他们要么不知道如何批判性地审视自己的学院，要么不愿意审视自己的学院。他们表示：社区学院努力满足了每个人的教育需求，但这一前提并不合逻辑。他们说社区学院为所有人提供了访问权限，但他们没有提出明显的必然性问题：访问什么？有理念的社区学院支持者会从教育和哲学层面来思考学校所扮演的角色。民主的社区学院也应如此。

14

学生进步与成果

问责制的新时代

　　大约25年前，在一些分析师和心理测量学家数十年请求无果的情况下，相关认证协会开始要求学院定义并记录学生和院校的成果。在此之前，研究人员和评论家无法向高等教育部门的教育者具体说明教学内容以及他们所获的成就，这种强制性的要求并没有渗透进教育实践中。但渐渐地，州级立法机关开始要求社区学院不仅要提供学生成绩，还要证明学院对社区的贡献。随后，美国教育部也加入了讨论，甚至建议建立一个全国性的高校评估系统。主要的慈善组织也加入进来，它们投入了数百万美元用于促进学生的进步和成功，并进行评估。如今，成果评估是各院校都要认真考虑的问题。

　　本章考虑与学生进步相关的成果（包括保留率、学分积累、发展阶段的进步、入门课程的成效）和与学生成果相关的内容（主要是转学、学位或证书的完成，以及其他更广义的对项目完成率的衡量标准）。还审查了职业成果
及其对个人和公众的益处。本章随后讨论了日益壮大的问责制度，包括成果评估，国家为评估社区学院学生进步所作的努力，以及评估中可能会出现的问题。

学生进步的衡量标准

　　衡量学生进步最普遍的标准就是学院每年或每学期的学生保留率。国家高等教育管理系统中心（National Center for Higher Education Management Systems，NCHEMS）汇总并报告了综合高等教育数据系统（Integrated Postsecondary

Education Data System，IPEDS）有关大学新生第二年返校率的数据。2010 年，美国 53% 的社区学院学生继续读大二。全日制学生的保留率（60%）高于非全日制学生的（41%）。各州之间的保留率差异很大，从阿拉斯加州的 24%（唯一一个社区学院保留率低于 40% 的州）到南达科他州的 66%（NCHEMS，2010）。秋季入学的学生保留率普遍比传统春季入学的学生保留率要高，为了学位或证书而来的学生的保留率也是如此（这并不奇怪，因为为了提升技能或个人兴趣而来的学生可能在第一学年就已经达到了他们的目标）。

从传统意义上来说，社区学院（或学院代表机构）将保留率定义为从秋季学期到下一个秋季学期保留入学注册的学生百分比。然而，该定义忽视了有三分之一的社区学院学生转学至其他院校或在其他院校学习，且学生可以在一年或更短时间内获取短期职业证书这一事实。准确衡量学生保留率的方法就是不将转学生和毕业生纳入保留率的计算中，将为了学位或证书而来的学生作为计算保留率的主体，同样可以提高统计数据的准确性。亚利桑那州的社区学院就以这种方式计算保留率。2012 年，该州有 10 个区的秋季保留率为 77%，远 393 高于 NCHEMS 报告的 48%（亚利桑那州社区学院，2012 年）。

许多社区学院的支持者认为，更细致地衡量学生进步与衡量传统指标同等重要，甚至更重要。可以在较短时间内对中间指标或进步指标进行评估（相比四年或六年的成果衡量，只需一至两年），学生在哪些方面取得成功或不擅长哪些方面，这类有效信息可以用来改善学生就读期间接受的项目和服务。然而，学生进步的衡量标准受到了批评，因为它给教师和行政管理人员施加了压力，比如，让原本不及格的学生通过考试，或者让准备不足的学生接受大学水平的课程。课程通过率很容易受到这些压力的影响，特别是如果压力与教师评估或学校资金挂钩。

尽管如此，学生进步指标越来越多地被纳入州和国家的问责工作中。其中一个衡量标准是学生的学习动力会影响学生的进步。2009 年，对加利福尼亚州社区学院学生的一项研究显示，在两年内完成大学数学或英语课程的学生，以及在第一学年获得 20 个以上学分的全日制学生，其保留率和毕业率明显更高（Moore，Shulock and Offenstein，2009）。基于这些原因，美国社区学院协会的责任自愿评估框架（VFA）倡议增加一个学分门槛衡量标准：两年内，完成 42 学分的全日制学生的百分比和完成 24 学分的非全日制学生的百分比。自2009 年起，亚利桑那州的社区学院中，45% 的全日制学生以及 51% 的非全日 394 制学生都达到了两年学分门槛（亚利桑那州社区学院，2012）。

英语和数学是大学的入门课程。学好入门课程也可以提高学生的保留率和毕业率，因为这些课程通常是获得学位或证书所必需的。因此，国家社区学院基准项目（National Community College Benchmark Project，NCCBP）追踪了入门课程的完成率，如英语写作一和写作二、演讲和大学代数。根据 NCCBP（2012）数据显示，这些课程的全国完成率从 61%（代数）到 77%（演讲）不等。然而，许多学生从未报名参加入门课程，尤其是那些需要接受补习的学生。2004 年第一批就读于弗吉尼亚州社区学院的学生中，只有不到一半的人在四年内完成了大学英语课程，四分之一的学生完成了大学数学课程（Roska et al.，2009）。此类数据促使责任自愿评估框架和其他国家问责计划开始定期收集六年内成功完成大学英语和数学课程的发展型学生的百分比数据。

许多学院还通过发展阶段来追踪学生的成功和进步。2010 年加利福尼亚州社区学院的研究显示，50% 的学生通过了他们入学后的第一门发展性课程"数学"；另有 25% 的学生退出了课程，其余 25% 的学生不及格。发展性写作课程的通过率仅比数学高一点（Perry，2010）。对"实现梦想"计划（卢米娜基金会于 2004 年发起的一项非政府倡议）附属院校发展成功率的调查显示，接受发展教育的学生中有 15% 完成了全部阶段，另有 40% 的学生只完成了发展阶段的一部分，45% 的学生没有达到任何发展要求（"实现梦想"计划，2008 年）。无论是在发展性课程还是大学课程中，学生进步指标比传统的成果指标更有可能促进制度变革。尽管如此，大多数州和国家问责举措仍然更加重视转学率和毕业率等。

395

转学率

长期以来，虽然衡量转学率的定义各种各样，而且差异很大，但转学率仍一直是衡量制度效能的主要标准。1989 年，社区学院研究中心（CSCC）开始收集转学数据，使用以下定义："没有大学经历的社区学院学生，于四年内完成了 12 个以上的学分，可在州内公立大学选修一门或多门课程。"从 1984 年开始，CSCC 通过收集社区学院和州级机构的数据，公布了每年入学学生的全国转学率。如表 14.1 所示。

国家教育统计中心确认了 1995 年的入学人数，发现三年内，两年制院校学生的转学率超过 22%（Bailey，Jenkins，Leinbach，2005）。学生转学至私立或非公立院校的比例不同。如果统计四年以上的转学数据就会发现更高的转学率。全国学生交流中心（2012b）的数据显示，五年内，有 20% 的社区学院学生转学至四年制院校。道尔（Doyle，2006）引用了对高等教育学生纵向调查的数据，显示 66% 的有学士学位意向的学生在六年内已经转学。汤森

（Townsend，2002）发现获得副学士学位的艺术生转学率为 63%。因为社区学院的学生都是潜在的转学生，转学率无法完全反映学生的情况。

表 14.1　1984—1995 美国全国社区学院转学率

入学年份	四年内获得 12 个及以上学分的百分比	四年内的转学率	社区学院样本数
1984	50.5	23.7	48
1985	46.7	23.6	114
1986	46.7	23.4	155
1987	46.9	22.6	366
1988	45.5	22.1	395
1989	44.3	21.5	416
1990	47.1	21.8	417
1991	47.3	22.1	424
1993	50.7	23.4	345
1995	52.5	25.2	538

来源：斯泽莱尼（Szeleyni），2002 年。

　　通过添加不同类型的信息可以改变转学率，例如，有多少入学学生渴望深造？提问的方式很关键。国家教育统计中心收集的有关入学目的的数据显示，37% 的社区学院学生有转学意向（Hoachlander，Sikora，Horn，2003）。但后来国家教育统计中心的报告发现，在回答"你期望的高水平教育是什么？"这一问题时，2000 年和 2004 年，分别有 71% 和 75% 以上的学生表示想要获得学士学位或以上学位（Bradburn，Hurst，2001；Horn，Nevill，Griffith，2006）。当哈格多恩和马克斯韦尔（Hagedorn and Maxwell，2002）缩小样本问题："如果一帆风顺的话，你一生中最想获得的学位是什么？" 88% 的人表示渴望获得学士学位或更高的学位。

　　显然，学生的转学意愿在其实现目标的总百分比中有所反映。这导致许多州和机构（包括社区学院研究中心在内）通过学生实际的课程学习模式来确定其转学意向，而不仅仅是学生的意向表述。加利福尼亚州的社区学院转学率是指"在数学或英语课程中获得 12 个以上的学分，并在六年内转学至本科院校的学生百分比"（加利福尼亚州社区学院，2012b，p. 13）。根据这些参数，2004—2005 年，42% 起初就读于社区学院并符合转学要求的学生，已于2010—2011 年完成转学。

　　有趣的是，尽管大多数拥有综合社区学院体系的州，转学率集中在 25% 左右，但各州之间的转学率在 11% 到 40% 之间。导致这种巨大的州际差距显然是与州内高等教育结构有关。如果两年制学院是州立大学的分校，那么转学率就会很高；如果两年制学院只是注重贸易和工业项目的技术院校，那么转学率就很低。有些州也出现了偏离常态的情况，比如学生在高等教育体系中转学至独立大学，或者受到招生相关政策的影响。例如，各州政策限制社区学院扩招，最终会导致转学率上升，因为社区学院会通过削减成人和非全日制学生（即那些最不可能转学的学生）来应对入学人数上限。一个州内的各个学院之间的转学率也有很大差异，这无疑与当地的条件、社区人口统计、学院与大学校园的距离以及该地区的就业或经济条件有关（Cohen，Brawer，1996）。尽管如此，要想分析社区学院在帮助学生获取学士学位方面所扮演的角色，就必须统一收集各州的数据。

转学后取得的成功

可以通过回顾分析学士学位获得者的成绩单来衡量学生转学后取得的成功，看看有多少转学学分来自社区学院。国家学生交流中心（2012c）最近的一项研究很好地说明了社区学院对学生获取学士学位所作的贡献。研究显示 2010—2011 年获得学士学位的学生中，有 45% 的学生之前就就读于两年制学院。各州的这一比率差异较大：一些拥有较大社区学院体系的州，如得克萨斯州，其报告显示 78% 以上的学士学位获得者之前有从社区学院转移学分；而阿拉斯加州、新罕布什尔州和特拉华州的这一比例要低得多，约为 20%。

对转学至本科院校的学生进行了大量研究。学生转学后，他们的表现与本校学生一样好，尽管他们可能需要花更长的时间才能获得学士学位。其他研究也一致表明，高学分转校生比低学分转校生表现更好，特别是已经获得副学士学位的学生；即便是非全日制的学生，只要坚持入学就读，获取学位的可能性也提高了（Adelman，2007，p. 21）。国家学生交流中心（2012d）最近的报告显示，有 55% 的转学生没有副学士学位，但获得副学士学位的转学生有 79%可以在四年内获得学士学位。

"转学冲击（Transfer Shock）"这一现象会导致第一学期平均绩点的下降，几十年来这一现象一直很显著。弗吉尼亚州（潮水社区学院，2005）、艾奥瓦州（Breja，2006）、夏威夷州（夏威夷大学，2005）、北卡罗来纳州（格拉斯和哈灵顿，2002）和马里兰州（菲利普，2004）的研究都证实了这一点。我们尚不完全清楚学生转学至大学所面临的困难。可能本地学生被绑定到一个非正式网络中，该网络向他们建议哪些教授和课程最有可能产生良好的结果。转入研究型大学的学生表示，这里的竞争环境与他们在社区学院享受的合作关系明显不同（Chang，2006；Townsend，Wilson，2006）。转学学生可能已经满意地完成了他们在社区学院的学业要求，但当他们开始上大学专业课程时却表现得不好。因为社区学院会让那些挂科或退学的新生和大二学生通过考试，但大学不会。作为一个群体，社区学院的转学生必须与他们最初就读的学校环境做斗争，这些两年制院校的学术能力较弱；学院资金不足；学生有儿童和家庭责任；半工半读。所有这些变量都可能在一定程度上导致学生转学之后又退学。

　　40 年前，阿斯廷（Astin，1977）表示，对于起初就读于社区学院的学生来说，"即便是在社区学院入学时就掌握了学生的社会背景、能力以及上大学的动机，但他们攻读学士学位的机会还是大大减少了"（p. 234）。阿斯廷还发现了几个获取学位的要素：住校；与同辈群体高度互动；学校有优质学生；全日制学生身份。而这些要素在社区学院中很少出现。但是现实情况并不像一些评论家们所说的那么糟糕。帕斯卡雷拉和特伦兹尼（Pascarella and Terenzini，2005）的分析显示，起初就读于两年制院校使获取学士学位的可能性降低了15%到20%。然而，两年制学院学生"完成转学后获得学位的可能性和四年制院校学生数基本持平，总体上保持不变（76% 对 78%）"（p. 376）。最后他们得出结论："除去其他相关变量，以前就读于社区学院的学生可以和他们的四年制大学同学一样从本科院校毕业，并进入研究生院。"（p. 377）此外，起初就读于社区学院的学生转学至四年制院校，通常这些院校学生的 SAT（学业能力倾向测验）分数要比社区学院学生高得多。换句话说，"如果学生起初就读于社区学院，那么他们还可以选择上四年制院校"（p. 495）。这对于家庭贫困、能力不足或高中成绩不佳的社区学院学生来说已经是最大的福利了。

（页边标注：400）

获得学位或证书

　　和转学率一样，毕业率一直被用来评估社区学院的成效。然而，如今为了提高学院毕业率，人们开始重新审视这些统计数据，并提出了改善这些数据的策略：奥巴马总统的目标是到 2020 年再培养 500 万名社区学院毕业生；卢米娜基金会的目标是到 2025 年将拥有高质量学位或证书的美国人比例提高到60%；比尔及梅琳达·盖茨基金会对学院毕业计划的投资；等等。所有的社区学院都面临着增加毕业率的压力，总是有部分学生很难毕业，其中包括非全日制学生、低收入学生、代表性不足的少数族裔学生、成年学生以及家庭中第一个上大学的学生。

和转学率一样，各个社区学院不同的毕业率计算方法导致了截然不同的结论。一项来自 BPS 统计机构的数据显示，截至 2006 年春季，2003 年秋季入学的学生中，只有不到 10% 的社区学院学生获得了副学士学位，另有 5% 的学生获得了证书（NCES，《文摘》，2009）。根据这些数据，美国三年制社区学院毕业率为 14%。后来国家教育统计中心（NCES）的报告显示，2007 年三年制社区学院的三年毕业率为 20%（NCES，《文摘》，2011）。

如果将学生在其他院校获得的证书也考虑进去，那么学位或证书的获得率就会上升。BPS 统计的数据显示，六年后，于 2003 年就读社区学院的学生中有 35% 获得了高等教育证书：9% 获得了副学士学位，14% 获得了证书，12% 获得了学士学位。国家学生信息交换中心（2012a）对 2006 年入学学生的数据调查结果与之相似：在 6 年内，24% 就读于社区学院的学生获得了原学校的学位或证书；另有 12% 的学生获得了另一所两年制或四年制院校的证书。如表 14.2 所示，基于所使用的定义和数据库，美国社区学院学位或证书的获得率从 14% 到 36% 不等。将数据期限延长至入学后 10 年，那么毕业率进一步有所提高，尤其是那些转学（没有学位）至四年制院校的学生，因为 6 年后，仍有约 20% 的学生在上课。

学院批评者通常用社区学院学生入学三四年后统计的毕业率来指控学校未能让大多数学生毕业。但事实上，这些毕业率数据除了反映社区学院中存在大量非全日制学生和走读学生之外，没有任何意义（3 年后，几乎一半的学生仍在读）。美国高校学生资助研究对一学年内所有的入学学生进行了一项横向调查，发现"全日制学生以及接受整学期教育的学生只有 22%"（Bailey，Crosta，and Jenkins，2007，p. 2）。

表 14.2　在社区学院 3—6 年后，学生的学位或证书颁发率

数据来源	在本院校的颁发率			在其他院校的获得率				
	所有学位或证书	副学士学位	证书	所有学位或证书	副学士学位	证书	学士学位	仍就读于其他院校的学生
3 年后的获得率								
BPS，2003 年入学生	14.3	9.7	4.6					46.3
NCES，《文摘》，2007	20.4							
攻读学位学生								

续表

数据来源	在本院校的颁发率			在其他院校的获得率				
	所有学位或证书	副学士学位	证书	所有学位或证书	副学士学位	证书	学士学位	仍就读于其他院校的学生
6 年后的获得率								
NCES，《文摘》，2003				34.4	8.5	14.4	11.6	19.6
入学学生								
国家学生信息交换中心，2006	23.9			36.3				20.1
入学学生 *								

*注：国家学生信息交换中心的数据仅涉及学生获得的第一学位或证书；比如，学生获得副学士学位后再拿到的学士学位不包含在内。

来源：NCES，2009；NCES，《文摘》，2011；国家学生交流中心，2012a。

学院领导和其他支持者认为，6 年的证书获得率是衡量社区学院效能更为 ₄₀₃ 准确的指标；一些人甚至认为，只要学生获得证书，哪怕他在校期间拿最低学分，该学生在其他院校获得的学位也应算有效。事实上，国家对毕业率的再次关注，以及 VFA（责任自愿评估框架）等其他旨在确定更适合社区学院环境的成果衡量标准的倡议，导致大众对什么是成功的社区学院产生了广泛的看法。

对毕业的看法

以下三种场景从更广泛的角度看待社区学院毕业的定义。

1. 最近一名高中毕业生在社区学院读了几个学期，然后转学到一所州外（私立或营利性）院校。她成功转学并获得学士学位，但由于州或国家数据系统没有收集其转学数据，那么她被定义为没能毕业。

2. 就读于社区学院的全日制成人学生，想获得学位或证书。然而，他的财务状况发生了变化，他必须每周工作 40 个小时，但只要有时间就会去上课。结果，他开始在该地区的学院间转来转去，并参加符合其时间和地点要求的课程。最终他花了四年时间获得了副学士学位。但他就读的所有社区学院都将他定义为没有毕业。

3. 有一名社区学院学生，其上大学的目的是提升技能，想通过职业证书 ₄₀₄ 或学位得到晋升资格。她拿了 30 多个学分，在这个过程中实现了技能提升，她认为没有必要再回去继续深造。虽然该学生实现了自己的目标，但仍被定义为一名退学生。

直到最近，从高等教育整合资料系统（IPEDS）和其他国家报告系统看来，这三名学生仍被定义为没有毕业。然而，如果学院利用了国家学生交流中心的学生追踪服务，那么第一个学生现在可以算作是正式转学生；在六年内国家教育成果追踪调查中，可将第二个学生定义为毕业生（如果他参加的所有院校使用学生追踪系统横向追踪学分转移，那么他就可以被认定为是毕业生）；根据 VFA（责任自愿评估框架）对所有社区学院成果的综合衡量标准，第三名学生将被视为成功毕业。总体衡量非常有用，因为它认识到了社区学院学生的教育和培训目标以及出勤模式的多样性。通过这一衡量标准，责任自愿评估框架扩大了社区学院成功的定义，其中包括：获得学位或证书、转学至另一所两年制学院或四年制大学、继续深造、获得 30 个以上学分后退学。在亚利桑那州，于 2005 年就读社区学院的学生中，有 77% 的学生在六年内拿到了证书，这个数据相当于公立大学的六年毕业率（亚利桑那州社区学院，2012）。

然而，尽管社区学院现有一系列工具针对毕业率进行报告，要求坚持传统以学位或证书计算就业率的方法仍然存在一些压力（主要来自外部）。2012年，美国教育部咨询委员会建议提高社区学院的毕业率，将完成 30 个以上学分后转学至其他院校的学生包括在内，并将计算毕业率的时间从三年延长到四年（与责任自愿评估框架的总体衡量标准相比，变化不大）。批评者对此非常不满，认为社区学院应该更注重提高毕业率，而不是"试图……重建衡量标准"（Marcus，2012，n. p.）。事实上，改变社区学院计算毕业人数的方式不会对持有学位或证书的学生比例产生影响。公平地说，由于社区学院的资金来源越来越多地与学院服务学生的能力挂钩，反对提高社区学院毕业率的人往往不考虑其他方面的成果，宣传上社区学院就是为了获得学位或证书。这种说法明显是错误的，否定了社区学院带来的个人利益和社会效益。然而，尽管未来可能会有越来越多的社区学院收集和报告更为广泛的成果衡量数据，但由于很难说服立法者不关注毕业率，毕业率报告的压力依然存在。

达成目标

实现目标的形式有很多种，主要是转学和工作。正如退学研究所证实的，大多数学生至少实现了他们的短期目标。学生上大学的理由通常不止一个，这些理由的重要性可能会随着时间的推移而改变。有部分社区学院开始追踪学生意向，以更好地为学生服务。最终，为了更准确地评估学校帮助学生实现目标的能力，皮马社区学院（亚利桑那州）要求每学期注册的学生填写一份简短的在线调查，询问他们上大学的原因。选择项有：攻读学位或证书、工作技能、个人兴趣、转学至四年制院校，以及在皮马社区学院学习课程的本科生。学生的意向可能每年都会发生改变，从而社区学院能够随着时间的推移追踪目标并相应地调整服务。最终，调查数据将用于确定实现既定目标的学生百分比（亚利桑那州社区学院，2011）。

以学生意向为导向的毕业数据可能会越来越盛行，因为社区学院进行的成果评估比传统大学成果（如留存率和毕业率）更有意义。而且获得学位或证书并不总是学生最好的选择。事实上，那些上大学时间很短，还未获得学位或证书就转学或工作的学生可能更具务实精神。美国社区和初级学院协会表示副学士学位本身没有很大的市场价值。该协会组织了一场短期的副学士学位优选活动（Parnell，1985），鼓励学生获得学位，并建议雇主优先考虑这些学生。项目完成政策的支持者要与多种情况不断作斗争，斗争内容涉及学生和雇主的观念、大学接纳没有拿到副学士学位的转学生，以及社区学院管理者想保持被动的学校环境，随时提供特殊研究。尽管如此，25 至 34 岁有社区学院教育经历或持有副学士学位的女性，与只有高中文凭的同龄人相比，其收入要高出13%。男性的为 15%（社区学院董事会，2010）。导致这种收入差距的原因是许多毕业生有相关执业证书（实验室技术员、律师助理、医疗助理）。

职业成果

建立职业项目是为了给学生的就业作准备，为产业提供训练有素的工人。社区学院工作人员通过调查雇主、研究当地的就业趋势来启动项目。任命项目协调员、咨询委员会由贸易和雇主代表组成。通过州级和联邦机构优先获取资金。整个项目规划合理，尽管如此，还是会有人质疑项目的适当性，以及学生是否得到了很好的服务。许多有关项目效能的研究已经得到州级和联邦资助机构的授权。

大多数职业项目的学生对自己接受的培训很满意。后续研究发现 80% 到90% 的毕业生表示自己得到了帮助，并向其他人推荐职业项目。还有很多学生表示他们退学是因为已经完成了所有项目培训，而不是因为他们对项目不满意。雇主对职业项目也表示满意。国家研究发现，大部分雇主对社区学院的培

训质量、需求反应以及培训成本很满意。对田纳西州应届毕业生的雇主调查得
到了"从满意到非常满意的积极结果"（田纳西州高等教育协调委员会，
2003，p.3），但"与其他技能相比，雇主对毕业生的沟通技能不太满意……"
（p.3）。

部分州还收集了职业项目完成者的执业资格通过率数据。在 2007—2008
年参加执业资格或认证考试的得克萨斯州技术社区学院学生中，有 91% 的学生
通过了考试。通过率从工业服务的 83% 到法律和安保服务的 97% 不等（得克
萨斯州高等教育协调委员会，2009）。2008—2009 年，北卡罗来纳州的社区学
院有 86% 参加考试的学生通过了考试（北卡罗来纳州社区学院系统，2010）。
2008 年，马萨诸塞州，共有 87% 的社区学院护理专业毕业生通过了注册护士
考试，这一比率是对美国通过率的反映（马萨诸塞州高等教育部，2010）。有
几个全州数据集显示了学生的就业人数。在威斯康星技术学院的毕业生中，
76% 的学生毕业后一年的工作岗位与其接受的培训相关（威斯康星技术学院系
统，2006）。2009 年，得克萨斯州的技术项目完成者中，有 79% 的学生在毕业
后六个月内找到工作（得克萨斯州高等教育协调委员会，2011 年）。华盛顿州
其他地方的毕业生就业率为 81%；俄勒冈州为 58%；康涅狄格州为 78%；怀
俄明州为 70%；佛罗里达州为 85%（华盛顿州社区和技术学院委员会，2006；
俄勒冈州绩效报告信息系统，2010 年；康涅狄格州高等教育部，2006；怀俄
明州社区学院委员会，2004；佛罗里达州教育部，2007）。但是这些数据类型
还有待推敲。雇主满意度报告的调查受众较少。就业研究不一定包括那些继续
深造的学生、工作领域与项目不一致的学生、有最初目的的学生、不确定是否
获得学位或证书的学生、服刑中的学生、数据丢失的学生以及那些在其他州工
作的学生。

此外，必须基于项目特点和入学学生数据来判断项目是否成功。还要将那
些已经就业，以及选择职业项目是为了获得额外技能的人考虑在内。在项目结
束之前离开并在其领域就业的学生也应被视为成功完成项目。在一些项目中，
因为工作离开的学生占学生总数的 75%。由于参加相关学士学位课程，毕业后
没有就业的学生不应被计为失业者。将所有职业项目归入同一个类别的做法具
有误导性，因为项目有高级和初级之分。此外，还有针对高需求地区和市场需
求不太明显地区的准备项目，这些项目很大程度上还取决于学生入学后所流逝
的时间。职业趋势表明，大学毕业几年后，较少有学生会从事与职业项目相关
的工作。

一些职业教育的批评者担心，这些职业项目对促进工作地位和工资的平等
收效甚微。他们只是对高退学率警惕，却没有意识到完成这些项目可以由学校

人为决定。学生一旦在该领域找到工作，就无心再参与项目了。从这个角度来看，毕业和退学使项目流失了大部分力量。这种现象并非社区学院独有。大学文科专业的学生经常从事与专业无关的职业，如俄语研究、艺术史、人类学等。如果只调查了在该地区工作的职业项目毕业生，或者将毕业生归为一个类别，将退学生或就业学生归为另一个类别，那么职业项目就不会有真正的服务了。

有关职业教育价值的问题过于复杂，无法用就业、执业资格通过率、第一份收入这样简单的数据来回答。如果项目参与者听说了一份工作，在得到这份工作两周后就离开了，那么项目的价值是什么？在这种情况下，项目充当了某种职业介绍所的角色。一个已经有工作的人花几周时间学习一些新技能，然后在同一家公司获得一份更好的工作，这样的序列又有什么价值？项目已经成为职业的垫脚石。对于那些为了提升技能和获得求职信心而报名参加项目，结果却在不同公司做着与之前相同工作的人，你怎么看？参加职业项目，然后转至同一所或另一所学院其他项目的学生呢？ 410

课程学习能使人们成为与过去不同的人。然而，对一些人来说，如果课程能让他们接触大学并且知道在哪里可以找到工作，那它就达到了基本目的。事实上，超过半数的学生可通过项目找到工作，正如罗森菲尔德（Rosenfeld）所说，"教师和雇主之间的密切联系以及非正式的劳动力市场信息网络使传统的学院安置服务变得多余"（1998，p. 18）。另一个极端是，学生通过了所有课程并掌握了相关技能，但他们要么没有在其培训领域找到工作，要么对工作不满意。

成功可以用许多方式来衡量。贝利、阿方索、斯科特和雷恩巴齐（Bailey，Alfonso，Scott and Leinbach，2004）分析了三项全国纵向研究的数据，发现职业新生的毕业率或转学率比文科项目的学生低7%至11%。调查学生的背景特征和入学模式后发现，这些特征和模式"与当地社区学院的毕业率一致。因为众多学生寻求的是特殊技能，而不是学位"（2004，p. 4）。对职业项目的毕业生和非毕业生的其他研究表明，尽管大多数人入学是为了获得就业技能，但许多人还是在他们原有的工作岗位上寻求晋升渠道。

对堪萨斯州的社区学院职业项目完成者的调查发现，约60%的受访者将"准备进入就业市场"或"改变职业"作为他们加入项目的理由，而13%的受访者表示想提高他们现有的工作技能（Conklin，2000），提升工作技能的人数较为稳定。1979年，加利福尼亚州职业项目中有11%的学生是想提高他们现有的工作技能（Hunter，Sheldon，1980）。1999年，13%的威斯康星技术学院毕业生参加项目的原因亦是如此（威斯康星技术学院系统委员会，1999）。这 411

些数据常用于项目追踪研究或薪资比较研究。

　　对毕业生和当前职业项目参与者研究的另一个重要发现是，相当多的学生计划并最终转学至四年制院校。在统计机构 CSCC 1986 年汇编的国家数据中，约 25% 的职业项目学生表示他们有转学意向（Palmer，1987a）。研究发现，这一数据如今为 15%（Bailey，2003）。不管他们一开始参加项目的目的为何，最终都有 5% 到 30% 的职业项目毕业生转学至本科院校。然而，学士学位相关项目的转学百分比是国家标准的两倍，如教师教育和一些健康领域的项目。虽然职业项目一词涉猎很广，从应用科学的非学分证书和副学士学位到科学专业的副学士学位，但这些项目与继续教育之间的关系已经确立。事实上，职业课程的整体转换性表明，"除贸易和工业课程之外，'终端教育'的概念应当终结了"（Cohen，Ignash，1994，p.29）。

　　因为职业教育的目的不止一个，所以适用于职业教育的成功标准各不相同。职业教育让人们为工作作好准备。如果员工接受公费培训，那么企业和工厂能获得多少收益？它帮助弱势群体和残障人士实现自给自足，这一社会价值该如何衡量？它有助于经济发展，地方可由此获益多少？它提高了个人收入和职业流动性，每个人都增加了什么价值？成功的指标是什么？带来的立法和资金都有哪些？这些都取决于审查的目的。

对个人的好处

412　　职业教育分析家通常会考虑入学带来的经济利益。由于难以分清楚职业课程和人文课程，以及找出那些没有学位或证书而离开的学生的动机和随后的收入情况，该分析通常涉及全体新生以及职业课程毕业生的出勤成本和增量收入。桑切斯和拉兰（Sanchez and Laanan，1998）计算得出，25 岁以下的学生，在学院就读的最后一年获得证书并参加工作，三年后的收入是原来的两倍。25 岁以上（含 25 岁）的学生，工资增长较慢，主要是因为他们在大学期间的收入要高得多。

　　美国大学理事会（2010）的数据显示，副学士学位持有者的平均工资比高中毕业生的平均工资高 6 800 美元（没有拿到学位的大学生，其平均收入比高中毕业生高 4 900 美元）。换句话说，"普通大学毕业生的收入足以让他们在相对较短的时间内赚回大学学费"（p.7）。健康和技术领域的学生收入更高，而销售、基础教育和文科专业的学生，其收入增长较慢。

　　许多经济效益研究考虑了出勤成本和收入增长。因为社区学院的学费很低，学生的大部分费用都是自己支付的，如果学生不在学校上课，他们工作能挣多少钱。这一点很难准确估计，因为大多数学生都是半工半读。在某个领域工作（如护理）之前，获得学位是至关重要的。因此，副学士学位或证书持有者的回报率要高得多。其他变量还包括不同领域的不同就业率和工资，以及刚大学毕业与毕业一年或几年后的收入差距。大部分分析者都认为社区学院入学率都会带来净收益，只是在收益的多少上有所不同。 [413]

对公众的好处

许多出版物称赞高等教育给公众带来了好处，包括提高税收收入、降低社会支持计划的需求程度、提供受过良好培训的工作人员、降低犯罪率和提高公民参与度。一份加利福尼亚州 2012 年的出版物表示，该州对高等教育每投资 1 美元，就会获得 4.5 美元的净投资回报。此外，即使是那些进入大学但未能完成学业的学生，也能为国家提供 2.40 美元的投资回报（大学机会运动，2012）。

几十年来，有些研究将学院入学率与社区经济利益联系在一起。大部分研究都被严重扭曲了。加利福尼亚州长滩城市学院讲师利特菲尔德（Littlefield）为了确保数据的可信度，举一个比较极端的例子，假设所有的学生不是上大学就是进监狱。利特菲尔德（1982）引用实证表明，上过大学的人比没上过大学的人收入要高得多，社区每年为每个学生多节省 1 800 美元，这就是上大学和入监狱之间的区别。

1999 年有一份翔实的报告指出，当时社区学院董事协会（Association of Community College Trustees）与一个开发团队签订了合同，开发了一种通用工具记录社区学院带来的好处。最终得出四种类型的福利：一是学校工资支出；二是学生收入更高；三是对社会有益的方面，如减少服刑人员的再犯罪率、福利和医疗支出；四是回报公众对学院的支持。500 多项涉及州级社区学院和个 [414] 别院校的研究显示，北卡罗来纳州的 58 所学院对该州的经济贡献值为 14 亿美元，校友收入为 133 亿美元，每年用于社会福利的为 1.841 亿美元，而该州的纳税人在学院年度投资中"实际的账面回报率为 16.8%"（Christophersen and Robison，2004b，p. 1）。对比数据显示，康涅狄格州的 12 所社区学院每年有 2 400 万美元用于社会福利，纳税人的回报率为 18.3%（Christophersen，Robison，2004a）。12 所俄克拉何马社区学院每年为该州节省 3 800 多万美元，用于"改善健康状况、福利、失业和犯罪"，纳税人的回报率为 14.9%（Christophersen and Robison，2003，p. 3）。同一组研究人员使用该公式报告了众多独立学院的数据。他们对大急流城社区学院（密歇根州）的评估显示学院贡献了近 10 亿美元，并降低了医疗成本（减少了旷工、吸烟和酗酒给雇主带来的麻烦）和学生的犯罪率（Christophersen，Robison，200）。常春藤技术社区学院（印第安纳州）的贡献超过 7 亿美元，胡塞通社区学院（康涅狄格州）为 6 000 万美元（Dembicki，2007）。

经济影响研究不同于社区学院通过高等教育体系对学生的入学、学习和进步的影响的研究。除非国家或认证机构要求，这类研究很少进行，而那些有关经济影响的研究长期以来都被用作营销和进行公共关系的工具。斯凯勒（Schuyler，1997）总结了 20 年来社区学院进行的 19 项有关经济影响研究的方法、模型和发现，并得出结论——大多数研究都"面向决策者，体现了社区学院的价值，并显示了积极成果"（p.76）。总之，很少看到有关学生学习和成本的研究，可能是因为很难将这些变量结合起来，因为效率和学习的概念是不相容的。

问责制

半个世纪前，《初级学院学报》的编辑提醒社区学院不要过分营销。他有先见之明地预测，"过度营销需要更多的证据来支持初级学院质量"（Reynolds，1957，p.1；引自 Meier，2008）。他发现了一些没有说服力的说法，其中一种是，初级学院的教育要优于大学低年级的教育，因为小班教学可强化学生的个人注意力，学生成绩更好，而且当地院校更重视当地的教育需求。同时，他认为对公众要求更多的资金支持将迫使社区学院"将这些没有说服力的说法转变为有理有据的原则"（p.2）。

自 20 世纪 60 年代以来，随着高等教育影响的扩大，大众降低了对社会院校的信任和尊重，问责有所增强。学校和行政系统管理人员的责任是提供公共资金管理报告和"定期生成相关政策统计数据，以支持国家、州或系统的总体规划和监测"（Leveille，2006，p.8）。绩效问责有三种形式：绩效拨款、绩效预算和绩效报告。绩效拨款将州资金与院校绩效紧密联系在一起。绩效预算意味着绩效和资金分配之间的联系更为密切。绩效报告很少涉及绩效和资金之间的联系。

几乎所有州都存在某种形式的绩效问责制。截至 2003 年，美国只有 4 个州没有绩效报告；21 个州有绩效预算；15 个州获得了绩效拨款（Burke，Minassians，2003）。所有这些体系都基于以下几点进行测算：补习成功率、转学至四年制院校率、毕业率和就业率。

绩效问责制可以产生各种不同的影响。与资金挂钩时，每所社区学院获得的资金占学院预算的比例太小，不足以支撑管理者作出本质改变。此外，除了少数几个州在 20 世纪 80 年代引入了绩效问责制，其他州都相继摈弃了这一概念，近年来又有几个州重新实施了绩效问责制。一些从业者公开了院校之间的对比数据，特别是当某项指标表明他们比其他学院更好时。但大多数比较没有太大意义，而且基本上不同州的大学之间较少使用对比数据，因为衡量发展教育成功率和就业率的标准通常是不同的。总的来说，问责制的主要积极影响是将制度管理人员的注意力集中在成果和州级优先事项上，以提高学校的研究能力。2006 年，对 8 个州的三个问责体系进行研究表明，所有州都不再进行学院排名，而是将重点放在了通过标准和同组比较来确定问责措施的实施背景上（高等教育政策研究所，2006）。然而，该报告也指出，"这些问责制度仍然存在严重问题……我们发现，绩效指标与全州目标脱节了，再加上问责制报告的受众不明确，意味着资金紧张的社区学院收集到的数据并没有真正用于推动州政策的实施"（p. 17）。

阿德尔曼（Adelman，2010）详细阐述了问责制的观点，其中普遍存在着一个误解。正如他所说，学生进入社区学院，需要支付服务费用，但学生不一定能享受到服务。学校无法保证学生一定能学到东西、成功毕业或找到工作。"学校也无法向公共资助机构保证，它会产生多少名毕业生、带来多少美元的经济利益和社区服务，如果达不到这些标准，学校将受到起诉。"社区学院承诺提供服务，但这是一份单方面的合同："没有明确的一方接受提议，没有明确的奖励。如果条款与承诺不符，也没有明确的制裁。"（n. p.）此外，如果学生就读于两三所社区学院，学院和学生成绩之间的关系就不再那么密切——那么哪所社区学院应该为学生的成绩负责呢？

绩效拨款也存在这类现象，绩效拨款基于公立学院向州政府提交的年度报告。许多绩效拨款的合同都有免责条款，学校未达到标准时，这些条款可以保护学校资金免受损失。此外，如果绩效数据不完整或存在疑点，首席财务官不会受到审判或被解雇。但如果资金是建立在完成课程或获得学位的基础上，学院可能会接受更严厉的惩罚，但这样做"会让学校对学生的行为负责，从而模糊了义务和责任两者的关系"（Adelman，2010，n. p.）。总而言之，虽然我们假设"问责"一词是指高校针对学生成绩和绩效拨款，并对自己的行为负责的方式，但它不过是"透明度"的同义词。几十年来，它可以通过提供认证机构和国家审计员一直要求的数据来达到要求。

加利福尼亚州公布了 112 所社区学院的学生人口统计数据、课程设置、连续三个学期的学生注册百分比，以及拿到 30 个以上转学学分的学生百分比。其他数据还包括转学的百分比、获得学位或证书的百分比，以及完成大学课程的发展型学生的百分比。尽管学院领导称这些学生的成功"使该州的社区学院成为美国最负责任和最透明的大学"（Rivera，2013.4.9，p. A1），**但这种透明度与问责制无关，没有迹象表明社区学院会因其"透明度"而受到奖励或惩罚。**

问责制的负面影响包括"钻制度的空子"。为了提高毕业率和留存率，部分社区学院通过降低课程要求来降低学术标准，或下达指令要求教师提交所有退学学生的详细报告（Dougherty and Hong，2006，p. 74）。坎贝尔定律是一种社会科学原则，它认为一个社会指标越是被用于社会决策，就越容易受到腐败因素的影响，从而扭曲它检测社会进程的本意（Campbell，1975）。尽管如此，联邦政府、各州立法机构，特别是慈善机构已将大量资金投入到它们认为能够提高学业成绩和学生发展的项目中，并已经将学生进步和成果作为社区学院的衡量标准。

成果评估

社区学院的成果主要指执业资格考试通过率、就业率、转学率和毕业率。当它们用于制度效能评估时，这些成果就与问责制相关。北卡罗来纳州的社区学院系统（2010）就是一个囊括全州项目的例子。它包含了学生成功的八个指标：学生基本技能的进步；执业资格通过率；转学后的绩效；发展型课程的成功率；发展型教育的成功率；学生满意度；学生的保留、毕业和转学率；学生对定制培训的满意度。学院每年都会提供这八个指标的相关数据，同时还会显示符合标准的学院数量。所有不符合标准的学院都必须向州委员会提交一份提高绩效的行动计划。2010年，58所学院中至少有47所达到了七项指标，系统内所有学院都达到了三项指标。虽然这些指标的计算方法大都是合理的，但其中有一个计算方法仍有待推敲：根据对各学院的指标调查，询问有多少学生"认为社区学院的项目和服务质量达到或超过了他们的期望"（p. 26）。结果显示学院平均96%的学生表示学院的项目和服务质量达到或超过了他们的期望。但该结果仅基于10%的调查回应率。

正如这个例子，社区学院验证绩效达标情况的方法通常不符合学术研究的标准。但它们为什么要这么做呢？如果州级的支持是建立在达标的基础上，那么政治现实就会要求学院必须符合所有标准。简而言之，许多问责制研究因受众而异。过去，社区学院发言人会用趣闻轶事来回应学院价值的问题，如称赞学生的进步："学生在我们学院取得成功了吗？举个例子，米尔德里德找到我们的时候，没有文化。我们教育并鼓励她，现在她是州立大学的医学预科生。"

这样的趣闻轶事如今已经被其他研究所取代，虽然研究引用了大量数据，但效果不佳。在学术期刊上发表论文的研究人员必须遵守社会科学研究标准。

如果他们的报告是为学院内部人员准备的，那么他们必须提供该院校内部项目 420
的信息，并认识到教师更倾向于用自己的方法或课堂作业得到测试结果。但是
对数据效能不了解的受众肯定会赞同本章前面总结的利特菲尔德（Littlefield，
1982）的研究。如果对没有社区学院的社区进行平行研究或者在建设社区学院
之前一直使用相同社区学院的数据，那么类似克里斯托弗森和罗宾逊
（Christopherson and Robison，2003，2004a，2004b，2006）的经济影响研究就
具备可信度。但是他们的受众不是准实验设计、对照组和效度的研究人员。人
们喜欢简短、容易理解且有用的信息。所以，社区学院的报告总是会分享一些
喜闻乐见的消息（Dembicki，2007）。报道的媒体很少（如果有的话）提到这
样一个明显的事实：社区学院大部分的资金都是在其服务区域之外获得的，而
大部分受益者都是当地人，因此社区的净现金收益是有所保障的。如果被研究
的主体不是社区学院，而是疗养院、医院、监狱或收容所，同样也会产生类似
的经济效益（公立高等教育的早期，立法机构为了安抚竞争州立大学的社区，
往往会让他们建设社区院校）。

国家的努力

近年来，一些主要的慈善组织试图提高社区学院成果评估的严谨性，在各
州和全国范围内统一收集数据，并尝试根据社区学院的使命和学生群体调整学
生的进步和成果评估，而不是简单地修改适合大学环境的问责指标（社区学
院成果衡量标准的传统来源）。其中最有影响力的就是美国社区学院协会的责 421
任自愿评估框架（VFA）。它针对想要毕业的学生群体来评估学生在两年和六
年后取得的进步和成果。VFA 纳入了本章开头提到的许多进步指标，包括留
存率、学分门槛、就业率、转学率、学位或证书获得率以及成人基础教育取得
的成果。然而，VFA 对结果评估最大的贡献在于它对取得成果的社区学院学
生百分比进行了综合衡量。

另一项国家问责倡议是由几个主要慈善机构资助的，得到了部分州长的支
持。"完成美国大学教育计划"，追踪两年制和四年制学院的毕业成果，特别
关注学生获得学位或证书的总数、毕业率、获得学位所需要的时间和学分、转
学率以及通过发展教育取得的进步。然而，与责任自愿评估框架不同的是，
"完成美国大学教育计划"的时间框架（四年）和对传统成果衡量标准（毕业
率、学位所需时间）的依赖，使得它对社区学院为学生提供服务没有多大帮
助，而且学生的出勤模式或入学原因不符合该倡议对成功的狭义定义。

美国范围内出现了追踪社区学院成绩的其他方法。国家学生信息中心
（NSC）的"学生追踪记录"提供了一种近似人口普查的方法来追踪学生的入

学和成绩数据（该数据库涉及 96% 以上的美国公立学院、私立学院和大学的学生）。国家学生信息中心长期以来一直被个人机构和雇主用来核实学生学位或分析学生转学的目的。2010 年，国家学生信息中心成立了一个研究中心，该中心发表了几份关于学生流动性、转学和毕业的报告。同时，国家学生信息中心对学生进行了跨州追踪，通过公立、私立和营利性院校采用更有效的方法来确定转学率和毕业率，这些比率甚至远远高于美国教育部掌握的比率。

评估存在的问题

　　尽管前面提到了国家问责倡议，但绝大多数对学生学习、进步和成果的评估都是由制度研究人员或顾问在校园内进行的，表面上是为了提高学院项目或学生成功率。事实上，加速实施问责倡议已经产生了一些奇怪的结果：

　　顾问：你需要建立一个自动追踪学生进步和成果的数据系统。

　　校长：数据系统里的这些图表有用吗？

　　顾问：当然。当你基于学校制度做决策时，就可以大胆地引用这些图表。

　　评估中最突出的问题在于大多数决策都是基于其他变量。尝试严格评估当代学院面临着的现实环境。一方面，采用开放式教学和学习。我们能够更好地提高毕业率和学生满意度。另一方面，由专业人员改进工作，奖励机制不完善的地方。专业人员的福利不是取决于衡量学生成果的学校绩效。他们既不会因为学生多学而得到更多的报酬，也不会因为学生少学而被解雇。因此，目标（无论如何产生）、目标完成情况的衡量研究以及根据调查结果学院自身作出的改变，这三者之间存在巨大的差距。由于这三者都是彼此独立的，因此外部因素无法迫使学院问责制生成一个超理性且紧密相连的体系。

　　这种脱节表现在教师喜欢设定的目标类型上。因为这些目标无法区分教师的不同角色，所以他们通常不采用直接测量的方式。让教师设定可行的目标，打消他们对问责制的抵触情绪，州对成果数据的施压完全满足了管理者对积极研究结果的需求。因为制度支持是基于图表，而不是数据，所以一味追求有效信息可能会弄巧成拙。

　　因此，学院内部委员会制定的目标通常与过程相关（计算机实验室将升级其设备；学院将在晚上提供更多的课程），只是偶尔与结果相关（毕业率提高 5%；在所有项目中，有 80% 的地方雇主对学生工作表现感到满意）。过程目标是可以接受的，因为它表示员工正在更努力地工作。结果目标还有待推敲，因为有太多不可控的变量可能会削弱结果，而且未能实现目标可能会遭受批评。这是学院领导对绩效指标持怀疑态度的主要原因。

　　在内部研究中，这种现象的研究人员也是复杂研究的一部分。这一特点使内在教育研究有别于其他领域的研究。就是海森堡效应：研究一种现象就会改变它，当分析者本身就是研究的对象时，传统的范式研究对象就被扭曲了。很少有实践者会开展无效研究；他们害怕被拿来与其他院校做比较而失去信誉。因为学院和学生有多种目的，他们知道单一的成果衡量标准无法抓住社区学院的复杂性。有人说，既然我们无法解释自己所做的每件事的微妙之处，为什么还要冒着被误解的风险去解释所有事情？尤厄尔（Ewell，1987）讨论了许多这样的问题，表示学校通常没有人知道评估是为了什么或者它的结果会是什么。此外，布克和米纳希安（Burke and Minassians）指出，大多数负责政策的人对绩效报告知之甚少或根本不熟悉，因此"对改善校园决策的影响微乎其微"。（2003，p. 62）

424

　　衡量问责制的另一个复杂问题是审定学生成功（或失败）的责任。如果没有取得某些成果，就会被要求进行项目审查。这是学院的责任还是学生的责任？这是个越来越难界定的问题，因为许多学生在完成学位之前在不同的学校间转了几次学。当一个学生就读于一所学校，下学期在第二所学校注册，第三个学期又在另一所学校上课，最终在第四所学校完成学位，那么哪所学校是学生进步的主导因素呢？

　　将制度的效果与学生的倾向相分离的这一前提是有缺陷的。一些寄宿学院可能已经能向连续四年注册就读的学生展示他们的价值。但在本科院校中，这种群体只占少数。在社区学院中，这种群体几乎不存在。那些在不同学校之间学习的学生，他们到处上课，积累学分，最终获得学位。他们在哪里学习，是如何学习的？在入学和毕业时对学生进行评估，这种评估认知或情感变化的传统方法，在毕业率较低的院校中失去了作用；很少有学生能同时完成这两部分的测试。

　　另一个有关问责制的问题是，评估学校生产力往往会产生学院排名的不良做法，这可能会误导公众，并引起从业人员的反对。加利福尼亚州就是一个例子，2000年，该州财政大臣办公室公布了按转学率排名的社区学院名单（Hom，2000）。名单垫底的学院发言人愤怒地回应说，评估没有考虑他们的学生类型、重点和其他项目（Weiss，2000）。长期以来，社区学院行政管理人员一直质疑报告数据的用途。"如果数据具体、清晰，并且可以体现出大学和社区学院之间的差异，监管者会表扬那些指标较高的学校，批评指标较低的学校，丝毫不会注意相关院校的目的、组织、环境或使命。"（Lombardi，2006，p. 17）

425

　　每当有报告显示社区学院在任何变量上的排名时，这些类型的反应和批评肯定会出现。无论再怎么仔细收集和分析数据，排名的做法都有零和博弈所固有的缺陷；总会有学院垫底。转学率为 36.41% 和转学率为 36.29% 的学院有什么区别呢？根据学院学生就业率和执业资格通过率排名来分配或扣留州资金时，这个问题就变得更加严重了。公开排名和根据排名决定资金，往往会加剧大多数从业者对成果研究的不安。即便如此，来自州政府和联邦政府的成果数据比较压力一直在增加，而且没有下降的迹象。

对学生学习的评估——无论是个人课程还是连续课程——都具有挑战性。
426 学生学习评估没有被广泛采用的原因很多，其中包括重要成果衡量的不确定性、实施测试项目的时间或资金有限、教师有泄露测试内容的可能、外部人员滥用信息的风险以及学生不配合与其无关的事情。但最具挑战性的还是整个社会科学研究所处的困境。至少一个世纪以来，社会科学家一直在寻找他们认为标志着数学和物理科学可预测的绝对结论。但是这种探索只会带来一些微不足道的发现或数学模型，而学院内部或他们的支持群体中很少有人能跟随他们的步伐。班塔（Banta，2007）就衡量学习成果提出警告，称收集数据以进行学生学习的州际比较是非常有问题的。首先，标准化测试分数与学生的入学能力高度相关，通过比较不同院校提供的教育质量差异，更能准确地反映学生之间的个体差异。"近五十年来，评估学者一直警告不要走增值评估的死胡同……我们看不出比较制度有什么好处，因为从设计上讲，它们追求的是不同的使命。"（p. 2）

霍斯（Hoos，1979）也对定量分析社会院校效能的方法持怀疑态度，并指出，怎么能只寻求可以衡量的东西而忽略了其他方面。正如别斯塔和博布勒斯（Biesta and Burbules）对杜威（John Dewey）的解释："我们应该摒弃通过教育研究直接'改进'教育实践的想法……教育问题是独一无二的，因此需要独特的处理方式，尽可能更好地适应实际的、独特的情况。"（2003，p. 81）换句话说，教育研究中的所有发现都是试探性的、模棱两可的和衍生的，用统
427 计数据来修饰它们只会给人一种精确的错觉。麦基奇（McKeachie，1963）简单地总结道，从根本上说，教学研究只能证明，某天，某所社区学院的某位教师采用某种方法来教某些学生某个概念。只要改变其中任何一个变量，结果就会发生改变。

评估的可能性

为什么所有社区学院都要衡量它们学生所获得的学习成果或其他制度成果？这种抽象的衡量方法不太可能获得学校工作人员的支持。学院大部分的资金是政治舞台博弈而来的，而不是根据学院所获得的成果来分配的。追求专业精神是没有用的，因为工作人员认为局外人收集的学生学习信息无关紧要。他

们试图将学生的学习数据反馈给教师，以便改进课堂实践。事实证明这种做法通常没什么用，因为很少有教师会从其他人那里接受有关自己学生的数据。

教育工作者认为个人测试是为了激励学生、设定目标、设计和修改媒体，以及通过各种干预手段评估学习成果。当团队成果成为判断项目价值的基础时，如果使用同样的手段来评估团队成果就会扭曲成果。因为通过个人测试来确定学生的进步是再正常不过的，但这不利于教育工作者用更可靠和更有效的方法来评估团队的进步。比如，多矩阵采样是一项已有几十年历史的技术。国家教育进展评估用它来评估和公布 9 岁、13 岁和 17 岁孩子的知识量。项目采用学校提供的学生样本，其中项目、学生和学校会在每两年一次的迭代中重新采样。

纵向研究是以第一次上大学的学生作为研究对象的。然而，这一程序受到了许多高等教育研究人员的青睐。它源于一种观点，即大学是让学生多年来不断发展的地方，显然这不是社区学院的标准。如果要进行纵向研究，最好是对一定比例的学生进行抽样。每学期都可以询问这些学生的期望和课程学习模式。不同形式的分班考试或其他衡量方法都可以用来在入学和学习路上的不同阶段测试学生。从小群体抽样时，数据追踪就更具可行性（尽管诸如国家学生信息交换所这样的国家数据库可以随着时间的推移追踪更大的学生群体）。雷泽和巴尔（Rasor and Barr，1998）等社区学院研究人员已经详细说明了直接取样的方法，但这种做法尚未被广泛采用。 428

横向研究是成果评估的另一种形式，其衡量方法包括询问学生满意度、课程学习行为、支持服务情况和其他院校的信息。题库的开发可按技能分为批判性思维、阅读和写作；按内容分为历史、化学和数学；按回答类型分为多选题和自由回答题。选题可以是具体的，也可以是抽象的。测试可以用于在课堂上管理学生，同时还可以收集一些人口统计信息。测试完成后，可以根据学生意向、课程数量、先前的学校经历或其他衡量标准对学生群体进行分类。该模型是作为第九章中描述的一般学术评估和一般学术学习经验的基础。

当学生进入社区学院旨在参加精心组织的课程时，纵向研究最合适，因为学校课程也是按顺序安排的。横向研究回避了学生留存率和追踪难的问题，因为每年都有新的入学群体。纵向研究在学生入学时整体评估学生们知识水平，完成一定数量的课程后或在毕业时，就可以对学生进行比较。此外，所有学生的统计信息都可以用来进一步比较。 429

评估学习成果的其中一个基本问题是评估小组进步的黄金标准，也就是随机分配在实践中很少得以运用（Levin and Calcagno，2007）。例如，就发展教育而言，要求对学生进行入学评估，确定哪些学生需要接受补习，然后随机分配一部分学生参加学院的发展教育活动，另一些学生参加学院的常规课程。这可以回答贝利和阿方索（Bailey and Alfonso，2005）提出的问题，他们表示很少有人研究学生如何以及为何参加补习课程的问题。如果学生可以被随机分配，那么就应该采取各种干预措施。否则，哪些学生出于什么原因参加了哪些学习活动的问题总是悬而未决。

在少数几项采用随机分配的研究中，新奥尔良地区的两所社区学院每年向符合要求的学生的低收入父母提供 1 000 美元的奖学金和其他财政援助。使用随机分配研究设计进行项目评估。也就是说，参与者被随机分配到两组，一组接受奖学金，另一组对照组只接受所有学生都可享受的补助。获得奖学金的群体更有可能就读全日制，通过更多课程，并且几个学期下来都会连续注册（Brock and Richburg-Hayes，2006）。雅席克（Jaschik，2008）报告了一项在金斯堡社区学院（纽约州）进行的类似研究。全日制学生被随机分配到学习型社区或对照组。学习型社区的学生选修并通过了更多的课程，获得了更多的学分，英语考试成绩也有了更大的提高。

学院在各个方面都应该有自己的一套衡量方法。例如，20 世纪 50 年代，泰勒（Ralph Tyler）提出的行为目标运动方法随后被科恩（Cohen，1969）、安吉洛和克罗斯（Angelo and Cross，1993）推广。每个教师都要设定目标，评估不同教学方法的效果，并以此为基础改进教学。不要在教师之间进行成果比较，也不要将成果与学院其他目标联系在一起。有了自己的设计目标后，每节课都是研究对象，每个教师都是研究者。

独立研究的概念扩展到其他领域也同样可行。只有部分容易理解的研究原则需要控制研究过程。例如，开展调查研究时，进行人口抽样和检验非应答偏差是最基础的。重要的是，不要在院校之间或同一所院校的不同项目之间进行比较。社区学院的主要任务是转学、就业、升职、发展读写教育和通识教育以及提高个人满意度。这些任务可以分开，进行定期评估，评估结果可以定期交流。评估产生的定期报告如下。

●转学：六年前，一批没有大学经历的学生进入我校，其中有 X% 的学生在这里至少完成了 12 个学分。Y% 的学生转学至本州的公立大学。我们预计在未来两年内，转学率将会提高到 Z%，因为我们重视招收全日制学生，而且最近我们与学院的主要接收大学就三个基本项目达成了新的衔接协议。

●就业：没有就业领域工作经验的学生，在完成了我们办公室技能或销售培训项目三门或三门以上课程的学生中，有 X% 在一年内找到了该领域的全职工作，多出四倍的学生从事该领域的兼职工作。这表明我们的文员和销售课程主要针对兼职工作，因此我们可以修改课程以更直接地满足客户的需求。在接下来的一年里，我们将在 Y 地组织就业安置和培训课程，以容纳这些求职者。

●发展教育：我们对所有第一次入学的学生进行基本技能测试，并将其中的 X% 引入我们的综合发展计划。有 Y% 的入学学生完成了该项目并加入了学院研究，有 Z% 的学生在六年内获得了副学士学位或转学至大学。我们计划在发展项目和学院项目之间建立更紧密的联系，目标是在五年内将这一比例提高至（Z+15）%。

这些例子展示了如何在报告中揭示定义和方法，以及研究的目的、预测和基于研究结果采取的行动。州和联邦机构也会收集在这一过程中产生的数据。除非各社区学院自己掌握研究议程，对于这些外部需求，社区学院可能会形成一种顺从的心态，在学院内部关于社区学院的研究可能无法达到它应有的高度。当然，这种情况不太可能发生，因为它违背了当前规范问责衡量标准的原则。虽然学院领导很少使用评估信息就项目的维护或支持作出决策，但他们给出了不同以往的回应："数据有缺陷，因为他们没有考虑……"；"我们可能在这方面做得不够，但看看我们在其他方面所做的"；最终实现一刀切的合理化，"如果我们有更多的钱，我们就可以纠正这个问题"。

432

问　题

由于未能让大多数学生获得学士学位，社区学院一直在经受批评。但是批评的效果不一。为什么不同的学生获得学士学位的概率不同？制度因素和个人因素是如何相互作用影响学生进步的？

学院会愿意生成产出率（学位率、执业资格率和就业率）的常规数据，以及有关学生学习成果（在人文、科学、数学、社会科学、英语运用方面获得的知识①）的数据吗？

制度决策和外部支持很少考虑评估结果。对此可以列举出以下原因：

●社会科学的衡量标准不精确；

――――――――――

① 原文恐有误。――译者注

- 为结果分配责任（例如，当学生退学或学习失败时，谁负责）；
- 开放式教育目标（结果总是更好）；
- 学校或课程排名是场零和博弈游戏，可能会带来支持或者危及原有的支持；
- 课程和项目的随机分配可行性不高；
- 设定具体目标限制了教育者对学生进行分级和分班；
- 个体实践者担心因其糟糕的研究结果受到惩罚（将学生考试成绩纳入 K-12 基础教育阶段教师评估就是一个很好的例子）。

学生进步和成功的问责制和国家标准化指标的举措对这些历史趋势有什么影响？

令人欣慰的是，帕斯卡雷拉和特伦兹尼（Pascarella and Terenzini，2005）以两年制和四年制院校入学的相关教育成果和职业成果为观点作出以下总结：

> 自 1990 年以来发表的研究表明，在某些成果领域，社区学院学生获得的利益等于甚至大于四年制学院或大学中同等学力学生获得的利益。例如，入学一年，在调整了学生就读前的能力、动机和其他各种影响后，社区学院学生在阅读理解、数学技能和批判性思维技能方面的能力与四年制院校的学生大体一致。两年后，社区学院学生和四年制院校的学生在科学推理和写作技能上的提升程度也大体一致。此外，尽管社区学院学生在总体上获得了这些好处，但受益最大的还是年龄较大的学生和不太富裕家庭的学生，换句话说，就是那些最有可能上社区学院而不是四年制院校的学生。对于受教育程度相同的个人来说，一开始就读于两年制学院不会对其收入造成重大影响。（p. 639）

15

面向未来

趋势、 挑战和义务

在勇敢地迈向未来之前，我们要先回到过去，追溯历史。

人们往往认为未来是可控的，并认为社区学院的建立要确保其社区服务的
效能、相关性和重要性。多年来，各委员会对社区学院的职能进行了评估，并
预测了其发展趋势。20世纪80年代，亚拉巴马州、康涅狄格州、马里兰州和
北卡罗来纳州的一些州组织非常活跃，卡耐基教学促进基金会还联合美国初级
学院协会资助了社区学院未来委员会。这股热潮一直持续到20世纪90年代，
加利福尼亚州成立了创新委员会。就国家层面而言，凯洛格基金会资助的新探
险计划，给社区学院制定了战略规划。

这些委员会的研究主要着眼于人口趋势，特别是年龄、种族，以及经济变
化。据预测，随着二战后婴儿潮的那一代人的老龄化，未来少数族裔人口将会
增长，中年工人的比例将会下降。美国经济的主导形式依旧是由制造业转向服
务业。后工业时代和信息时代不仅需要更具文化素养的劳动力，还需要被淘汰
的工厂装配线工人全力参与。新兴工业化国家的竞争要求我们以全球化的角度
看待生产。

各委员会都发表了报告预测来加强教育服务的必要性，并强调维持高质量
综合社区学院的重要性，这样才可以为更多的人提供服务。大家一致认为，社
区学院可以使人民利益最大化。没有人提议要缩减社区学院的范围，也没有迹
象表明社区学院严重偏离了当代的服务模式。各委员会极具先见之明地建议社
区学院用更少的资源服务更多的学生。

近期，美国社区学院协会（AACC，2012）组织了21世纪社区学院未来
委员会，委员会成为协会体系中最大的组成单位。与之前一样，委员会自成立

起就被敲响了一系列警钟，如：学生成功率非常低；就业准备与市场需求联系不充分；高中、社区学院、本科院校三者彼此脱节；社区学院资金不足，缺乏鼓励学生成功的机制。社区学院未来委员会毋庸置疑地重复"美国的教育和繁荣之间存在强有力的直接联系"这一理念（p.7）。

本章结合委员会的报告以及其他文献中的趋势数据信息，展示了社区学院的未来面貌，内容涉及学校、学生、教师、组织和财务、课程和教学、研究、成果以及社区学院的社会角色。核心内容是社区学院如何适应历史结构并将其实践于这个不断变化的世界之中，最终这些变化又如何影响学生、社区乃至整个社会。

437　　21 世纪初，社区学院的未来规划包括了对国家未来的一般规划，比如人口、经济和公众态度。20 年前，也就是 20 世纪 90 年代中期，大家都没想到美国会针对 9·11 事件发起了两场高代价、无止境的战争，随之而来的深度衰退导致大幅削减高等教育经费。个人社交媒体的影响微乎其微，很少有人会质疑国家能否继续为更多的年轻人提供教育，并让成人终身学习。

没有人能预测接下来的 20 年会发生什么，但是多变的公众态度无疑会对社区学院造成影响。公众对税收的周期性不满，医疗、监狱和刑事司法系统较高的优先级，都会导致教育的支持度降低。但只要社区学院的学历能成为个人发展的一种途径，人们就会有所需求并愿意花钱上社区学院。各州也不会因为财政危机而呼吁大幅缩减高等教育体系的经费。如果社区学院保持低门槛、低收费，那么不仅可以吸引一批渴望接受教育的人，而且还会吸引企业管理者和实业家合作。

院　校

公立社区学院的数量不会变；1975 年，除少数几个州外，所有必要的社区学院都已建成，大部分人都能在通勤范围内找到社区学院。从那以后，社区学院的数量一直维持在 1 000 所左右。只有当学院继续线性扩招，特别是增加
438　学士学位的规模时，其数量才会发生变化。开设分校区、效应卫星办公中心以及在校外租用场地上课都体现了增加学院设施的需求。有些较大的地区将建立许多小型研究中心和专门单位。其中一些研究中心对辅助专职人员进行职业研究和认证；还有一些就像是大学的延伸部门，通过网络媒体在多地提供课程。自 20 世纪 70 年代初，院校规模扩大均体现为以上这些教学中心形式。

独立院校或私立初级学院占地注定比四年制私立学院更小，与众多公立大

学相比就更不用说了。伍德鲁夫（Woodroof）分析发现这些学校被公立大学挤到一边。他得出的数据引人深思：20 世纪 80 年代末，国家教育统计中心（NCES）在报告中提到了 175 所私立初级学院。伍德鲁夫发现这 175 所私立社区学院中有一半是明确的独立的人文科学院校，三分之一属于单一性别的院校（指男校或女校），且 75% 位于密西西比以东。伍德鲁夫表示"在不久的将来，可能会出现资源奇缺、学生太少、教师无法接受低收入的情况"（1990，p.83）。这种结论令人沮丧。到 2011 年，87 所学院平均招收了 375 名学生。

　　社区学院的形式也不会发生变化。学院开办职业教育、综合教育、转学教育、发展教育和社区教育，最多可以授予学生副学士学位，这一点已为公众和州级协调部门及资金管理部门所广泛接受。社区学院工作人员对此也已习以为常。虽然一些院校会和契约式教育一样提供针对性服务，建立独资管理项目，这些项目的规模可能会发展到与传统社区学院服务项目的一样大，但大多数变动都是强化性的，并不会改变社区学院的性质。有些社区学院提供学士学位，进而模糊了社区学院的定位。但只要认证机构和国家数据汇编人员持续将这些院校从社区学院的类别中移除，社区学院的性质就不会发生变化。州立大学建立了大量分校，使学生易于入学。这些学院将强调职业教育和继续教育。在社区学院主要为大学输送大量生源的地方，社区学院的转学功能成为主体。社区学院会继续提供现有的服务，服务的增长或转变重点取决于资金和人口基础，而不是教育理念。

纵向扩张

　　社区学院近期尝试开展早期学院计划和学士学位项目。它们一方面对 11 年级和 12 年级进行纵向扩张，另一方面对 15 年级和 16 年级进行纵向扩张，继续进一步转移了学院的重心。早期学院计划将社区学院与 K-12 基础教育（从幼儿园到高中阶段的教育）联系在一起，学士学位项目则将社区学院引入一个全新的领域，两者的行为理念各不相同。早期学院高中类似于双注册（录取）计划，可以加快高中后教育的发展。不同的是，早期学院高中主要面向成绩较差的高中生。通过引进大学教师和课程，让学生更愿意待在学校，并参加学院项目，从而减少问题青少年的人数。教育体系中辍学人数最多的往往就是问题青少年。初步的调查结果较为积极，在项目第一年学生就有收获，高中毕业获得学院奖学金的人数远超同一社会经济群体内的其他学生。

　　大学在社区学院校园开设了多年的进阶课程。既然社区学院可以通过 2+2

协议或与最邻近的合作大学给学生提供学士学位课程，为何还要自己提供呢？社区学院领导给出了两种回应：当地人无法参加项目；如果在同一所院校开展项目，学生更有可能在该项目中取得进步。

440

截至 2010 年，已有 18 个州授权社区学院提供学士学位。由于授权立法凸显了劳动力高需求的领域，所以第一批开放的学士学位项目是教师教育、护理和商务。后来还加入了公共安全、消防科学、室内设计、电影和电视制作、法务研究和银行业务。佛罗里达州的社区学院最为活跃，28 所社区学院中有 20 所改名，其中大部分都改为州立学院。

早期社区学院计划和社区学院学士学位项目都较为合理，得到了广泛的支持：前者受致力于帮助低收入家庭学生的基金会支持；后者受立法支持，关注重要领域劳动力短缺的问题，这些工作领域通常有学士学位入门要求。除非改革 K-12 体系（从幼儿园到高中阶段的教育），加强中学教育，使其不再需要社区学院援助，或者更多的大学开设附属中心，专门培训并大力支持教科文卫人员，否则早期学院计划和社区学院学士学位项目都将进行扩张。在短期内都不太可能实现，尽管如此，从学院内部和从公众角度来看，无论是对早期社区学院计划还是对社区学院学士学位项目（或对两者）进行纵向扩张都将给社区学院带来显著的变化。

如果继续实行纵向扩张，那么以学科或学习领域为依据来授予学士学位将成为常态，而不是根据学校的类型来授予学士学位。应用领域与劳动力领域的学位也许大受欢迎。如果继续推动更高层次的教育，那么提供学士学位的社区学院有望与大学的硕士学位项目连接起来。

学　生

441

出于各种原因，预测社区学院的学生人数通常是不确定的，如就业机会、财政援助甚至军队需求都会影响学院发展进度。诸如竞争院校吸引力之类的未知因素，加大了估算社区学院入学人数的难度。即便是看似简单的总人口预算也会因为移民发生变化。但可以肯定的是，只要就读社区学院仍有较高的经济效益，那么就会有对社区学院教育的需求。

除了部分 18 岁人口正在逐渐减少的州（如缅因州），将有大量的学生接受高等教育。1979 年，美国 18 岁的绝对人口达到 431.6 万，1992 年跌至 330 万，之后 2008 年超过 1979 年，达到 445.9 万（表 15.1）。国家教育统计中心（NCES）预测高中毕业生人数将从 2009 年的 340 万降至 2015 年的 310 万，其主要原因是欧裔白人学生比例的下降幅度大于少数族裔学生毕业率的上升幅度。由于一半以上接受过高等教育的拉丁裔学生就读于社区学院，所以其高中毕业率或学院入学率的提高都会对招生产生显著的影响。然而，阿德尔曼（Adelman）指出："无论是性别、种族/民族、第二语言背景，还是家庭第一代大学生，都不再是解释社区学院入学统计数据的重要原因，但学生家庭社会经济地位（SES）这项数据却扮演了重要的角色。SES 五分位数越高的学生，越不可能就读社区学院。"（2005，p. 17）

表 15.1　1979 年—2020 年人口统计和社区学院入学人数　　442

年份 （7 月 1 日）	18 岁人口数 （单位：万）	两年制社区院校的入学人数 （单位：万）
1979	431.6	405.6
1993	345.5	533.7
1996	365.0	531.4
1998	398.4	524.6
2000	407.8	569.7
2002	405.2	627.0
2004	415.0	624.4
2006	420.5	622.5
2008	445.9	664.0
2010	433.2	715.5
2012	423.3	719.0
2014	419.1	739.7
2016	414.7	762.9
2018	424.1	784.7
2020	440.2	802.5

来源：赫萨和贝利，2006；NCES，《文摘》，2001。

　　总体而言，由于对高等教育的需求仍然很高，所以社区学院的入学率较为稳定。到 2020 年，社区学院将招收 800 万名学生，几乎占所有高等教育总人数的 43%。部分 18 岁年轻人会选择就读社区学院，因为社区学院有其传统的吸引力：入学门槛低；开销相对较低；非全日制学习。由于职场人士对高中后的培训而非学士学位的高需求，社区学院会继续招收求职者。假设不会增加对中、高收入学生的财政援助从而抵消学费差异，但随着四年制学院和大学的学费持续快速上涨，社区学院仍然可以吸引更多的学生就读。假设不进一步限制拉丁裔和亚裔移民以及国际学生就读社区学院，社区学院的入学率还会因此提高。学生的出勤仍然断断续续；大多数有工作的学生会选择半工半读；非全日制学生的入学率保持在60%不变。年纪稍轻的学生比例有所提高，获得副学士学位的学生人数增长了17%，达到每年981 000个，高于12%的学生总增长数（国家教育统计中心，《文摘》，2012）。

443

公众的看法，尤其是对社区学院毕业价值和重要性的看法，会对社区学院的入学率产生巨大影响。美国社区学院协会（2012）的社区学院未来委员会指出，"截至2007年，美国59%的就业者必须持有高等教育证书或学位"。（p.7）（"必须"一词意义重大，是指就业者需持有高等教育证书或学位，否则就无法得到工作。）同样，在过去的几年里，卢米娜基金会（2012）重申了以下变化："到2020年，美国近65%的工作会有高等教育学位的要求，总计6 200万人……按照目前的速度，美国将产生约3 900万个两年制和四年制大学学位，尚有2 300万的缺口。"（p.1）此时这种"要求"又意味着什么？

部分分析人士将矛头指向了劳动力市场，并对这些数据提出异议。有人表示："在4 170万四年制院校的毕业生中，近一半的人从事的工作学历要求低于本科……其中包括销售代表、办公室职员、零销员、收银员、服务员。"（Lederman，2013a，n. p.）正如第11章中所提到的职业教育，这一数据几十年来都是真实的。尽管如此，如果持续听到学历很重要，大家就会想办法去获得学历，即使争论证明他们的行为不正确，即使美国劳工统计局的数据显示31%的美国人持有学士学位，但只有14%的工作有学士学位的要求。问题是，在过去的四十年里，与学历拥有者相比，只有高中文凭的工人工资一直在下降。无论就业数据是基于公开需要抑或是专家建议，年轻人最少都应拿到副学士学位才是明智的。如果你身边大多数同龄人都拥有学位，那么你最好也有。

444

总的来说，社区学院会继续对入学的学生进行分班。近几年社区学院都实施了入学考试，从中可以看出我们要持续要求学院引导学生参加与其能力相匹配的课程。学校一般不允许学生随意选择课程。学生要先接受测试、指导，然后才能参加课程。学生流动管理通常是以学生的目标和课程学习模式为基础的。加利福尼亚州的社区学院已经开始采取政策，优先录取继续接受教育的学生，也对那些完成了入学指导和评估测试的新生给予优待。

从广义上来看，社区学院正在发生变化，就这一点而言类似于早期影响义务教育部门的变革，因为州级考试、课程标准和毕业要求得到重视。20世纪，社区学院对学生的出勤普遍采取放任态度，助长了学生出勤断断续续，课堂零零散散。如今，学院可以采取一些强有力的手段进一步提高项目完成度，比如开展评估和安置、帮助学生持续进步从而完成项目。所有人都能上社区学院，并任由他们选择项目，这样的做法如今是不可能实现了。

教　师

　　随着学院入学人数稳步增长，教师人数也将有所增加。很多专任教师通过额外课时收取超额课时费，因此除了特殊的课程，学院无须额外聘请教师。课程繁多时，专任教师可以优先选择上哪些课。虽然社区学院一直在探讨按比例支付兼职教师工资的问题，但没有迹象表明这种方式会被广泛采用。如果专任教师愿意降低额外授课的报酬，且行政管理人员雇用按小时收费的兼职人员来平衡预算，那么就不需要再采用按比例支付工资的方法了。 445

　　教师的招聘没有什么变化。多年来，社区学院一直都在实施平权行动，但雇用少数族裔教师的进展工作还是比较缓慢。为倾向于跨领域教学的教师加强培训的课程进展缓慢。有些职业导向型学生会选择人文课程，有些以本科学位为导向的学生会选择职业课程，这就意味着需要开展某种跨领域教学来适应这两种学生群体。社区学院必须培养自己的跨领域人才。学院最需要的就是能够领导课程整合和成果评估的教师。这类教师多为工作经验丰富的实践型教师。几乎没有新聘教师具备上述能力。

　　教学的许多方面也没有发生变化。教师仍以个人实践为主要准则。几十年来，专任教师在课堂上花费的时间没有变。尽管在线教育不断发展，但利用更少的教师面授时间教更多学生的持续创新实践几乎没有。教育一直属于劳动密集型行业。正如博克所说，"学院教学只是众多人类活动中的一小部分，不会随着时间的推移有明显的变化"（Bok，1993，p. 170）。如果社区学院教师的生产力没有提高，且所有教师的工资增长速度都一样，那么教师整体薪酬的增长空间就很小。教师不能因为工作更努力或比其他同伴更有能力，从而期望能拿到更多的工资。

　　教师这个职业将如何分化？一种方法就是在一名教师在课堂上教授一群学 446 生的传统模式的基础上，甚或是取代这种模式，把教学变成学生独立学习的形式，教师作为金字塔顶端的角色（读者、测试计分员、朋辈教导员以及专业助手）变得十分重要。但是很少有人把这种方法运用到构建教学模式中去。

　　直至今日，教师通过管理角色或提高生产力，开始向专业化发展已经得到证明。他们负责学习资源中心和各种课程项目，结合教学支持和学生支持服务，最大限度地提高学生的学习效率。另一个职业改进的方法就是让教师构建或变换现有的可复制的学习序列和互动媒体。如果教师被证明可以达到用更少的钱创造更多的学习机会的程度，他们就会被认为是教学领导者。教师除了担任助手，还将扮演一些新的角色，比如媒体技术人员、编剧、编辑和制片协调员。

专业化道路任重而道远。尽管教师们取得了很大的进步，摆脱了早期由行政人员主导的家长式管理局面，但他们还是有很长的路要走。一些院校的教师可能会陷入困难模式：教师与行政人员持续对抗；孤立地在课堂上唱独角戏；为小班制、加薪和广泛的附加福利做周期性斗争。教师得注意不能像其他公共机构的工作人员一样参加劳资谈判、通过立法和法院索赔、不情愿地警示自己是不可或缺的专业人员，以免被视为另一类薪资过高的公务员。

从最广义上来看，更可取的方法是让教师参与课程规划，比如在其学科和教育领域的阅读和写作；研究学生的学习输入和输出能力；担任媒体制作专家、项目主管、实验室管理员或课程协调员。现实情况往往不会这么极端。事实上，提高公职人员地位的同时，其专业水平也会得到提升。有些地方的教师既加入工会争取工资和福利，也积极参与学术，关注课程和教学问题。

现在的工作场所支持社区学院回到单一学院的教师共享社区意识的时代。越来越多的评估学习成果，有别于毕业、转学和就业率，这将使教师开始为学生制定学习评估指标。教师们需进行跨部门合作，来验证之前的学习方法。但兼职教师会成为他们的合作对象吗？如果兼职教师的就业环境发生变化，和专任教师享有同等的权利和地位，那么就会形成教师专业共同体。

组织、治理和管理

组织和管理的变化不会很快发生。加强州级协调的趋势将继续放缓。州政府越来越多地参与社区学院政策的制定，不仅缩小了学院之间的合作差距，还完善了学生录取和进步的标准。全州范围内的协调还可以提供相应的资金、避免课程重复、减少高等教育院校之间学生的转学现象。

州级管控的压力导致社区学院要对微观管理作出很多努力，但对教学和学生服务的影响微乎其微。州一级协调涉及更多的是业务方面的报告、遵守条例以及问责；地方对这些有很大的自治空间。在作出重大改变之前，要先通过一系列的组织审查程序，尤其是诸多州级的协会，包括理事、院长、校长、学术评议会、人文学院、体育学院、顾问、图书管理员等不同成员组成的协会。突发事件和戏剧性事件无法通过审查。州政府和地方共同管理这一流程是完整的。

　　联邦政府也在持续规范高等教育。政府一直在敦促认证机构提高对学校的要求，以便为所有项目设定预期的完成率、就业率和证书通过率，尤其是职业教育项目。营利性院校一直在请求联邦政府剥夺高等院校拒绝接受转学学分的权利，这些学分是得到转出院校承认的。政府的一些举措对社区学院有利。2007年秋，《高校成本降低和入学法案》废除了降低低成本学校学生佩尔助学金资格的规定。法案还降低了学生贷款利率，为就职于高需求公立学校的本科生提供学费资助。毕业生在某些公共部门工作10年以上的，可以免除其学生贷款。

　　地方社区学院管理的变动主要发生在三个方面。第一，增加收集数据和准备报告的人员，说明学院满足了不断增长的外部需求。第二，体现于项目协调。需要有学院工作人员负责管理特殊资助项目。这些项目既满足了新需求，同时也增加了预算。工作人员更多地是由内部人员再分工而来，而不是重新招聘的。第三，加强校园安全。2007年发生在弗吉尼亚理工学院的悲剧震惊了所有的大学校长。后来，在亚拉巴马州、加利福尼亚州、伊利诺伊州等其他州的大学发生的谋杀事件使这种警示更加突出。虽然社区学院不会花费数十亿美元专门建一个机构给鞋拍X光和没收指甲钳，但学院肯定会增加校园安全的预算，比如增加武装警卫、学生监控、资料收集和心理健康评估的预算。

财　务

　　未来几年，尽管社区学院将继续通过筹款和与私营部门合作寻找新的财政来源，但学院的财务特点不会改变。大多数院校一开始都从地方获取资金，但后续都靠州政府支持，这种现象是不可逆转的。学院要与其他公共机构竞争州政府资金，比如其他教育部门、受州政府支持的福利院、公园和监狱。

　　社区学院的教学成本比其他高等教育部门的更低。虽然很难精确计算四年制大学低年级的教学成本，但学生总体成本的差异很明显。社区学院每名学生的教学成本仅为综合性四年制大学学生的一半，是公立研究型大学的四分之一。

　　设置入学限制或入学上限的方式越来越具体化。根据在项目中取得稳定进步、顺利毕业或转学至四年制院校的学生人数，社区学院按全日制同等学力学生的基准（FTSE），获得更大一部分的补充资金。迄今为止，虽然绩效资金的

数额很小，但还是发生了一些影响深远的转变，比如按权利分配资金改成按绩
效分配；给两年制院校和四年制院校制定不同的指标；放弃对职业晋升、再培
训或职业入门技能毫无帮助的终身教育。

外界希望社区学院能提高生产力，并取得具体的项目成果。近期，加利福
尼亚州州长提议改变学生资助模式，不再根据学生近一个月的入学情况给予补
助，而是给那些完成课程的学生提供补助。但社区学院校长担心绩效资金
"可能会导致学院削减一些较难完成的课程"（Rivera，2013.1.21，p. A12）。
对于劳动密集型的企业来说，这是很难实现的，因为企业更注重流程而不是产
品。相比成果，对支出数据的需求可以提高效率。企业在其他领域也在寻找如
何节约成本。最明显的是向一年制和 8 小时制的转变。① 这些举措不仅可以降
低资金成本，还可以增加校园安全、能源使用和建筑维修的资金。

一些评论人士预测，20 世纪 60 年代进高校就职的高收入教师退休后，教
师成本会有所下降。然而，从某种程度来看，让年轻全职教师替代高级教师的
做法，只能暂时节约成本。大多数的教师无须提高生产力，其工资会根据工作
年限自动增加，用不了几年就能拿到最高工资。教学开支节省主要来自院校将
其员工转变为更多的按小时计算工资的兼职教师。

自 2010 年以来，社区学院的财务状况一直不佳。虽然国家认可社区学院
为学生进步和劳动力教育所作的贡献，但是州政府的拨款减少了四分之一。即
便目前减少年度拨款的模式已消退，每年的州政府资金也很难增长一到两个百
分点，因为未来几年大多数州都将出现结构性赤字。因此，社区学院不能指望
通过传统的预算项目来为工资增长或新项目提供资金，包括广泛宣传的教学技
术革命。未来几年，社区学院甚至很难给所有申请入学的学生提供课程。

因为同一个州内的所有社区学院获得的资助方式都一样，所以只有地方领
导人具有开创精神，社区学院才会获得更多的预算。比如寻求慈善基金会的资
助、寻找有员工培训经费的公共机构、为特殊项目争取州政府资金。学校将更
多开放区域租给机构举办博览会、展览、旧物交换会等活动。获得资金的方式
将会越来越灵活。再比如合同制培训的规模迅速扩大，并有望继续作为一种最
受欢迎的方式，以推出新的、专门的项目，使当地企业受益，同时减少大学学
分课程承担的部分费用。学院的学分制收费也能够缓解一些财务压力。接受评
估的学生需支付其获得的课程学分费用。也许某一天，学生唯一的在校经历就
是他们支付学位课程费用，然后参加一些考试。

有趣的是，虽然州议会没有通过社区学院同公园、娱乐中心、图书馆享有

---

① 原文恐有误。——译者注

同等资助的提案，但各学院的特殊项目都可以获得资金支持。研究高等教育的
经济学家们最青睐的理念就是以学费增收的方式获取资金来资助低收入家庭的   452
学生，但这只是一句口号，州立法机构没有对其进行实际支持。相反，各州政
府会以学费增收为借口，拒绝社区学院增加拨款的要求。同样，州政府对两年
制社区学院应与其他公立院校享有同等资金支持的争论置若罔闻；社区学院相
对较低的生均支出对降低高等教育总成本至关重要。

教学服务和学生服务

教学是产生学习的过程。虽然任何环境都能产生学习，但教学活动还包括
安排学习过程，因此具有预见性和方向性。学习过程包括获取新信息、组织学
习序列和内容，最重要的是要让学习者参加教学活动。强大的学习动力可以让
学习者投入到学习中去，学习他们需要掌握的知识，从而在社会中扮演有价值
的角色。即便没有这些，教学活动亦是必不可少的。尽管如今多媒体、互动媒
体和其他远程学习技术唾手可得，但课堂教学作为教学的一部分，既不会消
失，也不会减少。

一些评论家乐观地认为，教学主要是针对渴望接受知识的人，完全受控于
学习者。有趣的是，尽管互联网的普及推动了这种模式的发展，但它实际上源
于加强成人教育的理论。1972 年，伊万·伊里奇（Ivan Illich）在《去学校化
社会》中谈到了这一点，并以 Learning Annex 习技公司（一所私立成人教育学
校）为例。该学校提供非正式网络教育。然而，在这个信息杂乱无章的大环
境中，学习中介有其存在的必要，这并不是因为中介有多渊博的知识，而是因
为在面对众多无关紧要且错误的网络信息时，求知者需要它的帮助。   453

在远程学习通过媒介成为社区学院的教学核心之前，教师必须接受这种教
学理念。社区学院可以购买或租赁多媒体课程和互动教学课程，并给学生播放
课程，整个过程不需要教师的参与，这种教学方法会转移教师的教学主导权。
有些社区学院会积极尝试，让终身教师以传统的方式开展课堂教学，并通过辅
助建立大量的教学项目。大多数社区学院会保留一些早已存在的学院组织的教
学形式。

反观那些可以改变教学条件的媒体是很吸引人的，先是留声机、电话、广
播、电视和电脑，后来还出现了激光唱片、卫星、高速下载等不计其数的电子
奇迹。这些自动化媒体确实改变了信息传播的方式，但并不是教育者们想要的
方式。即便是在学校，这些自动化媒体的基础应用仍缺乏社会价值导向。它们

带来的是娱乐和社交媒体，诱导大众远离了阅读，也远离了反思、耐心和毅力。如果幻想着让学生自行学习，教师不再做信息的传播者，而是和学生进行创造性的互动，那么当学校的参观者站在走廊上，看到教室里的教师和学生面对着微芯片或真空管开展教学时，他们就会从这种幻想中走出来。

生产力概念的变化对媒体的产生和使用至关重要。大学的生产力集中体现在研究和学术上。社区学院的生产力是指每一美元的教学经费可以教多少学生。但无论是在教室里还是在电脑终端上，把接触媒体教学的学生人数作为指标的情况正在减少。审核人员不再以教师所教学生人数作为教学生产力的衡量标准。教学形式和成果评估也随之发生了变化。最后，学院还强调了把学生学习、学生成就和学生满意度作为衡量标准。在此期间，教师会进一步检查学生之前的学习情况。

卢米娜基金会（Lumina Foundation）以及比尔及梅琳达·盖茨基金会（Bill & Melinda Gates Foundation）通过完成美国大学教育计划提倡开展学习评估活动。美国劳工部同样推崇这一活动。劳工部给失业工人提供职业培训补助，并要求社区学院通过考试、审查档案和评估在职培训，授予他们学分。但这个过程存在教学和评估脱节的问题，因为教师没有参与评估。此外，如果评估和考试不够严谨，那么整个培训就像是在花钱买学分。

慕课（大规模开放在线课程）一出现就在短时间内风靡起来了，但其发展势头较弱。一项美国国家调查显示，只有小部分社区学院校长坚定认为慕课可以提高所有学生的学习能力、解决学院财务问题或降低学生教育成本。"培养创造性教学法"是唯一一个观看率超过 11% 的课程（Jaschik，2013）。课程完成率较低也是阻碍慕课发展的一个问题。在 29 个慕课样本中，只有 1% 到 19% 的观看者完成了课程，平均完成率为 7%（Parr，2013）。

学科教学的发展受到了许多因素的阻碍，从忽视教学理念的入职培训到基于学生出勤率的学生资助，都很少关注学生的学习成效。然而，学生分级也很少有公认标准，存在很大的局限性。如果教师、研究人员和行政人员仍根据种族、性别和民族对学生取得的成就进行细分，那么就无法在教学过程中进一步衡量学生的学习。通过学生分级，对不同学生的学习成绩的解释变得过于便利："他们没有学到是因为他们……"或者"他们取得了好成绩，是因为他们……"。掌握学习这类概念在社区学院中并不常见，而社区学院的学生特征意味着教师没有责任和义务去定义、预测和衡量所有领域、学科和课程的学习。

尽管学生服务从业者一直提倡将课程与教学更好地结合起来，但一方面，咨询服务、教学辅导和培训之间没有紧密联系，另一方面，教学项目之间的联系也比较弱。近期，教学资源中心和学习实验室的管理人员将学生成就中心的学生服务和教学紧密联系在一起。学生成就中心将学生服务的一些方面同计算机辅助学习、辅导活动、教师教学发展支持、学生评估等其他学院职能结合在一起。如果因为预算问题将学生服务和教学分开，那么就会阻碍这种一体化的发展。但只要其支持者能够证明这种做法可以提高学生保留率，那么该做法就会继续存在。

截至目前，"不能由学生选择服务"（AACC，2012，p. 9）。30%的学生没有接受过定向培训；不到33%的学生表示接受过学院顾问的帮助；76%的学生从未享受过辅导服务；且大多数学生对注册过程感到困惑，并且认为得到的处理方法和建议不合理（pp. 9-10）。美国社区学院协会的未来委员会敦促各学院对自己进行重新定位，并列出了院校改革的基本要素，其中包括关注学生的成功，教师所承担的集体责任；改变分散的课程模式，明确教育途径；拨款不仅与招生挂钩，还与院校的绩效挂钩。

美国国家学术改革中心也有类似的想法。中心与众多两年制和四年制学院合作开展了一个多年度项目，围绕学习的基础原理重新设计所有课程：为学生提供个人帮助；持续评估和自动反馈；确保有足够的时间完成任务。以上许多举措正在进行中，但想实现这些目标，社区学院还有很长的路要走。

课　程

课程大纲可大致分为发展教育、综合教育、转学教育、职业教育和社区教育等几类。

发展教育

几十年来，发展教育就好比一个难以启齿的秘密，虽然各学院都提供发展教育，但学院领导不愿对外宣传。如今发展教育终于开始崭露头角。州级规划人员通常将这些学院视为读写能力发展教育的主力军。仅举三个州的例子：马里兰州的社区学院委员会（1986）和康涅狄格州的区域社区学院委员会（1989）认为社区学院有提供发展教育的首要责任，高等教育总体规划联合委员会（加利福尼亚州议会，1987）提出要优先发展补习教育，地位仅次于转学教育和职业教育。

尽管高中毕业人数有所增加，但发展教育的规模还是与以往一样大。在未来的许多年仍然需要相当数量的传授基本技能的发展教育。这也是为了满足多年积累的功能文盲和美国以英语为第二语言人士的需求。高等教育体系中只有社区学院最适合提供这一基础教学。社区学院不仅在校内开设了基本技能发展课程，而且还将读写识字教学推广至大学、低层级学校和商业企业。无论发展教育是单独拨款，还是和其他教育课程一并拨款，发展教育始终占教学总预算的三分之一。各个学院之间预算拨款的金额差别很大。在教育水平较低的学校中，受教育程度较低的学生人数较多，社区学院入学率和移民率较高，因此一定要进行入学考试和分班。富尔顿（Fulton，2012）强调学校要评估分班考试的有效性，使之能更好地与课程要求相匹配，为即将入学的学生提供考试和分班的相关信息，并在考前推荐短期的进修课程。学院要经常注重追踪这一工作流程的有效性。

综合教育

综合通识教育几十年来艰难前行。大学的学术学科分配要求阻碍了学院建立跨学科课程，不利于发展综合教育。基础的课程改革进展缓慢。19世纪，在以科学为中心的世俗化课程成为常态之前，与牧师般占主导地位的古典课程进行了至少半个世纪的抗争。20世纪见证了职业教育的兴起，补习教育也成为社区学院的合法职能。虽然综合教育还没有站上中心舞台，但是学生可以通过综合教育把握历史视角，认识未来的社会趋势和环境趋势。总而言之，大部分院校仍然基于学科分配要求，对开展综合教育充满争议。综合教育是一个具有向心力的概念，但是有自身教学计划的教师的离心力以及很少给学生提供综合教育的大学通常会颠覆这一概念。

若在社区学院开展符合社会需求的综合研究，最佳方案是将四个蓬勃发展的课程整合起来，即批判性思维、服务型学习、公民参与和可持续发展。这些都与受教育者的行为息息相关，代表着广大的社区和通识教育的理念。批判性思维可以是一门独立的课程，也可以是英语或社会科学课程的一部分。大多数社区学院建立的服务型学习，很受学生的欢迎，因为学生明白必须回馈自己的社区。凯特琳基金会（Kettering Foundation）多年来一直在推广公民教育。许多社区学院成立了与服务型学习相结合的公民参与中心或研究所，如德安萨学院（加利福尼亚州）、布里斯托尔社区学院（马萨诸塞州）、哈德逊谷社区学院（纽约州）、常春藤技术社区学院（印第安纳州）和堂克西斯社区学院（康涅狄格州）。这些只是其中的一小部分。

可持续发展这一新思路在美国的环境科学（技术、管理、组织和设计）课程和生态学课程中都有明确的体现。这两门课程之间的联系打破了社区学院教育和社区服务之间的概念分离。开展服务型学习的社区学院中，有一半都涉及环境保护。亚利桑那州的钱德勒–吉尔伯特社区学院为生物学专业的学生提供了环境服务学习项目。科德角社区学院（马萨诸塞州）发起了与50多家机构合作的环境实习项目。罗威（Rowe）列举了大量的可持续性课程、项目和研究，表示参加可持续性项目的学生在处理环境问题时"更关心社会的未来，且更相信自己能有所作为"（2002，p.1）。社区学院创新联盟和美国社区学院协会承诺会支持可持续性项目。学院也鼓励或要求学生参加此类社区项目。

从课程角度来看，可持续性课程至少促进了生命科学、社会科学、人文学科和职业院校的部分融合。让可持续理念贯穿课程和将可持续性作为一门独立学科，这两者的模式是不同的。如果学生能够从地方层面到地缘政治层面对可持续性课程提出展望，那么我们迎来的将是更多知情的公众。雇主通常关注的是可持续性的公共价值。美国高等教育可持续发展协会（Johnston，2012）的报告称，2010年，90%的两年制和四年制学院的课程都涉及可持续性。其中部分学院还要求学生至少选修一门相关课程。

如果大量教育工作者认识到综合教育的重要性，那么综合教育的地位将会更加突出。由于各种媒体不加选择地传播信息，所以公众对价值、伦理和道德的评估判断比以往更为重要。互联网发展得越快，就越需要灌输互联网不可能下载的价值观。

人文课程和转学教育

人文课程的发展前景很好。转学功能能够使学生准备好进入学士学位的初级课程，从而获得健康领域、商业、技术和专业的学士学位。与转学功能相关的人文课程得以蓬勃发展是因为大学要求学生入学时完成人文、科学、社会科学、数学和英语应用等课程。由于人口稳步增长，对传统人文课程的需求比20世纪60年代初第一次婴儿潮以来的任何时候都要多。大学一般不会扩大新生班级；在线教育也无法满足需求。越来越多的18岁年轻人别无选择，只能就读社区学院，转学率也会像20世纪90年代那样继续缓慢上升。

少数族裔学生人数的增加，也是人文教育和转学功能得以蓬勃发展的原因之一。大多数学生都需要去工作，所以他们得具备文化观、人际关系意识，以及分析情况和适当沟通的能力。想在社会中取得进步，就得接受必要的高等教育，比如提高文化素养、理解道德问题、认识过去和现在。我们很难回想这样一个时代，大多数高等教育研究都是为了挖掘学院项目，而项目中的少数族裔学生人数不能准确反映其种族群体的学生比例，因为种族分类不是一成不变的。分析人士抱怨种族分类和环境总是变化，而这些通常都与政治意愿有关。举个例子，如今，女性在学生群体中明显占多数，社区学院教师中的男女比例几乎持平，那些长年对其从属地位失望的人很难找到被平等对待的工作（尽管一些有顽固不化的意识的领域仍会歧视女性）。由于社会各群体接受高等教育的人数都在增加，独立的大学给低收入家庭的学生提供一揽子援助，学生的分类方式（尤其是对自认为是多种族的群体）不同，所以以种族分类也会发生变化。

461　　学生的分类方式逐渐从强调种族身份转向家庭收入。一些基金会帮助低收入家庭的学生接受高等教育并从中取得进步，比如杰克·肯特·库克基金会、卢米娜基金会和奈利·梅教育基金会。联邦政府的《高校成本降低和入学法案》提供了另一种资助手段。其中一条是提供挑战基金——为给州或组织配套提供基于需要的资金，为来自低收入家庭或父母未上过大学的高中生和大学生提供资金和支持服务。这种资金需求非常大："2002 年，在 11 000 名社区学院转学项目学生中，有 1 000 名来自低收入家庭。"（Fischer，2007，p. 1）迈克尔斯（Michaels）对这种情况作出判断："如果把全球化看作是一个文化问题，那我们就可以尝试用文化身份认同的方法来解决经济不平等的问题。这是试图在用不真实的方法解决真实的问题。"（2006，p. 165）但这需要花很长一段时间，因为贫困群体的身份认同不足。

　　K-20 年级中，存在广泛的课程分化模式。从学校教育开始到 8 年级，同质化课程主要聚焦于读写识字、算术和文化适应。15—20 年级，也就是从大学高年级到进入研究生院阶段，强调的是专业发展和深度学习。9—14 年级，中学和社区学院的课程最为复杂。一部分课程面向劳动力发展，另一部分面向职前教育、个人兴趣学习和发展教育。大部分的学生追踪和分类，以及学生流失现象都发生在同质化课程最少的院校。

职业教育

　　职业教育的地位仍然突出。学院的主要职能之一就是劳动力培训。这一职能不会改变，且有充足的资金支持。增加美国范围内高等教育证书或学位的成人数量、为当地企业提供劳动力培训和再培训，这两种方式都能扩大学院的职
462　业教育职能。第 11 章中提及的可叠加证书都有助于促进社区学院和不愿意建立培训体系的企业的合作。2012—2013 年，美国劳工部向社区学院拨款 15 亿美元，为高技能工作提供各种证书和职业培训。大学技术发展项目的竞争以及私立学校和公立学校资助的特殊技能培训项目的竞争不会改变这种培训趋势，因为社会对这些项目的需求很大。

　　2010—2020 年，预计就业增长率最高的 10 个职业中，两年制学院针对其中 8 个设有培训项目：物理治疗助理；家庭健康助手；医疗秘书；职业治疗助

理；注册护士；执证职业护士；牵引式挂车司机；个人护理助理（美国劳工统计局，2012）。学院还提供了一些其他高需求领域的培训，比如警察、消防员、现场销售、美发师、儿童护理员、建筑工人和汽车修理工。生产过程中，技术的快速进步淘汰了制造业许多熟练工人。即使是现在，生产一个机器人的成本比它代替的工人两年的工资还要低，只要是工作就有被自动化取代的风险。事实上无论美国经济的增长是否依靠增加的数百万持有学位的工作人员，全球化和全球经济都不能成为职业教育的风向标。只要社区学院的课程能继续帮助人们从事不能外包或无法被自动化取代的工作，社区学院的项目就能蓬勃发展。

社区教育

20 世纪 70 年代，社区教育急速扩张，即使是在 80 年代预算削减的情况下也保持了自己的地位。社区教育支持者在影响社区教育合作关系和争取特殊资金方面很有经验。尽管如此，社区教育的未来仍存在不确定因素，因为其教育目的、质量把控和院校信誉等问题都没有得到解决。资金仍是最难解决的问题。虽然社区教育的支持者没能让社区教育成为区域教育服务的纽带，但社区教育在院校竞争最为薄弱的农村地区取得了很大的成就。以英语为第二语言教育和成人基础教育发展得不错，个人兴趣课程的发展势头较弱，除非建立在自费的基础之上。

社区教育的定义和范围问题一直都很突出。社区教育的概念不是"构建社区"。"社区"通常涵括了该区域内的所有人，后来国际主义者将"社区"的定义延伸到了世界范围。因此，社区学院应先建立地方社区，然后再考虑全球社区。2001 年 9 月 11 日发生的恐怖袭击事件迫使人们重新思考"全球化"一词。60 多年前，雅各布斯（Jacobs）［（1961）1992］分析过社区是如何自下而上发展的。近期，福山（Fukuyama）解释说，"不是一群人碰巧遇见，互相交流就能形成社区；真正的社区是将一群有共同价值观、行为准则和经历的人聚集在一起"（2000，p. 14）。"或许较过去更重要的是地理位置邻近。"（p. 15）

如果社区教育得到有计划的资助，可以重组学院，以维持大规模的社区教育运作；也就是说，社区学院每年将获得一笔固定的资金，用于为其所在地区的人们提供文化、职业升级、娱乐、个人兴趣、社区健康和半职业再培训项目。社区学院可以保持其开放政策——学生参加的课程中，有些是学位课程，有些不是——但会在这样的结构内建立一所转学学院或荣誉学院。主要的资助模式是以课堂出勤为依据给予学生补贴。但转学学院或荣誉学院将单独运行，有各种特殊资金、工作资助或提供奖学金。维持社区教育发展的第三种方法就是保留学院的转学教育和职业教育，并同其他大学一样，通过拓展部门提供社区教育服务。由于学生需付费参加短期课程和活动，所以社区教育得以自给自足。维持传统社区学院中的社区教育的另一方法是单独成立一个中心，一并提供发展教育和成人基础教育，中心的工作人员每周工作 40 小时。这些方法都不太可能被广泛采用。社区教育将继续作为附属功能，受参与者费用、学院基金会捐款和特殊用途补助金支持。

研究、问责和成果

对社区学院的研究应该以评估院校成果为中心。传统的教育研究范式适用于社区学院，正如适用于其他类型的学校。学生入学，学习，转向其他追求，这些成果都能够被评估。实际上，许多地区和州都开展了这些评估。各学院应多进行这类研究，但能够协调这些研究的院校研究人员太少了，也很少有高级行政管理人员意识到这类研究的重要性。一旦研究开展起来，很多人会把研究结果与社区学院的特殊实践联系起来，虽然出发点是好的，但却是无用功。

成功推动个人的社会流动性是评估社区学院的基础。有多少人把社区学院当作获得本科学历或更高职位的跳板？有多少人摆脱了家庭贫困的恶性循环？有多少人通过接受教育快速融入社会？有多少人学会共处？如果个体社会流动性还不足以成为衡量社区学院贡献的标准，那么我们还可以了解一下社区学院作为总体为特殊人群（比如老年人、残障人士、低收入青年或移民）所作的贡献，学院对解决长期存在的社会问题（比如无家可归、平衡经济、节能、白领犯罪和街头犯罪）作出了多少贡献呢？然而，评估这些间接影响的方法十分复杂；即便是毕业生的就业情况分析，也与大规模的社会收益多多少少有些联系。此外，学院领导也一直很难说清楚那些只上了一两堂课的学生是如何受益的。对于一半的学生来说，在社区学院学习是其第一次接受高等教育的经历，在他们退学之前只上过一两门课是很正常的。这些学生中有多少知道自己的需求所在？让学生按年级顺序就读的教育体系模式不会改变。但社区学院的主要成果不是让学生按顺序入学，而是要带来一些积极的结果，比如让学生获得工作技能、幸福感或其他一些无形的事物。

谁来提出并回答这些问题？即便提高院校研究预算，同样也跟不上问责需求的步伐。州立法机构从未直截了当地支持社区学院研究，也没有提出过重要的研究议程（尽管他们要求社区学院无条件地提供数据）。大学的国家研究人员和联邦资助机构给出了部分答案，将来一些国家计划也会加入其中，比如美国社区学院协会的自愿问责框架、比尔及梅琳达·盖茨基金会和卢米娜基金会的"完成美国大学教育计划"，但是进展断断续续。问责工作关注的是学生进步和一些更容易定义的成果衡量标准，比如保留率、转学率和毕业率，而不是学生对社会进步的贡献，或学生实现教育和培训目标的成绩。

466

社会角色

总的来说，社区学院是一个稳定的机构。它的师资、课程和学生类型每年都变化不大。通过定期对环境进行检查，提醒学院领导注意可能影响学校发展的动态，这也间接证明社区学院的稳定性。分别由社区学院董事协会（2004）、RP 集团（2004）和科罗拉多州社区学院系统（2003）发布的三份报告便是例证。第一份是对学院董事的调查，另外两份是述评大众媒体和专业文献。这三份报告内容包括：预见了可预测性资金的重要性；包括营利性部门在内的跨部门合作；学生人数的增加；K-12 的弱点；回应不断变化的劳动力要求；问责需求；联邦政府的影响和在线教学。简而言之，除了对营利性部门的评论和在线教学的发展，如果回顾 20 世纪 60 年代的文献，也会得出和这相同的结论。

然而，社会变化会影响国家看待社会结构的方式。例如，20 世纪 90 年代，医疗改革是一个突出的问题。由于保险费用上升，越来越少的雇主将医疗保健纳入员工福利。企业倾向于雇用非正式员工、可替代工人和兼职员工，这样雇主就不用承担他们的医疗保健费用。此时医疗保健费用的负担不得不转移到广泛的社区。这种变化的重要性与 21 世纪初工业国家面临的情况相似，核心家庭破裂的老人必须依靠老年保险来维持生活，因此《社会保障法》应运而生。

467

几十年来，教育领域也出现了类似的情况。由于越来越少的人准备整个职业生涯只从事一种职业，因此对连续的职业再培训的需求是显而易见的。再培训不仅仅是帮助大众学习自己工作领域中的最新技术，因为专业组织和公司提供的继续教育就可以满足这部分需求。再培训是针对跨行业者的。他们可能从制造业工作转向创业，或者跨行业、换工作。最好的情况下，人们接受的早期教育应该强调灵活性、批判性思维、读写识字能力和社会意识，这样才有能力实现转换。至少，为了方便进行必要的调整，应该有一个容易进入且低成本的教育机构。

如今社区学校的使命与 20 世纪 60 年代和 70 年有所不同。社区学院扩招时，出现了这样一种说法：只有让上大学的新生代接受高等教育，才能培养出他们当中最优秀的人才。许多分析人士认为，任何性别、种族和社会阶层都有可能出现人才；因此，随着高等教育的普及，会涌现出新的人才。一些学者乐观地认为，门槛较低的高等教育体系可以大范围地提升社区的智力、品格、理解能力和政治意愿。人人都有发展机会，如今女性也开始从事商业、法律和医学工作，越来越多的种族群体和少数族裔加入中产阶级行列。事实上，提升普通人群智力和提高政治参与度的难度更大。高收入群体和低收入群体的差距正在扩大，因为后者不愿意背负接受高等教育带来的债务和工资损失。

468

社区学院造成了一些关于教育结构的悖论。第一种悖论，社区学院加剧了不平等的现象，因为学院强调的是个人发展，而不是群体发展。由于社区学院是增强个人流动性的一种途径，因此就读社区学院的学生越多，社会不平等的现象就越严重，因为聪明、积极的机会主义者会选择脱离他们的原生社会阶层。但是社区学院同时也促进了社会平等，学院为所有渴望教育的人提供教育和培训，其学生不受教育背景、种族或族裔、性别或家庭收入的限制。

第二种悖论，远程教育是对教学的重新配置，目的是省钱，其受众是一些边缘化、非定向、不认真、散漫的学生。为什么这是悖论呢？因为重视教育的家庭会让孩子去学校接受传统的大学教育。

第三种悖论，教育提高生产率，监狱会降低生产率。一些州的监狱预算现在已经超过了高等教育预算。立法者呼吁在提高全球经济的生产力和竞争力的同时，不应该以牺牲对高等教育的支持为代价，给矫正系统拨更多的钱。

第四种悖论，尽管接受教育的机会越来越多，而且来自不同社区的学生人数也大大增加，但学生家乡的社区几乎没什么变化。难道学校的存在不是为了建设一个更好的社会吗？社区学院培养的个人流动不会重组城市、改变工作环境、修改移民政策，也不会影响社区的生活质量。

469

世纪之交，美国的社会环境为社区学院提供了一个大背景：

● 美国人口中的移民绝对人数和移民率都很高，由此催生了反外来移民法规的要求；

● 拥有大量外语信息来源的多语种人口在本民族聚居；

● 城市拥挤，人行道和公园脏乱不堪，流浪汉的问题非常棘手；

● 劳动者无法从工厂和家庭手工业中获得附加福利和计件的工作；

● 强势的媒体可以左右大众思维；

- 贫富差距大；
- 从事生产、装配和服务行业的工人，其工资不足以让家庭脱离贫困线；
- 工会力量薄弱，只代表了少部分工人的权益；
- 个体将创业视为累积资本的途径；
- 与早年间相比，人们似乎缺少文明礼貌。

那么这些都发生在哪个世纪之交呢？20 世纪和 21 世纪的大环境非常相似。千余所社区学院都没能改变这些时代背景。除了那些慷慨激昂、自欺欺人的支持者，还有谁会相信社区学院能够改变这些时代背景呢？

表面上，社区学院除了为学生和企业服务之外没有其他存在的理由，但作为一个知识社区，它也有自己的生命力。毕业生社会流动性的增加，很有可能会降低社区学院的价值，也可能会忽视其文化适应中心和历史传承中心的地位。但是传统的社区学院不会完全摒弃这些价值。学习是没有止境的，我们可以提高教学和学习效率。因此，学院不断力求教育创新，创新者在教育体系中的地位非常突出。

此外，教师的理性发声往往得不到重视。即使教育者不能解决问题，处理顽疾，他们也不会故意营造虚假氛围或传递负能量。如果教育者效仿商业公司和大众媒体的不良行为，就会失去公众给予他们的地位。因此教育者不能违背美国社区学院的美德。

470

附　录

营利性院校

由于可提供副学士学位成职业证书，近期营利性院校变得炙手可热；因此，欲申请的学生很难区分营利性院校和社区学院。然而，生产力和质量不一定相关，但二者在学院成本和设施方面明显不同。

一个多世纪以来，提供汽车机械、簿记、销售、小家电维修和秘书服务培训的私营学校一直是美国教育领域的一部分。1965 年，它们有了自己的认证机构，也就是现在的职业院校认证委员会。自 1972 年国会修改了《高等教育法》，并将其纳入联邦政府支持的学生贷款项目，职业院校认证委员会开始提供副学士学位，并不断扩展项目，涨速惊人。1976—1977 年和 1996—1997 年就实现了 1 000% 的增长。到 2011 年，38% 的两年制学院都是营利性院校（见表 A.1）。2000—2009 年，营利性院校的入学率翻了两倍，而公立院校和非营利性院校的入学率增长还不到 25%。2009 年，营利性院校招收了近 10% 的本科生（高等教育政策研究所，2012）。其快速发展得力于相对宽松的监管环境、对学生的助学金、学生对高等教育文凭的需求日益增加以及职业培训和劳动力发展，尤其是对私人投资者的重视。

表 A.1　1972—2011 年两年制营利性学院数量

年份	所有两年制学院数量	私营院校	
		数量	百分比
1972—1973	1141	0	0
1976—1977	1133	40	4

续表

年份	所有两年制学院数量	私营院校	
		数量	百分比
1980—1981	1274	147	12
1984—1985	1306	185	14
1988—1989	1408	272	19
1992—1993	1469	266	18
1996—1997	1742	470	27
1998—1999	1713	480	28
2000—2001	1732	512	30
2004—2005	1683	510	30
2010—2011	1729	664	38

来源：美国社区学院和社区学院协会，《社区、初级、技术学院名录》，1992；帕尔默，1978b；NCES，《文摘》，2012。

与非营利性院校一样，营利性院校也可分为四年制和两年制，除此之外还增加了第三类：学制不满两年，颁发执业证书。绝大多数学生（66%）就读于可授予学位的四年制院校（其中大多数还可授予副学士学位或毕业证）。在两年制和未满两年制的院校中，授予学位和未授予学位的入学率几乎相当（参见表 A.2）。并非所有州的营利性院校都会授予学位，有些州的这类院校较多（仅加利福尼亚州就有 73 所四年制院校、87 所两年制和未满两年制的院校）。非营利性院校的非学位授予数量从阿拉斯加州和怀俄明州的各一个，到加利福尼亚州的 214 个不等。

表 A.2　2009—2010 年营利性院校招生、工作人员和学位/证书授予情况　473

	私营院校	
	学位授予	非学位授予
招生		
四年制院校	1 466 792	—
两年制院校	385 194	82 306
不满两年制院校	—	304 689
行政管理人员和其他专业人员	62 967	13 970

续表

	私营院校	
	学位授予	非学位授予
教师	116 904	21 923
非专业人员	27 786	8 502
副学士学位授予		
四年制院校	106 752	—
两年制院校	55 914	34
不满两年制院校	—	77
证书授予		
四年制院校	27 144	—
两年制院校	147 092	45 897
不满两年制院校	—	207 824

来源：NCES，《文摘》，2011。

营利性院校在某些方面与社区学院以及其他非营利性院校有所不同。高等教育政策研究所（2012）表示营利性院校的规模通常较小（90%的院校入学生源不足1 000）；相比学位，学校更重视执业证书（62%的院校未授予学位）；学校多位于大都市区（86%）。

474

营利性院校的领域十分多样化，从小型美容学校到中型商业技术院校再到网络大学以及多方位提供学位和证书的巨头院校，诸如斯特雷尔大学、艾梯理工学院、德锐大学、凤凰城大学。2008年9月，15所最大的营利性院校公司招收了该行业近60%的学生（Bennett，Lucchesi，Veder，2010）。

新形式

最近高等教育出现了新的营利形式：企业和私人投资公司与现有的公办院校和非营利性院校合作。学生在线完成课程后平台可授予学分，其中Coursera、Udacity和edX课程平台最具代表性。它们通过美国教育委员会认证的大规模在线公开课程（慕课）核实学习成果并收取小额费用。委员会最初设定了几门高年级和研究生水平课程：加利福尼亚大学欧文分校开设的微积分和代数预科，以及宾夕法尼亚大学开设的微积分课程。大量的课程观看必定会带来利润，但非营利性院校给学习成果有待核实的毕业生授予学分这一问题仍有待商讨。某位大学校长曾提出"我们显然不愿与自己竞争"（Fain，2013，n. p.）。早在几十年前，社区学院就开始给通过大学水平考试计划的毕业生授予学分以考察学生对十几门科目的学习。不久之后，通过慕课获取高级课程学分的教育现象将十分常见，这种营利公司的新形式也将成为核心。

另一种营利形式是"私人资本与现有院校合作，创建新院校和新项目，其重点放在大一和大二"（Lederman，2013a，n. p.）。私人投资公司与社区学院合作建立了"美国荣誉"网络。学生多支付一半学费即可上小班。学生可与顾问有更多交流，还可在课程选择和转学过程中得到更多指导。2013 年秋季，常春藤理工社区学院（印第安纳州）的三个校区和斯波坎社区学院（华盛顿州）将结合课外活动以及面谈同步在线录取 160 名学生。教师雇用和课程内容都由学院控制；营利公司提供技术和辅导服务。斯波坎社区学院的学生学费为每年 5 985 美元，华盛顿州的学费标准为 3 921 美元。学费差额（以及经济援助偿还）归属于 Quad Learning 平台或美国荣誉网络。社区学院的学费再高也要比公立四年制大学低，这也会影响新生入学。这种合作也会吸引那些追求学位的高质量转学生。类似的公司都是非营利性院校，不与社区学院竞争。它们通过定期招生和助学金渠道的项目进行成本—利润的循环，从而为学生提供助学金。

学　生

与社区学院一样，营利性院校网络招收的少数族裔学生比例过高，往往营利性院校提高入学率时，社区学院就必须限制其入学率，以便与州、地区的拨款保持协调。非营利性院校 80 万学生中，27% 为非洲裔美国人。该比例为美国人口比例的两倍多（13%）。此外，就读于营利性院校的学生中 13% 为西班牙裔（占美国人口的 16%）；6% 为亚洲人或太平洋岛人（占美国人口的 5%）；1% 为美洲印第安人或阿拉斯加土著人（占美国人口的 1%）。其中有很多贫困生：营利性院校中有 54% 的学生来自年收入低于 40 000 美元的家庭（社区学院董事会，2010）。尽管营利性院校招收的本科生只占 12% 的比例，但获得佩尔助学金的比例达到了 25%（教育信托基金，2010）。

与社区学院不同，营利性院校有超过四分之三的全日制学生。"营利性院校提供了许多短期项目。除此之外，招生强度这一根本差异大大提高了营利性院校的毕业率。"（Mullen，2010，p. 4）另一个原因是，营利性院校的学生无法像社区学院学生一样灵活转学，因为在原学校获得的学分很难转到另一所学校。正如高等教育政策研究所（2012 年）所指，70% 在营利性院校学习超过一学期的学生仍在营利性院校学习，其中 54% 在大型综合性院校学习。由于营利性院校设施不齐全——校园建设少，没有图书馆和娱乐设施——学生很少组织课间和课外活动。换句话说，尽管起初营利性院校的学生与社区学院学生相差无几，但学生的出勤模式差异很大，且学生的高等教育经历也鲜有共同点。

工作人员

477   社区学院和营利性院校的唯一共性就是雇用教师来教学生。在社区学院，教师可决定课程内容、课程顺序，以及课程目的。社区学院自己制定入学条件，并设定晋升、任期和解雇标准。社区学院许多教学人员都参与了劳资谈判，并通过学术评议会参与学院管理。而营利性院校多是兼职教师，专任教师也未能像社区学院教师一样组织或影响学员管理。这些教师由管理者负责雇用和解雇，每年签订一次合同，每周完成 35 到 40 个小时的教学时间。2011 年，营利性院校专任教师的平均工资为 53 736 美元，而社区学院为 62 301 美元。

一般来说，营利性院校的教师不参与课程规划或其他传统意义上属于系主任的管理任务。这种责任转移主要反映在教师与行政管理人员和其他专业人员比例上。在授予学位的营利性院校中，这一比例约为 2∶1（见表 A.2），而在社区学院中，这一比例为 4∶1。在营利性院校中，教师负责教书；行政管理人员以及其他专业人员，如网站设计人员、技术人员、注册经理（招聘人员）和学生服务人员负责其他所有事情。

无论社区学院教师的专业化水平如何，其营利性院校的同行远不及此。尽管如此，营利性院校的教师似乎对其所扮演的有限角色相对满意，兴许是预先准备的教学大纲和课程大纲使他们的工作相对容易（Breneman，2006），或者
478 是因为他们很少在课外开展管理或共享治理工作（Kinser，2006）。

课程、教学和学生服务

营利性院校的学位和证书课程类似于社区学院提供的职业课程。但是除了大型综合网络大学之外，大多数营利性院校只有一部分项目是建立在特定必修课程的基础上。具体而言，营利性院校专注于培养学生从事高需求领域的职工

作。学校提供软技能指导（举止、规矩），并帮助学生准备简历和与雇主联系。

营利性院校提供在线课程、传统的线下课程或线上线下结合的课程。尽管这类院校的在线课程更为知名，但大部分在线教学都是在四年制院校进行的；在 2007—2008 年，只有 18% 的两年制营利性院校学生参加了远程教育，相比之下，社区学院的学生也只有 24%。

多年来，分析人士一直恳求社区学院等公立院校开展学生支持服务，比如咨询、早期预警系统、义务辅导，这些服务早已在营利性院校中开展。然而，很少有公立学院有财力或动力为每个学生提供如此广泛的支持。（从营利的角度来看，帮助学生达到教育或培训目标所花的钱远远少于这些学生辍学后学费收入的损失；在低成本社区学院，情况并非如此。）尽管如此，营利性院校的学生支持服务已经成为其他院校的典范，尽管有时规模较小，许多上述做法在社区学院正得以实施。

组织和治理

479

营利性院校的组织非常像以销售和营销为核心特征的商业公司，由首席执行官（CEO）、公司董事会和股东组成，而不是由校长、董事会和共享治理组成。事实上，有些企业只不过是参与了其他企业的培训和认证。它们在以下几个方面不同于非营利性院校。

- 教师不参与治理
- 没有校园特色
- 没有董事会
- 无须咨询外部机构即可开始或结束教学计划
- 层极结构
- 数量有限的树形分支

虽然部分地区认证机构接受让营利性院校加入，但大多数都是由近三十个国家认证机构之一认证的，其中包括职业院校认证委员会以及独立院校认证委员会。大多数国家认证人员都专注于特定类型的学校，如商业、技术、艺术或远程教育。然而，美国参议院的一份报告指出，认证人员没有能力评估最大的营利性院校，"认证过程的自查报告和同行审查性质使其容易受到公司的影响。比起学术质量，这些公司更关心他们的底线"（美国参议院，2012，p. 8）。未来几年，营利性院校的认证程序可能会受到更多审查，目的是提高 480

学院运作和学生成绩的透明度。

财　务

营利性院校资金雄厚。2004 年，赞助院校的 8 家最大上市公司的总市值达到 260 亿美元；其收入在过去的四年里增长了 460%。企业既不参与捐赠也不接受捐赠；投资者获取利益。首席执行官的工资平均是收入最高的公立非营利性院校校长的 10 倍。

营利性院校的学费通常与联邦助学金最高补偿金额挂钩；2010—2011 年，营利性院校的平均学费为 13 935 美元，公立大学为 7 605 美元，社区学院为 2 713美元（社区学院董事会，2011）。不足为奇的是，营利性院校有 97% 的学生接受经济资助，有近一半的学生获得联邦资助。2008—2009 年，营利性院校获得了 43 亿美元的佩尔助学金，是十年前的四倍。仅凤凰城大学在 2009 年就获得了超过 10 亿美元的佩尔助学金（教育信托基金，2010）。考虑到高昂的学费，几乎所有营利性院校的学生都借助贷款完成学业；学院每年从联邦学生贷款中获得的收入约为 200 亿美元，私人贷款收入大大增加了总收入。

高昂的学费和营利性院校学生借钱支付教育费用的趋势造成了巨大的债务负担。美国州立大学与学院协会（Harnisch，2012）报告称，营利性院校中，42% 的副学士学位获得者负债超过 20 000 美元。（社区学院只有 5% 的副学士学位获得者负债。）此外，营利性院校的学生比其他院校的学生更有可能拖欠学生贷款："尽管营利性院校的学生人数仅占注册人数的 12%，但其贷款金额占所有联邦学生贷款违约金的 42%，占联邦贷款金额的 24%。"（教育信托，2010，p. 6）

与社区学院不同，营利性院校不需要花费它们赚的每一分钱。2009 年，美国参议院 2012 年的报告显示，30 所营利性学院中，大约有 6 所是盈利的。只有 32% 的支出用于教学，53% 用于学生服务、学术支持和机构支持。数字背后是与营销、广告、招聘和招生人员相关的费用。事实上，2012 年参议院的报告发现，在受调查的 30 所营利性学院中，23% 的收入用于营销、广告等职能。在 5 所利润最丰厚的营利性院校中，生均营销花费要高于学习花费。

自 20 世纪 80 年代以来，美国教育部、国会和政府审计局一直在调查营利性院校。报告的结果显然是否定的。艾奥瓦州参议员哈金（Tom Harkin）在评论最近的一份来自 2012 年参议院教育委员会的小组报告时说："该报告记录了营利性院校过高的学费、积极的招聘实践、糟糕的学生成绩。它们把纳税人的钱花在营销上并作为利润入账，并规避和操纵监管。"他进一步指出"这些做法是很常见的，在整个行业形成了体系，只有极少数个别例外"。（Lewin，2012，p. A12）

自 2009 年最新的《退伍军人权利法案》生效以来，从该计划中受益最多的 10 所院校中，有 8 所是营利性院校，国会和联邦机构对此感到非常不满。它们收到了《退伍军人权利法案》38% 的账单，86% 的收入来自纳税人的钱。2010 年，排名前 20 位的营利性教育公司获得了 5. 21 亿美元的退伍军人教育基金。它们的花费也要高得多：据调查委员会的参议员哈金说，退伍军人在公立学院接受教育，纳税人需花费 4 642 美元。相比之下，营利性院校的学费为10 441美元（Zuccino and Rivera，2012，p. A1）。国会委员会的成员表示："营利性院校接受纳税人的资金，并把 22% 的资金用于营销，37% 的资金作为利润，辍学率达到 60%—70%，这对纳税人来说是一笔好买卖吗？"（p. A7）参议院的报告将高辍学率和招生费用与学生服务之间的不平衡联系在一起：在30 所接受考验的大学中，有 3. 5 万多名工作人员，而就业服务人员只有3 500多名。（Lewin，2012）

营利性院校利用了联邦政府条例的漏洞。这些条例规定了学生成功的最低标准，并要求学校从联邦政府获得的收入不得超过总收入的 90%。其中的漏洞是，《退伍军人权利法案》的钱没有算在里面，因为这笔钱没有通过教育部。因此，尽管 2009 年 664 所营利性两年制院校的总收入为 57 亿美元，其中 90%的收入来自学生学费（几乎所有的学费都来自联邦政府），但它们还是被认为是符合规定的。根据第 4 章，职业教育项目必须为学生找工作作好准备，美国教育部还为学生的成功制定了其他最低标准。毕业后，学生必须展示支付了35% 的贷款利率或其他基准，否则该项目将失去获得联邦助学金的资格。在2010 年至 2012 年接受调查的所有营利性院校中，有 5% 的院校一项标准都没有达到。但是由于今年的税率，预计这些学校都不会很快受到制裁（Nelson，2012，n. p.）。私立院校协会仍反对这些联邦条例。

成　果

营利性院校的学生成绩证实了该行业的矛盾观点。一方面，事实证明，它们对国家完成议程，增加持有高等教育学位和证书的成年人数量至关重要；从2009 年至 2010 年，营利性院校颁发了 162 777 个高等教育学位和 427 957 个证书（见表 A. 2）。在 2008 年至 2009 年间，营利性院校颁发的学位和证书数量占所有学士学位数量的 5%，所有副学士学位的 18%，所有证书的 42%。其中许多学院的需求都很高。美国国家经济研究局（National Bureau of Economic Research）（Deming, Goldin, and Katz, 2011）委托进行的最近一项研究发现，营利性院校授予的副学士学位中有三分之一是商业、管理和市场营销专业；超过一半的是计算机和信息科学专业；近四分之一的是健康专业。此外，一些分析人士指出，营利性院校在第一年留住学生，让他们在获得副学士学位和短期证书方面比社区学院学生更成功。教育信托基金（2010）报告称，在两年制营利性院校中，60% 的学生在三年内获得了副学士学位或证书。完成率明显高于社区学院（22%）。

然而，在一所两年制营利性学院中，只有 2% 的学生在 6 年内获得学士学位，而在社区学院的这一比例为 12%。综上所述，营利性院校在帮助学生获得副学士学位或证书方面相当成功，但如果学生希望获得学士学位，营利性院校就稍显逊色了（Kinser, 2006, p.76）。此外，营利性院校可能不会产生与社区学院相同的社会效益。珀赛尔和威灵斯基（Persell and Wenglinsky, 2004）发现在保持学生人口和背景变量不变的情况下，就读于营利性院校的学生比就读于社区学院的学生更少参与投票或政治活动，也更不可能参与到他们的社区中。所以他们的结论是，上营利性院校实际上降低了上大学的社会效益，并对使用公共资金（以助学金的形式）来支持就读这些学院的学生的合理性提出了质疑。

此外，戴明、戈丁和卡茨（Deming、Goldin and Katz, 2011）发现，在 6 年后，曾就读于营利性院校的学生最终的收入低于其他学院的同类学生，失业风险、学生债务负担和学生贷款违约率也要高得多。其他分析发现，学生在获得营利性院校的副学士学位后，收入会得到增长。这种学位和社区学院的副学士学位十分相似，获得营利性院校副学士学位的毕业生收入高于社区学院的毕业生（Cellini, Chaudhary, 2012）。但这些收入是否比营利性院校的学费更高呢？2011 年，特纳（Turner）研究了营利性院校与部分同类公立或非营利性院校的收入差异。他发现，由于教育成本高、收入低，就读营利性院校的个人净收益低于同类院校。而教育信托基金（2010）的结论是，营利性院校提供的高成本学位项目几乎没有机会带来高收入的职业，却使学生背负沉重的债务（p.7）。

未　来

　　在高等教育中，营利性院校教育程度较低。如果营利性院校提供虚假的学　　485
位和证书，就会损坏其声誉。当然，即使是合法的营利性院校也仍然存在问
题，如以下方面：教育质量、教师证书、可疑账目、激进的招聘策略、学院是
否过度关注营利而忽视学生教育。祖梅塔（Zumeta）和他的同事（2012）引
用了一位华尔街投资分析师说的话："直到最近，我还认为再也没有一个能像
次级抵押贷款这样具有社会破坏性和道德沦陷的行业了。我发现我错了。营利
性教育行业已被证明可以胜任。"（p. 144）

　　公众对营利性院校有看法的部分原因是它们缺乏透明度。院校的相关资料
也是寥寥无几。从这些资料也很难公正地看出这些学校的实践和成果。（其中
大部分要么是学院本身的宣传资料，要么是外界对该行业的批评；甚至有关这
一问题的政策报告也往往带有谴责的语调。）然而，尽管许多批评人士谴责它
们缺乏信息，但营利性院校已经巩固了它们在高等教育领域的地位。对社区学
院来说，它们既是朋友也是敌人，既是盟友又是竞争对手。在未来几年，公立
院校将必须决定何时竞争，何时合作，以及如何向它们学习，以便更好地为当
地社区服务。（在过去的十年里，有几本出版书籍概述了社区学院可能效仿营
利性院校的做法，例如，2005 年伯格和 2009 年霍伊尔的书。）

　　总之，营利性院校更注重职业和工作。它们的服务对象主要是成年人、少
数族裔、中等收入的学生、退伍军人以及其他各种代表性不足的群体。如果营
利性院校得到适当的管理，它们可以把边缘人群带入劳动力大军，但这只是一
个假设。营利性院校和社区学院都对政府议员进行了游说，当毕业率和就业率　　486
较低时，两者都善于规避惩罚。不管学生是在其专业领域就业，还是偿还了数
千美元的联邦贷款，都能带来高额利润。营利性院校与社区学院的唯一共同点
在于，它们都提供副学士学位和证书。这两种院校不应该仅仅因为它们都提供
学士学位，就和小规模、高成本的文理学院以及大规模的公立大学进行比较。

参考文献

National Center for Education Statistics publications are abbreviated in text as NCES.The NCES *Digests*,published annually,are listed here as one entry.

Abraham,A.A.,*Jr.A Report on College-Level Remedial Developmental Programs in SREB States.*Atlanta:Southern Regional Education Board,1987.

Accrediting Commission for Community and Junior Colleges.*Primary Purposes of ACCJC.*Santa Rosa,Calif.:Accrediting Commission for Community and Junior Colleges,2001.

Achieving the Dream. Developmental Education: Completion Status and Outcomes.*Data Notes*,2008,3(4).

ACT.*College Readiness Benchmark Attainment.*Iowa City:ACT,2011.

Adelman,C.*Moving into Town and Moving on:The Community College in the Lives of Traditional Age Students.*Washington,D.C.:U.S.Department of Education,2005.

Adelman,C.*The Toolbox Revisited:Paths to Degree Completion from High School Through College.*Washington,D.C.:U.S.Department of Education,2006a.

Adelman,C."Additional and Critical Data Points." *Inside Higher Ed*,Dec.21, 2006b,n.p.http://www.insidehighered.com/news/2006/12/19/bailey.Accessed Oct. 21,2007.

Adelman,C."Making Graduation Rates Matter." *Inside Higher Ed*,Mar.12,2007 n.p. http://www.insidehighered.com/views/2007/03/12/adelman. Accessed Oct. 10,2007.

Adelman,C."The White Noise of Accountability." *Inside Higher Ed*,June 24, 2010.http://www.insidehighered.com/views/2010/06/24/adelman. Accessed Mar. 1,2013.

Alfred, R., Ewell, P., Hudgins, J., and McClenney, K. *Core Indicators of Effectiveness for Community Colleges. Toward High Performance.* (2nd ed.). Washington, D.C.: Community College Press, 1999.

Alfred, R., Shults, C., and Seybert, J. *Core Indicators of Effectiveness for Community Colleges. Toward High Performance.* (3rd ed.). Washington, D. C.: American Association of Community Colleges, 2007.

American Association of Community and Junior Colleges (AACJC). *AACJC Directory.* Washington, D.C.: AACJC, 1955–1992.

American Association of Community and Junior Colleges (AACJC). *Building Communities: A Vision for a New Century: A Report of the Commission on the Future of Community Colleges.* Washington, D.C.: AACJC, 1988.

American Association of Community Colleges (AACC). *Community Colleges: Core Indicators of Effectiveness.* Washington, D.C.: AACC, 1994.

American Association of Community Colleges (AACC). *Competencies for Community College Leaders.* Washington, D.C.: AACC, 2005.

American Association of Community Colleges (AACC). *Faces of the Future: Findings from the 2006 National Comparison Data Report.* Washington, D. C.: AACC, 2006.

American Association of Community Colleges (AACC). *Reclaiming the American Dream: Community Colleges and the Nation's Future. A Report from the 21 st Century Commission on the Future of Community Colleges.* Washington, D.C.: AACC, 2012.

American Association of Junior Colleges. *A National Resource for Occupational Education.* Washington, D.C.: American Association of Junior Colleges, 1964.

American Association of University Professors. *2011–12 Report on the Economic Status of the Profession.* Washington, D.C.: American Association of University Professors, 2012.

Anderson, G., Alfonso, M., and Sun, J. C. "Rethinking Cooling Out at Public Community Colleges: An Examination of Fiscal and Demographic Trends in Higher Education and the Rise of Statewide Articulation Agreements." *Teachers College Record*, 2006, 108(3), 422–451.

Angelo, T. A., and Cross, K. P. *Classroom Assessment Techniques.* (2nd ed.) San Francisco: Jossey-Bass, 1993.

Arendale, D. R. *Postsecondary Peer Cooperative Learning Programs: Annotated Bibliography.* Minneapolis: University of Minnesota, 2005.

Arizona Community Colleges. *Arizona Community Colleges: Long-Term Strategic*

Vision.Phoenix：Arizona Community Colleges,2011.

Arizona Community Colleges. *Arizona Community Colleges：Strategic Vision Student Progress and Outcomes Report*, 2012. Phoenix：Arizona Community Colleges,2012.

Armstrong,W.B."The Association Among Student Success in Courses,Placement Test Scores,Student Background Data,and Instructor Grading Practices."*Community College Journal of Research and Practice*,2000a,24(8),681-695.

Armstrong, W. B. "The Relation Between Placement Testing and Curricular Content in the Community College：Correspondence or Misalignment?" *Journal of Applied Research in the Community College*,2000b,7(1),33-38.

Ashburn,E."An Honors Education at a Bargain-Basement Price." *Chronicle of Higher Education*,Oct.27,2006,pp.B1-2.

Ashley, H., Barr, R., and Lattuca, L. R. *Report on the Conference：Community College Issues：Issues and Research*.Chicago：Spencer Foundation,Oct.1999.

Association of American Colleges.*Integrity in the College Curriculum：A Report to the Academic Community*.Washington,D.C.：Association of American Colleges,1985.

Association of Community College Trustees. *Community College Environmental Scanning*.Washington,D.C.：Association of Community College Trustees,2004.

Astin, A. W. *Four Critical Years：Effects of College on Beliefs, Attitudes, and Knowledge*.San Francisco：Jossey-Bass,1977.

Astin, A. W. *Minorities in American Higher Education：Recent Trends, Current Prospects,and Recommendations*.San Francisco：Jossey-Bass,1982.

Astin, A., and Astin, H.(1995).*Social Change Model of Leadership Development*. Los Angeles：Higher Education Leadership Institute,University of California,1995.

Astin,A.W.,Korn,W.S.,and Dey,E.L.*The American College Teacher：National Norms for the 1989-90 HERI Faculty Survey*.Los Angeles：Higher Education Research Institute,University of California,1991.

Astin, H. S., and Leland, C. *Women of Influence, Women of Vision：A Cross-Generational Study of Leaders and Social Change*.San Francisco：Jossey-Bass,1991.

Ayers,F.A."A Neoliberal Ideology in Community College Mission Statements：A Critical Discourse Analysis." *Review of Higher Education*,2005,28(4),527-549.

Bailey,T."Multiple Missions of Community Colleges." In S.A.Rosenfeld(ed.), *Learning Now*.Washington,D.C.：Community College Press,2000.

Bailey, T., and Alfonso, M. *Paths to Persistence：An Analysis of Research on*

Program Effectiveness at Community Colleges. Indianapolis: Lumina Foundation for Education, 2005.

Bailey, T., Alfonso, M., Calcagno, J. C., Jenkins, D., and Kienzl, G. S. *Democratizing or Diverting Dreams in U.S. Higher Education? Community College and Postsecondary Access, Attainment, and Outcomes.* Paper presented at the annual conference of the American Educational Research Association, Montreal, Canada, April 2005.

Bailey, T., Alfonso, M., Scott, M., and Leinbach, T. "Educational Outcomes of Postsecondary Occupational Students." *CCRC Research Brief*, no. 24. New York: Community College Research Center, Teachers College, Columbia University, 2004.

Bailey, T., Crosta, P. M., and Jenkins, D. *The Value of Student Right to Know Data in Assessing Community College Performance.* New York: Community College Research Center, Teachers College, Columbia University, 2007.

Bailey, T., Jenkins, D., and Leinbach, T. "Graduation Rates, Students Goals, and Measuring Community College Effectiveness." *CCRC Research Brief*, no. 28. New York: Community College Research Center, Teachers College, Columbia University, 2005.

Bailey, T., Jeong, D. W., and Cho, S. "Referral, Enrollment, and Completion in Developmental Education Sequences in Community Colleges." *Economics of Education Review*, 2010, 29, 255–270.

Bailey, T., Leinbach, T., Scott, M., Alfonso, M., Kienzl, G., and Kennedy, B. *The Characteristics of Occupational Sub-Baccalaureate Students Entering the New Millennium.* New York: Columbia University, Teachers College, Community College Research Center, Institute on Education and the Economy, 2003.

Bailey, T., and Morest, V. S. (eds.). *Defending the Community College Equity Agenda.* Baltimore: Johns Hopkins University Press, 2006.

Barefoot, B. O. "Current Institutional Practices in the First College Year." In M. L. Upcraft, J. N. Gardner, and B. O. Barefoot (eds.), *Challenging and Supporting the First-Year College Student: A Handbook for Improving the First Year of College* (pp. 47–63). San Francisco: Jossey-Bass, 2005.

Banta, T. W. "A Warning on Measuring Learning Outcomes." *Inside Higher Ed*, Oct. 26, 2007, 1–2.

Barnes, C. A. (ed.). *Critical Thinking: Educational Imperative. New Directions for Community Colleges*, no. 77. San Francisco: Jossey-Bass, 1992.

Barnes, C. A. "Critical Thinking Revisited: Its Past, Present, and Future." In C. M. McMahon (ed.), *Critical Thinking: Unfinished Business*. New Directions for Community Colleges, no. 130. San Francisco: Jossey-Bass, 2005.

Barr, R. B., and Tagg, J. "From Teaching to Learning: A New Paradigm for Undergraduate Education." *Change*, 1995, 27(6), 12–25.

Basu, K., and Fain, P. "Faculty Bonus Pay Linked to Student Success at City Colleges of Chicago." *Inside Higher Ed*, 2012, Apr. 5. http://www.insidehighered.com/news/2012/04/05/faculty-bonus-pay-linked-student-success-city-colleges-chicago. Accessed June 5, 2012.

Bayer, A. E. "Teaching Faculty in Academe: 1972–73." *ACE Research Reports*, 1973, 8(2), 1–68.

Belfield, C., and Crosta, P. M. *Predicting Success in College: The Importance of Placement Tests and High School Transcripts* (CCRC Working Paper no. 42). New York: Columbia University, Teacher College, Community College Research Center, 2012.

Bennett, W. J. *To Reclaim a Legacy: A Report on the Humanities in Higher Education*. Washington, D. C.: National Endowment for the Humanities, 1984.

Bennett, D. L., Lucchesi, A. D., and Veder, R. L. *For-Profit Higher Education: Growth, Innovation, and Regulation*. Washington, D. C.: Center for College Affordability and Productivity, 2010.

Bensimon, E. M. "Understanding Administrative Work." In A. M. Cohen, F. B. Brawer, and Associates (eds.), *Managing Community Colleges: A Handbook for Effective Practice*. San Francisco: Jossey-Bass, 1994.

Berg, G. A. *Lessons from the Edge: For-Profit and Nontraditional Higher Education in America*. Westport, Conn.: Praeger, 2005.

Bers, T. "Assessing Critical Thinking in Community Colleges." In C. M. McMahon (ed.), *Critical Thinking: Unfinished Business*. New Directions for Community Colleges, no. 130. San Francisco: Jossey-Bass, 2005.

Biesta, G. J. J., and Burbules, N. C. *Pragmatism and Educational Research*. Lanham, Md.: Rowman and Littlefield, 2003.

Birnbaum, R. "Policy Scholars Are from Venus; Policy Makers Are from Mars." *Review of Higher Education*, 2000, 23(2), 119–132.

Bishop, C. C. *The Community's College: A History of Johnson County Community College 1969–1999*. Overland Park, Kans.: Johnson County Community College, 2002.

Blocker, C. E. "Are Our Faculties Competent?" *Junior College Journal*, 1965–

1966,36,12-17.

Blocker,C.E.,Plummer,W.,and Richardson,R.C.,Jr,.*The Two-Year College:A Social Synthesis.*Upper Saddle River,N.J.:Prentice Hall,1965.

Bloom, B. S. "Recent Developments in Mastery Learning." *Educational Psychologist*,1973,10(2),53-57.

Board of Trustees of Regional Community Colleges.*Towards 2000:A Long-Range Plan for the Community Colleges of Connecticut.*Hartford,Conn.:Board of Trustees of Regional Community Colleges,1989.

Bogart,Q.J.,and Galbraith,J.D."Marketing America's Community Colleges:An Analysis of National Marketing Efforts of Community Colleges.A Final Report on the MECCA Project of the Council of North Central Community and Junior Colleges." Paper presented at the annual convention of the American Association of Community and Junior Colleges,Las Vegas,April 1988.

Bogue,J.P.*The Community College.*New York:McGraw-Hill,1950.

Bok,D.*The Cost of Talent.*New York:Free Press,1993.

Boone, E. J., Pettitt, J. M., and Weisman, I. M. (eds.). *Community-Based Programming in Action:The Experiences of Five Community Colleges.*Washington,D. C.:Community College Press,American Association of Community Colleges,1998.

Borden,V.M.H."100 Top Degree Producers,1999-2000.Associate's Degrees: All Disciplines." *Community College Week*,July 10,2000,p.7.

Borglum,K.,and Kubala,T."Academic and Social Integration of Community College Students:A Case Study." *Community College Journal of Research and Practice*,2000,24(7),567-576.

Borough of Manhattan Community College.*Office of Financial Aid.*New York: Borough of Manhattan Community College,2012.

Boulard,G."Online Education Can Serve Students with Disabilities Better." *Community College Times*,Mar.2,2007,p.4.

Bourque, M. P. "On the Fault Line:President Clinton Salutes Community Colleges."*Community College Journal*,1995,65(6),38-42.

Bowen,H.R."Cost Differences:The Amazing Disparity among Institutions of Higher Education in Educational Costs per Student." *Change*,1981,13(1),21-27.

Boyer,E.L.*College:The Undergraduate Experience in America.*New York:Harper Collins,1987.

Bradburn,E.M.,and Hurst,D.G."Community College Transfer Rates to Four-

Year Institutions Using Alternative Definitions of Transfer." *Education Statistics Quarterly*,2001,3(3),119-125.

　　Brawer, F. B. "The Liberal Arts." In G. Schuyler (ed.), *Community College Curriculum*.New Directions for Community Colleges, no.108. San Francisco：Jossey-Bass,1999.

　　Brawer, F. B., and Friedlander, J. *Science and Social Science in the Two-Year College*.Los Angeles：Center for the Study of Community Colleges,1979.

　　Breja, L. M. "A Study of the Academic Performance of Iowa Valley Community College District Transfer Students." Unpublished doctoral dissertation, Iowa State University,2006.

　　Breneman, D. W. *Guaranteed Student Loans：Great Success or Dismal Failure?* Fishers, Ind.：United Student Aid Funds,1991.

　　Breneman, D. W. "The University of Phoenix：Icon of For-Profit Higher Education." In D. W. Breneman, B. Pusser, and S. E. Turner (eds.), *Earnings from Learning：The Rise of For-Profit Universities* (pp.71-92).Albany：State University of New York Press,2006.

　　Brick, M.*Forum and Focus for the Junior College Movement*.New York：Teachers College Press,1965.

　　Brick, M. "Review of Student Development Programs in the Community Junior College." *Journal of Higher Education*,1972,43(98),675-677.

　　Brint, S., and Karabel, J. *The Diverted Dream：Community Colleges and the Promise of Educational Opportunity in America, 1900 - 1985*. New York：Oxford University Press,1989.

　　Brock, T., and Richburg-Hayes, L. *Paying for Persistence：Early Results of a Louisiana Scholarship Program for Low-Income Parents Attending Community College*. New York：MDRC,2006.

　　Brown, R. S., and Niemi, D. N. *Investigating the Alignment of High School and Community College Assessments in California*.National Center Report #07-3.San Jose, Calif.：National Center for Public Policy and Higher Education,2007.

　　Bureau of Labor Statistics. *The Employment Situation—October 2012*. Washington, D.C.：U.S.Department of Labor, Bureau of Labor Statistics,2012.

　　Burke, J.C., and Minassians, H.*Performance Reporting "Real" Accountability or Accountability "Lite" Seventh Annual Survey 2003*.Albany：The Nelson A.Rockefeller Institute of Government, State University of New York,2003.

Burns, J. M. *Leadership*. New York: Harper Collins, 1978.

Bushnell, D. S. *Organizing for Change: New Priorities for Community Colleges*. New York: McGraw-Hill, 1973.

Calcagno, J. C., Crosta, P., Bailey, T. R., and Jenkins, D. *Stepping Stones to a Degree: The Impact of Enrollment Pathways and Milestones on Community College Student Outcomes*. New York: Community College Research Center, Teachers College, Columbia University, 2006.

California Community Colleges Chancellor's Office. *Distance Education Report*. Sacramento: California Community Colleges Chancellor's Office, 2011.

California Community Colleges Chancellor's Office. *Basic Skills Accountability: Supplement to the ARCC Report*. Sacramento: California Community Colleges Chancellor's Office, 2012a.

California Community Colleges Chancellor's Office. *Focus on Results: Accountability Reporting for the California Community Colleges*. Sacramento: California Community Colleges Chancellor's Office, 2012b.

California Community Colleges Chancellor's Office. *Report on Staffing and Salaries, Fall 2011*. Sacramento: California Community Colleges Chancellor's Office, 2012c.

California Postsecondary Education Commission. *Student Transfer in California Postsecondary Education*. Sacramento: California Postsecondary Education Commission, 2002.

California State Auditor. *California Community Colleges: Part-Time Faculty Are Compensated Less Than Full-Time Faculty for Teaching Activities*. Sacramento: California State Auditor, 2000.

California State Legislature, Joint Committee for Review of the Master Plan for Higher Education. *California Community College Reform: Final Report*. Sacramento: Joint Committee for Review of the Master Plan for Higher Education, 1987.

Campaign for College Opportunity. *California's Economic Payoff: Investing in College Access and Completion*. Sacramento, Calif.: Campaign for College Opportunity, 2012.

Campbell, D. T. "Assessing the Impact of Planned Social Change." In G. Lyons (ed.), *Social Research and Public Policies: The Dartmouth/OECD Conference*. Hanover, N.H.: Dartmouth College, 1975.

Campus Compact. *Deepening the Roots of Civic Engagement: 2011 Annual Membership Survey*. Boston: Campus Compact, 2011.

Carmichael, J. B. "Meeting Small Business Needs through Small Business Development Centers." In G.Waddell (ed.), *Economic and Work Force Development.* New Directions for Community Colleges, no.75.San Francisco:Jossey-Bass,1991.

Carnegie Foundation for the Advancement of Teaching. *Missions of the College Curriculum.*New York:Carnegie Foundation,1977.

Carnegie Foundation for the Advancement of Teaching. *Size and Setting Classification:Distribution of Institutions and Enrollments by Classification Category.* Stanford,Calif.:Carnegie Foundation for the Advancement of Teaching,2010.

Carnegie Foundation for the Advancement of Teaching. *Updated Carnegie Classifications Show Increase in For-Profits, Change in Traditional Landscape.* Stanford,Calif.:Carnegie Foundation for the Advancement of Teaching,2011.

Cataldi, E. F., Bradburn, E. M., and Fahimi, M. *2004 National Study of Postsecondary Faculty:Background Characteristics, Work Activities, and Compensation of Instructional Faculty and Staff.* Washington, D. C.: U. S. Department of Education,2005.

Center for the Study of Community Colleges. *Community College Involvement in the Education of Adults:Spring* 1986 *Student Survey—Frequencies.*Los Angeles:Center for the Study of Community Colleges,1986.

Center for the Study of Community Colleges. *Art Education in American Community Colleges:Final Report.* Los Angeles: Center for the Study of Community Colleges,1988.

Center for the Study of Community Colleges. *Entrepreneurship Training in American Community Colleges.* Los Angeles: Center for the Study of Community Colleges,1994.

Cellini,S.R.,and Chaudhary,L.*The Labor Market Returns to a Private, Two-Year College Education.* NBER Working Paper No. 18343. Washington, D. C.: National Bureau of Economic Research,2012.

Cervantes,M.*Don Quixote.*New York:Penguin Books,2003.

Chaffee,E.E.*Organization/Administration.*Washington,D.C.: Association for the Study of Higher Education,1986.

Chang,J.C. "Transfer Adjustment Experiences of Underrepresented Students of Color in the Sciences." Unpublished doctoral dissertation,University of California,Los Angeles,2006.

Chisholm, F. P. *FINDINGS IN ESL:A Quick Reference to Findings of CAAL*

Research on ESL Programs at Community Colleges. New York: Council for the Advancement of Adult Literacy,2008.

Christophersen,K.A.,and Robison,M.H.*The Socioeconomic Benefits Generated by 14 Community Colleges in Oklahoma.*Moscow,Id.:CCbenefits Inc.,2003.

Christophersen,K.A.,and Robison,M.H.*The Socioeconomic Benefits Generated by 12 Community Colleges in Connecticut.*Moscow,Id.:CCbenefits Inc.,2004a.

Christophersen,K.A.,and Robison,M.H.*The Socioeconomic Benefits Generated by 58 Community Colleges in North Carolina.*Moscow,Id.:CCbenefits Inc.,2004b.

Christophersen,K.A.,and Robison,M.H.*The Economic Contribution of Grand Rapids Community College.*Moscow,Id.:CCbenefits Inc.,2006.

Ciardi,J."Give Us This Day Our Daily Surrealism." *Saturday Review*,1971,54 (24),48.

Clark,B.R. "The 'Cooling-Out' Function in Higher Education." *American Journal of Sociology*,1960,65(6),569-576.

Clark,B.R."The Absorbing Errand." Remarks Presented at National Conference of the American Association of Higher Education,Washington,D.C.,March 1988.

Clinton,W.J.*Address Before a Joint Session of Congress on the State of the Union.* In Public Papers of the Presidents of the United States:Vol.1.Washington,D.C.:U.S. Government Printing Office,1998.

Cloud,R.C.(ed.).*Legal Issues in the Community College.* New Directions for Community Colleges,no.125.San Francisco:Jossey-Bass,2004.

Cohen,A.M.*Dateline' 79:Heretical Concepts for the Community College.* San Francisco:Jossey-Bass,1969.

Cohen,A.M."Why Practitioners and Researchers Ignore Each Other (Even When They Are the Same Person)." *Community College Review*,2005,33(1),51-62.

Cohen,A.M.,and Brawer,F.B.*The Two-Year College Instructor Today.* New York:Praeger,1977.

Cohen,A.M.,and Brawer,F.B.*The Collegiate Function of Community Colleges: Fostering Higher Learning through Curriculum and Student Transfer.*San Francisco: Jossey-Bass,1987.

Cohen,A.M.,and Brawer,F.B.*Policies and Programs That Effect Transfer.* Washington,D.C.:American Council on Education,1996.

Cohen,A.M.,Brawer,F.B.,and Eaton,J.S."Policies and Programs That Effect Student Transfer." Paper presented to the annual convention of the American

Association of Community Colleges, Apr.24, 1995.

Cohen, A.M., and Ignash, J.M. "An Overview of the Total Credit Curriculum." In A.M.Cohen (ed.), *Relating Curriculum and Transfer*. New Directions for Community Colleges, no.86.San Francisco: Jossey-Bass, 1994.

Cohen, A. M., Schuetz, P., Chang, J. C., and Plecha, M. "Assessing Community College Student Knowledge in the Liberal Arts." *Journal of Applied Research in the Community College*, 2003, 11(1), 21-31.

Cohen, M.D., and March, J.G. *Leadership and Ambiguity: The American College President*. (2nd ed.) Boston: Harvard Business School Press, 1986.

Cohen, M.J. "Junior College Growth." *Change*, 1972, 4(9), 32a-32d.

College Board. *Trends in Student Aid*. Princeton, N.J.: The College Board, 2000.

College Board. *College-Bound Seniors: Total Group Profile Report*. Princeton, N.J.: The College Board, 2005.

College Board. *Education Pays 2010: The Benefits of Higher Education for Individuals and Society*. Princeton, N.J.: The College Board, 2010.

College Board. *Trends in Student Aid*, 2011. Princeton, N. J.: The College Board, 2011.

College Board. 2012 *College-Bound Seniors. Total Group Profile Report*. Princeton, N.J.: The College Board, 2012.

Collins, C. C. *Junior College Student Personnel Programs: What They Are and What They Should Be*. Washington, D. C.: American Association of Junior Colleges, 1967.

Colorado Community College System. *Environmental Scan for the Colorado Community College System*. Denver: Colorado Community College System, 2003.

Commission on Workforce and Community Development. *The Role of America's Community Colleges*. Washington, D. C.: Commission of Workforce and Community Development, 1997.

Community College Survey of Student Engagement (CCSSE). *Act on Fact: Using Data to Improve Student Success*. Austin, Tex.: CCSSE, 2006.

Community College Survey of Student Engagement (CCSSE). *A Matter of Degrees: Promising Practices for Community College Student Success*. Austin, Tex.: CCSSE, 2012.

Conklin, K.A. *Follow-Up of Johnson County Community College Career Program Completers: Class of 1998 – 99*. Overland Park, Kans.: Johnson County Community

College,2000.

Connecticut Department of Higher Education. *Higher Education: Building Connecticut's Workforce.*Wethersfield:Connecticut Department of Labor,2006.

Connelly,M.,Stefan,M.,and Kayda,A."Continuing Ed Retraining:Is It Worth It?" *New York Times*,July 22,2012.

Coombs,P.H.*The World Educational Crisis:A System Analysis.*New York:New York University Press,1968.

Copperman,P.*The Literacy Hoax:The Decline of Reading,Writing,and Learning in the Public Schools and What We Can Do about It.*New York:Morrow,1978.

Corson,J.J. *The Governance of Colleges and Universities.* New York: McGraw-Hill,1960.

Cosand,J.P. *Perspective: Community Colleges in the 1980s.* Washington,D.C.: Council of Universities and Colleges,American Association of Community and Junior Colleges,1979.

Council for the Advancement of Adult Literacy. *Adult Basic Education and Community Colleges in Five States:A Report from the Comprehensive Adult Student Assessment System to the Council for Advancement of Adult Literacy.*New York:Council for the Advancement of Adult Literacy,2003.

Couturier,L.K. *Checks and Balances at Work: The Restructuring of Virginia's Public Higher Education System.* San Jose,Calif.:National Center for Public Policy and Higher Education,2006.

Cowles,J.R."Characteristics and Professional Activities of Community College Counselors." Unpublished doctoral dissertation, Southern Illinois University Carbondale,2002.

Cox,R.D."Virtual Access." In T.Bailey and V.Morest (eds.), *Defending the Community College Equity Agenda* (pp.110 - 131). Baltimore: Johns Hopkins University Press,2006.

Cross, K.P. "Access and Accommodation in Higher Education." *Research Reporter*,1971,6(2),6-8.

Cross, K.P. "Toward the Future in Community College Education." Paper presented at the Conference on Education in the Community College for the Non-Traditional Student,Philadelphia,March 1978.

Cullen,C.,and Moed,M.G."Serving High-Risk Adolescents." In J.E.Lieberman (ed.),*Collaborating with High Schools.*New Directions for Community Colleges,no.

63.San Francisco:Jossey-Bass,1988.

Dee,J.R."Turnover Intent in an Urban Community College:Strategies for Faculty Retention." *Community College Journal of Research and Practice*, 2004, 28 (7), 593-607.

Dembicki,M. "A Simple Message Is Critical in Economic Impact Studies." *Community College Times*,June 8,2007,1-2.

Deming,D.J., Goldin,C., and Katz,L.F. *The For-Profit Postsecondary School Sector: Nimble Gitters or Agile Predators?* NBER Working Paper No. 17710. Cambridge,Mass.:National Bureau of Economic Research,2011.

Diener,T.*Growth of an American Invention:A Documentary History of the Junior and Community College Movement.*Westport,Conn.:Greenwood Press,1986.

Doucette,D., and Hughes,B. (eds.). *Assessing Institutional Effectiveness in Community Colleges*.Laguna Hills, Calif.:League for Innovation in the Community College,1990.

Doucette,D.S., and Dayton,L.L. "A Framework for Student Development Practices:A Statement of the League for Innovation in the Community College." In W.L.Deegan and T.O'Banion (eds.), *Perspectives on Student Development*. New Directions for Community Colleges,no.67.San Francisco:Jossey-Bass,1989.

Dougherty,K.J. "The Politics of Community College Expansion: Beyond the Functionalist and Class-Reproduction Explanations." *American Journal of Education*, 1988,96(3),351-393.

Dougherty,K.J.*The Contradictory College:The Conflicting Origins,Impacts,and Futures of the Community College.*Albany:State University New York Press,1994.

Dougherty,K.J., and Bakia,M.F. *The New Economic Development Role of the Community College.*New York:Community College Research Center,1999.

Dougherty,K.J., and Hong,E. "Performance Accountability as Imperfect Panacea:The Community College Experience." In T.Bailey and V.Morest (eds.), *Defending the Community College Equity Agenda.*Baltimore:Johns Hopkins University Press,2006.

Dougherty,K.J.,and Reid,M.*Fifty States of Achieving the Dream:State Policies to Enhance Access to and Success in Community Colleges across the United States.*New York: Community College Research Center, Teachers College, Columbia University,2007.

Dounay,J.*Embedding College Readiness Indicators into High School Curriculum* *and Assessments.*Denver.；Education Commission of the States,2006.

Dowd, A. C. "From Access to Outcome Equity: Revitalizing the Democratic Mission of the Community College." *Annals of the American Academy of Political and Social Science*,2003,586,92−119.

Doyle, W. R. "Community College Transfers and College Graduation: Whose Choice Matters Most?" *Change*,2006,38(3),56−58.

Dubin, R., and Taveggia, T. C. *The Teaching-Learning Paradox.* Eugene, Ore.：Center for the Advanced Study of Educational Administration,1968.

Eaton, J. S. *Strengthening Collegiate Education in Community Colleges.* San Francisco：Jossey-Bass,1994.

Eddy,P.L."Faculty Development in Rural Community Colleges." In P.L.Eddy and J.P.Murray (eds.), *Rural Community College: Teaching, Learning, and Leading in the Heartland.* New Directions for Community Colleges, no. 137. San Francisco：Jossey-Bass,2007.

Eddy,P.L.*Community College Leadership: A Multidimensional Model for Leading Change.*Sterling, Va.：Stylus,2010.

Education Commission of the States. *State Profiles: Postsecondary Governance Structures Database.*Denver.：Education Commission of the States,2011.http：// mb2. ecs.org/reports/Report.aspx? id221.Accessed June 18,2012.

Educational Testing Service (ETS). *The Concern for Writing.* Princeton, N.J.：Educational Testing Service,1978.

Educational Testing Service (ETS). *Measure of Academic Proficiency and Progress Test Overview.*Princeton, N.J.：Educational Testing Service,2007.

Education Trust. *Subprime Opportunity: The Unfulfilled Promise of For-Profit Colleges and Universities.*Washington, D.C.：Education Trust,2010.

Eells,W.C.*The Junior College.*Boston：Houghton Mifflin,1931.

Eells,W.C.*Present Status of Junior College Terminal Education.*Washington, D.C.：American Association of Junior Colleges,1941a.

Eells, W. C. *Why Junior College Terminal Education?* Washington, D. C.：American Association of Junior Colleges,1941b.

Elder,L."Critical Thinking as the Key to the Learning College: A Professional Development Model." In C. M. McMahon (ed.), *Critical Thinking: Unfinished Business.* New Directions for Community Colleges, no. 130. San Francisco：Jossey-Bass,2005.

Elder, L., and Paul, R. "Critical Thinking: The Nature of Critical and Creative Thought, Part II." *Journal of Developmental Education*, 2007, 30(3), 36–37.

Erisman, W., and Contardo, J. B. *Learning to Reduce Recidivism: A 50-State Analysis of Postsecondary Correctional Education Policy.* Institute for Higher Education Policy, 2005.

Evans, N.D., and Neagley, R.L. *Planning and Developing Innovative Community Colleges.* Upper Saddle River, N.J.: Prentice-Hall, 1973.

Ewell, P.T. *Implementing Assessment: Some Organizational Issues.* Boulder, Colo.: National Center for Higher Education Management Systems, 1987.

Ewell, P.T. *Accreditation and Student Learning Outcomes: A Proposed Point of Departure.* Washington, D.C.: Council for Higher Education Accreditation, 2001.

Ewell, P., and Boeke, M. *Critical Connections: Linking State's Unit Record Systems to Track Student Progress.* Boulder, Colo.: National Center for Higher Education Management Systems, 2007.

Ewens, T. *Think Piece on CBE and Liberal Education.* Bowling Green, Ohio: Bowling Green State University, 1977.

Fain, P. "Paying for Proof." *Inside Higher Ed*, Jan. 9, 2013a. http://www.insidehighered.com/news/2013/01/09/courseras-fee-based-course-option. Accessed Feb.12, 2013.

Fain, P. "Redefining College-Ready." *Inside Higher Ed*, Feb.19, 2013b. http://www.insidehighered.com/news/2013/02/19/two-community-colleges-get-serious-about-working-k12. Accessed Feb.28, 2013.

Falconetti, A.M.G. "2+2 Statewide Articulation Policy, Student Persistence, and Success in Florida Universities." *Community College Journal of Research and Practice*, 2009, 33, 238–255.

Feldman, K. A., and Newcomb, T. N. *The Impact of College on Students.* San Francisco: Jossey-Bass, 1969.

Fields, R.B. *The Community College Movement.* New York: McGraw-Hill, 1962.

Filipp, L. *Performance of Community College Transfer Students at Maryland Public Four-Year Colleges and Universities.* Annapolis: Maryland Higher Education Commission, 2004.

Finley, C.E. "The Relationship between Unionization and Job Satisfaction among Two-Year College Faculty." *Community College Review*, 1991, 19(2), 53–60. (EJ 436 343)

Fischer, K. " Wanted: Low-Income High Achievers." *Chronicle of Higher Education*, Jan.26, 2007, p.A18.

Fishman, C. "The Insourcing Boom." *Atlantic*, December 2012, pp.45–50.

Flanigan, P.K. *California Community Colleges Faculty Role in Shared Governance.* ERIC Clearinghouse for Community Colleges, 1994.

"Flexibility Sought in Award of Educational Credit." *Chronicle of Higher Education*, Feb.6, 1978, p.9.

Fliegler, C.M. " ' Mission Creep' or Mission Possible?" *University Business*, Mar. 2006. http: // www. universitybusiness. com/ article/ mission-creep-or-mission-possible. Accessed May 22, 2012.

Florida Department of Education. *Taking Student Life Skills Course Increases Academic Success*, *Data Trend no.31.* Tallahassee, Fla.: Department of Education, 2006.

Florida Department of Education. *The Fact Book: Report for the Florida Community College System.* Tallahassee, Florida: Department of Education, 2007.

Florida Department of Education. *The Fact Book: Report for the Florida Community College System.* Tallahassee: Florida Department of Education, 2012.

Floyd, D. L., Skolnik, M. L., and Walker, K. P. (eds.). *The Community College Baccalaureate: Emerging Trends and Policy Issues.* Sterling, Va.: Stylus, 2005.

Fossey, R., and Wood, R. C. "Academic Freedom and Tenure." In R. C. Cloud (ed.), *Legal Issues in Community Colleges.* New Directions for Community Colleges, no.125. San Francisco: Jossey-Bass, 2004.

Foundation for California Community Colleges. *Measuring the Potential of Revenue Generating Efforts for California Community Colleges.* Sacramento: Foundation for California Community Colleges, 2010.

Freedman, I., and Freedman, E. "California Court Rules Reorganization Is the Right of Administration." *Community College Week*, Apr.9, 2007, p.3.

Friedel, J. N., and Thomas, G. " Differential Tuition: A Community College Budgetary Strategy." *Community College Journal of Research and Practice*, 2013, 37 (3), 147–152.

Frye, J.H. *The Vision of the Public Junior College, 1940–1960.* Westport, Conn.: Greenwood Press, 1992.

Fryer, T.W., Jr., and Lovas, J. C. *Leadership in Governance: Creating Conditions for Successful Decision Making in the Community College.* San Francisco: Jossey-Bass, 1991.

Fukuyama, F. *The Great Disruption*. New York: Touchstone, 2000.

Fulton, M. *Using State Policies to Ensure Effective Assessment and Placement in Remedial Education*. Denver.: Education Commission of the States, 2012.

Gabler, N. "Class Dismissed." *Los Angeles Times*, Jan.27, 2002, pp.M1, M6.

Gallagher, E.A. *Jordan and Lange: The California Junior College as Protector of Teaching*, Working Papers in Education, 94-1. Palo Alto, Calif.: Hoover Institution, Stanford University, 1994.

Gallegos, M. T. "So Who Are Our Students Anyway? A Report on the Characteristics of Incoming Freshmen." *Research and Teaching in Developmental Education*, 2006, 23(1), 34-63.

Gardner, D. P., and others. *A Nation at Risk: The Imperative for Educational Reform. An Open Letter to the American People*. Washington, D.C.: National Commission on Excellence in Education, 1983.

Gay, R. "Bookworms and Apples. Review of ' Mr. Penumbra's 24-Hour Bookstore.' " *New York Times* Book Review Section, Dec.16, 2012, p.16.

Geesaman, J.A., Klassen, P.T., and Watson, R. "Community College Strategies Assessing General Education Using a Standardized Test: Challenges and Successful Solutions." *Assessment Update*, 2000, 12(6) 8-9.

Geigerich, S. "CUNY's Newest College Is Forming ASAP." *Lumina Foundation Focus*, Summer 2012, 2-9.

Gillespie, D. A., and Carlson, N. *Trends in Student Aid: 1963 to 1983*. Washington, D.C.: College Entrance Examination Board, 1983.

Gittell, M. "Reaching the Hard to Reach: The Challenge of Community-Based Colleges." *Change*, 1985, 17(4), 51-60.

Glass, J. C., Jr., and Harrington, A. R. "Academic Performance of Community College Transfer Students and ' Native' Students at a Large State University." *Community College Journal of Research and Practice*, 2002, 26(5), 415-430.

Gleazer, E. J., Jr,. *The Community College: Values, Vision, and Vitality*. Washington, D.C.: American Association of Community and Junior Colleges, 1980.

Gleick, J. Chaos: *Making a New Science*. New York: Penguin Books, 1987.

Goldman, L.H. *Cultural Affairs: A Vital Phase of Community Services*. Washington, D.C.: U.S. Department of Education, 1969.

Gonzales, R. *Wasted Talent and Broken Dreams: The Lost Potential of Undocumented Students*. Washington, D.C.: Immigration Policy Center, 2007.

Gordon, L. " Hard-Up Colleges Turn to Donors." *Los Angeles Times*, Oct. 18, 2012, pp.A1, A16.

Gottschalk, K. " Can Colleges Deal with High-Risk Community Problems?" *Community College Frontiers*, 1978, 6(4), 4-11.

Government Accountability Office. *Public Community Colleges and Technical Schools: Most Schools Use Both Credit and Noncredit Programs for Workforce Development.* GAO-05-4. Washington, D. C.: U. S. Government Accountability Office, 2004.

Green, K. C. *The Campus Computing Project: The* 2010 *National Survey of Information Technology in U. S. Higher Education.* Encino, Calif.: The Campus Computing Project, 2010.

Green, K. C. *The 2011 Inside Higher Ed Survey of College and University Admissions Directors.* Washington, D.C.: Inside Higher Ed, 2011.

Green, T. F. *Predicting the Behavior of the Educational System.* Syracuse, N. Y.: Syracuse University Press, 1980.

Grubb, W. N., and Kraskouskas, E. A. *A Time to Every Purpose: Integrating Occupational and Academic in Community Colleges and Technical Institutes.* Berkeley: National Center for Research in Vocational Education, University of California, Berkeley, 1992.

Gruber, D. *Building Community College CBO Partnerships: A Report to the William and Flora Hewlett Foundation.* New York: Workforce Strategy Center, 2004.

Guskey, T. R., and Pigott, T. D. " Research on Group-Based Mastery Learning Programs: A Meta-Analysis." *Journal of Educational Research*, 1988, 80 (4), 197-216.

Hagedorn, L. S., and Lee, M. *International Community College Students: The Neglected Minority?* Los Angeles: Center for Higher Education Policy Analysis, Rossier School of Education, University of Southern California, 2005.

Hagedorn, L.S., and Maxwell, B. *Research on Urban Community College Transfer and Retention: The Los Angeles TRUCCS Project.* Los Angeles: University of Southern California, 2002. (JC 020 353)

Hammons, J. " The Department/Division Chairperson: Educational Leader?" *Community and Junior College Journal*, 1984, 54(3), 3-7.

Hansman, C.A., and Wilson, A.L. " Teaching Writing in Community Colleges: A Situated View of How Adults Learn to Write in Computer-Based Writing Classrooms."

Community College Review, 1998, 26(1), 21-42.

Harlacher, E.L., and Ireland, J. "Community Services and Continuing Education: An Information Age Necessity." *Community Services Catalyst*, 1988, 18(1), 3-5.

Harman, D. *Illiteracy: A National Dilemma*. New York: Cambridge Book Company, 1987.

Harnisch, T.L. "Performance-Based Funding: A Re-emerging Strategy in Public Higher Education Financing." *Policy Matters*. Washington, D.C.: American Association of State College and Universities, 2011.

Harnisch, T.L. "Changing Dynamics in State Oversight of For-Profit Colleges." *Policy Matters*. Washington, D. C.: American Association of State College and Universities, 2012.

Harper, H., and others. *Advisement and Graduation Information System*. Miami: Miami Dade Community College, 1981.

Harris, N.C., and Grede, J.F. *Career Education in Colleges: A Guide for Planning Two-and Four-Year Occupational Programs for Successful Employment*. San Francisco: Jossey-Bass, 1977.

Hawken, P. *Blessed Unrest: How the Largest Movement in the World Came into Being and Why No One Saw It Coming*. New York: Viking, 2007.

Helfgot, S.R. "Counseling at the Center: High Tech, High Touch." In S.R. Helfgot and M.M. Culp (eds.), *Promoting Student Success in the Community College*. New Directions for Student Services, no.69. San Francisco: Jossey-Bass, 1995.

Helfgot, S.R. "Core Values and Major Issues in Student Affairs Practice: What Really Matters?" In S.R. Helfgot and M.M. Culp, *Community College Student Affairs: What Really Matters*. New Directions for Community Colleges, no.131 (pp.5-17). San Francisco: Jossey-Bass, 2005.

Hirsch, E.D., Jr,. *Cultural Literacy*. Boston: Houghton Mifflin, 1987.

Hoachlander, G., Sikora, A.C., and Horn, L. *Community College Students Goals Academic Preparation and Outcomes*. Washington, D. C.: U. S. Department of Education, 2003.

Hobbs, R.L. *Academic and Developmental Services End of Year Status Report, 1987-88: Shelby State Community College*. Memphis, Tenn.: Shelby State Community College, 1988.

Hollinshead, B.S. "The Community College Program." *Junior College Journal*, 1936, 7, 111-116.

Holton, N.*Service Learning in the Rural Community College.*Roscommon, Mich.: Kirtland Community College, 2003.

Hom, W.*A Statistical Analysis to Define the"Low-Transfer" California Community College.*Sacramento: California Community Colleges, Office of the Chancellor, 2000.

Hoos, I. *Systems Analysis in Public Policy: A Critique.* Berkeley: University of California Press, 1972.

Hoos, I."Societal Aspects of Technology Assessment." *Technological Forecasting and Social Change*, 1979, 13, 191-202.

Horn, L., Nevill, S., and Griffith, J. *Profiles of Undergraduates in U. S. Postsecondary Education Institutions, 2003-04: With a Special Analysis of Community College Students.*Washington, D.C.: U.S.Department of Education, 2006.

Hoyle, M. " For-Profit Higher Education and Stressed Colleges: A Strategic Opportunity." In J. Martin, and J. E. Samels (eds.), *Turnaround: Leading Stressed Colleges and Universities to Excellence* (pp.185-193). Baltimore, Md.: Johns Hopkins University Press, 2009.

Hunter, R., and Sheldon, M.S.*Statewide Longitudinal Study: Report on Academic Year 1979 - 80. Part* 3: *Fall Results.* Woodland Hills, Calif.: Los Angeles Pierce College, 1980.

Hussar, W. J., and Bailey, T. M. *Projection of Education Statistics to 2015.* Washington, D.C.: U.S.Department of Education, 2006.

Ignash, J.M."The Scope and Status of English as a Second Language in U.S. Community Colleges." Unpublished doctoral dissertation, University of California, Los Angeles, 1994.

Ignash, J. M. " Who Should Provide Postsecondary Remedial/Developmental Education?" In J. Ignash (ed.), *Implementing Effective Policies for Remedial and Developmental Education.* New Directions for Community Colleges, no. 100. San Francisco: Jossey-Bass, 1997.

Illich, I.*Deschooling Society.*New York: Harper Collins, 1972.

"Illinois Colleges Sue over Local Control." *Community College Times*, Oct.24, 2006, p.1.

Illinois Community College Board.*Curriculum Enrollment Summary in the Public Community Colleges of Illinois: 1975 - 76.* Springfield: Illinois Community College Board, 1976.

Illinois Community College Board.*Data and Characteristics of the Illinois Public*

*Community College System.*Springfield：Illinois Community College Board,2005.

　　Illinois Community College Board.*2012 Data and Characteristics of the Illinois Public Community College System.* Springfield：Illinois Community College Board,2012.

　　Institute for Higher Education Policy.*Making Accountability Work：Community Colleges and Statewide Higher Education Accountability Systems.* Washington, D.C.：Institute for Higher Education Policy,2006.

　　Institute for Higher Education Policy.*A New Classification Scheme for For-Profit Institutions.*Washington,D.C.：Institute for Higher Education Policy,2012.

　　Instructional Technology Council.*2011 Distance Education Survey Results：Trends in eLearning：Tracking the Impact of eLearning at Community Colleges.*Washington,D. C.：Instructional Technology Council,2012.

　　"Ivy Tech CC System Assesses General Education Outcomes with CAAP." *Activity*,2007,45(1),6.

　　Jacobs,J.*The Death and Life of Great American Cities.* New York：Vintage [1961] 1992.

　　Jacoby,D. "Effects of Part-Time Faculty Employment on Community College Graduation Rates." *Journal of Higher Education*,2006,77(6),1081-1103.

　　Jaschik,S."Surge in Distance Ed at Community Colleges." *Inside Higher Ed*, Apr.16,2007,n.p.

　　Jaschik,S."Promising Path on Remediation." *Inside Higher Ed*,Mar.11,2008, n.p.

　　Jaschik,S."Community College Leaders Told Privatization Is Wave of Future." *Inside Higher Ed*,Apr.23,2012,n.p.

　　Jaschik,S."MOOC Skeptics at the Top." *Inside Higher Ed*,May 2,2013,n.p.

　　Jencks,C.*Inequality.*New York：Basic Books,1972.

　　Jencks, C., and Riesman, D. *The Academic Revolution.* New York：Doubleday,1968.

　　Jenkins,D.*What Community College Policies and Practices Are Effective in Promoting Student Success? A Study of High and Low Impact Institutions.*New York：Community College Research Center,Teachers College,Columbia University,2006.

　　Johnson,B.L.*General Education in Action.*Washington,D.C.：American Council on Education,1952.

　　Johnston,L.*Higher Education for Sustainability：Cases, Challenges, and*

Opportunities from Across the Curriculum.New York：Routledge,2012.

Kahlenberg, R. D. *Left Behind：Unequal Opportunity in Higher Education.* New York：Century Foundation,2004.

Kane,H.R."Honors Programs：A Case Study of Transfer Preparation." In F.S. Laanan（ed.）, *Transfer Students：Trends and Issues.* New Directions for Community Colleges,no.114.San Francisco：Jossey-Bass,2001.

Kangas,J.*San Jose City College Withdrawing Students Study*.San Jose,Calif.：San Jose Evergreen Community College District,1991.

Kaplin,W. A., and Lee, B. A. *The Law of Higher Education：A Comprehensive Guide to Legal Implications of Administrative Decision Making* （5th ed.）. San Francisco：Jossey-Bass,2013.

Karabel,J."Community Colleges and Social Stratification." *Harvard Educational Review*,1972,41,521-562.

Karabel,J."Community Colleges and Social Stratification in the 1980s." In L.S. Zwerling（ed.）,*The Community College and Its Critics*.New Directions for Community Colleges,no.54.San Francisco：Jossey-Bass,1986.

Karp, M. M., Bailey, T. R., Hughes, K. L., and Fermin, B. I. "State Dual Enrollment Policies：Addressing Access and Quality." *CCRC Brief*,no.25.New York： Community College Research Center,Teachers College,Columbia University,2005.

Karp, M. M., Calcagno, J. C., Hughes, K. L., Wook, D., and Bailey, T. *The Postsecondary Achievement of Participants in Dual Enrollment：An Analysis of Student Outcomes in Two States*.New York：Columbia University,Teachers College,Community College Research Center,2007.

Kauffman Foundation, Panel on Entrepreneurship Curriculum in Higher Education. *Entrepreneurship in American Higher Education.* Kansas City, Miss.： Kauffman Foundation,2007.

Kearney, R. C. *Labor Relations in the Public Sector.* Boca Raton, Fla.： CRC Press,2001.

Kentucky Developmental Education Task Force. *Securing Kentucky's Future：A Plan for Improving College Readiness and Success.* Frankfort, Ky.： Council on Postsecondary Education,2007.

Kerr,C.*Troubled Times for American Higher Education：The 1990s and Beyond.* Albany：State University of New York Press,1994.

Kiley, K. "Liberal Arts Colleges Rethink Their Messaging in the Face of

Criticism." *Inside Higher Ed*, Nov.19, 2012.

Kim, D., Twombly, S., and Wolf-Wendel, L. "Factors Predicting Community College Faculty Satisfaction with Instructional Autonomy." *Community College Review*, 2008, 35(3), 159−180.

Kinser, K. *From Main Street to Wall Street: The Transformation of For-Profit Higher Education*. ASHE Higher Education Report vol.31 no.5. San Francisco: Jossey-Bass, 2006.

Kintzer, F.C. *Organization and Leadership of Two-Year Colleges: Preparing for the Eighties*. Gainesville: Institute of Higher Education, University of Florida, 1980a.

Kintzer, F.C. *Proposition 13: Implications for Community Colleges*. Los Angeles: ERIC Clearinghouse for Junior Colleges, 1980b.

Kintzer, F. C., Jensen, A., and Hansen, J. *The Multi-Institution Junior College District*. Los Angeles: ERIC Clearinghouse for Junior Colleges; Washington, D. C.: American Association of Junior Colleges, 1969.

Kintzer, F. C., and Wattenbarger, J. L. *The Articulation/Transfer Phenomenon: Patterns and Directions*. Washington, D. C.: Council of Universities and Colleges, American Association of Community and Junior Colleges, 1985.

Kirsch, I. S., and Jungeblut, A. *Literacy: Profiles of America's Young Adults*. Princeton, N.J.: National Assessment of Education Progress, 1986.

Kisker, C.B. *Integrating High School and Community College: A Historical Policy Analysis*. Doctoral dissertation, University of California, Los Angeles, 2006 UMI No.3247442.

Kisker, C.B., and Kater, S.T. "Deconstructing Governance and Expectations for the Community College." In J. S. Levin and S. T. Kater, (eds.), *Understanding Community Colleges* (pp.153−169). New York: Routledge, 2012.

Kisker, C.B., and Ronan, B. *Civic Engagement in Community Colleges: Mission, Institutionalization, and Future Prospects*. Dayton, Ohio: Kettering Foundation, 2012.

Kisker, C. B., and Wagoner, R. L. (eds.). *Implementing Transfer Associate Degrees: Perspectives, from the States*. New Directions for Community Colleges, no.160. San Francisco: Jossey-Bass, 2013.

Kisker, C. B., Wagoner, R. L., and Cohen, A. M. *Implementing Statewide Transfer & Articulation Reform: An Analysis of Transfer Associate Degrees in Four States*. Los Angeles: Center for the Study of Community Colleges, 2011.

Klemm, W.R. "Using Computer Conferencing in Teaching." *Community College*

Journal of Research and Practice, 1998, 22(5), 507–518.

Knapp, L.G., and others. *Trends in Student Aid: 1983 to 1993. Update.* New York: College Board, 1993.

Knapp, M.S. "Factors Contributing to the Development of Institutional Research and Planning Units in Community Colleges: A Review of the Empirical Evidence." Paper presented at the annual meeting of the American Educational Research Association, San Francisco, November 1979.

Koos, L. "Rise of the People's College." *School Review*, 1947, 55(3), 138–149.

Koos, L.V. *The Junior College.* Minneapolis: University of Minnesota Press, 1924.

Kuttner, B. "The Declining Middle." *Atlantic*, 1983, 252(1), 60–64, 66–67, 69–72.

Lail, A.A. "Early Career Faculty Perceptions of their Teaching Preparedness and Professional Development in the North Carolina Community College System." Unpublished doctoral dissertation, University of North Carolina at Greensboro, 2005.

Lander, V. L. "The Significance of Structure in Arizona Community College Districts: A Limited Study." Graduate seminar paper, University of Arizona, 1977.

Landsberg, M. "Grades Rising as Learning Is Lagging, Reports Finding." *Los Angeles Times*, Feb.23, 2007, p.A14.

Lange, A. F. *The Lange Book: The Collected Writings of a Great Educational Philosopher.* San Francisco: Trade Publishing Company, 1927.

Lanham, R. A. *The Electronic World: Democracy, Technology and the Arts.* Chicago: University of Chicago Press, 1993.

Lederman, D. "Anti-Lobbying Fever? Not in Higher Education." *Inside Higher Ed*, Dec.21, 2006, n.p.

Lederman, D. "Private Capital, Community Colleges." *Inside Higher Ed*, Feb. 15, 2013a.

Lederman, D. "The College Grad/Employment Mismatch." *Inside Higher Ed*, Jan.28, 2013b.

Lee, D. "Worries Grow as Health Jobs Go Offshore." *Los Angeles Times*, July 25, 2012, A1, A11.

Leveille, D. *Accountability in Higher Education: A Public Agenda for Trust and Cultural Change.* Berkeley: Center for Studies in Higher Education, University of California Berkeley, 2006.

Levin, H., and Calcagno, J. C. *Remediation in the Community College: An*

Evaluator's Perspective. New York: Community College Research Center, Teachers College, Columbia University, 2007.

Levin, J. S. *Globalizing the Community College: Strategies for Change in the Twenty-First Century.* New York: Palgrave, 2001.

Levin, J.S., Kater, S., and Wagoner, R.L. *Community College Faculty: At Work in the New Economy.* New York: Palgrave, 2006.

Levin, J.S., and Montero-Hernandez, V. "Divided Identity: Part-Time Faculty in Public Colleges and Universities." Unpublished paper submitted to refereed journal, 2012.

Levine, D. O. *The American College and the Culture of Aspiration, 1915 – 40.* Ithaca, N.Y.: Cornell University Press, 1986.

Lewin, T. "Senate Committee Report on For-Profit Colleges Condemns Cost and Practices." *New York Times*, July 29, 2012, p.A12.

Lewis, G., and Merisotis, J. P. *Trends in Student Aid: 1980 to 1987: Update.* Washington, D.C.: College Entrance Examination Board, 1987.

Littlefield, W. N. *The Economic Impact of the Long Beach Community College District.* Long Beach, Calif.: Long Beach Community College District, 1982.

Lombardi, J. *Managing Finances in Community Colleges.* San Francisco: Jossey-Bass, 1973.

Lombardi, J. *The Duties and Responsibilities of the Department/Division Chairman in Community Colleges.* Los Angeles: ERIC Clearinghouse for Junior Colleges, 1974.

Lombardi, J. *Riding the Wave of New Enrollments.* Los Angeles: ERIC Clearinghouse for Junior Colleges, 1975.

Lombardi, J. *No or Low Tuition: A Lost Cause.* Los Angeles: ERIC Clearinghouse for Junior Colleges, 1976.

Lombardi, J. *Changing Administrative Relations Under Collective Bargaining.* Los Angeles: ERIC Clearinghouse for Junior Colleges, 1979.

Lombardi, J.V. "Regulating the New Consumerism." *Inside Higher Ed*, Sept.26, 2006, pp.15-17.

Lombardi, J. "A New Look at Vocational Education." In A. M. Cohen (ed.), *Perspectives on the Community College: Essays by John Lombardi* (pp. 79 – 88). Washington, D.C.: American Association of Community and Junior Colleges and the American Council on Education, 1992.

London, H.B. *The Culture of a Community College.* New York: Praeger, 1978.

Long, B. T., and Kurlaender, M. "Do Community Colleges Provide a Viable Pathway to a Baccalaureate Degree?" *Educational Evaluation and Policy Analysis*, 2009,31(1),30-53.

Lukenbill, J. D. *Tuition Scholarship Program*. Unpublished memorandum, Miami-Dade College, 2004.

Lumina Foundation. *A Stronger Nation through Higher Education: How and Why Americans Must Achieve a Big Goal for College Attainment*. New York: Lumina Foundation, 2012.

"Lumina Renews Commitment to Achieving the Dream." *Community College Times*, Mar.27, 2007, 5-9.

Maliszewski, C., Crabill, K., and Nespoli, L. "The Role of Presidential Leadership in Improving New Jersey's Community College Transfer Experience." In C.Kisker and R.Wagoner (eds.), *Implementing Transfer Associate Degrees: Perspectives from the States*. New Directions for Community Colleges, no. 160. San Francisco: Jossey-Bass, 2013.

Marashio, P. *Pedagogy Journal*, 1999, 6. Concord: New Hampshire Community Technical Colleges, 1999.

March, J.G., and Weiner, S.S. "Leadership Blues." In W.E.Piland and D.B.Wolf (eds.), *Help Wanted: Preparing Community College Leaders in a New Century*. New Directions for Community Colleges, no.123. San Francisco: Jossey-Bass, 2003.

Marcus, J. "Community College Want to Boost Grad Rates—By Changing the Formula." *Hechinger Report*, Mar.8, 2012.

Maricopa Community College District. *Guide to Student Affairs*. Tempe, Ariz.: Maricopa Community College District, 2012.

Maryland State Board for Community Colleges. *Statewide Master Plan for Community Colleges in Maryland, Fiscal Years 1978-1987*. Annapolis: Maryland State Board for Community Colleges, 1977.

Maryland State Board for Community Colleges. *Blueprint for Quality: Final Report of the Committee on the Future of Maryland Community Colleges*. Annapolis: Maryland State Board for Community Colleges, 1986.

Massachusetts Department of Higher Education. *Massachusetts Community Colleges: Key Performance Indicators*. Boston, Mass.: Massachusetts Department of Higher Education, 2010.

Mawdsley, R.D. "Student Rights, Safety, and Codes of Conduct." In R.C.Cloud （ed.），*Legal Issues in Community Colleges*.New Directions for Community Colleges, no.125.San Francisco：Jossey-Bass,2004.

McCabe,R. H.（ed.）.*The American Community Colleges：Nexus for Workforce Development*.Mission Viejo,Calif.：League Publications,1997.

McCabe,R. H.*No One to Waste：A Report to Public Decision-Makers and Community College Leaders*.Washington,D.C.：American Association of Community Colleges,2000.

McDonough,M.L."A New Degree for the Community College：The Associate of Arts in Teaching." In B. K. Townsend and J. M. Ignash（eds.），*The Role of the Community College in Teacher Education*.New Directions for Community Colleges,no. 121.San Francisco：Jossey-Bass,2003.

McGuire,K.B.*State of the Art in Community-Based Education in the American Community College*.Washington,D.C.：Association of American Community and Junior Colleges,1988.

McKeachie,W.J."Research on Teaching at the College and University Level." In N. Gage（ed.），*Handbook of Research on Teaching*. Skokie, Ill.：Rand McNally,1963.

McMahon,C.M.（ed.）.*Critical Thinking：Unfinished Business.* New Directions for Community Colleges,no.130.San Francisco：Jossey-Bass,2005.

MDRC.*Can Improved Student Services Boost Community College Student Success?* New York：MDRC,2010.

Medsker,L. L.*The Junior College：Progress and Prospect.* New York：McGraw-Hill,1960.

Medsker,L.L.,and Tillery,D.*Breaking the Access Barriers：A Profile of Two-Year Colleges*.New York：McGraw-Hill,1971.

Meier, K. *The Community College Mission：History and Theory.* Doctoral dissertation,University of Arizona,2008.

Mellow,G."Call for Equity for Community Colleges." *Inside Higher Ed*,Feb.11, 2008,n.p.

Miami Dade College.*About the Honors College*.Miami：Miami Dade College,2012. http：//www.mdc.edu/honorscollege/about.asp.Accessed May 15,2012.

Michaels,W.B.*The Trouble with Diversity：How We Learned to Love Identity and Ignore Inequality*.New York：Metropolitan,2006.

Middleton,L."Emphasis on Standards at Miami-Dade Leads to 8,000 Dismissals and Suspensions in Three Years." *Chronicle of Higher Education*, Feb. 3, 1981, pp. A3-A4.

Mississippi Community College Board.*2010-2011 Annual Report*.Jackson, Miss.: Mississippi Community College Board, 2011.

Moltz, D. "Who Are Community College Trustees?" *Inside Higher Ed*, Apr. 6, 2009. http: // www. insidehighered. com/news/2009/04/06/acct. Accessed June 18, 2012.

Monroe, C. R. *Profile of the Community College: A Handbook*. San Francisco: Jossey-Bass, 1972.

Moore, C., Shulock, N., and Offenstein, J. *Steps to Success: Analyzing Milestone Achievement to Improve Community College Student Outcomes*. Sacramento: California State University, Institute for Higher Education Leadership and Policy, 2009.

Morest, V.S., and Jenkins, D.*Institutional Research and the Culture of Evidence at Community Colleges*. New York: Community College Research Center, Teachers College, Columbia University, 2007.

Moriarty, D. F. "The President's Office." In A. M. Cohen, F. B. Brawer, and Associates (eds.), *Managing Community Colleges: A Handbook for Effective Practice*. San Francisco: Jossey-Bass, 1994.

Morrison, D. G., and Martorana, S. V. *Criteria for the Establishment of 2-Year*. Washington, D.C.: U.S.Department of Health, Education and Welfare, 1961.

Mounfield, L. A. "Activities Used by Community College Faculty to Maintain Discipline Currency: Identification and Influencing Factors." Unpublished doctoral dissertation, University of South Carolina, 2005.

MPR Associates.*Correctional Education: Common Measures of Performance: Using State Data to Assess the Status of Correctional Education Programs in the United States*. Washington, D.C.: MPR Associates, 2004.

Mullen, C.M.*Just How Similar? Community Colleges and the For-Profit Sector*. Washington, D.C.: American Association of Community Colleges, 2010.

Murray, J. P. "The Genesis of the Community College." *Community College Review*, 1988-89, 9(1-2), 25-34.

Myran, G.A."Antecedents: Evolution of the Community-Based College." In E.L. Harlacher and J.F.Gollattscheck (eds.), *Implementing Community-Based Education*. New Directions for Community Colleges, no.21.San Francisco: Jossey-Bass, 1969.

National Center for Education Statistics (NCES).*Digest of Education Statistics*.

Washington,D.C.:U.S.Department of Education,1970-2012.

National Center for Education Statistics (NCES).*Characteristics of the Nation's Postsecondary Institutions:Academic Year 1993-94.*Washington,D.C.:U.S.Department of Education,1994a.

National Center for Education Statistics (NCES).*Descriptive Summary of 1989-90 Beginning Postsecondary Students: Two Years Later.* Washington, D. C.: U. S. Department of Education,1994b.

National Center for Education Statistics (NCES).*Faculty and Instructional Staff: Who Are They and What Do They Do?* Washington, D. C.: U. S. Department of Education,1994c.

National Center for Education Statistics (NCES).*Remedial Education at Degree-Granting Postsecondary Institutions in Fall 2000.*Washington,D.C.:U.S.Department of Education,2003.

National Center for Education Statistics (NCES). *On Track to Complete? A Taxonomy of Beginning Community College Students and Their Outcomes 3 Years after Enrolling: 2003 - 04 through 2006.* Washington, D. C.: U. S. Department of Education,2009.

National Center for Education Statistics (NCES).*Academic Libraries:2010 First Look.*Washington,D.C.:U.S.Department of Education,2011a.

National Center for Education Statistics (NCES). *Learning at a Distance: Undergraduate Enrollment in Distance Education Courses and Degree Programs.* Washington,D.C.:U.S.Department of Education,2011b.

National Center for Education Statistics (NCES). *Students with Disabilities at Degree-Granting Postsecondary Institutions.* Washington, D. C.: U. S. Department of Education,2011c.

National Center for Education Statistics (NCES). *Beginning Postsecondary Students in 2003-04,Followed through 2009.NCES Quick Stats.*Washington,D.C.:U.S.Department of Education,2012.

National Center for Higher Education Management Systems (NCHEMS). *Retention Rates-First-Time College Freshmen Returning Their Second Year.* Boulder, Colo.:NCHEMS,2010.

National Center for the Study of Collective Bargaining in Higher Education and the Professions.*Directory of Faculty Contracts and Bargaining Agents in Institutions of Higher Education.*New York:National Center for the Study of Collective Bargaining in

Higher Education and the Professions, 1974-2012.

National Center on Education and the Economy (NCEE). *What Does It Really Mean to be College and Work Ready? The Mathematics and English Literacy Required of First-Year Community College Students.* Washington, D.C.: NCEE, 2013.

National Community College Benchmark Project (NCCBP). *Report of National Aggregate Data.* Overland Park, Kan.: NCCBP, 2012.

National Student Clearinghouse. *Signature Report. Completing College: A National View of Student Attainment Rates.* Herndon, Va.: National Student Clearinghouse, 2012a.

National Student Clearinghouse. *Signature Report. Transfer and Mobility: A National View of Pre-Degree Student Movement in Postsecondary Institutions.* Herndon, Va.: National Student Clearinghouse, 2012b.

National Student Clearinghouse. *Snapshot Report. The Role of Two-Year Institutions in Four-Year Success.* Herndon, Va.: National Student Clearinghouse, 2012c.

National Student Clearinghouse. *Snapshot Report. Transfer Outcomes.* Herndon, Va.: National Student Clearinghouse, 2012d.

Nelson, L.A. "Missing the Mark on 'Gainful.'" *Inside Higher Ed*, June 26, 2012.

Nespoli, L. A. *Community Colleges: A New Jersey Success Story.* Trenton: New Jersey Council of County Colleges, 2010.

North Carolina Community College System. *A Matter of Facts: The North Carolina Community College System Fact Book.* Raleigh: North Carolina Community College System, 2007a.

North Carolina Community College System. 2007 *Critical Success Factors.* Raleigh: North Carolina Community College System, 2007b.

North Carolina Community College System. *Critical Success Factors for the North Carolina Community College System: Twenty-First Annual Report.* Raleigh: North Carolina Community College System, 2010.

North Carolina Community College System. *Curriculum Distance Learning Enrollments for 2012.* Raleigh: North Carolina Community College System, 2012.

Obama, B. H. (2009). *Remarks by the President on the American Graduation Initiative.* Washington, D.C.: The White House, Office of the Press Secretary, 2009. http://www.whitehouse.gov/the_press_office/Remarks-by-the-President-on-the-American-Graduation-Initiative-in-Warren-MI. Accessed May 17, 2012.

O'Banion, T. *New Directions in Community College Student Personnel Programs.* Washington, D.C.: American College Personnel Association, 1971.

O'Banion, T. "A Learning College for the 21st Century." *Community College Journal*, 1996, 66(3), 18–23.

O'Banion, T. *Creating More Learning-Centered Community Colleges*. Mission Viejo, Calif.: League for Innovation in the Community College, 1997.

O'Banion, T. *An Inventory for Learning-Centered Colleges*. Laguna Hills, Calif.: League for Innovation in the Community College, 1999.

O'Banion, T. *Access, Success, and Completion: A Primer for Community College Faculty, Administrators, Support Staff, and Trustees*. Phoenix.: League for Innovation in the Community College, 2012.

Oleksiw, C. A., Kremidas, C. C., Johnson-Lewis, M., and Lekes, N. *Community College Noncredit Occupational Programming: A Study of State Policies and Funding*. Louisville, Ky.: University of Louisville, National Research Center for Career and Technical Education, 2007.

Oliver, R. *Moving Beyond Instructional Comfort Zones with Online Courses*. Perth, Western Australia: Murdoch University, 2004.

Oregon Performance Reporting Information System (PRISM). *Employment Outcomes*. Salem, Ore.: PRISM, 2010.

Orr, M.T., and Bragg, D.D. "*Policy Directions for K-14 Education—Looking to the Future*." In B.K.Townsend and S.B.Twombly (eds.), *Community Colleges: Policy in the Future Context*. Westport, Conn.: Ablex, 2001.

Ottinger, C. A. *Fact Book on Higher Education*. Washington, D. C.: American Council on Education, 1987.

Outcalt, C.L. "A Profile of the Community College Professoriate, 1975 – 2000." Unpublished doctoral dissertation, University of California, Los Angeles, 2002a.

Outcalt, C. L. (ed.). *Community College Faculty: Characteristics, Practices, and Challenges*. New Directions for Community Colleges, no. 118. San Francisco: Jossey-Bass, 2002b.

Outcalt, C.L., and Kisker, C.B. "The Nexus of Access and Curriculum: Analyzing the Teaching of Developmental and Honors Courses within Community Colleges." Paper presented at the Annual Conference of the Association of Higher Education, Portland, Ore., Nov.2003.

Oxford, L., Proctor, K., and Slate, J. R. "Computer-based Instruction and Achievement of Adult Learners." *Michigan Community College Journal: Research and Practice*, 1998, 4(2), 77–84. (EJ 575 956)

Pace, C. R. *Measuring Outcomes of College: Fifty Years of Findings and Recommendations for the Future.*San Francisco:Jossey-Bass,1979.

Palmer,J."The Characteristics and Educational Objectives of Students Serviced by Community College Vocational Curricula." Unpublished doctoral dissertation, University of California at Los Angeles,1987a.

Palmer, J. *Community, Technical, and Junior Colleges: A Summary of Selected National Data.* Washington, D. C.: American Association of Community and Junior Colleges,1987b.

Palmer,J.C."Institutional Accreditation,Student Outcomes Assessment,and the Open-Ended Institution." In C.Prager (ed.),*Accreditation of the Two-Year College.* New Directions for Community Colleges,no.83.San Francisco:Jossey-Bass,1993.

Palmer, J. C. " Disciplinary Variations in the Work of Full-Time Faculty Members." In C. L. Outcalt (ed.), *Community College Faculty: Characteristics, Practices, and Challenges.* New Directions for Community Colleges, no. 118. San Francisco:Jossey-Bass,2002.

Pankuch,B.J.*Multimedia in Lectures on the World Wide Web.*Princeton,N.J.: Princeton University,Mid-Career Fellowship Program,1998.

Park,R."Proffered Advice:Three Presidential Reports." *UCLA Educator*,1977, 19(3),53-59.

Parkman,F."The Tale of the Ripe Scholar." *Nation*,1869,9,559-560.

Parnell,D.*Associate Degree Preferred.*Washington,D.C.:American Association of Community and Junior Colleges,1985.

Parr,C."Not Staying the Course." *Inside Higher Ed*,May 10,2013,n.p.http:// www. insidehighered. 207elmp01. blackmesh. com/news/2013/05/10/new-study-low-mooc-completion-rates.Accessed May 15,2013.

Pascarella,E.T.,and Terenzini,P.T.*How College Affects Students:Findings and Insights from Twenty Years of Research.*San Francisco:Jossey-Bass,1991.

Pascarella,E.T.,and Terenzini,P.T.*How College Affects Students:A Third Decade of Research* (2nd ed.).San Francisco:Jossey-Bass,2005.

Passell, J. S. *Further Demographic Information Relating to the DREAM Act.* Washington,D.C.:Urban Institute,2003.

Patton,M."NSF Eyes More Funding for Community Colleges." *Community College Times*,Nov.7,2011.http:// www. communitycollegetimes. com/Pages/Government/NSF-plans-to-expand-its-investment-in-community-colleges.aspx.Accessed May 10,2012.

Paul, R. "The State of Critical Thinking Today." In C. M. McMahon (ed.), *Critical Thinking: Unfinished Business*. New Directions for Community Colleges, no. 130. San Francisco: Jossey-Bass, 2005.

Pedersen, R. "State Government and the Junior College, 1901 – 1946." *Community College Review*, 1987, 14(4), pp.48–52.

Pedersen, R. "Small Business and the Early Public Junior College." *Community, Technical, and Junior College Journal*, 1988, 59(1), pp.44–46.

Pedersen, R. P. "The Origins and Development of the Early Public Junior College: 1900–1940." Unpublished doctoral dissertation, Columbia University, 2000.

Percy, W. *The Moviegoer*. New York: Avon Books, 1980.

Perrakis, A. I. "Factors Promoting Academic Success among African American and White Male Community College Students." In J. Lester (ed.), *Gendered Perspectives on Community College*. New Directions for Community Colleges, no. 142 (pp.15–23). San Francisco: Jossey-Bass, 2008.

Perry, P. *Course-Taking Patterns, Policies, and Practices in Developmental Education in the California Community Colleges*. Sacramento: California Community Colleges Chancellor's Office, 2010.

Persell, C.H., and Wenglinsky, H. "For-Profit Postsecondary Education and Civic Engagement." *Higher Education*, 2004, 47, pp.337–359.

Peterson, M. W., and Mets, L. A. "An Evolutionary Perspective on Academic Governance, Management, and Leadership." In M.W. Peterson and L.A. Mets (eds.), *Key Resources on Higher Education Governance, Management, and Leadership: A Guide to the Literature*. San Francisco: Jossey-Bass, 1987.

Peterson's College Search, 2011. Princeton, N.J.: Peterson's, 2011. http://www.petersons.com/college-search/community-college-honors-programs.aspx. Accessed May 10, 2012.

Peterson's Guide to Two-Year Colleges, 1995. Princeton, N.J.: Peterson's, 1994.

Phillippe, K. *Student Financial Aid in Community Colleges*. Washington D.C.: American Association of Community Colleges, 1994.

Piland, W. E. "The Governing Board." In A. M. Cohen, F. B. Brawer, and Associates (eds.), *Managing Community Colleges: A Handbook for Effective Practice*. San Francisco: Jossey-Bass, 1994.

Pincus, F. L. "The False Promise of Community Colleges: Class Conflict and Vocational Education." *Harvard Educational Review*, 1980, 50(3), 332–361.

Plucker, F. E. "A Developmental Model for the Community/Junior College." *Community College Review*, 1987, 15(3), 26–32.

Portolan, J. S. "Developing Statewide Organization and Exploring a Redefined Role for Instructional Administrators in California Community Colleges." Unpublished doctoral dissertation, University of California, Los Angeles, 1992.

Potter, G.E. "The Law and the Board." In V. Dziuba and W. Meardy (eds.), *Enhancing Trustee Effectiveness*. New Directions for Community Colleges, no. 15. San Francisco: Jossey-Bass, 1976.

Prince, D., and Jenkins, D. *Building Pathways to Success for Low-Skill Adult Students: Lessons for Community College Policy and Practice from a Statewide Longitudinal Tracking Study*. New York: Community College Research Center, Teachers College, Columbia University, 2005.

Prince, H. *Money on the Table: State Initiatives to Improve Financial Aid Participation.An Achieving the Dream Policy Brief.*Boston: Jobs for the Future, 2006.

Purnell, R., and Blank, S. *Support Success: Services that May Help Low-Income Students Succeed in Community College.*New York: MDRC, 2004.

Pusser, B., Gansneder, B.M., Gallaway, N., and Pope, N.S. "Entrepreneurial Activity in Nonprofit Institutions: A Portrait of Continuing Education." In B.Pusser (ed.), *Areas of Entrepreneurship: Where Nonprofit and For-Profit Institutions Compete.*New Directions for Higher Education no.129 (pp.27–42).San Francisco: Jossey-Bass, 2005.

Puzzanghera, J. "Most Jobs in New Economic Recovery Are Low-Paying, Study Finds." *Los Angeles Times*, Sept.1, 2012, B2.

Radford, A.W., and Wun, J. *Issue Tables: A Profile of Military Service Members and Veterans in Higher Education.*Washington, D.C.: National Center for Education Statistics, 2009.

Rasor, R.E., and Barr, J. *Survey Sampling of Community College Students: For Better or for Worse.*Sacramento, Calif.: American River College, 1998.

Ravitch, D. "Curriculum in Crisis: Connections between Past and Present." In J. H.Burzell (ed.), *Challenge to American Schools: The Case for Standards and Values.* New York: Oxford University Press, 1985.

Reed, C. "The Silicon Ceiling: Technology, Literacy, and the Community College Student." Paper presented at the Forty-Seventh Annual Meeting of the Conference on College Composition and Communication, Milwaukee, Wis., Mar.1996.

Reiss, D. *From WAC to CCCAC: Writing across the Curriculum Becomes*

Communication, *Collaboration*, *and Critical Thinking* (*and Computers*) *across the Curriculum at Tidewater Community College*. Virginia Beach, Va.: Tidewater Community College, 1996.

Rhoades, G. *Closing the Door*, *Increasing the Gap*: *Who's Not Going to* (*Community*) *College?* Tuscon, Ariz.: Center for the Future of Higher Education Policy, 2012.

Rhoads, R.A., and Valadez, J.R.*Democracy*, *Multiculturalism*, *and the Community College*: *A Critical Perspective*. New York: Garland, 1996.

Richardson, R.C., Jr., (ed.).*Reforming College Governance*. New Directions for Community Colleges, no.10. San Francisco: Jossey-Bass, 1975.

Richardson, R. C., Jr., and Bender, L. W. *Fostering Minority Access and Achievement in Higher Education*: *The Role of Urban Community Colleges and Universities*. San Francisco: Jossey-Bass, 1987.

Richardson, R. C., Jr., and Leslie, L. L. *The Impossible Dream? Financing the Community College's Evolving Mission*. Washington, D. C.: American Association of Community and Junior Colleges, 1980.

Richardson, R.C., Jr., and de los Santos, G.E. "Statewide Governance Structures and Two-Year Colleges." In B. K. Townsend and S. B. Twombly (eds.), *Community Colleges*: *Policy in the Future Context*. Westport, Conn.: Ablex, 2001.

Richardson, R. C., Jr., and Wolverton, M. "Leadership Strategies." In A. M. Cohen, F. B. Brawer, and Associates (eds.), *Managing Community Colleges*: *A Handbook for Effective Practice*. San Francisco: Jossey-Bass, 1994.

Riley, M. *The Community College General Academic Assessment*: *Combined Districts*, *1983–84*. Los Angeles: Center for the Study of Community Colleges, 1984.

Rivera, C. "A Dash for Classes." *Los Angeles Times*, Oct.16, 2012, pp.A1, A9.

Rivera, C. "Brown Seeks to Reshape California's Community Colleges." *Los Angeles Times*, Jan.21, 2013, pp.A1, A12.

Rivera, C. "Community Colleges to Offer Web Data on Their Performance." *Los Angeles Times*, Apr.9, 2013, pp.A1, A4.

Robinson, G.*Community Colleges Broadening Horizons through Service Learning*, *1997–2000*. Washington, D.C.: American Association of Community Colleges, 1999.

Robinson, G. "Service Learning." *Community College Times*, Jan.5, 2007, p.3.

Roessler, B. C. "A Quantitative Study of Revenue and Expenditures at United States Public Community Colleges, 1980–2001." Unpublished doctoral dissertation,

University of North Texas,2006.

Ronan, B. "Community Colleges and Civic Learning: An Interview with Bernie Ronan." In D. W. Brown and D. Witte, *Higher Education Exchange* (pp. 34 – 44). Dayton, Ohio: Kettering Foundation, 2011.

Ronan, B. "Community Colleges and the Work of Democracy." *In Connections: Educating for Democracy* (pp.31–33).Dayton,Ohio: Kettering Foundation,2012.

Rosenbaum, J. R., Redline, J., and Stephan, J. L. "Community College: The Unfinished Revolution." *Issues in Science and Technology*,2007,23(4),49–56.

Rosenfeld, S. A. *Community College/Cluster Connections: Specialization and Competitiveness in the U. S. and Europe.* New York: Community College Research Center,1998.

Roska, J., Jenkins, D., Jaggars, S.S., Zeidenberg, M., and Cho, S. *Strategies for Promoting Gatekeeper Course Success among Students Needing Remediation: Research Report for the Virginia Community College System.* New York: Columbia University, Teachers College,Community College Research Center,2009.

Roksa, J., and Keith, B. "Credits, Time, and Attainment: Articulation Policies and Success after Transfer." *Educational Evaluation and Policy Analysis*, 2008, 30(3), 236–254.

Roueche, J.E., and Boggs, J.R. *Junior College Institutional Research: The State of the Art.* Los Angeles: ERIC Clearinghouse for Junior Colleges,1968.

Rouseff-Baker, F., and Holm, A. "Engaging Faculty and Students in Classroom Assessment of Learning." In A.M.Serban and J.Friendlander (eds.), *Developing and Implementing Assessment of Student Learning Outcomes.* New Directions for Community Colleges,no.126.San Francisco: Jossey-Bass,2004.

Rowe, D. "Environmental Literacy and Sustainability as Core Requirements: Success Stories and Models." In W. L Filho (ed.), *Teaching Sustainability at Universities.* New York: Peter Lang,2002.

Rowh, M. C. "Job Duties of Institutional Researchers in Two-Year Colleges." *Community College Quarterly of Research and Practice*,1990,14(1),35–44.

RP Group for California Community Colleges. *The Research and Planning Prospectus for California Community Colleges.* Sacramento: RP Group for California Community Colleges,2004.

Rubinson, R. "Class Formation, Politics, and Institutions: Schooling in the United States." *American Journal of Sociology*,1986,92(3),519–548.

Rudolph, F. *Curriculum: A History of the American Undergraduate Course of Study since 1636.* San Francisco: Jossey-Bass, 1977.

Russell, A. "Update on the Community College Baccalaureate: Evolving Trends and Issues." *AASCU Policy Matters*, Oct. 2010.

Salzman, H., Moss, P., and Tilly, C. *The New Corporate Landscape and Workforce Skills.* Palo Alto, Calif.: National Center for Postsecondary Improvement, Stanford University, School of Education, 1998.

Sanchez, J. R., and Laanan, F. S. (eds.). *Determining the Economic Benefits of Attending Community College.* New Directions for Community Colleges, no. 104. San Francisco: Jossey-Bass, 1998.

Sandeen, A. "Educating the Whole Student: The Growing Importance of Student Affairs." *Change*, 2004, 36(3), 28–33.

Santa Monica College. *Learning Communities.* Santa Monica, Calif.: Santa Monica College, 2007.

Santa Monica College. *Santa Monica College Institutional Learning Outcomes.* Santa Monica, Calif.: Santa Monica College, n.d.

de los Santos, A. G., Jr., and Wright, I. "Maricopa's Swirling Students." *American Association of Community and Junior Colleges Journal*, 1990, Jun/Jul: 32–34.

Schneider, B. L., and Stevenson, D. *The Ambitious Generation: America's Teenagers, Motivated but Directionless.* New Haven, Conn.: Yale University Press, 1999.

Schuetz, P. *Shared Governance in Community Colleges.* Los Angeles: ERIC Clearinghouse for Community Colleges, 1999.

Schuyler, G. "ERIC Review: The Assessment of Community College Economic Impact on the Local Community or State." *Community College Review*, 1997, 25(2), 65–79.

Schuyler, G. "A Historical and Contemporary View of the Community College Curriculum." In G. Schuyler (ed.), *Trends in Community College Curriculum.* New Directions for Community Colleges, no. 108. San Francisco: Jossey-Bass, 1999a.

Schuyler, G. (ed.). *Trends in Community College Curriculum.* New Directions for Community Colleges, no. 108. San Francisco: Jossey-Bass, 1999b.

Scott-Clayton, J., and Rodriguez, O. *Development, Discouragement, or Diversion? New Evidence on the Effects of College Remediation.* NBER Working Paper no. 18328. Cambridge, Mass.: National Bureau of Economic Research, 2012.

Seidman, E. *In the Words of the Faculty: Perspectives on Improving Teaching and*

*Educational Quality in Community Colleges.*San Francisco：Jossey-Bass，1985.

Shaw，K. M.，Valadez，J. R.，and Rhoads，R. A.（eds.）.*Community Colleges as Cultural Texts：Qualitative Explorations of Organizational and Student Culture.*Albany：State University of New York Press，1999.

Shulock，N.*Concerns about Performance-Based Funding and Ways that States Are Addressing the Concerns.* IHELP brief. Sacramento：California State University，Sacramento，Institute for Higher Education Leadership and Policy，2011.

Sinclair，U. B.*Goose-Step：A Study of American Education.*New York：AMS Press，1976.（Originally published 1923）

Sloan Consortium. *Going the Distance. Online Education in the United States，2011.*Newburyport，Mass.：Sloan Consortium，2011.

Smith，C. B.*The Impact of Part-Time Faculty on Student Retention：A Case Study in Higher Education.*Doctoral dissertation，University of Missouri-Kansas City，2010. https：// mospace. umsystem. edu/ xmlui/ bitstream/ handle/ 10355/ 8939/ SmithImpPartTimFac. pdf? sequence1.Accessed June 5，2012.

Smith，G.，and Pather，J. E.“SACS' Effectiveness Criterion：A Self-Analysis Based upon the 'Must' Statements.” Paper presented at the annual meeting of the Southern Association for Institutional Research and the Society for College and University Planning，Southern Regions，Pipestem，W. Va.，October 1986.

Solmon，L. C.“The Problems of Incentives.” In H. F. Silberman and M. B. Ginsburg（eds.），*Easing the Transition from Schooling to Work.*New Directions for Community Colleges，no.16.San Francisco：Jossey-Bass，1976.

Solmon，L. C.“Rethinking the Relationship between Education and Work.” *UCLA Educator*，1977，19(3)，18–31.

Stanley，L.，and Ambron，J.（eds.）.*Writing Across the Curriculum in Community Colleges.* New Directions for Community Colleges, no. 73. San Francisco：Jossey-Bass，1991.

Starobin，S. S.，and Laanan，F. S.“Broadening Female Participating in Science，Technology，Engineering，and Mathematics：Experiences at Community Colleges.” In J. Lester（ed.），*Gendered Perspectives on Community College.* New Directions for Community Colleges，no.142（pp.37–46）.San Francisco：Jossey-Bass，2008.

Starrak，J. A.，and Hughes，R. M. *The Community College in the United States.* Ames：Iowa State College Press，1954.

Stone，I. F.*The Trial of Socrates.*Boston：Little，Brown，1987.

Striplin, J. C. " ERIC Review: An Examination of Non-Liberal Arts Course Transferability in California." *Community College Review*, 2000, 28(1), 67-78.

Study Group on the Conditions of Excellence in American Higher Education. *Involvement in Learning: Realizing the Potential of American Higher Education*. Washington, D.C.: National Institute of Education, 1984. (ED 246 833)

Szeleyni, K. *National Transfer Rates Are Up! Results of the 2001 Transfer Assembly Project*. Los Angeles: Center for the Study of Community Colleges, 2002. (ED 482 719)

Talbott, L.H. "Community Problem Solving." In H.M. Holcomb (ed.), *Reaching Out through Community Service*. New Directions for Community Colleges, no. 14. San Francisco: Jossey-Bass, 1976.

Tennessee Higher Education Commission. *Employer Satisfaction Project 2002 – 2003: 2000 – 2005 Performance Funding Cycle*, 2003. Nashville: Tennessee Higher Education Commission, 2003.

Terry, S.L., Hardy, D.E., and Katsinas, S.G. " Classifying Community Colleges: How Rural Community Colleges Fit." In P. Eddy and J. Murray (eds.), *Rural Community Colleges: Teaching, Learning, and Leading in the Heartland*. New Directions for Community Colleges, no.137. San Francisco: Jossey-Bass, 2007.

Texas Higher Education Coordinating Board. *2007 – 2008 Statewide Annual Licensure Report*. Austin: Texas Higher Education Coordinating Board, 2009.

Texas Higher Education Coordinating Board. *Community College Accountability Measures and Definitions*. Austin: Texas Higher Education Coordinating Board, 2011.

Thornton, J. W., Jr,. *The Community Junior College* (2nd ed.). New York: Wiley, 1966.

Thornton, J. W., Jr,. *The Community Junior College* (3rd ed.). New York: Wiley, 1972.

Tidewater Community College. *Biennial Transfer Student Report: 2001 – 02 and 2002–03 Academic Years*. Norfolk, Va.: Tidewater Community College, 2005.

Tilsley, A. "A New Online Associate Degree." *Inside Higher Ed*, Oct.23, 2012, n. p. http: // www. insidehighered. com/news/2012/10/23/foundation-and-four-year-college-team-online-associate-degree-program. Accessed May 6, 2013.

Tinto, V. " College Proximity and Rates of College Attendance." *American Educational Research Journal*, 1973, 10(4), 277-293.

Tinto, V. " Dropout from Higher Education: A Theoretical Synthesis of Recent

Research." *Review of Educational Research*,1975,45(1),89-125.

Tollefson, T. A., Garrett, R. L., and Ingram, W. G. *Fifty State Systems of Community Colleges:Mission, Governance, Funding and Accountability*.Johnson City, Tenn.:Overmountain Press,1999.

Tovar,E., and Simon, M.A.*Facilitating Student Success for Entering California Community College Students:How One Institution Can Make an Impact*.Santa Monica, Calif.:Santa Monica College,2003.

Townsend, B. K. "Transfer Rates: A Problematic Criterion for Measuring the Community College." In T. H. Bers and H. D. Calhoun (eds.), *Next Steps for the Community College*.New Directions for Community Colleges, no.117.San Francisco: Jossey-Bass,2002.

Townsend,B.K. "A Cautionary View." In D. L. Floyd, M. L. Skolnik, and K. P. Walker (eds.), *The Community College Baccalaureate:Emerging Trends & Policy Issues*.Sterling, Va.:Stylus,2005.

Townsend, B. K., and Wilson, K. "A Hand Hold for a Little Bit: Factors Facilitating the Success of Community College Transfer Students to a Large Research University." *Journal of College Student Development*,2006,47(4),439-456.

Tsapogas,J.*The Role of Community Colleges in the Education of Recent Science and Engineering Graduates*.Washington,D.C.:National Science Foundation,2004.

Turner,N."Do Students Profit from For-Profit Education? Estimating the Returns to Postsecondary Education with Tax Data." Unpublished working paper,2011.http://works.bepress.com/nicholas_turner/6/.Accessed Feb.5,2013.

University of Hawaii.*Transfer, Enrollment and Performance of UH Community College Associate in Arts Graduates at UH Manoa*. Honolulu: University of Hawaii,2005.

Updike,K.M.*A Comparative Study of Contract Training in Select Community Colleges*.Phoenix.: Office of Corporate Training and Development, Maricopa County Community College District,1991.

U.S.Bureau of Labor Statistics.*Employment Projections:2010-2020*.Washington, D.C.:U.S.Bureau of Labor Statistics,2012a.

U.S.Bureau of Labor Statistics.*Union Members Summary—2011*.Washington, D. C.:U.S.Bureau of Labor Statistics,2012b.

U.S.Bureau of the Census.*American Community Survey,2010*.Washington,D.C.: U.S.Bureau of the Census,2010.http://www.factfinder2.census.gov.Accessed May

10,2012.

U.S.Senate. *For Profit Higher Education: The Failure to Safeguard the Federal Investment and Ensure Student Success*.Washington,D.C.:U.S.Senate,2012.

Van Middlesworth, C. L. "Assessing Learning Communities." In T. W. Banta (ed.), *Community College Assessment: Assessment Update Collections*.San Francisco: Jossey-Bass,2004.

Vaughan, G.B.(ed.).*Questioning the Community College Role*.New Directions for Community Colleges,no.32.San Francisco:Jossey-Bass,1980.

Vaughan, G.B. "Effective Presidential Leadership: Twelve Areas of Focus." In A. M.Cohen, F. B. Brawer, and Associates (eds.), *Managing Community Colleges: A Handbook for Effective Practice*.San Francisco:Jossey-Bass,1994.

Vaughan, G. B., and Weisman, I. M. *Community College Trustees: Leading on Behalf of Their Communities*. Washington, D. C.: Association of Community College Trustees,1997.

Vaughan, G. B., and Weisman, I. M. *The Community College Presidency at the Millennium*.Washington,D.C.:Community College Press,1998.

Veblen, T. *The Higher Learning in America: A Memorandum on the Conduct of Universities by Business Men*.New York:B.W.Huebsch,1918.

Venezia, A., Bracco, K.R., and Nodine, T. *One-Shot Deal? Students' Perceptions of Assessment and Course Placement in California's Community Colleges*. San Francisco:WestEd,2010.

Virginia Community Colleges. *The Critical Point: Redesigning Developmental Mathematics in Virginia's Community Colleges*. Report of the Developmental Mathematics Redesign Team.Richmond,Va.:Virginia Community Colleges,2010.

Wagoner,J.L. "The Search for Mission and Integrity: A Retrospective View." In D. E. Puyear and G. B. Vaughan (eds.), *Maintaining Institutional Integrity*. New Directions for Community Colleges,no.52.San Francisco:Jossey-Bass,1985.

Walker, D. E. *The Effective Administrator: A Practical Approach to Problem Solving,Decision Making,and Campus Leadership*.San Francisco:Jossey-Bass,1979.

Wallin,D. C. "Motivation and Faculty Development: A Three State Study of Presidential Perceptions of Faculty Professional Development Needs." *Community College Journal of Research and Practice*,2003,27(4),317-335.

Warner,W.L., and others.*Who Shall Be Educated? The Challenge of Unequal Opportunities*.New York:Harper Collins,1944.

Washington State Board for Community and Technical Colleges. *Academic Year Report 2005 - 06*. Olympia: Washington State Board for Community and Technical Colleges, 2006.

Washington State Board for Community and Technical Colleges. *Annual 2010-11 Enrollment Report*. Olympia: Washington State Board for Community and Technical Colleges, 2011.

Wattenbarger, J.L., and Starnes, P.M. *Financial Support Patterns for Community Colleges, 1976*. Gainesville: University of Florida, 1976.

Weick, K. E. "Educational Organizations as Loosely Coupled Systems." *Administrative Science Quarterly*, 1976, 21(1), 1-19.

Weis, L. *Between Two Worlds: Black Students in an Urban Community College*. Boston: Routledge and Kegan Paul, 1985.

Weisman, I. M, and Vaughan, G. B. *The Community College Presidency* 2006. Washington, D.C.: American Association of Community Colleges, 2007.

Weiss, K.R. "Transfer Rankings Anger Two-Year Colleges." *Los Angeles Times*, Nov.24, 2000, Part A, Part 1, p.3.

White, J.F. "Honors in North Central Association Community Colleges." Paper presented at the annual meeting of the American Association of Community and Junior Colleges, Seattle, Apr.1975.

Wilcox, S.A. *Directory of Southern California Community College Researchers*. Los Angeles: Southern California Community College Institutional Research Association, 1987.

Wiley, C. "The Effect of Unionization on Community College Faculty Remuneration: An Overview." *Community College Review*, 1993, 21(1), 48-57.

Wills, G. "What Makes a Good Leader?" *Atlantic Monthly*, 1994, 273(4), 63-64, 67-71, 74-76, 79-80.

Winter, C.G. *History of the Junior College Movement in California*. Sacramento: Bureau of Junior College Education, California State Department of Education, 1964.

Wisconsin Technical College System. *WTCS Graduate Follow Up Report 2005-2006*. Madison: Wisconsin Technical College System Board, 2006.

Wisconsin Technical College System Board. *Graduate Follow-Up Report, 1998-99*. Madison: Wisconsin Technical College System Board, 1999.

Witt, A.A., Wattenbarger, J.L., Gollattscheck, J.F., and Suppiger, J.E. *America's Community Colleges: The First Century*. Washington, D. C.: Community College

Press,1994.

Woodroof,R. H. "Doubts about the Future of the Private Liberal Arts Junior College." In R. H. Woodroof (ed.) , *The Viability of the Private Junior College.* New Directions for Community Colleges,no.69.San Francisco: Jossey-Bass,1990.

Woods,J. E. *Status of Testing Practices at Two-Year Postsecondary Institutions.* Washington,D.C.: American Association of Community and Junior Colleges,1985.

Wyoming Community College Commission. *Wyoming Community Colleges Annual Performance Report: Core Indicators of Effectiveness.* Cheyenne, Wyo.: Wyoming Community College Commission,2004.

Xu,D.,and Jaggers,S.S. *Online and Hybrid Course Enrollment and Performance in Washington State Community and Technical Colleges* (CCRC Working Paper no. 31).New York: Columbia University,Teachers College,Community College Research Center,2011a.

Xu,D.,and Jaggers,S.S."The Effectiveness of Distance Education Across Virginia's Community Colleges: Evidence from Introductory College-Level Math and English Courses." *Educational Evaluation and Policy Analysis*,2011b,33(3),360-377.

Young,K.M. "Illinois Public Community College Department Chair Roles and Role Conflict." *Vice President for Academic Services Scholarship* (paper 1). Champaign,Ill.: Parkland College,2007.http: // spark. parkland. edu/vp_acad_serv_ pubs/1.Accessed June 18,2012.

Zarkesh,M.,and Beas,A.M. "UCLA Community College Review: Performance Indicators and Performance-Based Funding in Community Colleges." *Community College Review*,2004,31(4),62-76.

Zimbler,L. J. *Background Characteristics,Work Activities,and Compensation of Faculty and Instructional Staff in Postsecondary Institutions,Fall 1998.* Washington,D. C.: National Center for Education Statistics,2001.

Zuccino,D.,and Rivera,C. "Anger Grows over GI Bill Profiteers." *Los Angeles Times*,July 16,2012,pp.A1,A7.

Zumeta, W., Breneman, D. W., Callan, P. M., and Finney, J. E. *Financing American Higher Education in the Era of Globalization.* Cambridge, MA: Harvard Education Press,2012.

Zwerling,L. S. *Second Best: The Crisis of the Community College.* New York: McGraw-Hill,1976.

内容索引

（本索引所标页码为英文版页码，即中译本边码）

and 财务 449-452;for-profit institutions
and 营利性院校 484-486;instruction and
教学 452-455; mission and 使命 466-
470; organization and 组 织 447 - 449;
students and 学生 440-444,455-456

G

Gateway Community College 盖特威社区学
院 215

Gateway courses 入门课程 394

GEAR-UP program,GEAR-UP 项目（旨在促
进低收入学生进入大学学习的项
目）173

GED 普通教育开发 51,246,337,340,342,
344,346,355

Gender 性别 19,33,57-58,368,406,460,467

General Academic Assessment 一般学术评
估 428

General Academic Learning Experience 一般学
术学习经验 271,428

General education 通识教育 4,156,289-294。
另见 Integrative education

General Educational Development（GED）通识
教育发展 337,344

Geographic location of colleges 学院的地理位
置 17-18,20,37,88

George-Deen Act 乔治-迪恩法案 311

Georgetown University 乔治敦大学 328

Georgia community colleges 佐治亚州的社区
学院 23,59,68,76,248

Germany 德国 318

GI Bill 退伍军人权利法案 32 - 33, 227,
481-482

Glendale Community College 格伦代尔社区学
院 60

Globalization 全球化 379,436

Goal attainment 实现目标 405-406

Goals,student 目标,学生 55,61,65,74,219-
220,396-397

Goals 2000 2000 年目标,236-237,369

Governance: centralized 治理: 集中化 113,
116 - 117, 120, 135; definition of 定义
109; faculty involvement in 教师参与
118; federal 联邦 127; at for-profit
institutions 营利性院校 479;history of 历
史 111 - 112;local 当地 11, 132 - 135,
448-449;modes of 模式 110-112,114-
116, 120; political aspects of 政策方面
134; shared 共享 111, 118, 477 - 478,
479; state 国家 119 - 126。另见
Administration;Districts

Governing boards: district-level 理事会: 区级
123; diversity of 多样性 132; foundation
基金会 170-171; local 当地 118, 125,
135- 135, 305; of regents 董事 34, 120,
122;role of 角色 132,136,361;state-level
州级 119-121, 123, 125, 129-130, 144,
155,282,371;of trustees 董事 111-114,
125,132-133,137

Government,role of 政府,角色 124-125,448

Government,student 政府,学生 224-225

Government Accountability Office 美国政府审
计局 316,481

Governors,board of 管理者,理事会 120,121

Grades:effects on 分数:影响 187-188;faculty
and 教师 94; high school 高中 17, 57,
250, 260; inflation of 膨胀 253, 257;
minimum 最小值 56;predictors of 预测源
204, 365; standards and 标 准 256;
tracking of 追踪 67

Graduation rates:by demographic subgroup 毕业
率:人口结构分组 61;difficulty measuring
测 试 困 难 400 - 405; at for-profit
institutions 营利性院校 473,476,483-

New York Community colleges: assessment of 纽约州的社区学院：评估 429–430; curriculum at 课程 186, 226, 248, 251, 458; faculty at 教师 145; governance of 治理 119; history of 历史 13, 18, 21; orientation at 方向 216; scholarship on 奖学金 361

NJ STARS program 新泽西学生学费补助奖学金计划 56,229

Noncampus colleges 无校园学院 50,96,130, 347–348。另见 Distance education

Noncredit instruction 非学分教学 337,341。另见 Community education

Nonreturning students 不再重新注册的学生。参见 Dropout

Nontraditional colleges 非传统学院 130–132

North Carolina Community College System 北卡罗来纳州社区学院系统 27,74,194, 245,341,346,407,418

North Carolina community colleges: accountability in 北卡罗来纳州社区学院：责任 418–419; curriculum at 课程 194,245,307,312–313, 341–342,345,346,388; financial aspects of 财务方面 162,414; governance of 治理 135; history of 历史 27; scholarship on 奖学金 362; students at 学生 50,74,398–399; transfer function at 转学功能 398–399

North Central Association (NCA) 中北部院校协会 128

North Dakota community colleges 北达科他州的社区学院 216,435

North Harris Montgomery Community College 北哈里斯蒙哥马利社区学院 23

Northeastern University 东北大学 382

Northwestern Michigan University Center 西北密歇根大学中心 23

O

Oakland Community College 奥克兰社区学院 283

Occupational education: academic studies and 职业教育：学术研究 29–30,105,287, 307,328–331,445; continuing 继续 337; definitions of 定义 27,306; degrees given in 提供学位 313–315; demand for 需求 47–48,65–66,313,320,323–325,410–411; development of 发展 4,27–28,38–39,303–306,310–313,320–321,407, 467; emphasis on 强调 33,286–287,294, 300; enrollment in 入学 308–313; financial considerations of 财务考虑 309–313,323,451; at for-profit institutions 营利性院校 482; future of 未来 461–462; inequities in 不公正 320,376–377,409; innovations in 创新 387; legislation related to 相关立法 308; limitations on 局限 309–310; outcomes of 成果 173–174, 318–329,406–410,431; pedagogy in 教育学 276–277; retraining in 再培训 467; transfer and 转学 321,330,376,410, 411。另见 Contract training

Oglala Lakota College 奥格拉拉科塔学院 60

Ohio community colleges 俄亥俄州的社区学院 18,120,220–222,231

Oklahoma community colleges 俄克拉何马州的社区学院 362,414

Online counseling and orientation 在线咨询指导 217,221

Online education: assessment of 在线教育：评价 445; curricular offerings of 课程提供 190,300,438; faculty and 教师 453–454; financial aspects of 财务方面 184,194–195; at for-profit institutions 营利性院校

人名索引

（本索引所标页码为英文版页码，即中译本边码）

后　记

特别感谢唐纳德·L. 纽波特（Donald Lee Newport）博士和2009年中国高职院校领导海外培训项目中方官员郑小勇先生。2018年，我在网上偶然购到 *The American Community College*（Sixth Edition），阅读的同时产生了将其翻译成中文的想法。在唐纳德·L. 纽波特博士和郑小勇先生的帮助下，我联系原书作者和原出版社，获得了简体中文版的版权。唐纳德·L. 纽波特博士自身接受的高等教育起点就是社区学院，26岁时被任命为内布拉斯加社区学院院长，其后相继担任过俄勒冈州、得克萨斯州、俄克拉荷马州和密歇根州的社区学院院长，历时45年，还曾经长期担任美国两年制学院校长联合会主席和社区学院校长顾问委员会主席。他一直对我的翻译工作给予鼓励和指导。特别是因为本人担任长沙民政职业技术学院院长，学校近年来先后创建全国优质高职院校、入选中国特色高水平高职学校和专业计划建设单位，行政工作繁忙，翻译工作一再拖延，唐纳德·L. 纽波特在往来邮件中多次幽默地给予鼓励，并帮助我在美国联系原书的作者为本书写来寄语。

感谢费里斯州立大学国际交流主管罗伯特·史蒂文·俄卫格雷本（Robert Steven Ewigleben）博士，他同时也是费里斯州立大学的社区学院领导力培养博士项目指导教师。我在美学习期间，得到他热情、耐心的接待。他陪同我们多处参访调研，为我们提供社区学院学习资料。感谢费里斯州立大学副教务长、社区学院领导力培养博士项目负责人罗伯塔·凯瑟琳·缇恩（Roberta Catherine Teahen），她是我在费里斯州立大学访学时的导师，曾多次给予我关心和指导。

感谢原湖南省政协副主席、长沙民政职业技术学院院长刘晓教授大力推进学校国际交流工作，给予我多次赴美国参访社区学院的机会，并多次邀请唐纳德博士、罗伯特博士等到长沙民政职业技术学院交流访问，让我有机会向美国社区学院专家请教。应该说，没有这些访问、学习和交流，我没有勇气尝试出版这部译著。

感谢合作伙伴李杨女士，她是中国教育国际交流协会专家。承蒙不弃，对我来说，她既是合作者，也是指导者。她的严谨学风和敬业精神令我感佩，我的翻译工作也成为一个紧张而愉快的学习过程。还要感谢我的同事杨帅、钱进、李奇，他们不计报酬地对翻译工作提出意见和建议，并联络对接国内出版诸多具体事务。感谢湖南大学出版社责任编辑罗红红、邓素平女士，她们为本书的出版也花费了大量的心血。衷心感谢长沙民政职业技术学院学术专著出版基金资助本书出版。

感激在心，一定将感恩和感动转化为更好学习和工作的动力！

李 斌

2022 年 3 月 9 日